品读湖湘

PINDU HUXIANG

任国保　谭建淋 ◎ 主编

中南大学出版社
www.csupress.com.cn
·长沙·

图书在版编目（CIP）数据

品读湖湘／任国保，谭建淋主编. --长沙：中南
大学出版社，2025. 3.

ISBN 978-7-5487-6157-0

Ⅰ. G127. 64

中国国家版本馆 CIP 数据核字第 2024ZT8985 号

品读湖湘

PINDU HUXIANG

任国保　谭建淋　主编

□出 版 人	林绵优
□责任编辑	彭辉丽
□责任印制	李月腾
□出版发行	中南大学出版社
	社址：长沙市麓山南路　　　　邮编：410083
	发行科电话：0731-88876770　　传真：0731-88710482
□印　　装	湖南鑫成印刷有限公司

□开　　本	710 mm×1000 mm 1/16　□印张 24　□字数 405 千字
□版　　次	2025 年 3 月第 1 版　□印次 2025 年 3 月第 1 次印刷
□书　　号	ISBN 978-7-5487-6157-0
□定　　价	68. 00 元

图书出现印装问题，请与经销商调换

《品读湖湘》编写工作小组

主　任

任国保

副主任

张　昭　谭建淋　王　飞
朱泽民　廖　剑

主　编

任国保　谭建淋

副主编

谭文辉　刘绪义

编　委

(按姓氏笔画为序)

左　娅　卢　迈　付　刚　傅镜颖
任国保　刘绪义　杨　芳　杨　萍
杨文兰　杨春燕　张柯忆　欧阳红
易澳妮　夏小娟　彭　艺　蒋寄红
覃铁梅　程　葵　廖　剑　谭文辉
谭建淋

前言 FOREWORD

湖湘大地自古物华天宝、山川秀美，享有"秋风万里芙蓉国"之美誉。这里水润天泽，人才辈出。历经先秦楚文化的孕育、楚汉文明的熏陶、屈贾风骨的浸润，以及宋明中原文化的洗礼，文蕴深广、文脉悠长的湖湘文化孕育而生，滋养了无数湖湘儿女和万千湖湘风物。

相传，炎帝神农氏在此布五谷以为民食，制耒耜以利耕耘，尝百草以医民恙。舜帝"南巡"，最终葬于苍梧之野，其道德教化之影响深远，有"天下明德，皆自虞舜始"之说。从蚩尤冶铜到大禹治水，诸多上古传说、典籍文献与考古发现共同见证了湖湘地区自古以来灿烂辉煌的文明。这里出土了世界上目前已知最早的现代人——道县人标本、最早的人工栽培稻标本，以及众多早期农具、陶器和铜器等珍贵文物。

湖湘之地素有洙泗之誉。自古以来，这里便是众多贬谪官员怀忠尽节、名流雅士游历驻足之所。屈原曾在此哀叹民生多艰，创作《九歌》《天问》等不朽诗篇；陶渊明描绘的桃源仙境成为后世文人墨客向往的理想国度；李白在南岳留下醉吟之作；杜甫于湘江之畔谱写绝唱；柳宗元在永州抒发幽怀……这些文化巨匠的杰作无不闪耀着中华文化的璀璨光芒。纵览古今，湖湘名人荟萃，如始祖炎帝、德圣舜帝、忠魂屈原、西汉政论家贾谊、造纸术发明者蔡伦、蜀汉名相蒋琬、书法大家欧阳询、理学开山鼻祖周敦颐以及思想大师王夫之等，不胜枚举。此外，"中兴将帅，十九湖湘"，维新志士、民国先驱、文化名人、时代伟人和中国好人等杰出人物从这片热土接踵而来，他们的光辉事迹构成了湖湘历史长河中一道道亮丽的风景线。

湖湘文化的精髓在于"心忧天下、敢为人先、百折不挠、兼收并蓄"。这种精神孕育了近现代中国一代代良才巨擘：魏源成为近代中国睁眼看世界的第一人；曾国藩、左宗棠、郭嵩焘等有识之士开启了中国洋务运动的大门；谭嗣同、唐才常、熊希龄等积极倡导维新变法，推动了政治和社会改良运动；黄兴、蔡锷、宋教仁等高举反对帝制、倡导共和的大旗；毛泽东、刘少奇、任弼时、彭德怀等共和国的缔造者们更是湖南人民的骄傲和自豪。

湖南位于中国中部，地理位置优越，北有大江阻隔，南有五岭秀丽，西邻黔蜀之地，东接罗霄山脉。尽管四周有所屏障，但境内名胜古迹众多，风景秀美如画，处处彰显着深厚的文化底蕴。韶山、衡山、岳麓山等名山胜迹吸引着无数游客前来朝圣，炎帝陵、舜帝陵、屈子祠等古迹让人缅怀先贤，岳阳楼、洞庭湖等风景名胜令人心旷神怡，桃花源、武陵源等人间仙境则让人流连忘返。湖南独特的地域文化也让人着迷，湘人湘俗、湘音湘韵、湘瓷湘茶、湘剧湘绣，以及美味的湘菜等，无不让人沉醉其中，寄情于斯、品读于斯，正所谓"挥毫当得江山助，不到潇湘岂有诗"。

湖湘文化源远流长、多元一体，它起源于上古时期，发展于蛮夷之地，兴盛于近世之年，威震东洋之域，惠泽西疆之民。楚地多才俊之士，尤以湖湘最为兴盛。湖湘不仅雄踞中部地区、影响南北文化格局，更承古启今、继往开来，在三湘四水之间续写着芙蓉国的新篇章。它的历史文化是一部浓缩的中华文化典籍，它的红色文化是一部恢宏的爱国主义诗篇，它所拥有的"山高水长"的自然景观更是一幅壮阔的绝美画卷。它以"吾道南来，原是濂溪一脉"的文化自信和"大江东去，无非湘水余波"的恢宏气势，成为中华文化中异彩纷呈的一朵奇葩。

历史不只是"过去"，而是仍然活在现在。湖湘文化作为一种生生不息、独具魅力的优秀地域文化，在当今社会仍然发挥着重要作用。从"路漫漫其修远兮，吾将上下而求索"的大义执着，到"六经责我开生面，七尺从天乞活埋"的崇高气节；从"若道中华国果亡，除非湖南人尽死"的火辣血性，到"俱往矣，数风流人物，还看今朝"的豪迈气概，历经千年的厚积延承，湖湘文化凝练出激昂的爱国主义精神、先忧后乐的忠贞情怀、质朴深厚的民本主义思想和以天下为己任的责任担当，这些文化精髓均已成为今天社会主义先进文化的宝贵财富。

湘江北去，百舸争流入洞庭；岳麓俊秀，层林尽染闻书声。国家税务总局干部学院(长沙)坐落在历史文化名城长沙。长沙，作为湖湘文化的摇篮，不仅承载着丰富的传统文化底蕴，更拥有浓厚的红色文化资源。这些宝贵的精神财富，为校园营造出独特的学术氛围和文化环境，让每一位求学者都能在这里感受到湖湘文化的深厚底蕴和独特魅力。

从理学大师朱熹、张栻的深邃思考，到经世致用之才魏源、曾国藩的实干精神；从革命先驱黄兴、毛泽东的英勇奋斗，到现代文化名人的璀璨成就，在中国历史的风云变幻中，湖湘儿女以"心忧天下、敢为人先"的爱国精神和"为有牺牲多壮志、敢教日月换新天"的革命豪情，谱写了一曲曲感天动地的壮丽篇章，共同绘就了湖湘学脉的绚丽画卷，彰显了履践致远、务实创新的优良传统和敢为人先、追求卓越的豪迈气概。

文化铸就历史，知识引领未来。国家税务总局干部学院(长沙)深知湖湘文化的研究与传播对于时代的重要性。因此，我们倾力打造了这本既通俗易懂又富含现场教学特色的文化读本。本书旨在引导读者从文化认知的角度，深入剖析湖湘文化开放包容、经世致用和勇于创新的精神，从而启迪智慧，照亮前行之路。

《品读湖湘》编委会

二〇二五年三月

目录 CONTENTS

引　言

探秘中国　品读湖湘 ………………………………………………………… 1

第一篇　湖湘文化　源远流长

炎帝、舜帝：华夏始祖，润泽湖湘 ………………………………………… 17

马王堆汉墓：楚汉遗风，长沙瑰宝 ………………………………………… 25

屈原、贾谊：忠魂烈烈，千载忧患 ………………………………………… 34

蔡伦：发明造纸，肇造文明 ………………………………………………… 42

周敦颐：千年廉脉，余韵悠扬 ……………………………………………… 50

柳宗元：庙堂无情，湖湘有幸 ……………………………………………… 58

王夫之：天地大儒，湖湘巨擘 ……………………………………………… 67

魏源：开眼世界，海国有志 ………………………………………………… 76

曾国藩：湘军之魂，湖湘楷模 ……………………………………………… 84

左宗棠：湖南骡子，心忧天下 ……………………………………………… 91

谭嗣同：湖湘侠客，剑胆琴心 …………………………………………… 100

黄兴、蔡锷：民国双杰，公勇奇崛 ……………………………………… 110

第二篇　湖湘精神　薪火相传

湖南党建：红色潇湘，信仰传承 ⋯⋯⋯⋯⋯⋯⋯⋯⋯⋯⋯⋯⋯ 123

湖南抗战：历史铭记，丰碑永存 ⋯⋯⋯⋯⋯⋯⋯⋯⋯⋯⋯⋯⋯ 134

志在天下：湖湘文化的博大情怀 ⋯⋯⋯⋯⋯⋯⋯⋯⋯⋯⋯⋯⋯ 148

骆驼之魂：湖南性格的坚韧风范 ⋯⋯⋯⋯⋯⋯⋯⋯⋯⋯⋯⋯⋯ 158

好人之风：湖湘大地的道德标杆 ⋯⋯⋯⋯⋯⋯⋯⋯⋯⋯⋯⋯⋯ 169

稻作之光：湖湘田野的文明瑰宝 ⋯⋯⋯⋯⋯⋯⋯⋯⋯⋯⋯⋯⋯ 178

财税金融：红色先驱的湖南印记 ⋯⋯⋯⋯⋯⋯⋯⋯⋯⋯⋯⋯⋯ 193

第三篇　湖湘地标　山川秀美

岳麓书院：千载传灯，学术圣地 ⋯⋯⋯⋯⋯⋯⋯⋯⋯⋯⋯⋯⋯ 207

南岳衡山：秀中蕴奥，御山而飞 ⋯⋯⋯⋯⋯⋯⋯⋯⋯⋯⋯⋯⋯ 218

岳阳楼：先忧后乐，湖南风标 ⋯⋯⋯⋯⋯⋯⋯⋯⋯⋯⋯⋯⋯⋯ 228

桃花源：桃源梦境，浪漫风骨 ⋯⋯⋯⋯⋯⋯⋯⋯⋯⋯⋯⋯⋯⋯ 238

洪江商城：千年古城，湘商故里 ⋯⋯⋯⋯⋯⋯⋯⋯⋯⋯⋯⋯⋯ 246

张谷英村：民间故宫，孝廉传家 ⋯⋯⋯⋯⋯⋯⋯⋯⋯⋯⋯⋯⋯ 256

湘西：凤凰涅槃，文星璀璨 ⋯⋯⋯⋯⋯⋯⋯⋯⋯⋯⋯⋯⋯⋯⋯ 265

张家界：湖湘绿肺，美在自然 ⋯⋯⋯⋯⋯⋯⋯⋯⋯⋯⋯⋯⋯⋯ 276

第四篇　湖湘特色　璀璨夺目

湖南民俗：三湘四水，风情百态 ⋯⋯⋯⋯⋯⋯⋯⋯⋯⋯⋯⋯⋯ 287

湘菜湘味：味缬天下，席卷潇湘 ⋯⋯⋯⋯⋯⋯⋯⋯⋯⋯⋯⋯⋯ 297

湘茶文化：茶马古道，香飘四海 ⋯⋯⋯⋯⋯⋯⋯⋯⋯⋯⋯⋯⋯ 307

湘瓷文化：地理标识，瓷韵流芳 ⋯⋯⋯⋯⋯⋯⋯⋯⋯⋯⋯⋯⋯ 319

湖湘书法：笔墨丹青，千古传承 ⋯⋯⋯⋯⋯⋯⋯⋯⋯⋯⋯⋯⋯ 330

湖南制造：砥砺创新，实业兴湘 ⋯⋯⋯⋯⋯⋯⋯⋯⋯⋯⋯⋯⋯ 340

传媒湘军：勇立潮头，守正创新 ⋯⋯⋯⋯⋯⋯⋯⋯⋯⋯⋯⋯⋯ 353

湘剧湘绣：湘艺双璧，花开并蒂 ⋯⋯⋯⋯⋯⋯⋯⋯⋯⋯⋯⋯⋯ 365

引言 INTRODUCTION

探秘中国　品读湖湘

中华文明源远流长，宛如一部从远古流传至今的壮丽史诗，蕴含着深厚的人文底蕴和民族智慧。它又像一幅永不褪色的画卷，绘就了中华大地的壮美山川、多彩民俗和丰富艺术。在中华文明的壮丽史诗和精美画卷中，人文元素与自然要素完美统一、融为一体、相互映衬，共同构成了一幅幅充满诗意和韵味的美丽中国新图景。

千百年来，湖南一直是中华文明的重要发源地之一。凭借独特的地理环境、深厚的历史积淀和丰富的民风民俗，湖湘文化在与中原文化、齐鲁文化、秦晋文化、吴越文化等的交流与融合中不断发展，逐渐形成了既立足地域特色又超越地域界限，走向主流并引领潮流的独特文化特质和精神风貌，对中华文明的发展演进产生了深远影响。如今的湖南，作为中华文明大家庭中的重要一员，正依托其深厚的文化底蕴，为传承与弘扬中华优秀传统文化，推动建设中华民族现代文明作出更大的贡献。

湖南地理：他乡故乡　锦绣潇湘

湖南省简称"湘"，"湘"字最早可追溯至《诗经·召南·采蘋》中的"于以湘之，维锜及釜"，其原意为"烹煮"。这里的"召南"指的是包括湖湘地区在内的南方地带。相传，炎帝神农氏在此种植五谷、织麻为布、制作陶器。而湘江，作为湖南的生命之河，不仅滋养灌溉了这片土地，还以其便利的条件，助力早期湖湘先民利用水、火和陶器烹煮食物。

湖南，这片充满历史底蕴的土地，蕴藏着无数珍贵的文化遗存。从澧县城头山古城遗址、龙山里耶秦简，到长沙走马楼三国吴简、凤凰古南方长城，乃至岳麓书院与岳阳楼，每一处都见证了湖南的深厚历史。宁乡出土的四羊方尊，展现了商代青铜艺术的巅峰之美；桃源县的皿方罍，是方罍中的稀世珍宝；湘西龙山里耶秦简的出土，为我们揭示了秦代丰富的历史信息；长沙马王堆汉墓的发掘，让湖南成了全球考古的焦点。其中，薄如蝉翼的素纱襌衣与历经千年仍栩栩如生的辛追夫人遗体，更是缔造了被誉为"世界第八大奇迹"的传奇。

湖南被誉为"芙蓉国"，自唐宋时期起，湘、资、沅、澧等四大流域便有着种植水芙蓉与木芙蓉的传统。在这片充满诗意的土地上，人们为芙蓉赋予了诸多美好的寓意与象征。唐代文人谭用之挥毫泼墨，盛赞"秋风万里芙蓉国"，生动地将湖南勾勒成一幅水乡画卷。"三湘四水"更是成为湖南的代名词，彰显了这片沃土山川秀美、江河交错的独特魅力。

湖南的山是湖湘大地的脊梁。武陵、雪峰、五岭等山脉如巨龙般盘踞，每一座山峰仿佛都诉说着古老的地质史诗，展现着大自然的鬼斧神工。南部及东西两翼山脉环抱，守护着这片土地的静谧与纯净。中部地带，丘陵与低山交错，衡山巍峨耸立于其中。在朝霞初绽或余晖洒落之时，山巅笼罩金色光芒，宛如神祇降临，令人心生敬畏与庄重之感。

湖南的水是生命源泉。秀美的湘江自南向北蜿蜒汇入洞庭湖，作为母亲河滋养着湖湘大地，并见证其历史变迁。洞庭湖烟波浩渺，水天一色，湖畔的平原沃野千里，是湖南的主要农业产区。每到丰收时节，金黄的稻谷铺满大地，仿佛一片金色的海洋在微风中翻涌。此外，资江、沅江、澧水等多条河流穿境而过，不仅为湖南带来了丰富的水资源，还塑造了独特的自然景观。

湖南的地理风貌丰富多彩。这里有雄伟壮观的重峦叠嶂，有温婉秀丽的江河湖泊，有起伏跌宕的丘陵台地，也有广袤无垠的平原沃野。连绵的山脉、交错的水系与各具特色的景观相互融合，共同绘制出绝美的锦绣潇湘。只有亲身踏足这片神奇的土地，你才能深切感受到其蕴含的无穷魅力和深邃内涵。如今，生活在这片土地上的人们正用自己的智慧和热情，续写着湖湘文化的辉煌新篇章，使这片土地的自然美景与人文精髓交相辉映，更加璀璨耀眼。

湖南气候：四季分明　冬冷夏热

湖南，这片坐落于亚热带的神秘土地，与同纬度那些干旱的荒漠地区形成了鲜明的对比。它深深镶嵌在东亚季风气候的怀抱中，受到雨水的慷慨滋润和湿润空气的温柔抚慰。然而，远离海洋的地理位置、东西重重山脉的屏障以及南部巍峨大山的庇护等因素又共同为湖南的气候增添了独特的大陆性特征。因此，湖南既拥有大陆性气候的丰富光照和温暖，又享有海洋性气候的充沛雨水，成了一个气候独特且多元交融的奇妙之地。

湖南的气候宛如一首四季交织的乐章，旋律鲜明，节奏有序。冬季的寒冷与夏季的炎热形成鲜明对比：最冷的一月，寒霜笼罩大地；最热的七月，阳光炙热难当。在这样的气候条件下，湖南的冬季寒冷而湿润，阴雨连绵，冰冻现象时有发生；夏季则炎热干燥，太阳如火炉般炙烤大地。

统计数据显示，湖南的年平均气温在 15~18.5℃。一月平均气温大多徘徊在 3~8℃；七月平均气温则常常攀升至 27℃，长沙甚至曾创下 43℃ 的极端高温纪录。湖南的年降水量丰沛，达 1300~1800 毫米。其中，最大月降水量可超过 800 毫米，最大日降水量也能突破 300 毫米的界限。湖南的降水季节以春夏为主，秋冬为辅，这与季风的进退节奏紧密相连。春秋两季的降水量占据了全年的 70% 之多，春季略胜于夏季，秋季又稍强于冬季。

湖南复杂多变的地形地貌为其气候增添了更为绚丽的色彩。三面环山、朝北开口的独特地貌格局，使得湖南的雨、热等气候要素不仅随纬度变化而呈现差异，更因地势高低的不同而展现出明显的垂直变化。立体气候在这里得到了淋漓尽致的展现，甚至在部分地区出现了令人叹为观止的垂直气候奇观。这在雪峰山一带尤为显著：低海拔处是亚热带的葱茏丛林世界，而高峰之巅却是白雪皑皑的冬日仙境，仿佛冬夏交织的幻境，令人陶醉。

历史湖南：湘风楚韵　屈贾故里

湖南自古以来便是中华民族的重要一脉，其历史悠久，且与华夏文明的起源和发展紧密相连。在遥远的旧石器时代，这里便有古人类繁衍生息。考古学的发现揭示了湖南是人类稻作文化的重要发源地之一：早在 12000 年前，这片土地上的先民便已开始开垦稻田，播撒希望的种子；5000 年前的定居生活，更是见证了原始农业与家畜饲养的繁荣兴盛。常德城头山原始社会遗址的重要发现，不仅为我们揭开了古代湖南的神秘面纱，更将中华文明的起源向前推进了近两千年。

湖湘文明起源甚早。夏、商及西周时期，湖南地区成为《禹贡》中记载的九州之荆州的南境，多元文化在此交融碰撞；春秋中期，楚国的势力逐渐向南拓展；战国中期，湖南全境成为楚国版图的重要组成部分。在这个时期，在中原文化的熏陶与地方特色的融合中，湖南孕育出了独特的楚文化。楚墓中出土的精美文物，展现了当时湖南在纺织、冶铸、髹漆、琉璃等领域的卓越成就。战国后期，楚国三闾大夫屈原的流放更为湖南留下了深刻的文化印记，他的《九歌》《九章》等爱国诗篇在沅湘之间传颂千古，为这片土地增添了浓厚的文化底蕴。

秦始皇统一六国后，湖南地区被纳入中央王朝的行政体系，黔中郡和长沙郡的设立，标志着湖南正式成为中央王朝的一部分。西汉时期，武陵郡、桂阳郡、零陵郡以及长沙国的相继设立，进一步凸显了湖南的战略地位与经济潜力。马王堆汉墓中发掘的珍贵文物，见证了湖南在工艺文化领域的辉煌成就。三国时期，蜀汉与东吴在此争雄；两晋之际，"湘州"之名的确立使得湖南的文化形象更加鲜明；南北朝时期，"湘州之奥，人丰土闲"的美誉更是生动地描绘了湖南的繁荣景象。

唐代设立湖南观察使，正式奠定了湖南的行政地位。此时，湖南已成为

"九州粮仓"，所产稻谷亦成为国家重要的税源之一，显示着其在农业生产方面的丰硕成果。五代时期，马殷在湖南建立政权，茶叶等特产的对外贸易蓬勃发展，为湖南的经济注入了新的活力。然而，在宋代以前，湖南的开发主要集中在洞庭湖地区和湘江流域，其他地区的发展相对较慢。

宋代设立湖南路后，随着北方战乱的频繁和大量人口的南迁，湖南迎来了新的发展机遇。洞庭湖地区和湘江流域的农业垦殖活动空前活跃，农业生产呈现出前所未有的繁荣景象。粮食产量的激增使得湖南在全国的经济地位显著提升。元朝至元二十七年（1290年），湖南人口突破570万大关。然而，历经元末明初的战乱浩劫，湖南地区的人口遭受了惨重的损失。至明洪武二十六年（1393年），湖南人口数量锐减至190余万，与战前相比，减少了三分之二。与此同时，一部分江西民众为逃避战乱，纷纷迁入湖南，从而形成了历史上著名的"江西填湖广"的移民现象。江西移民的涌入，不仅为湖广地区带来了先进的生产技术和宝贵经验，还有力地促进了当地农业经济的复苏与发展。清代雍乾时期，湖南人口又经历了急剧增长，至道光二十二年（1842年），人口数量已增至2000万。土地的大规模开发与利用带来了丰盛的农作物，"湖广熟，天下足"的美誉便是对这一时期湖南农业发展的写照。

清朝雍正元年（1723年）的"南北分闱"是湖南历史发展的重要里程碑。这一事件标志着湖南正式从湖广省中分离出来，在国家版图中成为一个独立的省份。自此以后，湖南以深厚的历史文化底蕴为根基，依托丰富的自然资源和独特的地理位置，通过勤劳智慧的人民群众不断努力奋斗和创新进取，持续发展，并书写出属于自己的辉煌篇章。

近代湖南：湘人风骨　其命维新

在近代历史的长河中，湖南凭借独特的地理位置与深厚的文化底蕴，屡次成为中国历史变革的中心舞台。第一次鸦片战争结束、《南京条约》签订后，传统商道如长沙至广州的路线遭受严重冲击。沿海航路的开辟与鸦片走私的猖獗加剧了清朝湖南的社会动荡，进而催生了波澜壮阔的太平天国运动。虽然经历了太平天国运动的洗礼，但湖南的保守势力仍然根深蒂固，对外来新鲜事物持强烈的排斥态度，这使得全国范围内的洋务运动在湖南黯然失色。

中日甲午战争后，湖南迎来了维新运动的曙光，新式学堂如雨后春笋般涌现，近现代机器工业在这片土地上开始生根发芽。矿山、邮政、电报局、轮船局的建立，标志着湖南开始迈向现代化的新征程。全省上下推行新政，除旧布新，焕发出勃勃生机。然而，历史的进程总是曲折蜿蜒的。1898 年，戊戌变法的失败使得全国维新运动戛然而止，湖南的新政也随之夭折。岳州和长沙相继开埠，帝国主义势力开始涌入湖南，这在客观上推动了湖南绅商投资近代工矿企业，为湖南的现代化进程注入了新的活力。

辛亥革命的爆发更是将湖南推向了历史的风口浪尖。作为首先响应的省份之一，湖南在起义胜利后迅速出兵援鄂，有力地支持了武昌革命政权。在南北政治争夺中，湖南成为焦点之一，资本主义经济在这一时期迅猛发展。矿业的繁荣与工人阶级队伍的壮大为革命的深入和新民主主义革命的开展奠定了坚实基础。在新文化运动的影响下，湖南《大公报》开始使用白话文传播新思想，并猛烈抨击袁世凯的复辟活动。俄国十月革命的胜利为中国先进知识分子带来了新的启示。在这样的背景下，毛泽东、蔡和森等人发起的新民学会应运而生，他们希望通过学习俄国革命的方式来改造中国。新民学会的活动促进了马克思主义思想在湖南的传播，也为湖南的革命事业培养了众多优秀人才。

五四运动的爆发揭开了中国新民主主义革命的序幕。在长沙，毛泽东、何叔衡等人组织了声势浩大的反帝爱国运动，为湖南的革命事业注入了新的活力。长沙共产主义小组的成立和中共湖南支部的建立，标志着湖南人民的革命斗争进入了一个新阶段。在中共湘区区委的领导下，安源路矿工人大罢工的胜利震动全国，展现了湖南工人阶级的强大力量。秋收起义的发动和井冈山革命根据地的开辟是湖南革命历程中的又一重要里程碑。在毛泽东等人的领导下，湖南人民开展了艰苦卓绝的土地革命和武装斗争，建立了多个革命根据地，粉碎了国民党军队的无数次"围剿"。这些根据地为湖南的革命事业提供了坚实后盾，也为中国革命的胜利奠定了重要基础。

卢沟桥事变后，湖南人民掀起了抗日救亡的热潮，在中国共产党的领导下，各种抗日救亡团体纷纷涌现，为抗击日本侵略者作出了巨大贡献。时任湖南省政府主席张治中采取与共产党合作抗日的方针，使得湖南的救亡运动在抗战初期进行得有声有色。1949 年 8 月 4 日，时任湖南省政府主席程潜和长沙绥靖公署主任陈明仁顺应民心，宣布脱离国民党并通电起义，使湖南获得和平解放。这一历史时刻标志着湖南进入了一个新的发展时期，也为中国革命的胜利画上了浓墨重彩的一笔。从此，湖南人民在新的历史条件下开始了崭新的奋斗历程，继续书写着属于他们的辉煌篇章。

现代湖南：积厚成势　守正创新

现代，湖南这个传统的农业大省正以其独特的姿态，崛起于中国的中部地区。虽然农业经济长期占据湖南整体经济的重要地位，但湖南并未因此故步自封。近些年来，湖南在夯实农业基础的同时，也在大力推进现代服务业和工业的发展，且取得了令人瞩目的辉煌成就。机械、冶金、石化、造纸、纺织和电子等产业蒸蒸日上，为湖南的经济腾飞注入了强劲动力，更为其未来的发展奠定了坚实的基础。

进入 21 世纪，湖南勇立时代潮头。面对前所未有的全球变局，湖南被赋予了新的历史使命。自 2006 年提出"一化三基"战略以来，湖南始终将新型工业化作为核心目标，不断突出工业的主导地位，并致力于实体经济的蓬勃发展。在这一战略的指引下，湖南成功实现了从农业大省向工业大省、制造大省的华丽转身。习近平总书记的"三高四新"美好蓝图，为湖南的发展指明了方向，其中"三个高地"建设更是成为湖南在新时代的重要使命和战略支点。

为了践行这一使命，湖南依托自身基础与优势，紧密结合国家需求，在先进制造业领域取得了一系列重大突破。例如，超大直径轴承等关键技术的攻克，将曾经的制约因素转化为竞争优势；老牌钢企通过转型升级，焕发出新的生机与活力，崛起并成为国内领先的原材料生产基地和用钢领域的佼佼者。湖南的制造业实力不容小觑，全球每生产 10 台混凝土机械就有 8 台产自这里，中国每生产 10 台中小型航空发动机就有 9 台是"湖南造"，2022 年国内每销售 15 辆新能源汽车就有 1 辆来自长沙。

在科技创新方面，湖南硕果累累，频频刷新世界纪录。超级杂交水稻、天河系列超级计算机、超高速轨道列车等成果让湖南的"三超"名片熠熠生辉。此外，湖南在北斗卫星导航系统、深海探测领域等也取得了重要突破，展现出强大的科研实力和创新能力。这些重大科技成果的诞生和应用，为湖南的经济发展提供了强有力的支撑和引领。

在改革开放方面，湖南积极拓宽国际视野，深化与全球各地的经贸合作。五大国际贸易通道的建设，使得湖南与全球各地的联系更加紧密便捷；

中欧班列、湘粤非铁海联运等物流通道的建立，为湖南的对外贸易插上了腾飞的翅膀；怀化国际陆港的建设更是打通了连接东盟的国际物流大通道，为湖南的对外开放注入了新的活力。如今，湖南的外贸规模不断扩大，"朋友圈"已拓展至全球 231 个国家和地区。

与此同时，湖南的文化建设也取得了长足进步。广电、出版、报业和娱乐等四大优势文化产业蓬勃发展，在海内外产生了广泛影响。湖南的广播电视节目以高质量的制作水平和丰富多彩的内容吸引了无数观众的眼球，出版物以深厚的文化底蕴和多元优质的内容为读者提供了丰富的精神食粮，报纸则以敏锐的洞察力和深入的报道成为人们了解社会动态的重要窗口，娱乐产业更是以创新的节目形式和独特的文化内涵引领了国内潮流。这些文化产业的繁荣发展不仅提升了湖南的文化软实力和影响力，还为湖南的经济社会发展提供了有力的文化支撑。

总之，历经时代洗礼与变革的湖南，正以独特的姿态在中国的中部地区崭露头角。展望未来，湖南将秉承"吃得苦、耐得烦、霸得蛮"的坚韧精神，坚定迈向新时代。在"三高四新"战略蓝图的指引下，湖南将持续以实干精神书写奋斗华章，不断攀登新时代的高峰。可以预见，未来的湖南必将绘就更加宏伟的发展画卷，成为新时代中国的一颗耀眼明珠，持续闪耀在中华大地上。

湖湘文化：吾道南来　濂溪一脉

湖湘文化源远流长，独具魅力。它不仅源于早期本土文化的自创，而且在后期成功融合了外来文化元素，既彰显了中华文化的深厚底蕴，又展现了区域和民族的特色与影响力。湖湘文化犹如一颗璀璨的明珠，在中华文明的长河中独放异彩，闪耀着独特的光芒。

湖南，这片历史悠久的土地，承载着丰富的文化遗产。作为炎帝神农氏的祖基之地和远古尧、舜、禹三代的活动中心，它见证了历史的沧桑巨变。舜帝的"南巡"和崩葬于苍梧之野，以及衡山岣嵝碑与岳麓山禹王碑的遗迹，都诉说着舜帝和大禹在湖南的传奇故事。湖南也是中华道德文明的发祥地，尧舜两帝之师善卷的道德教化在这里得以传承和发扬。舜帝继承并弘扬了善卷的"善德"精神，通过奏《九韶》、歌《南风》等方式，开创了中华道德文明的新篇章。

此外，湖南还是茶文化的发源地。陆羽《茶经》记载，"茶之为饮，发乎神农氏",可见茶祖就在湖南,茶源始于三湘大地。这里也是中国城市文明的发源地之一。湖南常德澧县的城头山考古遗址是中国目前发现的最早的古城遗址,距今已有 6000 多年的历史。

湖湘文化以"屈贾之乡"闻名于世。事实上,湖湘文化的形成离不开楚文化的深厚底蕴,以及炎黄文化和神农文化的智慧精髓。当楚国的疆域拓展至湖南一带时,楚文化与当地的土著文化相互交融、碰撞,激荡出了独特而绚丽的湖湘文化。然而,湖南的文化繁荣并非一蹴而就。在唐宋以前,这里虽然曾被视为偏远之地,但正是这份偏远与宁静为湖南的文化积淀提供了宝贵的土壤和条件。自宋代以来,随着中国经济、政治、文化重心的南移以及几次大的移民潮,湖南地区的文化迎来了前所未有的发展机遇和挑战。在这个过程中,湖湘文化不断吸收外来文化的精华,形成了独具特色的文化体系。

湖湘文化以"潇湘洙泗"彪炳史册。湖湘之地向来被学界视为"理学重镇""理学之邦"。宋明理学的开山鼻祖周敦颐就出生在湖南省道县,他的学说对后世影响深远,打破了孔孟之后道统中绝的千年幽暗。其《爱莲说》一文至今仍被广大学生诵读,传承着理学的精髓。南宋绍兴元年(1131 年),福建胡安国一家避难至湘潭。胡安国、胡宏父子在湘潭创办碧泉书院并开设学堂,将书院与学术融为一体,创立了理学谱系中的湖湘学派。此后,湖湘大地书院林立、学者辈出,张栻和王船山等人都是其中的杰出代表。他们以儒家思想为核心,兼容并蓄。他们创立的文化传统不仅促进了湖南地区的学风建设、学术发展与人才培养,还对中国传统文化的近代化进程产生了积极而深远的影响,成为我们今天引以为豪的精神财富和文化遗产之一。

岳麓书院正门有一副对联:惟楚有材,於斯为盛。上联"惟楚有材"出自《左传·襄公二十六年》"虽楚有材,晋实用之",下联"於斯为盛"出自《论语·泰伯》"唐虞之际,於斯为盛"。这副对联反映了宋明以来湖湘大地人才辈出的实际情况,以及士人对此的高度赞誉。诚如此联所述,湖南自古以来便以"惟楚有材,於斯为盛"的美誉而名扬四海,这片热土孕育了无数杰出的人才。从先秦时期的爱国诗人屈原,到西汉政论家贾谊、东汉造纸术发明者蔡伦;从唐代书法家欧阳询、怀素,到北宋理学鼻祖周敦颐、南宋理学家朱熹和张栻等人,他们在各自的领域里都取得了卓越的成就、作出了不朽的贡献,为湖湘文化增添了浓墨重彩的一笔。他们的思想极为深邃,是后世景仰和学习的典范。

近现代以来，湖南更是人才辈出、英才济济。在国家危难之际，他们挺身而出、勇立潮头、开创新局，为中华民族的独立和解放事业作出了巨大的贡献和牺牲。例如，晚清经世派代表人物陶澍、"睁眼看世界第一人"魏源等倡导"经世致用""师夷长技以制夷"，为中国的现代化进程指明了方向；曾国藩、左宗棠等中兴名臣力挽狂澜、保家卫国，为国家的稳定和发展作出了卓越贡献；黄兴、蔡锷、宋教仁等辛亥元勋为民主革命抛头颅、洒热血，功勋卓著。他们的英勇事迹和崇高精神永远镌刻在人民的心中。

新民主主义革命时期，湖南发生了许多重大的历史事件。例如，秋收起义、湘南暴动、桑植起义、平江起义等。这些都是中国共产党领导中国人民进行艰苦卓绝斗争的重要组成部分，对推动中国革命进程产生了深远的影响。伟人故里、将帅之乡、革命圣地和红色摇篮是今日湖南的代名词。这片土地孕育了毛泽东、刘少奇、任弼时、彭德怀、贺龙等老一辈无产阶级革命家，他们为中国人民的解放事业和社会主义建设事业作出了不可磨灭的贡献。他们的丰功伟绩将永载史册，激励后人不断前行。

除了政治军事领域的杰出人才外，近现代湖南还涌现了许多文化名人。例如，"中国现代戏剧奠基人"田汉、"世界文化名人"齐白石以及众多文学家、艺术家和科学家等，他们以自己卓越的才情为世界所瞩目和赞誉。他们用自己的智慧和汗水谱写着湖湘文化的华美篇章。这些文化名人的成就不仅彰显了湖湘文化的深厚底蕴和独特魅力，还为中华文明的发展作出了重要贡献。

自古以来，湖南便以别具一格的魅力和生生不息的活力，在中华大地上独树一帜。在历史的悠长画卷中，湖湘大地赢得了"屈贾之乡""潇湘洙泗""道南正脉""人才渊薮""革命摇篮""伟人故里"等称誉。这些称誉不仅见证了湖南的辉煌历史，更在中华文化、中华文明的理论体系、价值谱系和行为规范中，孕育并发展出一种独特的湖湘文化及精神。这种文化精神以敢为人先、勇于担当、革故鼎新的特质为核心，通过无数令人敬仰的历史事实、深邃的理论著述以及将理论转化为实践的不懈努力，彰显了湖南对中华文化和中华文明的独特贡献。

湖湘精神：心忧天下　敢为人先

中华文化有着"万年采掘无尽时"的恒常价值与普遍意义。在博大精深的中华文化长河中，湖湘精神如一颗璀璨的明珠，以其超越地域的独特内涵，成为中华民族精神的杰出代表。

从古至今，湖湘精神生生不息，辉映华夏。它融合了河岳英灵与汉魏风骨，沉淀着湖湘大地数千年文明的厚重与深邃，汇聚着"心忧天下，敢为人先"的文化精髓，透射出湖湘儿女不屈不挠、勇往直前的民族气概。它是三湘四水间的文化瑰宝，是湖湘人物风骨神韵的生动体现，更是中华文明千秋英华的璀璨篇章。近代以来，它更以"敢为天下先"的胆识与气魄，在中华大地上书写了浓墨重彩的一笔，不断丰富和完善着中华民族的精神谱系。

纵观历史长河，湖湘精神如一条红线，横跨古今，贯穿始终。从炎帝神农氏的开拓创新，到上古英雄的坚韧不拔，再到湖湘学派的经世致用，直至近现代湖湘名人的思想启蒙，这一精神始终薪火相传，不断激励着湖湘儿女砥砺前行。特别是在近现代的历史变革中，湖南志士仁人抛头颅、洒热血，为民族解放和新中国成立作出了巨大牺牲。他们那令人敬仰的英勇事迹，无疑成为湖湘精神在新时代得以践行和发扬的鲜活印证。

在文化性格上，湖南人既有霸蛮之刚烈，又有善德之柔美，更有尚学之智慧。他们性格倔强、吃苦耐劳、敢于担当。这种霸蛮精神体现了"楚虽三户，亡秦必楚"的豪迈气概。同时，他们又恪守孝悌忠信的传统美德，重情重义、讲究义气，展现出善德的高尚品质。此外，湖南自古以来崇尚智慧与学问，从书院林立到名人辈出，无不体现出尚学精神的深远影响。这种崇尚学问的风气不仅改变了个人命运，还为国家民族的发展注入了强大动力。

在精神内核上，"心忧天下、百折不挠、敢为人先、兼容并蓄"被誉为湖湘精神的四大基石。湖南多元一体的民族构成铸就了其开放包容的胸怀，并深深滋养了浓烈的天下意识。这里的民众不仅聚焦于个人的得失与进步，更将国家的兴衰和民族的未来牵挂在心。生活在这片热土上的湖湘后人，怀揣宏伟志向，情系民族大义，凭借坚韧不拔的毅力和勇于开拓的创新精神，充分展现了治国安邦、身体力行的实干风采，在历史的长河中书写了辉煌的篇章。

在历史的长河中，湖湘儿女以深厚的文化底蕴和独特的精神风貌，为中华文化增添了浓墨重彩的一笔。湖湘文化不断积淀，精神内涵亦不断深化，那种心忧天下的爱国情怀，激发了一代又一代的湖湘儿女为捍卫国家和民族的独立而奋斗不息；那种经世致用的务实理念，指引湖湘儿女紧密关注现实，致力于攻克实际问题；那种敢为人先的创新意识，鞭策湖湘儿女勇于打破传统桎梏，开辟事业发展的新天地；那种坚韧不拔的抗争精神，更是湖湘儿女在逆境中坚守不屈的精神力量。

伟大的时代需要伟大的精神。作为中国革命的重要策源地之一，湖南的红色沃土上镌刻着无数革命烈士的不朽功勋。"十步之内，必有芳草"的荣光不仅见证了历史的沧桑巨变，更激励着新时代湖湘儿女奋勇前行。在这片充满红色记忆、浸润红色历史的土地上，人们不仅能获得如画风光带来的视觉享受，更能从革命先烈志存高远、脚踏实地的革命精神中汲取前进的力量。这种革命精神是新时代湖湘儿女砥砺奋进、创造美好生活的宝贵财富和精神支柱。

清人赵翼于《论诗五首·其二》中吟咏道："江山代有才人出，各领风骚数百年。"此句诗意隽永，精妙地勾勒了文化传承与创新的历史脉络。而今，在构建中华民族现代文明的新征程中，湖湘后人肩负着进一步弘扬湖湘文化深厚底蕴的重任。为此，我们应深刻领悟其中的文化内涵与价值真谛，继承湖湘先贤的宏愿与抱负，将满腔的家国情怀熔铸成对国家和人民的耿耿忠心，以期在新时代背景下，让湖湘精神焕发新的生机与活力。我们更应悉心探寻并善用丰厚的历史文化资源，积极推动文化产业创新发展，同时加强对外交流与合作，进一步提升湖湘文化的国际知名度与广泛影响力。通过以上努力与实践，湖湘儿女定能让湖湘精神在新时代散发出更加璀璨夺目的光芒。

主要参考文献

[1]朱汉民.湖湘文化通史[M].长沙：岳麓书社，2015.

[2]王泽应.中华文明体系中的湖湘文化及其独特贡献[J].毛泽东研究，2023(5)：13-23.

[3]张婷婷.步履铿锵踏新程：党的十八大以来湖南经济社会发展成就综述[J].新湘评论，2022(16)：52-54.

[4]吴金明.近期考古遗存视域下的湖湘文化地位辨正[J].船山学刊，2018(3)：53-59.

[5]郑大华.推动湖湘文化创造性转化、创新性发展的省思[J].求索，2024(2)：30-38.

（执笔：谭建淋）

湖湘文化　源远流长

炎帝、舜帝：华夏始祖，润泽湖湘

在五千年灿烂辉煌的中华文明中，炎帝和舜帝为华夏文明的缔造和传承作出了不可磨灭的贡献，他们是中华民族最珍贵的精神源头，也是湖湘文化源远流长、厚重深沉的文化根脉。

始祖陵墓　历史铸就

炎帝，号神农氏，又号连山氏、厉山氏等，是我国上古时期最杰出的部落首领，是华夏民族的始祖。相传炎帝为了给老百姓找到更好的治病方法，在晚年不顾自身安危，从随州厉山出发，到湖北神农架采药，跋山涉水，最后辗转来到湖南。炎帝在湖南带领先民开荒种地、养蚕种桑，造福百姓。后来，炎帝因为误食了"断肠草"而逝世。晋代皇甫谧撰写的《帝王世纪》记载：炎帝"在位一百二十年而崩，葬长沙"。宋代罗泌在《路史》中记述得更加具体："炎帝崩葬长沙茶乡之尾，是曰茶陵，所谓天子墓者。"

舜帝，号有虞氏，是华夏文明的重要奠基人。相传，舜帝晚年为了体察民情、消除隐患，决定南巡。他渡黄河、入潼关、下汉水、过长江，来到洞庭湖，又沿湘江南下，一路备尝艰辛，到达永州地界。舜帝在湖南留下了深深的足迹。他心系当地百姓，解决百姓疾苦，受到百姓的爱戴。《山海经》第十八卷《海内经》记载："南方苍梧之丘，苍梧之渊，其中有九嶷山，舜之所葬，在长沙零陵界中。"司马迁在《史记》中记载：舜帝"崩于苍梧之野，葬于江南九嶷，是为零陵"。

炎帝、舜帝把他们生命最后的一段时光留在了湖南，留在了这片他们热爱的土地上。他们崇高的精神也深深根植于这片土地，孕育了一批又一批湖湘儿女，塑造了湖南人拼搏奋进、勇于奉献、不屈不挠、自强不息的精神。

炎帝陵位于湖南省株洲市炎陵县城西十七公里的鹿原镇。据史书记载，最早的炎帝陵墓建于西汉。到了宋代，人们将炎帝视为感生帝，大约在北宋乾德五年（967年），在炎帝陵前，修建了炎帝庙，并制定了相关的祭祀制度。

一千多年来，随着历代王朝的兴衰更替，炎帝陵也历尽沧桑，屡毁屡建。新中国成立后，炎帝陵经过几次大的修缮，形成今天庄严肃穆、气势恢宏的格局。1996年，国务院将炎帝陵列为全国重点文物保护单位。

舜帝陵位于湖南省永州市宁远县城南三十公里的九嶷山。据《九疑（嶷）山志》记载，最早的舜帝陵建于夏朝，地点在大阳溪白鹤观前。第二座舜帝陵建于秦代，地点在玉官岩旁。现在的舜帝陵是明朝洪武四年（1371年）由玉官岩搬迁而来，位于九嶷山舜源峰北麓，坐南朝北，结构严谨，是我国始祖陵中最高、最大的，被称为"华夏第一陵"，2006年被列为全国重点文物保护单位。

炎帝陵、舜帝陵以其复杂的文化内涵和丰富的祭祀活动，对湖湘文化的建构产生了重要的影响。

始祖文化　大力弘扬

中华始祖文化是中华民族精神形成的基础，是由炎帝和舜帝在艰苦卓绝的生产实践中积淀而成的。

炎帝文化可以概括为农耕文化。炎帝是南方农耕文明的主要代表人物，他带领先民们完成了从渔猎到农耕、从游牧到定居这一人类历史上的伟大转折，奠定了以农立国的基础，开启了我国原始的农耕文明。

大量历史文献记载，炎帝发明了耒耜，提高了农业生产力；他教百姓耕种五谷，解决了"民以食为天"的大事；他教百姓养桑种麻、织布帛、做衣服，使人类告别了以兽皮、树叶裹体的时代；他开创集市交易，促进了生产分工和技术进步，奠定了中国货币、商业发展的基础；他削桐为琴、结丝为弦，制作了神农琴，通过音乐让百姓获得心灵的慰藉；他发明了弓箭和陶器，提高了先民的防御能力，改善了先民的饮食条件；他教百姓建造房屋，原始建筑业也随之产生。这种以农耕文化为主体，以手工业文化、市场文化、音乐文化为外延的炎帝文化，点燃了中华文明的星火，开启了中华文明的大门。

舜帝文化可以概括为孝德文化。舜帝的孝德影响了中华民族道德规范的形成和发展，是对中华民族道德影响最大的一位帝王。

在二十四孝中，舜帝的"孝感动天"被列为第一孝。根据史料记载，舜帝的亲生母亲去世得早，父亲很糊涂，后母及后母生的弟弟对他不太好（"父顽，母嚚，象傲"），多次陷害他，但都被他用智慧化解。舜帝不计前嫌，依然孝顺父母("克谐以孝")、友爱弟弟。舜登上帝位后，对父母态度和悦、说话恭谨，保持着做儿子的规矩，孝行足以感动天下。

舜帝倡导做人、做官、治国都要以"道德"为根本，提倡重德治、重入世、重和谐、重包容，宣扬父义、母慈、兄友、弟恭、子孝，致力于建立文明、和谐的社会秩序。《史记·五帝本纪》记载：舜"耕历山，历山之人皆让畔；渔雷泽，雷泽上人皆让居；陶河滨，河滨器皆不苦窳"。只要是他经过的地方，便兴起礼让之风，他到哪里，哪里的民风便得到改善。

舜登帝位以后，躬身自明、礼贤下士、广开言路、精心治国，开创了明君善谋的先例。他主张按自然规律办事，顺天应地务民，造福天下百姓。在处理事情上，他主张"允执厥中"，不偏不倚。

《吕氏春秋·上德》记载：舜在位时，"三苗不服，禹请攻之，舜曰：'以德可也。'行德三年，而三苗服。"舜帝以"和"为贵，使百姓免遭战争之苦，实现了汉族与南方民族的大融合，为国家的大一统作出了卓越的贡献。

以农耕文化为内涵的炎帝文化和以孝德文化为内涵的舜帝文化，构成了中华文明两座重要的里程碑，功德彪炳千秋。炎帝首创的农耕农作，为中华文明的发轫奠定了最初的物质和文化基础；舜帝推行的治国思想，推进了人类社会文明的进程，使社会在政治、经济、人伦、道德、礼乐等方面迈入了新纪元。

始祖精神 润泽湖湘

炎帝、舜帝用他们崇高的生命铸就了伟大的中华始祖精神：战胜洪荒的艰苦奋斗精神、自强不息的开拓创新精神、互帮互助的民族团结精神、为民造福的崇高奉献精神。始祖精神是中华民族精神的精髓，是中华儿女自强不息、奋斗不止的强大精神支柱，也是湖南人自尊、自立、自信、自强精神的源头。

炎帝、舜帝在晚年都来到湖南，把一腔热血洒在了湖湘大地上，湖南地区因此留下了许多他们活动的遗迹。炎帝神农氏带领先民制耒耜，正是因为有了耒耜，才有了真正意义上的"耕"播农业。"耒水""耒山""耒阳"等地名的出现，就是对炎帝制耒耜这一不朽功勋的纪念。

舜帝"南巡"对湖南人的影响也是巨大的。在湖南九嶷山周边就有很多与舜帝有关的故事：传说舜帝曾在"箫韶峰"下演奏韶乐；"舜水"是九嶷山一条与舜帝生活轨迹相关的河；"娥皇峰""女英峰"见证了舜帝两位妃子万里寻夫的忠贞爱情。由此可见，舜帝在湖湘大地上可歌可泣的事迹，一直深深地感动和影响着湖南人。

炎帝、舜帝带领先民在恶劣的自然环境下不屈不挠、顽强奋斗的精神，在湖南人的心中树起了一座强大的精神丰碑。这座丰碑激励了无数的湖湘儿女：他们有的带兵出征，屡败屡战，决不气馁；有的抬着棺材去打仗，誓死保卫疆土；有的面对敌人的屠刀，发出"砍头不要紧，只要主义真"的铿锵呐喊……在这座丰碑的照耀下，无数湖南人在前进的道路上不怕牺牲、坚韧不拔、勇敢向前。

炎帝、舜帝自强不息、开拓创新的精神是湖南人"敢为人先"的精神源头：湘潭人毛泽东提出将马克思主义理论与中国实际相结合，为中国新民主主义革命的胜利奠定了理论基础；蔡畅、向警予、葛健豪等湖南女杰，远渡重洋，把新思想、新知识传回国内，有力地推动了国内妇女运动的深入发展……这些都是湖南人敢为人先的精彩例证。

炎帝为了帮助先民战胜瘟疫，误食断肠草而献出了自己的生命；舜帝"南巡"时已是高龄，但为了深入百姓、了解民情，不顾自己的安危毅然上路。他们这种心系天下、为苍生谋幸福的精神，对湖湘儿女的影响也是十分深远的。1903 年，杨度在《湖南少年歌》中写道："若道中华国果亡，除非湖南人尽死。"这充分体现了湖南人"先天下之忧而忧"，有担当、肯奉献的精神。

通过深入探究，我们发现，湖南人心系天下、忧国忧民、敢为人先、顽强果敢等精神品质的形成，是深受炎帝和舜帝文化影响、深受先祖精神感召的，以炎帝、舜帝为代表的中华始祖精神是湖湘文化和湖南人精神的远古之源。

祭祀活动　文化传承

炎帝陵、舜帝陵的祭典是千百年来人们为了缅怀炎帝、舜帝的丰功伟绩所形成的一套有一定流程的祭祀活动，分为官方祭祀和民间祭祀。官方祭祀活动演变至今，主要有公祭大典、告祭典礼；民间祭祀是百姓为祈求风调雨顺、五谷丰登，而自发举行的祭祀活动。

历代帝王在对炎帝、舜帝陵祭祀时，不仅从政权合法性角度强调其正统意义，还从文化传承角度强调其道统意义。宋以前，湖南向来是道统意识的边缘化区域。到了宋代，随着湖湘之地成为"理学之邦"，湖湘人士的道统担当意识得到了强化。炎帝陵、舜帝陵的官方祭祀活动，为湖湘士大夫树立以"道统为核心"的文化自信作出了重大贡献，推动了湖湘地域文化的历史建构。

对炎帝、舜帝的崇拜在湖湘地区有着十分深厚的民间文化基础。民间祭祀活动有两大特点：第一个特点是讲究时令季节，这与民间的农事活动相关，也与古代祭祀的淳朴习俗相关。祭祀活动主要有春节祭祀、清明祭祀、始祖生辰祭祀、端午节祭祀等。第二个特点是讲究礼仪周到，内心虔诚。一般的祭拜过程为墓前牲祭、上香敬奉、跪拜祈福、许愿求应、还愿叩酬等。祭祀的供品不必奢华，但要能表达诚意。在祭祀过程中，还有一些民间共同信守的规定。例如，不说不吉利的话，不得与人争吵，衣着整洁，祭祀前要沐浴净身等。

民间祭祀的主要目的是祈求始祖保佑，希望始祖赐福。民间祭祀活动能在一定程度上满足人们的精神需求，抚慰人们的心灵，唤醒人们内在的良知和敬畏，对社会的和谐稳定起到了一定的作用。

炎帝陵、舜帝陵的祭祀活动已经延续了数千年，不但没有被历史长河淹没，反而随着时代的发展彰显出更加旺盛的生命力。祭祀的形式由过去的进贡、上香、焚冥等传统程序，发展成为现在的将文祭、乐祭、龙祭、鼓祭、舞祭等融于一体的形式。祭祀的内容从过去简单的崇拜、祈福到今天承载着越来越多的文化内涵，其价值已经被越来越多的中华儿女认同。

改革开放以来，随着炎帝陵、舜帝陵在海内外知名度、影响力的不断提升，炎帝陵祭典、舜帝陵祭典已成为尊祖爱国、传承文明、凝聚人心的重要载体。2006年5月20日，炎帝陵祭典经国务院批准列入第一批国家级非物质文化遗产名录。2011年5月23日，舜帝陵祭典经国务院批准列入第三批国家级非物质文化遗产名录。时至今日，每年这两个地方都要通过举办规模盛大的祭典活动，缅怀始祖的丰功伟绩，颂扬始祖的奉献精神，祈愿社会主义事业蓬勃发展，祈愿社会和谐稳定、人民幸福安康。

结 语

中华民族凝聚力来自中华儿女对中华文化的认同和传承，始祖文化是凝聚一个民族认同感的纽带，也是一个民族得以一代一代接替发展的基因。炎帝陵、舜帝陵是中华民族始祖的安寝福地，是全世界华人的精神家园，是寻根谒祖、旅游观光、研究始祖文化和进行爱国主义教育的圣地，也是传承湖南文脉、品读湖湘文化的宝地。炎帝陵、舜帝陵的意义远远超越了一般的风景名胜，它们不仅承载着深厚的历史底蕴，更是一种政治象征和文化载体，凝聚着中华儿女共有的精神信仰，化作民族向心力的不竭源泉，让中华儿女无论身在何方，都能在这份传承中找到归属。

🔊 **拓展阅读**

在广袤的湖湘大地上，至少有四位杰出的"先祖先圣"为我们留下了宝贵的文化遗产与深厚的精神财富。

人文始祖"神农"炎帝。炎帝，被誉为中华民族的人文始祖，亦称神农氏或"农圣"，是中国农耕文明的奠基者。他的足迹广布于湖南东部山区，从株洲庄严的炎帝陵，到衡阳耒水河畔的耒耜之地，再到郴州安仁，现在都仍流传着"神农尝百草，灵药安仁"的佳话。这些遗迹不仅是后人缅怀先贤的圣地，也催生了丰富的炎帝崇拜与庙会文化，如安仁神农殿的"赶分社"，便是神农药文化与农耕文化交融的盛典，也是湖南东部无可替代的人文瑰宝。

人文始祖"武圣"蚩尤。蚩尤与炎帝、黄帝并肩，同为中华文明三大始祖之一，被尊为"战神""兵主""武圣"。其陵墓被称"武陵"，寓意武勇之魂的安息之所。据考，蚩尤部落的迁徙路径与湖南西部紧密相连，武陵源或藏有其陵墓之谜。湘西保靖的旧名"迁陵"，或与"武陵"有着不解之缘，反映了蚩尤文化随部族南迁的轨迹。作为南方九黎部落的首领，蚩尤对湖南影响深远，其文化遗迹遍布常德至湘西等地，是湖南西部地区的文化瑰宝。

楚人始祖"火神"祝融。祝融，号赤帝，是中国古代神话中集火神、南方神、南岳神等多重身份于一身的神祇，亦属五行神之一。关于祝融的记载多种多样，或言其为三皇时期之祝融氏，或说其为炎帝、黄帝之后裔，亦有其为官职名的记载。据《山海经》描绘，祝融形象威严，驾驭双龙，受命于天帝。而《史记》则确认其为楚人之祖。祝融葬于衡山，其神格与南方之火相应，故衡山得"南岳"之名。此为"南岳衡山"之由来，承载着深厚的文化意义。

人文先祖"德圣"舜帝。在诸多先贤中，对湖南影响最为深远的莫过于舜帝。司马迁赞曰："天下明德，皆自虞帝始。"舜帝不仅创立了中华道德文化的基石，更被誉为"德祖""德圣"。其晚年南巡，足迹遍及湖南多地，从岳阳君山至常德德山，再至湘潭韶山、南岳衡山、邵阳崀山、东安舜皇山，最终"践帝位三十九年，南巡狩，崩于苍梧之野，葬于江南九嶷，是为零陵"。舜帝的行迹不仅丰富了湖南的文化景观,更在永州等地留下了深刻的文化印记,成为中南部地区最为珍贵的人文资源。

这四位先祖先圣,以其各自的伟大贡献,共同织就了湖湘大地绚烂多彩的文化图谱,是后人永远的精神灯塔。

主要参考文献

[1]曹波.始源神话与湖湘文化[J].湖湘论坛,2007(4):50-51.

[2]孟宪实.关于炎黄传说的历史研究[J].北京社会科学,2023(4):64-72.

[3]马平安.炎帝精神:中华文明的血脉基因[J].中国党政干部论坛,2023(7):89-92.

(执笔:程葵)

马王堆汉墓：楚汉遗风，长沙瑰宝

湖南位于长江中下游的沃土之上，自古以来便是文化的交汇之地。商周时期，这里曾是蛮越文化的繁衍生息之所，多民族在此和谐共生。随着中原文化的南渐，湖南成了多元文化交融的熔炉。至春秋战国时期，楚国将现今湖南的大部分地区纳入其版图，并在此孕育出辉煌的楚文化。湖湘文化作为楚文化的重要分支，其历史源头亦深深扎根于这片古老的土地。

历史的脚步从未停歇，秦朝的一统、楚汉的争霸都为这片土地留下了深刻的烙印。西汉初年，长沙国作为异姓王的封地，在中国政治舞台上扮演了极为重要的角色。马王堆汉墓的发现，更是为我们揭开了一段尘封的历史。这一位于长沙东郊的墓葬群，以其丰富的随葬品和独特的文化内涵，向世人展示了西汉初期湖湘地区的繁荣景象和高度文明。

马王堆汉墓不仅出土了大量珍贵的文物，例如光亮如新的漆器、华丽轻柔的丝绸、精美的帛画和失传的古籍等，还为我们揭示了当时社会经济生活、科学技术和文学艺术等方面的突出成就。尤为引人注目的是，墓葬中出土的文物所体现的楚文化特征，再次印证了湖湘文化与楚文化的深厚渊源。

然而，马王堆汉墓也曾因历史的误会而被冠以"五代十国楚王马殷家族墓地"的名头。考古学家经过深入的研究，最终还原了其作为西汉初期轪侯利苍家族墓地的真实身份。这一发现不仅纠正了人们以往对历史的误读，更为我们理解湖湘文化的历史脉络提供了新的视角。

如今，马王堆汉墓已成为研究西汉历史和文化的重要窗口。通过这一墓葬群，我们可以窥见2100多年前汉初社会的生动画面，感受那个时代的风华与韵味。同时，马王堆汉墓也为湖南的历史文化增添了浓墨重彩的一笔，使其在中国历史的长河中更加熠熠生辉。

惊世发现与难解之谜

1971 年底，长沙市东北郊的解放军 366 医院在马王堆的两个小山坡建造地下医院，工人在施工中用钢钎进行钻探时，从钻孔里冒出了呛人的气体。这种气体用火点燃时会发出神秘的蓝色火焰，让人感到恐惧和不解。最早接到消息的湖南省博物馆工作人员侯良马上意识到工人遇到的可能是一座古代墓葬，这样的墓在湖南方言中叫作火坑墓。

1972年1月，湖南省博物馆和中国科学院考古研究所正式成立考古队，对这座神秘的墓葬进行科学挖掘。这座墓葬南北长20米，东西长17米，属于大型的古代墓葬。这个墓呈方形，深20米，从上到下逐渐缩小，像漏斗的模样。椁室4米多长、1.5米高，如此罕见的巨大椁室让经验丰富的考古学家也感到惊讶。揭开椁板，考古学家发现这是一个地下宝库：中央是巨大的棺材，周边的边厢里填满了五光十色的珍宝，尽管有淤泥的覆盖，每件物品仍然如新的一样。

谜题之一：什么使2000多年前的藕片保存完好又转瞬即逝？

就在考古队员小心翼翼地提取文物的时候，不可思议的事情出现了。队员们在东面的边箱里发现了一个漂亮的漆器，打开盖子，在场的人都不由得瞪大了眼睛。当年参加挖掘的侯良回忆说，那天盖子揭开后发现下边是水，漂了一层藕片，真是难以置信这是2000多年的藕片啊！考古人员小心翼翼端上来，赶快喊摄影师来拍照。考古队的摄影师急急忙忙跑过来，只听"咔嚓"一声，这"锅"2000多年前的藕片汤就被定格在黑白照片上了。但是当摄影师准备拍摄第二张照片的时候，这"锅"藕片汤里的藕片彻底消失不见了。

这"锅"藕片汤后来被送到了考古研究所，考古专家、地震学家，还有古生物学家经过共同研究，得出结论：藕片自溶现象名叫纤维崩解，如果藕片老化到一定程度，只要轻微震动容器，就会发生这种现象。这"锅"汤证明了历史资料的准确性：南北朝时期，长沙曾经发生过一起三级地震，在之后的一两千年里，长沙再未发生过地震。

辛追墓中还出土了多种炊具和调味品，有煮、蒸、烤、炸、煎、炒等烹饪方式，还有苦、咸、酸、辛、甘等五味，烹制的美食菜肴达百余款，可见此时湘菜特质已经初具雏形。

谜题之二：2000多年前的马王堆女尸为什么不朽？浸泡女尸的液体究竟是什么？

在挖掘的过程中，琳琅满目的文物源源不断地从墓坑中取出，最后只剩下墓主人的栖身之所。庞大的棺材竟然套装4层，最里面才是安放墓主人遗体的内棺。棺盖上覆盖着一块"T"形的神秘帛画。这幅长达两米并且完好无损的巨型帛画是中国考古史上的首次发现。

这口棺材富丽堂皇，最里面的内棺棺身涂满黑漆，外面用帛和绣锦装饰。人们花了整整一个星期的时间，才终于打开棺材。墓主人的身上裹了20层衣物，有丝绸、麻织品，春夏秋冬的衣服几乎全了。揭开这些衣物，墓主人终于露出了面容。在场的人都目瞪口呆，因为她不像一具古尸。墓主人头上盘髻假发，尸体保存完好，全身润泽，皮肤仍旧是淡黄色的，皮下软组织富有弹性，四肢关节尚可活动，内脏器官保存完好，血管内尚有凝固的血块，血型为 A 型。食管、肠胃内有 138 粒半甜瓜子，由此可知其死于瓜熟季节。据病症推断，墓主人可能由于胆绞痛引起冠心病发作而死，去世时年约50 岁。

能如此清晰地了解 2000 多年前人类的死因，在考古史上是绝无仅有的，这主要得益于尸体良好的保存状态。女尸经过防腐处理后，被送到了湖南医学院。注射防腐剂时，女尸的软组织在鼓起后逐渐扩散，这和新鲜尸体十分相似。距今 2000 多年且保存如此完整的软体女尸在世界丧葬史上实属首例。这不仅是世界考古史上的奇迹，而且是人类历史上的奇迹。

在文物清理过程中，人们发现了一枚印章，上面刻着"妾辛追"三个字，这说明墓主人的名字叫辛追。另外，在一些随葬器物上印有"軑侯家丞"和"軑侯家"的字样，这就进一步确定了墓主人的身份。在马王堆之前，人们还没有发现过保存如此完好的湿尸，此后人们将此类古尸命名为马王堆尸。直到今天，人们还在不懈地探求马王堆女尸的不朽之谜。

为什么历经 2000 多年的时光，尸身依然能保持不朽呢？马王堆女尸出土时，浸泡在约 160 升的无色透明棺液之中（出土不久就变成棕黄色）。关于这种液体到底是不是防腐剂、由何而来等问题，人们有着不同的见解。经化验，这种棺液内含有汞化物和氨基酸等化学成分，具有轻度的抑菌、防菌作用。考古学家还发现棺液中有乙醇等酸性液体，于是怀疑 2000 多年前使用了酒精。化验结果说明，当时可能有防腐剂，当时的人们可能掌握了防腐技术。当然，棺液也可能是在尸体出殡时盛放冰块或用香汤沐浴、擦拭身体而留下的。也有人认为棺液是尸体自身的水分。但此种想法经过考证已被否定，因为棺液总共 80 斤，而尸体也只有 80 斤，不可能释放等同身体重量的尸水。现在，关于这些液体的谜团，仍未完全解开。

素纱襌衣与西汉纺织技术

"薄如蝉翼，轻若烟雾""轻纱薄如空""举之若无"，古人是这样形容贵族官僚的丝绸衣物的。马王堆汉墓出土了两件素纱襌衣，其中一件曲裾、一件直裾，分别重 48 克和 49 克。在湖南博物院"长沙马王堆汉墓陈列"中常年对外展出的是重量为 49 克的素纱襌衣。

这件幸存的素纱襌衣上下衣裳相连、衣领相交，直裾由左向右掩，垂直而下，衣长 1.28 米，通袖长 1.9 米。襌衣用料约 2.6 平方米，面料为轻薄且没有颜色的方孔平纹丝织物素纱，蚕丝纤度匀细，织造技巧高超，可谓巧夺天工。纱是丝绸中最早出现的一个品种。素纱指没有染过色的纱。素纱襌衣是迄今为止所见古代最早、最薄、最轻的服装珍品，是西汉时期纺织技术巅峰之作，代表了汉初养蚕、缫丝、织造工艺的最高水平。用作襌衣缘饰的绒圈锦，其纹样具有立体效果，需由双经轴提花机来织造。这就证明了绒类织物是中国最早发明创造的，从而否定了之前的提花技术是唐代以后才有或从国外传入的说法。

丝织物的出现和很多我们熟知的用以标记文明的物质不同。玉器可能是偶然的发现，石器可以是一种巧合的击打，陶器也可能是黏土被烘烤后的恍然大悟。但是，丝绸的每一步——育蚕、种桑、取丝、造机杼、做衣都需要人力的参与。整个过程不仅要有智慧，还要有经验，更要有创造力。没有什么比这样一整套流程更能考验当时的文明程度。首先，素纱襌衣所用蚕丝为家蚕丝，这足以说明当时的人们已经能够育蚕了。其次，蚕丝纤细均匀，说明当时的缲纺技术高超。最后，素纱空隙均匀，说明当时的纺车织机水平不同凡响。这样一件仅重49克的襌衣，其中蕴含着博大精深的湖湘文明，使人们对整个西汉文明叹为观止。

除了素纱襌衣，马王堆还出土了大量精美的刺绣织物，涵盖了西汉初年丝织品的轻纱、纹罗、素绢、纹绮、纹锦、绒圈锦等大部分种类。这些精美的丝织品大多被赋予了美好的寓意："乘云绣"象征凤鸟乘云，"信期绣"寓意"似曾相识燕归来"，"长寿绣"寓意长生不老。马王堆汉墓出土的丝织品大多采用锁绣针法，以染色、印花及刺绣装饰，色彩绚丽、绣纹精美，被赋予了神奇、浪漫的寓意，体现了汉代人对美好生活的向往与追求。

帛书帛画与西汉文化艺术

在成熟的纸张发明之前，人们大多在竹简、木牍、帛书上书写文字。马王堆汉墓三号墓出土帛书近40种，共计12万余字，均为战国到汉初的文献抄本。有一些是失传已久的珍贵文献，内容涉及哲学、政治、军事、天文、地理、医学、历史、艺术等领域。这批简帛出土在利豨墓东边厢的一个黑色长方形漆奁内——这里被称为"地下图书馆"。这些帛书竹简是继敦煌之后规模最大的一次古代典籍发现。

马王堆的帛书和竹简如今已成为一门独立的学科——马王堆学，主要包含如下几类：

一是天文地理。天文类帛书有两篇，反映了当时天文学的成就。《天文气象杂占》由250幅绘有云、气、恒星、彗星等各种天象的图像组成。此书中绘有31幅形态逼真的彗星图，说明2000多年前我国的彗星观测已取得惊人成就。《五星占》揭示了汉初以前的天象观测成就，是现存最早的天文学专著。

地理文献类有三幅地图，反映了当时的地图测绘已达到很高的水平。研究者将这三幅地图分别命名为《长沙国南部地形图》《驻军图》《城邑和园寝图》。《长沙国南部地形图》的方位为上南下北，有比例尺。这幅2000多岁高龄的地图具备了现代地图的四大要素：山脉、河流、道路和居民点。

二是医学养生。马王堆汉墓出土的医书共有16篇，其中12篇写在绢帛上，内容包括预防医学、医药理论、医疗方法、药物方剂和养生之道。《五十二病方》是迄今为止最早、最完整的古医方专著。《五十二病方》比《黄帝内经》的成书年代还要早，书中记载了52种疾病的方剂和疗法，涵盖现代医学的内科、外科、妇产科、儿科、五官科等103种疾病的治疗医方。据统计，书中载有药方280多个，所用药物240多种，是中国现在所能看到的最早的方剂，也是非常珍贵的医学遗产。

气功是中国古代独特的健身运动。利豨墓出土了一张现存最早的彩绘气功导引操练图——《导引图》。所谓导引就是疏导气血、引伸肢体，是一种呼吸运动和肢体运动相结合的医疗体育方法。引导术是既有健身功能又有治病功能的养生操。《导引图》证实了早在2000多年前，我国的医疗保健就已经达到较高的水平。

三是历史哲学。马王堆汉墓出土了大量的历史哲学文献，不仅对订正传世文献有重要价值，而且有很多本已失传的古书，为人们正确认识先秦、秦汉时期的哲学思想提供了依据。

帛书《春秋事语》现存16章，记载了春秋各国的历史事件。例如，公元前638年宋、楚两国征战等内容，对研究春秋时期的历史有重大意义。

帛书《老子》有两个版本，甲本用古隶抄写，是最早的手抄本之一；乙本为早期隶书。这两个版本均为"德经"在前、"道经"在后，有助于人们认识《老子》在汉初的真实面目，为校勘传世本《老子》和进一步研究《老子》思想提供了珍贵资料。这两件帛书也是研究汉字演变及书法艺术的珍贵资料。

四是阴阳五行。帛书《阴阳五行》《出行占》等都属于占卜吉凶的术数著作。战国、秦汉时期，人们十分重视阴阳五行学说的学习与研究，在改朝换代、祭祀、封禅、出行、嫁娶、择宅、攻战等时候都要占卜吉凶。

马王堆出土的T形帛画在中国绘画史上具有里程碑式的意义。马王堆一、三号墓还出土帛画11幅。其中，一号即辛追墓内棺覆盖了一幅精美的T形帛画。这幅帛画全长2米许，下垂的四角有穗，顶端系带以供张举，应是当时葬仪中必备的旌幡。T形帛画最具代表性，是迄今发现最早的汉代独幅绘画作品。帛画外形像一个大写的英文字母"T"，故后人称之为T形帛画。但根据随葬遣册的记载，其名为"非衣"，可能是取其"似衣而非衣"之意。它在出殡时作为引导的"魂幡"，入葬时覆盖于内棺棺盖上。帛画分上、中、下三部分，分别表现了天上、人间与地下的场景：天上的场景绘有日、月、升龙和蛇身神人等图形。人间部分最显著的位置有一位锦衣华服、形象高贵的妇人，应该就是墓主人辛追。人间部分还绘有蛟龙穿璧、宴飨等场面。帛画下端是地下场景，绘有赤身裸体的巨人两手平托大地，脚踏两条交叉的鲸鲵。

从整体构图来看，两幅画都重点描绘了一位妇女，她在神物的引导下登空迅进，表现了"引魂升天"的艺术构思。这是楚地神仙思想流行的反映，并且与当时湖南盛行的道家思想有一定关系。《楚辞》中大量反映这种思想的诗句也可为其佐证。这一类艺术造像虽包含迷信和神话色彩，但还是以现实生活为基础，体现了艺术的真实性和浓厚的浪漫主义色彩，反映了当时绘画艺术的成就。这种构图艺术风格在民间年画中保存下来。例如，刻门神就展现了古代湖南民间的风俗，为广大民众所喜爱，具有鲜明的地方色彩。

彩绘帛画保存完整、色彩鲜艳，是不可多得的艺术珍品。整幅帛画用浪漫主义的手法表现了古人对天国的想象和永生的追求，具有很高的思想价值与艺术价值，显示了我国古代帛画艺术的卓越成就。

湘绣是否从帛画艺术中得到了某种灵感和启发？答案应该是肯定的。据记载，1958年在长沙楚墓中发现的龙凤绣品图案之精美、绣工针法之细腻，令人叹为观止。马王堆汉墓本身也出土了40多件刺绣衣物，说明远在2000多年前的西汉，湖南地方刺绣(湘绣)与帛画交相辉映，已发展到了极高的水平。

结　语

马王堆汉墓出土的珍贵文物，不仅是我们触摸历史的媒介，更是一扇开启汉代瑰丽文明的窗户。这些文物以其独特的艺术魅力和历史价值，引领我们穿越千年时空，深刻感悟汉代文明的繁荣与辉煌。它们无声地诉说着湖湘先人的智慧与创造力，生动地证明了这片土地在古代并非蛮荒之地，而是孕育着灿烂文化的沃土。

汉代文明作为中华先进文明的重要组成部分，影响深远而广泛。马王堆汉墓出土的器物，不仅为我们提供了衡量汉初社会发展的宝贵实物资料，更是对当时社会经济、文化等方面的高度概括和生动再现。这些文物的发现与研究，极大地丰富了我们对汉代历史的认识和理解。

今天，我们可以自豪地说，马王堆汉墓的发掘是20世纪中国乃至全世界考古领域极重大的发现之一。它不仅填补了部分历史研究的空白，更为我们传承和弘扬中华优秀传统文化提供了有力支撑。在未来的研究中，湖湘后人将继续深入挖掘马王堆汉墓的文化内涵和历史价值，为揭示汉代文明的更多秘密贡献智慧和力量。

🔊 拓展阅读

1.湖南博物院是湖南省最大的历史艺术类博物馆，院舍总面积110556.3平方米(其中，本部陈列大楼91252平方米、南院10408平方米、在建博物院汨罗基地8896.3平方米)。它是首批国家一级博物馆、中央地方共建的八个国家级重点博物馆之一、全国文化系统先进集体、全国文物系统先进集体、全国爱国主义教育示范基地、文化强省建设先进集体。

湖南博物院自建馆（院）以来，就以保护、传承优秀历史文化为己任，集文物征集、收藏、研究、展示、教育、服务于一身。多年来，作为湖南省十大文化地标之一，它吸引了成千上万的游客前来参观，是代表中华区域文明的国家级重点博物馆，是人们了解湖湘文明进程、领略湖湘文化奥秘的重要窗口。

经过半个多世纪的建设与发展，湖南博物院在运营管理、文物收藏、学术研究、陈列展览、教育服务、媒体传播、文创开发等方面获得显著成绩，现已成为中国极具影响力的博物馆之一，并跻身国际先进博物馆行列。

2. 长沙是汉文化在南方的重要传承地。在此，汉文化与楚文化相互交融，共同塑造了这座城市独特的文化风貌。汉代，长沙城作为楚、汉文化的交汇点，其城市基本格局与文化风貌得以确立。提及汉代长沙遗存，除了举世闻名的长沙马王堆汉墓，在湘江西岸还隐藏着我国现存数量最多、规模最大、保存最为完整的汉代诸侯国陵园——汉代长沙王陵墓群。这里共有25座墓葬，依山而建，气势恢宏，共有12位长沙王及其王后等王室成员葬于此地。除了王族墓葬，长沙还散布着众多历史遗迹遗存。汉景帝之子刘发所建定王台作为汉代长沙王宫遗址的一部分，见证了长沙作为诸侯国都的辉煌岁月；马王堆、汉王陵等楚汉文化遗址以及三国吴简等众多楚汉文化遗存，共同构成了长沙丰富的历史文化景观，让人们在探寻历史的同时，也能深刻感受楚汉名城长沙的文化魅力。

主要参考文献

[1]陈建明.湘楚物华：阅读湖南省博物馆[M].北京：紫禁城出版社，2009.

[2]刘绪义.品味湖湘[M].长沙：湖南人民出版社，2012.

[3]岳南.西汉孤魂：长沙马王堆汉墓发掘记[M].长沙：湖南文艺出版社，2023.

（执笔：欧阳红）

屈原、贾谊：忠魂烈烈，千载忧患

毛泽东有诗云："年少峥嵘屈贾才，山川奇气曾钟此。"这里的"屈贾"，说的是战国的屈原和汉代的贾谊。毛泽东对屈原、贾谊给予了很高的评价：他仰慕屈原的才志与人品，以"屈子当年赋楚骚，手中握有杀人刀"赞屈原；他感叹贾谊的才华和命运，以"贾生才调世无伦，哭泣情怀吊屈文"评贾谊。

屈原与贾谊不仅是开启百代的诗人、辞赋家，还是卓越的政治家和哲学家。他们凭借惊世才华、高贵品质和忧患情怀，赢得了后人的无限尊敬与同情，成为后世学人永远怀念与歌颂的对象。

屈贾之乡：共同的命运

湖南，在先秦时期属于楚国的领地。屈原、贾谊被贬谪到湖南，在这里任职、生活、写作。可以说，湖南是屈贾心系天下万民、求索国家前途之地，也是他们精神得以安顿、人格臻于完善的地方。

屈原是出生于楚国的贵族。他生活的年代，正是楚怀王主政的时期。但此时已经有 700 多年历史的楚国，正经历着由盛转衰的痛苦过程。屈原从小就怀着振兴楚国的大志。他少时饱览诗书、博学多才，青年时代便崭露头角，并成为楚国政坛炙手可热的"新星"。楚怀王十年（前 319 年），年仅 21 岁的屈原晋升为左徒，职务仅次于当时的最高行政长官令尹，相当于后来的副宰相。年轻的屈原提出了一系列政治主张，使楚宫内外大为震动。贵族势力一片惊恐，百姓布衣拍手叫好。但楚宫高深，楚怀王听不到百姓的声音。在郑袖、靳尚等人的挑唆下，屈原被罢黜左徒之官，任三闾大夫之职。此官职无法参与国家大事。楚怀王十六年（前 313 年），为打破楚齐联盟，秦相张仪入楚。他贿赂楚国权贵宠臣，又欺骗楚怀王，承诺若楚齐绝交，秦愿意献出商於一带六百多里土地。屈原极力劝谏，楚怀王不听，反信张仪。张仪回秦后，装病三月不见楚使，直到逼得楚齐断交，才出面对楚使说："您为什么不接受秦国广袤六里的土地呢？"六百里变六里，楚怀王这才明白自己被欺骗了。楚国几次兴兵伐秦，都大败而归。被再度启用的屈原，面对政治腐败、经济崩溃、兵无斗志的楚国，已无力回天。

趁着楚怀王灵柩运回郢都、举国默哀的机会，屈原拼死揭露亲秦派祸国殃民的罪行。但打击也随之而至，他被流放了，政治生涯也随之结束了。流放，是屈原之不幸，却是三湘四水之大幸。

在湖湘大地，屈原"哀民生之多艰"，爱楚之心不移，书楚语、作楚声、纪楚地、名楚物，潜心文学修炼，大力传播楚文化。洞庭湖流域、湘江流域、沅水流域、南岳衡山……这片土地上广泛流传着屈原忧伤的灵魂飘过的故事。

南楚巫文化对屈原的创作产生了深刻影响。屈原被放逐后深入民间，了解南楚的祀神歌舞，大胆地展开学习、模仿、创作：首先是通过搜集学习，在原有祀神歌词中渗透自己的理想和追求，加工、润色而成《九歌》和《天问》；其次是利用这种艺术体裁抒发自己的感受，缘事而作成《九章》；最后是自铸伟辞以总结自己的一生，写出震古烁今、惊彩绝伦的抒情长诗《离骚》。从某种意义上说，屈原的作品是湖湘巫歌的美学升华。

屈原记述了不少湖湘的风土人情。"余处幽篁兮终不见天"说的是汨罗玉笥山的玉竹，"石磊磊兮葛蔓蔓"写的是磊石山（今位于湖南省浏阳市内）的地貌，"沅有芷兮澧有兰"描写的是常德洞庭湖一带特有的植被，"入溆浦余儃徊兮，迷不知吾所如"说的是溆浦这个屈原诗作中唯一具体描绘的地方。洞庭湖及山皋的香花恶草、香木臭木也在屈原的作品中经常出现。除了风土，先秦时代的湖湘人情也跃然纸上。当时，汨罗盛行女巫扮作男巫主持祭祀，如《离骚》"女婴之蝉媛兮"中的"女婴"就是扮觋的女巫。这种习俗一直沿袭到今天。不少湖湘方音、方言也被屈原熔铸在他的诗篇中。

屈原自沉汨罗江一百多年后，一位年轻的后生怀着忧郁的心情，一路风尘来到了湘江之滨。望着凄风冷雨中江面映出的孤独倒影，他回想起自己好像才开始就结束了的前半生。"年十八，以能诵诗属书闻于郡中"，与屈原一样，这是一个少年天才。这位以诵读诗书、善写文章而闻名郡中的少年被人生"伯乐"——河南太守吴公召至门下。汉文帝即位后，吴公被召至京城任廷尉一职，借机向文帝举荐"贾生年少，颇通诸子百家之书"。于是，22 岁的贾谊以谋士、谏臣的身份积极参与到国事之中，成为朝中最年轻的博士。他擅长汲取古今智慧、分析治国理政之得失利弊。在《过秦论》里，他分析秦朝灭亡的原因为"仁义不施而攻守之势异也"，震动朝野。"每诏令议下，诸老先生不能言，贾生尽为之对，人人各如其意所欲出"，其才情尽显于朝堂之上。不到一年，他就被破格提拔，任太中大夫之位，可谓少年得志。

得志往往伴随着失意。贾谊提出的一系列改革主张，动了朝中重臣们的"权力蛋糕"，他们借机诋毁他、诬陷他。年轻的帝王根基未稳，迫于无奈，将他外放到长沙。

长沙离京师有万里之遥。贾谊自北而来，穿中原、涉长江、入山林。秋风瑟瑟，烟雨锁江。他伫立在江边，心境晦暗潮湿。朦朦胧胧间，有一个似曾相识的影子出现。他吟咏着《楚辞》的上半章踏江而来，而那下半章，则等待着时空中的另一个诗人去续写、唱和。

此时，贾谊心神遇合，百感交集：历史竟然如此惊人地相似，自己所景仰的爱国诗人屈原，满怀忠诚和才华，却报国无门，屡遭迫害，最后落得自沉汨罗江的结局。今天，同样的命运不幸降临到自己的头上。进入朝廷刚满两年，他本以为可以尽展平生才华和抱负，孰料遭受庸臣排挤被放逐。贾谊满怀愤愤不平之气，写下了千古名篇《吊屈原赋》。"国其莫我知兮，独壹郁其谁语？"凭吊，其实就是一种救赎，也是对自己灵魂的拯救。

在长沙，贾谊并没有一蹶不振，而是仍心系国之大事。他上疏《阶级》，建议文帝以礼对待大臣；作《谏铸钱疏》，指出私人铸钱导致币制混乱，于国于民都很不利，建议下令禁止。

贾谊任长沙王太傅的第三年，有一只鹏鸟飞入他的房间，停在座位的旁边。鹏鸟像鸮，旧时被视为不祥之鸟。贾谊被贬居长沙后，因长沙低洼潮湿，常自哀伤，以为寿命不长："谊既以谪居长沙，长沙卑湿，谊自伤悼，以为寿不得长，乃为赋以自广"。如今鹏鸟进宅，更使他伤感不已，于是作《鹏鸟赋》抒发忧愤不平的情绪。也就是这一年，贾谊被重新召回长安，成为梁怀王太傅。后梁怀王坠马而死，贾谊深自歉疚，抑郁而亡，时年仅 33 岁。

正是因为两人平生都正道直行、忧谗畏讥、从容辞令且遭遇相似，司马迁所著《史记》将屈原、贾谊合传，名曰《屈原贾生列传》。正是因为两人的重大影响和他们与湖湘大地的深厚渊源，湖湘大地也被称为"屈贾之乡"。

屈贾忧患：共同的精神

从屈原、贾谊的人生轨迹和字里行间，我们深深地感受到，他们满怀忧国忧民之志，他们的忧患意识一脉相承，他们都自觉地将自己与国家和民族的命运有机地联系起来，"安而不忘危、存而不忘亡、治而不忘乱"。特别是在政治主张不被接受而遭放逐的困境下，他们念兹在兹的仍是自己的国家和民族，所生发的始终是对国家前途、民族命运和百姓生存状况的无尽忧思与高度关注。

屈原作《离骚》传达心中强烈而浓郁的忧患意识。

忧君爱国："惟草木之零落兮，恐美人之迟暮。"理想与现实之间的矛盾，使他忧心忡忡，在感叹时间易逝的同时为楚王操碎了心。"不抚壮而弃秽兮，何不改乎此度？"这是屈原向楚王发出的责问。"虽萎绝其亦何伤兮，哀众芳之芜秽。"在屈原看来，众多人才的萎绝不值得哀伤，最令他感到悲恸的是他们不能保持自身的高洁。

忧生之嗟："曾歔欷余郁邑兮，哀朕时之不当。"在诗歌开头，屈原就从宗祖、生辰、名字等方面说明自己不平凡的身世，告诫自己要加紧提升才能，以解国君忧患，安定社稷。《离骚》明显地流露出屈原对岁月更替、时光易逝、人生易老的感慨和恐惧。感事伤时的忧患意识使屈原保持相当清醒的头脑和高度的自觉性。"进不入以离尤兮，退将复修吾初服。"屈原入仕却不被重用，于是退而修德，希望君王有朝一日能够醒悟，这也是他对自己怀才不遇的心理安慰。

忧患升华："路漫漫其修远兮，吾将上下而求索。"屈原不断完善自我以辅佐君王，但君王的昏庸、小人的嫉妒，使他满腔的报国热情无处施展。屈原一再表达忧君爱国的思想，换来的却是"荃不察余之中情兮，反信谗而齌怒"的不信任和"余虽好修姱以鞿羁兮，謇朝谇而夕替"的疏远，甚至"众女嫉余之蛾眉兮，谣诼谓余以善淫"的党人的嫉妒迫害。现实使他绝望、彷徨，看不到一丝光明，就连自己最亲近的女媭也在埋怨他。于是，他转向虚境，去"求女""神游"，并且开始了镜花水月的探索，以此明心中所忧。屈原在虚境中探寻的和他在现实中追寻的几乎相同。这种内容上的复沓，使屈原"忧君爱国"与"忧生之嗟"的忧患意识进一步升华。

作为一曲愁肠百结的咏叹调，《离骚》展现的是一种深广的忧愤和伟大的悲情。对于屈原而言，其构想的理想社会与残酷的现实之间有着强烈的冲突，使他产生了一种"举世皆浊我独清，众人皆醉我独醒"的孤独之感，因此才有了"路漫漫其修远兮，吾将上下而求索"的誓言。

贾谊之忧患意识则与屈原一脉相承。他的作品既有对国家前途和人民疾苦的忧患，又有对自己怀才不遇、不能为国效力的愤懑。

作为汉初士人，贾谊敏锐地洞察到了新建汉王朝的问题所在，并以政治家的眼光深谋远虑。比如，其被毛泽东赞誉为"西汉第一雄文"的《治安策》（又名《陈政事疏》）一开头便疾呼："臣窃惟事势，可为痛哭者一，可为流涕者二，可为长太息者六，若其他背理而伤道者，难遍以疏举。"他虽被贬谪，但依旧苦思忧惮，向皇帝痛陈"天下之势方病大肿""天下之势方倒悬"的社会现状。这种忧君意识深为后世所钦佩。又如，在《论积贮疏》中，贾谊针对汉初民不聊生的现状，以深谋远虑的政治眼光，提出积贮粮食的主张，凸显了其忧国忧民的意识。贾谊以管子"仓廪实而知礼节"开篇，直指民生问题，并以"民不足而可治者，自古及今，未之尝闻"进一步指出粮食的富足对于百姓的重要性。然而，当时百姓的生活状况是"失时不雨，民且狼顾；岁恶不入，请卖爵子"。因此，贾谊发出振聋发聩的呐喊："安有为天下阽危者若是而上不惊者？"贾谊从正反两方面论述积贮粮食与国计民生的关系，得出"夫积贮者，天下之大命也"的结论。或许，只有最具使命感的人，才能感知这样的"大命"。作为文学家兼政治家的贾谊，充满了为君谋划的思想和为民请命的责任感。他请求当权者不要"背本而趋末"，而要"使天下各食其力，末技游食之民转而缘南亩"，以实现"畜积足而人乐其所"的目标。文帝深受感动，"于是上感谊言，始开籍田，躬耕以劝百姓"。贾谊的忧国忧民意识与文帝的治国理念吻合，汉王朝自文帝开始休养生息，从而有了为后世所称道的"文景之治"。《论积贮疏》对后世重视农业生产、加强粮食储备有着深远影响。

贾谊比屈原晚出生约140年，二人分属不同的历史时期，面对的时代背景和命题也有着显著的差异，却有一个最大的共同点，即都怀着对国家、人民的巨大关切，都具有对现实生活的深邃洞察，因而都能够极其敏锐地觉察到当时政治、社会中各种形式的隐患。这种忧患意识是孤独的、不被理解的、无人相助的，所以屈原反复悲叹："国无人莫我知兮""举世皆浊我独清，众人皆醉我独醒"，贾谊则说："国其莫我知兮，独壹郁其谁语？"但这种忧患不是消沉、压抑、颓唐的，而是升华成了一种积极、坚毅、向上的精神力量。因为忧患，他们产生了为国家、人民排忧解难的强烈的社会责任感。正是由于这种责任感与精神力量的支撑，他们在国家和个人的双重苦难的压迫下仍能巍然挺立，宁可以身殉志，也不退避半步。

历史已经证明：自沉汨罗江的屈原、痛哭流涕的贾谊绝非失败者，他们的作品对后人产生了巨大的鼓舞作用。

屈贾精神：湖湘文化的核心精髓之一

屈原与贾谊是湖湘文化最早的双重奏，他们不仅以自己的才华和忧国情怀在历史长河中留下了浓墨重彩的一笔，更成了一代又一代湖南人心中的精神象征，深受湖南人民的敬仰与怀念。作为屈贾"后人"，湖南人以各种形式来纪念他们，追寻他们的足迹，湖南无数的名胜古迹见证了这一切。

据史书记载，早在晋代，楚地人民就为屈原立祠祭祀，其遗迹历经汉、唐、五代、元、明、清等朝代，不断得到修缮和扩建。唐代建三闾大夫屈原祠；五代封屈原为昭灵侯；宋代尊封屈原为清烈公；元代又加封屈原为忠洁清烈公；明万历年间，贾谊祠内又增祀了屈原，形成了"屈贾祠"的独特景观。这些遗迹不仅是历史的见证，更是湖南人民对屈贾精神的传承和弘扬。

屈原和贾谊的忧患意识如同湖湘大地的精神血脉，代代相传，深深植根于湖南人民的心中。他们的这种意识在文化递嬗和社会演化中不断得到传承与发展，使得湖湘文化形成了一种一以贯之的伦理气质和源远流长的伦理精神。这种精神在历代湖湘军政人才身上都有明显的体现，从两宋时期的张械、吴猎、赵方等人开始，一直到新民主主义革命时期湖南的军政人才都深受屈贾精神的影响。

北宋名臣范仲淹的《岳阳楼记》进一步强化了湖湘文化的这一精神传统。范仲淹虽然没有踏足湖湘大地，但对屈原、贾谊的忧患意识有着深刻的认知和价值认同。他的"先天下之忧而忧，后天下之乐而乐"的情怀，正是对屈贾精神的继承和发扬。这种价值观念不仅成为湖湘文化的历史坐标，更激发了无数湖湘儿女为国家和民族的利益而奋斗的热情。

在近现代中华民族危亡的关头，湖湘儿女珍视自己生于"屈贾之乡"的身份，以身许国，用热血和生命捍卫国家的独立与主权。从王夫之到杨度，从谭嗣同到陈天华、杨毓麟，这些湖湘志士都以屈原、贾谊为精神楷模，用自己的行动践行着屈贾精神。他们的爱国情操和悲壮追求，正是"屈贾情结"在湖湘儿女血脉中的生动体现。

进入新时代，迈步新征程，我们更应该从屈原、贾谊的精神宝库中汲取智慧和力量。他们的忧国情怀、高尚品格和坚定信念，都是我们学习的内容。正如习近平总书记所强调的，今天纪念屈原、贾谊，是为了寻找古人精神和当下需求的连接点，以溯民族精神之源流、辟与时俱进之路径，用屈贾精神为生民"塑心"、为实践"聚能"。在新时代的征程中，我们要以屈贾精神为指引，坚定信念、勇攀高峰，为实现中华民族伟大复兴的中国梦贡献自己的力量。同时，我们也要将屈贾精神传承下去，让更多的人从中受益，共同为推进强国建设、民族复兴伟业而努力奋斗。

🔊 拓展阅读

湖南，这块历史悠久的土地，自古便享有"屈贾之乡"与"潇湘洙泗"的雅称，这两大美誉不仅承载着其深厚的文化底蕴，也彰显了它在中华文化长河中的独特地位。

"屈贾之乡"源于两位历史巨匠——屈原与贾谊的传奇故事。屈原，流放湖南长达18年，以《离骚》《九歌》等不朽诗篇，开创了"楚辞"诗体，将楚地的风土人情与民间传说融入其中，以"香草""美人"为喻，展现了深沉的家国情怀与浪漫主义色彩。贾谊，西汉初期的政论家与文学家，才华横溢却遭权贵排挤，贬至长沙。他途经湘江时所作的《吊屈原赋》，不仅是对屈原命运的共鸣，更是中国文人在逆境中坚守忠君爱国、矢志不渝精神的写照。屈原和贾谊的忧国忧民情怀与深邃学术思想，共同铸就了湖湘文化的灵魂，使湖南被誉为"屈贾之乡"，并形成了"心忧天下"的独特伦理文化风貌。

"潇湘洙泗"则象征着儒学文化的深远传播与湖湘地区的儒学重镇地位。潇湘，指湖南境内的潇水河与湘江；洙泗，原为山东河流，孔子曾在此讲学，因而用来代称孔子及儒家。北宋文人王禹偁将岳麓书院比作儒家圣地，称赞长沙为"潇湘洙泗""荆蛮邹鲁"，彰显了其在儒学传播中的重要地位。北宋时期，周敦颐以《太极图说》《通书》等著作，奠定了宋明儒学新阶段的基础。他凭借"默契道妙"的智慧与"继往圣绝学"的壮志，揭示了义理的深奥，开启了理学的新篇章。周敦颐以"诚"为学问之本，构建了形而上学的"诚"体系，为宋明六百年的内圣修养与道德教育奠定了坚实基础，使长沙成为濂溪理学"默契道妙"的发源地，进一步丰富了"潇湘洙泗"的文化内涵。

主要参考文献

[1]董楚平.楚辞译注[M].上海：上海古籍出版社，1986.

[2]王洲明，徐超.贾谊集校注[M].北京：人民文学出版社，1996.

[3]汤建军.屈原精神历久弥新的奥秘[J].湖南省社会主义学院学报，2023，24(5)：80-84.

[4]邹佳良，卢燕.屈原忧患意识再谈：以《离骚》为例[J].现代语文(学术综合版)，2013(5)：9-11.

[5]汪耀明.贾谊和西汉文学[M].上海：复旦大学出版社，2003.

[6]邓思洋.贾谊谪长沙的思想变化及对湖湘文化精神的影响[J].文学艺术周刊，2023(1)：12-16.

（执笔：杨文兰）

蔡伦：发明造纸，肇造文明

　　一个伟大的民族，始终根植于科技与文化的沃土之上。科技与文化如同民族的灵魂和血脉，共同铸就了辉煌的历史篇章。谈及中华文明的璀璨成就，按照英国学者李约瑟的说法，造纸术、火药、指南针、印刷术应并称"四大发明"。这四大发明无疑是中华民族智慧与创造力的杰出代表，不仅深刻影响了古代中国的发展轨迹，更对全球文明进程产生了深远的影响。

　　在这四大发明中，造纸术尤为引人瞩目。纸作为一种便携、易记的文字载体，结束了"缣贵简重"的历史。造纸术的发明不仅是书写材料的变革，更是信息传播与文化传承的重要基石。古代中国文明之所以能够遥遥领先于西方世界，造纸术功不可没。它极大地促进了知识的传播与文化的交流，为中华文明的繁荣与传承奠定了坚实的基础。

　　谈及造纸术，蔡伦无疑是一个熠熠生辉的名字。蔡伦的发明不仅彰显了中华民族的智慧与创造力，还为世界文明史留下了浓墨重彩的一笔。他敢于创新、勇于探索的精神，正是湖南人创新意识的生动体现。他的名字与造纸术紧密相连，成为人类文明进步的不朽丰碑。

　　我们应该深刻铭记这些伟大的发明家与他们的卓越贡献。正是他们勇于创新、不断进取的精神，推动了人类文明的持续发展与进步。同时，我们也应该继续传承与弘扬这种创新精神，为中华民族的繁荣与伟大复兴贡献自己的力量。

苦心人天不负　有志者事竟成

　　蔡伦出身于铁匠世家，从小就对冶炼、铸造等工艺有着浓厚的兴趣，这也为他后来改进造纸术奠定了基础。汉明帝永平十八年（75 年），十三岁的蔡伦遭遇家庭变故，被迫进入洛阳宫中做宦官。身处权力与阴谋交织的宫廷之中，他并未沉沦，而是保持着勤奋笃定的态度。他执着于理想，纯粹地活在当下，即使面临疾风骤雨般的困境，也从未放弃过对人生的追求。对于蔡伦来说，最艰难的修行并非在深山老林中与世隔绝、独自冥想，而是在纷繁复杂、充满诱惑的宫廷中，依然能够保持内心的平静与专注，潜心于自己的研究。根据《东观汉记》记载，蔡伦"为中常侍，有才学，尽忠重慎。每至休沐，辄闭门绝宾客，曝体田野"，以养浩然之气。

　　建初元年（76年），入宫不久的蔡伦便凭借勤恳忠厚的品性和卓越的才能，迅速崭露头角。他先是当上了小黄门，因为工作勤勉尽责，很快又晋升为中常侍，主管文书的起草、处理、传达工作，并且参与机密，权力日重。在履职过程中，他留心观察生活，善于思考。当时的书写工具竹简笨重、丝帛昂贵，十分不便。蔡伦深感书写材料的不便严重阻碍了信息交流，便下定决心改进造纸术。他走遍大街小巷和乡间田野，深入研究各种可能的造纸原料和工艺；在工坊里与工匠们一起反复试验、不断探索。工作之余，他还亲自到作坊进行技术调查、观察生产过程，积累了丰富的实践经验。经过无数次的尝试和失败，他最终挑选出树皮、破麻布、旧渔网等生活中随处可见的原料，经过沤煮—漂洗—锉烂切碎—捣拌—稀释成浆—加入纸药—捞起—压榨去水—分张—烘、晒等程序，成功制作出轻薄柔韧、取材容易、价格低廉、便于书写的纸张。元兴元年（105年），蔡伦向汉和帝献上了自己独创的造纸术，并详细阐述了新的造纸方法，得到了皇帝的肯定和赞赏。这种轻便的白纸迅速取代了笨重的竹简，成为新的书写材料。随后，皇帝下令在全国范围内推广蔡伦的造纸术，这项伟大的发明得以造福千秋万代。

蔡伦的造纸术在《后汉书·蔡伦传》中有着明确的记载："自古书契多编

以竹简，其用缣帛者谓之为纸。缣贵而简重，并不便于人。伦乃造意，用树肤、麻头及敝布、渔网以为纸。元兴元年奏上之，帝善其能，自是莫不从用焉，故天下咸称'蔡侯纸'。"东汉时，"树肤、麻头及敝布、渔网"等原料易得，使得纸张的大量生产成为可能。蔡伦的造纸方法很快便在朝廷内外流传开来。一张张白纸走进了寻常百姓家，使书写不再是奢侈的贵族专属，老百姓也可以在纸上自由地书写并留下自己的印记了。帝王将相、黎民百姓从此都用上了蔡伦独创的"蔡侯纸"。

蔡伦是我国古代杰出的科学家。如果没有造纸术，我们就会失去很多对文明的记录。东汉政论家崔寔在《政论》一书中写道："工欲善其事，必先利其器……有蔡太仆之弩及龙亭九年之剑，至今擅名天下。"尚方令是少府属官，蔡伦在兼任尚方令时，主管刀、剑等各种宫廷御用器具的制作。他造出来的兵器"莫不精工坚密"，在质量、性能以及外观上都属精工制造，对当时的金属冶炼、铸造、锻造及机械制造工艺都起到了不小的推动作用，为后世所仿效。现在，正从制造大国走向制造强国的中国，需要更多这样崇尚科学、热爱科学、细心打磨的时代工匠。

物生于自然，人以巧工使之造福人类，既成全了天地的美意，又让自己的生命变得更有意义。工匠们在安静的角落里打磨物件，虽然没有光打在他们的身上，但是他们自己已成为一道光，这是一份难能可贵的匠人精神。纸是中国古代劳动人民智慧和经验的结晶，让我们得以追溯生命的源头。即使历经岁月沧桑而变得斑驳，纸所传承的文化依然是人类的一笔珍贵财富，向我们诉说着历史的变迁。工业时代之后，机器取代了手工业，但蔡伦造纸的基本原理和工序依然为后世所用。麻头、破布等原料经水浸、切碎、洗涤、蒸煮、漂洗、春捣、加水配成悬浮的浆液、捞取纸浆、干燥后成为纸张。蔡伦造纸的过程无不彰显着他对细节的追求。再伟大的思想都形诸一点一滴的努力，细节书写了人类文明，细节造就了大千世界。

造纸技术传遍世界　中国智慧播撒全球

中国古代的科学技术在很长一段时间内处于世界领先地位，为世界文明的发展作出了不可磨灭的贡献。历史上的重大社会变革往往伴随着媒介的进步。媒介通过传递信息对社会产生重大的影响，进而影响人们的生产和生活方式。蔡伦造纸术的发明，使中国古代的文明与科学技术领先世界

1000 多年，推动了人类文化的传播、思想观念的交融和科学技术的发展。

千百年过去了，现在的人们已经把纸张完全融入了自己的生活。小朋友们用水彩笔在一张张纸上开启他们的童年，画下天真、烂漫的时光。一张纸，往往记录了一个孩子最可爱的遐想。成年后的我们想起课堂上小心翼翼传递的小纸条，总会扬起嘴角，因为这份少年时光是每个人心中的小美好，这张小纸条记录了我们学生时代的顽皮。我们寒窗苦读，考试时，奋笔疾书，那些读书的日子让我们在年轻的时候学会了为理想全力以赴，一张张考卷则记录了我们的求知岁月。纸张伴随着我们成长，我们从容落笔，我们大胆着色，我们用纸、笔记录生活，让所有的日子都闪闪发光，照亮我们前进的道路。

文字是有温度的。笔尖将文字留在纸上，也留下了一份温暖。即使现在的电子通信如此发达，有些人依然愿意在纸上书写，将自己的情感和思考统统交付于纸张和文字。信纸很薄，却能承载沉甸甸的问候与祝福。写信的人一笔一画注入自己的真情实感，展信阅读的人感受着字里行间的温暖，这是语音聊天无法替代的。还有一些人也依然愿意安静地坐在图书馆或者书店里，将书本捧在手上阅读，触摸纸媒铅字，守护内心的那一份惬意。

"上古结绳而治，后世圣人易之以书契。"从结绳记事到书写契刻，文字是人类进入文明社会的象征，而纸张作为文字传播与发展的重要载体，让人们看到了跨越时空的生活轨迹和文化传承。在中国造纸术出现之前，人类就一直在寻找各种书写材料。20 世纪末，考古工作者挖掘出土了一个黑色陶罐，罐身刻着一个"旦"字。古代埃及和两河流域的人们曾试着在潮湿的泥板上刻下楔形文字。人们通过记载，让过去的历史有了记忆。最开始，人们把字刻在龟甲和兽骨上。后来，人们把字刻在青铜器、竹简上。丝帛柔软、光滑、轻薄，是人们渴望的轻便书写材料。可是，就连一般的士大夫都用不起昂贵的丝帛，更别说黎民百姓了。制造、书写、保管都极不方便的文字载体，严重地阻碍了文化的发展和传播。中国造纸术的出现就像一道光，照亮了人类的世界。

以纸为径，人们可以追溯古人千百年来积累的智慧，寻找历史的答案，看到世界的脉络。人类从此摆脱了刻字刀工的限制，取而代之的是更多墨迹的接触。笔尖随着书写者的情绪、思考游走。诗人把家国情怀写在纸笺上，千古流传。文人墨客开创"帖学"，让毛笔得以行走于白纸之上。水与墨在纸上律动，形成了行云流水的书法和意境悠远的山水画。再也不用背着沉重的竹简，再也不用把字刻在一条一条的竹简上。当纸张装订成书，并一卷在手，古人"漫卷诗书喜欲狂"的快乐便油然而生。大量的史书典籍，让人类的知识得以完备地记录、保留和传播。这些史书典籍记录了朝代的兴衰更替、人类的思想进步，还有生活智慧和生命箴言。透过泛黄的纸，我们看到了时间的磨砺。也许历史已经走远，但一个时代的印记却留在了各种纸上，仿佛一种不愿被遗忘的顽强印证，抵抗着时间的侵蚀，让我们肃然起敬。

造纸术为中国古代的文化繁荣提供了物质基础，促进了文化昌盛和经济发展。在此之后，中华文明的发展进程遥遥领先西方，一直到13世纪，中国仍比欧洲发达。蔡伦的造纸术于4世纪传入朝鲜，7世纪传入日本，8世纪传入南亚及阿拉伯国家，结束了这些地区在树叶、兽皮上书写的历史。1150年，西班牙建立欧洲第一家造纸厂。此后，法、德、荷、意、英等国也陆续掌握了造纸术。到了16世纪，纸张已完全取代欧洲传统文字载体——羊皮纸。由于成本低廉、便于书写，普通百姓也能使用，纸张推动了欧洲各国文化的普及和发展，从而为文艺复兴运动奠定了物质基础。"造纸一事，尤为重要，即谓欧洲文艺复兴之得力于此，亦不为过也。"中国的造纸术影响并带动了欧洲的文艺复兴运动和宗教改革运动，促进了西方文明的发展。在往后的一个多世纪里，欧洲先后从中国获取了十多项先进技术原理和工艺，如原材料扩展、"纸药"制作等，弥补了欧洲传统造纸技术的不足。造纸术以催化剂的角色推动了欧洲科学、文化的迅猛发展，为欧洲文明的进步创造了重要的物质条件。造纸术跨越了时间、地点、民族、宗教的界限，推动了世界文明的交流、融合和进步。直到今天，造纸术仍然影响着我们的生活。

正如美国历史学家麦克·哈特所说："如果没有蔡伦，就没有纸，我们很难想象今天的世界将会是什么状况。"麦克·哈特的这句话，既是对蔡伦伟大发明的赞誉，又是对人类文明发展进程中重要节点的深刻认识。

山有脊梁而巍峨　国有科技而挺立

坚忍执着、心无旁骛的蔡伦，是中华科学史上的一颗璀璨星辰。造纸术这一划时代的科学成就，是中华民族的骄傲，促进了中国古代科技和教育事业的发展，推动了世界文明的进步。在科技创新这条探索未知的道路上，不仅有对智力和能力的考验，还有对毅力和精神的锤炼。马克思说："在科学上没有平坦的大道，只有不畏劳苦艰险沿着陡峭山路攀登的人，才有希望达到光辉的顶点。"

功不唐捐，玉汝于成。科技创新的道路是荆棘丛生、困难重重、充满各种考验的。但真正的勇士不惧怕困难与失败，因为他们懂得失败的价值，若是跌倒了，就打起精神重新来，总结经验继续干。科学家应当练就一身顽强筋骨，只有"亦余心之所善兮，虽九死其犹未悔"的执着和对初心的坚守，才能让他们脱颖而出。从用心观察生活到对造纸技术的不懈探索，蔡伦为国家、为后人，不被名利迷惑，在奉献中实现了自己的价值。对科学创新的执着，是一种态度，是一种能力，更是一种境界。在悠悠的历史长河中，勤恳智慧的能工巧匠们为我们开启了科学创新的先河，创造了一个又一个奇迹，推动了社会的进步和发展。

科技兴则民族兴，科技强则国家强。创新是一个民族进步的灵魂，是一个国家兴旺发达的不竭动力。创新日益改变着我们的生活，科技创新决定着一个民族和国家的发展进程。新一轮科技革命和产业变革正重塑着全球经济结构和强国版图，科学技术从未像今天这样深刻地影响着国家的前途命运和人民的生活福祉。一代又一代科学家的筚路蓝缕、顽强拼搏，促使祖国繁荣富强、人民幸福安康。科技创新不是一朝一夕就能完成的，我们只有具备"十年磨一剑"的毅力，攻坚克难、追求卓越，才能站上世界科技竞争和未来发展的制高点；只有研发和掌握更多的核心科技，才能在通往未来的道路上行稳致远，早日建设成为世界科技强国。

蔡伦历经十多个春秋，通过无数次的尝试和反复打磨，用超乎常人的耐心、专注和严谨，发明了"蔡侯纸"。原创科学技术是中华民族的"大国利器"。弘扬科学，传承文明，湖南人民都以蔡伦这位伟大的科学发明家为荣。历经千年，蔡伦造纸的经历激励着一代又一代的湖南人向科学迈进。时代在不停地向前，我们只有不断地创新，才能与时俱进。如今，纸张已经融入我们的日常生活，变得随处可见。尽管蔡伦造纸的时代已经远去，但蔡伦孜孜不倦、严谨认真、精益求精的科学探索精神，依然启迪、鞭策着这片土地上的人民。

湖南籍"两弹一星"功勋奖章的获得者——周光召、陈能宽，为中国核武器事业的发展和国防尖端科学技术的推进立下汗马功劳。他们撑起了中华民族的脊梁，历史不会忘记，祖国不会忘记。

1983 年 11 月，以"银河"命名的中国第一台亿次巨型电子计算机在湖南的国防科技大学诞生。从"银河"到天河二号超级计算机，几十年来，经过科学家们的不懈努力，计算机超算技术进入了一个更加精准的领域。

"杂交水稻之父"袁隆平，躬耕于稻田，不断刷新着水稻产量的纪录。耄耋之年，无论严寒酷暑，他依然忙碌在科研一线，只为让世界上更多的人吃饱饭。

黄伯云是国产大飞机 C919 机轮刹车系统的研发者，是从湖南南县走出来的材料学家，他将一生豪情挥洒在世界上最硬的材料中。在面对祖国和个人利益的选择时，他毅然回国投入科研。这是走过千山万水后，一个赤子对祖国的深情。

湖南株洲拥有中国最大的轨道交通制造集群，完全自主研发了只有指甲盖大小的绝缘栅双极晶体管（IGBT），打破了国外的技术垄断。自此，高铁的"心脏"印上了"株洲制造"的标签。创新发展需要匠心的守护，有了科技与匠心的完美融合，今天中国的高铁技术已不逊色于任何一位竞争对手。

时序更替，华章日新，科技创新让我们的生活变得更加美好。在无数个华灯初上的夜晚，湖南人张小龙像一个孤独的艺术家，精心雕琢着自己开发的软件，持续地进行着自我迭代和升级，缔造了全球最大的移动社交软件——微信。没有互联网浪潮中的浮躁和盲从，每一个代码、每一个细节，都有着张小龙温和性格背后的刚烈执着。

周虽旧邦，其命维新。革新是我们的使命，"苟日新，日日新，又日新"，科技湘军用匠心精神编织着新时代的科技强国梦，改变着历史，引领着未来。他们是湖南的名片，是中国的科技之光，是人类文明新边疆的开拓者。

造纸术凝结着蔡伦锲而不舍的坚强意志和勇攀高峰的科学创新精神，一代又一代的湖湘儿女正像蔡伦一样，用勤劳、智慧和担当，凝聚一股强大的力量，为中华五千年文明添砖加瓦。在经世致用的学风熏陶下，湖湘人民从未放弃过对国家前途和民族命运的思考与探索。他们以天下为己任，激荡历史风云，使文字有了载体，文化有了积累，科技也走向更深的发展。

1919 年 7 月，毛泽东在《湘江评论》创刊词中写道："天下者，我们的天下；国家者，我们的国家；社会者，我们的社会。我们不说，谁说？我们不干，谁干？"湘军灿若繁星，心忧天下，敢为人先，这些优秀的品质深深地流淌在湖南人的血液中。湖南的科学巨匠蔡伦，为万民造福，为民族争光，为我们树立了一个好榜样。

🔊 **拓展阅读**

中国古代四大发明

造纸术。东汉时期，蔡伦发明了"抄纸法"，用树皮、竹子、破布等简易材料造出光滑、便携且廉价的纸，被称为"蔡侯纸"。造纸术的出现取代了龟甲、竹简和丝绸，极大地加速了文化的传承与发展。

火药。火药起源于炼丹过程中的意外发现。东汉时期，硫磺和硝石的混合引发了爆炸，揭示了火药的潜力。唐代，孙思邈提出火药配方。北宋时，火药技术完善并应用于军事，改变了战争方式，宣告冷兵器时代落幕。

指南针。战国时期人们发现磁石的吸铁性和指示南北的特性，制作出司南——指南针的前身。指南针经过不断改进，于北宋时期普及，尤其在航海中发挥重要作用，促进了商业贸易和文化交流。

活字印刷术。宋代毕昇发明了活字印刷术，比德国铅字印刷术早四百多年。这一发明降低了书籍制作成本，加速了知识的普及，对文化传承和发展起到了重要的推动作用。

四大发明不仅是中国古代文化和经济发展的巨大推进器，也对全球文明发展产生了深远影响，展现了古代劳动人民的智慧和勤劳。

主要参考文献

[1]刘行光.造纸术[M].重庆：西南师范大学出版社，2014.

（执笔：张柯忆）

周敦颐：千年廉脉，余韵悠扬

　　吾道南来，原是濂溪一脉；

　　大江东去，无非湘水余波。

　　这副久负盛名的对联，至今悬挂在岳麓书院。其作者是晚清一代狂士、以帝师为志的王闿运。

　　我们读书人的道从哪里来？原来都不过是"濂溪"的一条支脉。

　　"濂溪"就是周敦颐的号。距今一千多年的北宋名儒周敦颐，是湖南永州道县人，被称为"理学开山鼻祖"。以程颢、程颐和朱熹为代表人物的程朱理学，是宋明清三代的官学，其以周敦颐为源头。

　　众所周知，湘江本是长江的支流，然而在王闿运看来，千里长江东去，不过都是湘江的余波，这是何等的文化自信！事实上，千里长江的肃清，是湘军浴血奋战打下来的。而这些湘军将领，大多是理学的"信徒"，他们"读周子书，继周子业"，承周子之余绪，弘扬程朱理学之经世学风，于德行和事功方面作出了不凡的努力与贡献。

　　作为湖南文化的杰出代表人物，周敦颐虽然官位不高、著述不多，却不仅《宋史》有传，而且在南宋淳祐元年（1241年）受封汝南伯，从祀孔子庙庭。历史上从祀孔庙的人不过寥寥。宋理宗的诏书如此写道："朕唯孔子之道，自孟轲后不得其传。至我朝周敦颐、张载、程颢、程颐，真见实践，深探圣域，千载绝学，始有指归。"

官不在大　有廉则名

　　周敦颐在宋朝做得最大的官不过是南康知军。军是宋代县以上的行政区域，相当于一个府或州，巧的是宋代的朱熹、文天祥等人也都做过此官。但是，为什么一个地方小官能够和许多位居中枢的要官名宦一起名垂青史呢？

官不在大，有廉则名。名不在显，有道义则尊。孔子一生颠沛流离，只是在极短时间内做过官，然而不仅时有令名，更在后世被千秋传颂。在古代，载入史册的不仅有高官，还有许多于国于民有杰出贡献的人。正如周敦颐所说，"道义者，身有之，则贵且尊"。一个人不管官做得多大，都要秉承儒家一贯的入世精神，致力于将内在德行转化为外在事功的富国强民之道。周敦颐勇于担负治国平天下的历史使命，"以仁育万物，以义正万民。天道行而万物顺，圣德修而万民化"。周敦颐认为，做官一方面要为天下苍生创造丰富的物质财富；另一方面要以身作则，以己之崇高德行去感化教育民众，以先知先觉带动后知后觉，提升民众的生命境界。周敦颐不卑小官，职思其忧。能被万民景仰，又何必在乎青史有传无传？后来，朱熹评价周敦颐"短于取名，而乐于求志"，算是隔代知音。

周敦颐在南昌任知县时，有一次病危，昏迷了一天一夜，朋友们准备为他安排后事。大家"视其家，服御之物，止一敝箧，钱不满百"，也就是说，他家中值钱的东西不足百文。其好友潘兴嗣看了以后，由衷地称赞："其廉士也。"在任湖南汝城县令时，周敦颐也只有一个高四尺、宽五尺的木柜相伴，用以存放文件、衣物，再无多余物件。对此，黄庭坚的评价是"闻茂叔之风，犹足律贪"。做官做到这个份上，不觉得苦吗？苦不苦只有他自己知道。然而，50 岁那年，周敦颐给族人写了一首诗："老子生来骨性寒，宦情不改旧儒酸。停杯厌饮香醪味，举箸常餐淡菜盘。事冗不知筋力倦，官清赢得梦魂安。故人欲问吾何况，为道舂陵只一般。"

119 字提炼出廉官文化的精髓

提起周敦颐，谁不知道其传世名篇《爱莲说》呢？"出淤泥而不染，濯清涟而不妖"，119 字的《爱莲说》提炼出了廉官文化的精髓。

《爱莲说》是周敦颐在庐山莲花峰下，有感莲花"出淤泥而不染，濯清涟而不妖"的精神，想到君子应当保持不与世俗同流合污、不阿谀奉承、洁身自好的品质而作。腐败作为一种历史现象，恰恰体现在"同流合污"四个字上。很多人往往就是缺乏特立独行的勇气，缺乏去污自洁的能力。莲的"中通外直，不蔓不枝"，正是君子通达情理、行为方正，没有邪思恶念，绝不拉拢勾结、朋比为奸的表现；"香远益清，亭亭净植"，正是君子洁志嘉行、人格卓绝、节操高尚、德声远播的写照；"可远观不可亵玩"，正是君子庄重端肃、不轻佻浮躁、自爱自尊的表现。

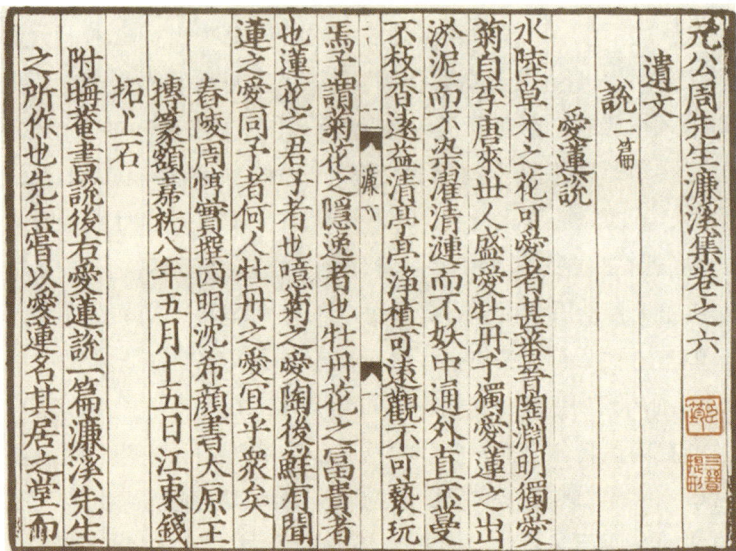

元公周先生濂溪集卷之六
遺文
說 二首
愛蓮說

水陸草木之花可愛者甚蕃晉陶淵明獨愛菊自李唐來世人盛愛牡丹予獨愛蓮之出淤泥而不染濯清漣而不妖中通外直不蔓不枝香遠益清亭亭淨植可遠觀不可褻玩焉予謂菊花之隱逸者也牡丹花之富貴者也蓮花之君子者也噫菊之愛陶後鮮有聞蓮之愛同予者何人牡丹之愛宜乎衆矣

春陵周惇實撰四明沈希顏書太原王博篆額嘉祐八年五月十五日江東錢拓上石

附晦菴書愛說後右愛蓮說一篇濂溪先生之所作也先生嘗以愛蓮名其居之堂而

我们常说要提高对腐败的免疫力，因为身处浊世，最难做到的就是"去污自洁"。在周敦颐看来，"去污自洁"的廉政文化精神与"慎独"的思想是相通的。慎独源于诚意，通俗地理解便是当一个人独处之际，要有一种高度的道德自觉和自律。意念诚实的人，不管是在群居之中，还是无人监督时，都不会自欺，不会在人前努力掩饰自己，人后却暴露本相，放纵自己。正如曾子所言，人在独处之际也要想象有"十目所视，十手所指"，要保持一颗敬畏之心。

慎独一直是儒家修行的境界和功夫，然而历史上的腐败官员普遍有一种屈从群体的心理。人并不是生来就是贪官，而是很多时候这种从众心理将一个人变成贪官。如何将自己从这种心理泥潭里拔出来？为官者应当坚持慎独，只有人格上独立，政治上才不容易被收买。那些人格上不独立的人，政治上必然得"软骨病"，一入官场就阿谀奉承、明哲保身，进而阳奉阴违、贪赃枉法，甚至在紧要关头卖身投靠。真正的儒者，不是"惹不起但躲得起"的消极避世，而是"我不入地狱谁入地狱"的积极参与。

爱是一种价值导向

周敦颐希望社会就像一个池塘，水中盛开着莲花，有了莲花的去污功能，一塘池水都能清澈见底。是什么原因使他坚定这种热爱呢？

牡丹因艳丽、雍容、华贵、繁茂，自李唐以来就深受人们喜欢。这种花相传和史上第一个女皇武则天有过一段故事，因而更添一层富贵之气。当时的皇宫里面，甚至有种牡丹而成巨富的。唐代诗人刘禹锡诗云："唯有牡丹真国色，花开时节动京城。"白居易诗云："花开花落二十日，一城之人皆若狂。"牡丹逐渐成为荣华富贵和功名利禄的象征，成为世俗社会的一种价值导向。

菊花虽然有君子之德、君子之风，但自陶渊明以来，便有了孤标傲世、隐世超脱的意味。后人认为，梅傲而不俗，是坚忍君子；兰幽而不病，是谦谦君子；竹轻而不佻，是气节君子；菊丽而不娇，是隐逸君子。四君子虽然都有廉洁品性，但傲骨也好、孤芳也罢，潇洒也好、凌霜也罢，都不够全面，都不具备"出淤泥而不染"的那种去污自洁的能力，而这恰恰是莲独有的品质。

当你爱一个人或者一个事物，他(它)就会变化成一种形象，植入你的脑海，引导你、约束你、规范你。倘若你爱财，心中想得更多的便是财；倘若你好色，心中想得更多的便是美人。因此，培养一个人高尚的爱好，正是培养一种高尚的人格，也可以提高对腐败的免疫力。

对上之法　襟怀洒落

周敦颐的一生忠实地践行了"去污自洁"的精神品质，时人称其志趣高远、博学力行，有古人之风。他初入官场，便一鸣惊人。当时有一件案子久拖不决，他到任洪州分宁主簿后，只审讯一次就清楚了，县里人惊叹："老狱吏都不如啊！"

阅历对于做官审案当然有帮助，但关键在于一个人必须尽心职事、廉判明断，要以洗冤泽物为己任，廉于取名而锐于求志，薄于徼福而厚于得民。老狱吏可能凭经验办事，不明缓视徐按之理。

周敦颐在南安军司理参军任上时，有一个囚犯根据法律不应被判处死刑，可转运使王逵想要重判他。王逵为官凶悍，没有人敢和他争。当时只有周敦颐一人和他争辩，但他不听。"如此尚可仕乎！杀人以媚人，吾不为也。"周敦颐说完这句话，就决定辞官而去。没有想到，王逵一听他的话就明白过来了，使这个囚犯免于一死。后来，王逵还向朝廷推荐周敦颐。可见，尊重上司并不意味着要盲从，坚持法理，也可以打动上司。

人在官场行走，难免会遭遇各种上司、各种议论，周敦颐也会受到他人的诽谤中伤。当时，号称"铁面御史"的殿中侍御史赵抃受到谣言的迷惑，对他有偏见，态度很严厉。但周敦颐从不辩解，泰然处之。后来，周敦颐任虔州（今赣州）通判，赵抃任虔州知州，赵抃成为周敦颐的直接上级。经过一段时间的仔细观察，赵抃才真正了解周敦颐的为人，认为他是一个正直难得的君子。赵抃知道过去误解了他，握着周敦颐的手说："几失君矣，今日乃知周茂叔也。"后来，赵抃多次向朝廷举荐周敦颐。

与上司相处时，周敦颐一直坚持"襟怀洒落"四个字。庆历六年（1046年），二程的父亲——大理寺丞程珦在南安认识了周敦颐，见其"气貌非常人"，交谈之中称赞其"为学知道"，于是同他结为朋友，并将两个儿子程颢、程颐送至南安拜周敦颐为师。

为官之道　拙诚为本

清代名臣张伯行称赞周敦颐"政事精绝，宦业过人"。周敦颐为官之道的要点就在于两个字：拙、诚。

在永州时，周敦颐写过一篇《拙赋》，阐述了他的为官之道。他始终认为，为官之道在于道德培养和切实践行，只有戒除浮躁、务实事，才能造福一方。如何做到爱民务实？精髓在一"拙"字。

世上巧官太多。"巧者言，拙者默；巧者劳，拙者逸；巧者贼，拙者德；巧者凶，拙者吉。"巧者好张扬夸大、言多文饰，而拙者注重实际、不在言辞；巧者时刻突出自己、表现自己、挖空心思，所以身心劳苦，而拙者因无私心，没有额外负担，所以轻松安逸；巧者一切从个人私利出发，不顾天理人情，常做坏事，而拙者不因私害公，常做好事；巧者处处为己，机关算尽，往往灾祸及身，而拙者不求多得，奉公守法，身家康泰。

不做巧官，就得破私立公。周敦颐在《通书》第一章的开头便提出："诚者，圣人之本。"人作为宇宙间之一物，本应有诚的品质。可现实中的人往往不能保持这种品质，何故？因为"邪暗塞也"。只有克服私心杂念，才能做到诚，"至诚则无它事矣"。一个人没有私心，不自私自利，不患得患失，一切出于公心，就可称为"静虚"。静虚则明，做起事来就能一往直前，即"动直"。动直则公，有了公心，必有利于社会、有利于民众，即"公则溥"。

"诚，五常之本，百行之源也"，直接关涉政府和为政者的公信力。公信力不存，社会心理就会趋向于普遍的不信任，社会危机也会由此萌发。官员如果将职位看得比诚信重，不善之动便生于内。"天地间，至尊者道，至贵者德，至难得者人。人而至难得者，道德有于身而已矣。"百姓尊崇的不是官职，而是道德。为官者只有做到无妄、无欲，才是真正的至诚、至圣。

后世儒家理学尊周敦颐为开山鼻祖，实则是因为其给人们指出了一条成圣之道。

要成为圣人，首先要"静"。唯有"无欲"，才能做到"静"。其次要"思"。思则生智，通达一切。再次要"慎动"。行为谨慎，始终依正道而行，才能坚守"中正仁义"。人性有五品：刚善、刚恶、柔善、柔恶、中。中是最完善的人性，只有至诚才能完善。诚，是宇宙之本原，是五常之本，是行为之渊源，是圣人立身之德。至诚必至圣，无私则无欲。

后来，弟子程颢、程颐和南宋的朱熹，受周敦颐的启发，将儒学系统化并集大成，发展形成程朱理学。程朱理学在后世成为七百年不动摇之官学。

先生之风　廉脉悠扬

早在宋代，学者胡宏就对周敦颐的学术思想研究投入了极大的精力，称其"功盖在孔孟之间矣"。道州太守向子忞创建濂溪祠，胡铨作《道州濂溪祠记》以纪念周敦颐。

岳麓书院历任山长自罗典开始便在书院建濂溪祠，并为周敦颐立像，理由是"书院为湖南学者萃聚之地，濂溪周子为湖南人，尤当建专祠于从祀外加特祀，以彰俎豆先贤之谊，且以使吾乡学者之感发为尤近也"。

此后，袁名曜、欧阳厚均等山长承续此风。这就是"不忘本来，面向未来"。周敦颐成为晚清湖南学子的精神偶像。

晚清湘军将领罗泽南、曾国藩、郭嵩焘、左宗棠等无不以周敦颐为榜样，"读周子书，继周子业"。罗泽南以研究周子学著称，开启了以理学治军之先例。曾国藩以拙诚处世、立志做圣人，深深懂得廉洁对于战斗力的重要性，立下"不要钱、不怕死"之志。他在《〈湖南文征〉序》中，强调周敦颐作《太极图说》《通书》，"上与《诗经》《周易》同风，下而百代逸才异莫能越其范围"。洋务先驱郭嵩焘作《爱莲池》，表达"濂溪祠下水平池，惆怅伊人寄远思"之情。近代以来，湖湘文化史上人才辈出，他们大多继承了周敦颐以莲自喻、慎独守志、去污自洁的品格。

周敦颐不仅使湖南得其学问之泽，还对中国廉政文化史产生了深远的影响，形成了一个千年不衰的廉官文化传统。历史上服膺理学的士大夫中很少出现贪官，而且大多对"廉"字保持一种高度的自信和自律。这一方面幸赖周敦颐的君子人格和学脉廉风，另一方面则得益于理学之士的文化自信和廉洁自觉。

黄庭坚对周敦颐之"廉"极为推崇，称他"人品甚高，胸怀洒落，如光风霁月。廉于取名而锐于求志，薄于徼福而厚于得民，菲于奉身而燕及茕嫠，陋于希世而尚友千古"。王安石、苏轼、杨万里、吴澄、刘宗周、黄宗羲等历代政治文化人物都对周敦颐尊重有加。朱熹对周敦颐的"修己治人"倍加称颂，称他"为世先觉"。

江西、浙江、四川、岭南等地历代的士大夫、百姓对周敦颐的人品、学术和"明刑爱民、清正廉洁"的情怀，同样表达了自觉的尊崇，并积极地弘扬。其"道充为贵，身安为富"的富贵观，对我国历代家风家训也产生了重要影响。有学者认为主张"致良知"的阳明心学都远绍周敦颐。新中国成立以后，《爱莲说》更是风行大江南北、妇孺皆知，对当代党员干部廉洁从政产生了重要影响。

周敦颐后裔中涌现了不少清廉志士和伟人。20 世纪 60 年代，周恩来对周建人（鲁迅三弟）说："建老，我已查过了，你是绍兴周氏二十世孙，我是绍兴周氏二十一世孙，你是我的长辈，我要叫你叔叔喽。"鲁迅的祖父周福清则在履历中写道："始祖元公，宋封汝南伯，元封道国公，学者称濂溪先生，从祀文庙。"周恩来祖居的隐门上有一副木刻楹联："莲溪绵世泽，沂国振家声。"以周敦颐为荣，承续祖先家风，是周氏后裔的共同心愿。

韩非云："所谓廉者，必生死命也，轻恬资财也。"这句话的意思是官员应将廉洁看得重于生命。不管是做人还是做官，有了这样一种自信和自觉，自然就能超拔于一般人，也就能理解黄庭坚所谓"闻茂叔（即周敦颐）之风，犹足律贪"的真谛了。

一个国家的政治清明，要靠几代人的共同努力，而努力的目标就是"上安下顺，风清弊绝"（周敦颐语），这也应当成为正风反腐的指向标。一个地方的风气好，就必定人才辈出；倘若长期不出人才，那一定是风气坏了。一个地方的人如果有了这种自信和自觉，就能形成一种独特的优秀文化。湖南因为周敦颐，培育出一条千年廉脉，至今余韵悠扬，滋润着历代湖湘英杰。

🔊 拓展阅读

周敦颐（1017—1073），字茂叔，号濂溪，道州营道（今湖南道县）人，北宋时期著名的哲学家，程朱理学的开山鼻祖。周敦颐虽出身世家，但仕途不顺，30 岁任郴县县令，此后先后担任两浙转运使、桂阳县令、大理寺丞、南昌知县、太子中舍、国子监博士、虔州通判，49 岁任永州通判，53 岁任广南东路转运判官，后移南康知军，57 岁病逝于江西庐山，著有《太极图说》《通书》等，后人编成《周子全书》。

主要参考文献

[1]周敦颐.周敦颐集[M].陈克明，点校.北京：中华书局，2009.

[2]梁绍辉.周敦颐评传[M].南京：南京大学出版社，1994.

[3]张京华.周敦颐与湖南：濂溪理学研究论集[M].长沙：岳麓书社，2020.

（执笔：刘绪义）

柳宗元：庙堂无情，湖湘有幸

他是一位历史名人，声名远播，影响深远。韩愈曾以"雄深雅健，似司马子长"形容他的文风及深厚的文学造诣。欧阳修更是对其赞不绝口："天于生子厚，禀予独艰哉。超凌骤拔擢，过盛辄伤摧。苦其危虑心，常使鸣声哀。投以空旷地，纵横放天才。山穷与水险，下上极沿洄。故其于文章，出语多崔嵬。"淋漓尽致地描绘他的才华与遭遇。苏轼对他的评价更是独到，"发纤秾于简古，寄至味于淡泊"，精准地捕捉到了他文章的独特韵味。南宋严羽也给予他极高的评价，"唐人惟子厚深得骚学"，以凸显他在唐代文学中的重要地位。明代茅坤更是将其诗文珍藏在《唐宋八大家文钞》之中。这些足以见证他的文学成就之卓越。

此外，他在逆境中依然矢志不渝、坚忍不拔，被誉为"贬谪之楷模"。他的文章犹如一座巍峨的文化巨峰，屹立不倒，影响着一代又一代的后辈。他是后辈学习的楷模，他的精神力量永远激励着后人。他就是名垂青史的柳宗元，他的诗文与人格是中国文化史上永恒的瑰宝。

不作潇湘客　甘为永州民

千山鸟飞绝，万径人踪灭。

孤舟蓑笠翁，独钓寒江雪。

这是一首被公认的"世界上最孤独的诗"，出自柳宗元。柳公用"千、万、孤、独"四字藏头，描写了他眼中的世界是如此冷峻孤峭与毫无生机，生活是如此孤立无援与寒意刺骨，将他的悲苦与孤独无限放大。柳公是经历了怎样的人生，以什么样的心境写下这首《江雪》的呢？

公元 805 年，"永贞革新"实施百余天后，唐宪宗登基，随即对革新派代表人物加以贬黜，"二王八司马"均被贬流放。柳宗元被贬邵州，后改迁永州，同被贬出长安的还有一位他的挚友刘禹锡（贬至常德）。

三十三岁，大好年华，才华横溢的柳宗元从尚书礼部员外郎贬至罪官永州司马，携家眷从繁华的长安搬迁至山高水寒的永州。因是罪官，他到达永州后没有住的地方，只能暂居在一个叫龙兴寺的地方。初到永州的年月，心境晦暗的柳宗元在给朋友的书信中写到"百病所集，疼结伏积，不食自饱。或时寒热，水火互至，内消肌骨"。我们可以从此书信中的内容推测当时的他身心委顿、疾患缠身。到达永州第二年，其母卢夫人因水土不服而大病一场辞别人世。此时的柳宗元"立身一败，万事瓦解，身残家破，为世大谬"，为自己戴罪牵累老母客死南方而自责，为一个个凄风苦雨的日子而抑郁。丧母、异乡、患病的柳宗元，在一个大雪纷飞的冬日，写下了这首千古传诵的《江雪》。

寻常人读来，认为当时的柳宗元一定是孤独苦闷、哀怨悲戚、借山抒情、借水咏叹、自我幽愤，因为诗中一景一物皆丧失世间的生气。但有专家恰恰相反，从这首诗里看到了一个淡定超脱、随遇而安、物我两忘的柳宗元。

初到永州的柳宗元内心是痛苦的、压抑的，也曾充满幻想，期待某天能重新被朝廷重用。直至收到唐宪宗的最后批示"左降官韦执谊、韩泰、陈谏、柳宗元、刘禹锡、韩晔、凌准、程异等八人，纵缝恩赦，不在量移之限"，他才彻底醒悟。这一纸文书将他拉回现实。在希望破灭痛定思痛之后，柳宗元决定改弦更张，以著书立说作为今后安身立命的支柱。"贤者不得志于今，必取贵于后，古之著书者皆是也"，既然官做不成了，那就读书著传吧。

再者，柳宗元的母亲卢氏有着深明大义的伟大母爱。卢氏不顾 67 岁高龄随子一起来到永州，见到儿子忧伤，母亲安慰他"明者不悼往事，吾未尝有戚戚也"。母亲逝世后，柳宗元时常想起母亲的教诲：放开胸怀，不要沉湎于往事的不愉快，调整好自己的心态，勇敢地迎接未来的生活。

初到永州，柳宗元寄居龙兴寺，重巽和尚热情地接待了这位"谪吏"，并在生活上给予不少帮助。柳宗元与重巽和尚朝夕相处、关系密切，在佛学方面深受其影响。柳公在《永州龙兴寺西轩记》中写道："于是凿西墉以为户，户之外为轩，以临群木之杪，无不瞩焉……因悟夫佛之道，可以转惑见为真智，即群迷为正觉，舍大暗为光明。"生活在佛门，柳宗元的心境逐渐平和、修复。

或许这首诗，恰恰是柳公时间、心态、生命的转折点——从一名流落蛮荒的潇湘客转而成为一位山水诗人永州民。诗中的渔翁生活清高、性格孤傲，在纯洁而寂静的山水间独自垂钓。他虽孤独但不悲苦，在这洁白的天地间凛然不可侵犯。"静"与"安"，"空"与"无"正是经历人生大起大落、大喜大悲转而大彻大悟、平和淡定的柳宗元，与永州山山水水融为一体的柳宗元。

谪居永州的第三年，柳宗元慢慢适应南方潮湿的水土气候，身体开始好转。此时的柳宗元，结交了永州刺史崔敏以及两位青年官吏李幼青、吴武陵，与他们时常秉烛夜游、诗文唱和，闲暇时也时常独自在深山幽谷中漫漫而游，像庄子一样逍遥自在，心凝形释，与万化冥合。

迁居愚溪后，柳宗元添了侍妾与承欢膝下的儿女，生活渐添田园乐趣。他的人生也进入潜心读书、思考和著述的最佳时期。此时的柳宗元已将永州当作自己避世读书的世外桃源。

王国维曾说"一切景语皆情语"。山水本是无情物，喜怒皆因有心人。柳宗元在永州度过了他生命中重要的十年，山水医治了他心灵的创伤，让他脱胎换骨，让他的生活多姿多彩。

柳宗元一生创作丰富，留下诗文作品600余篇，议论文、传记、寓言、游记佳作颇丰，尤其是他的山水游记散文最脍炙人口、独具特色。柳公被后人称为"山水游记之祖"，一生共创作26篇游记散文，且大部分作于永州。他在作品中，或绘山川之美景，或咏清净淡泊之情趣，或散发浓浓禅意。以《永州八记》为代表的山水文学，开创了中国游记散文的先河。他在《始得西山宴游记》中写道："苍然暮色，自远而至，至无所见，而犹不欲归。心凝形释，与万化冥合。然后知吾向之未始游，游于是乎始。故为之文以志。"又在《钻鉧潭西小丘记》中写道："其石之突怒偃蹇，负土而出，争为奇状者，殆不可数。"还在《至小丘西小石潭记》中写下了名句："日光下澈，影布石上，怡然不动，俶尔远逝，往来翕忽，似与游者相乐。"柳公笔下的景物托意深远，山水皆有个性。

处江湖之远的柳宗元在贬谪期间与社会底层劳动人民有了更多的接触，民生凋零的现实使他对社会有了更加深刻全面的认识。在《田家三首》诗中，他揭露了官吏敲诈百姓、横行乡里的行为。他在《捕蛇者说》中，笔锋直指苛政并发出"呜呼！孰知赋敛之毒有甚是蛇者乎！"的呐喊。"以今天下多类此，而民莫敢肆其怒与黜罚者，何哉？"他指出官吏是人民雇来为人民办事的，而不是骑在人民头上的老爷。柳公爱民思想的集中体现为"吏为民役"，与今天所强调的"以人民为中心""为民服务""公仆思想"有相通之处。在《送薛存义序》中，其民本思想得到了完整表述："凡吏于土者，若知其职乎？盖民之役，非以役民而已也。"柳公以零陵县令薛存义为官一方、造福于民为典型事例诠释了民役之吏应有的勤政和廉洁。他的思想境界和睿智卓见，远远超出了同代人的认知水平。

永州贬谪期间，柳公虽避祸不敢为人师，但感到"南山栋梁益稀少""群才未成质已夭的可悲现实"，自觉挑起了古文运动培养人才的重担。当时，受柳公指导过的后辈不下20人，全国各地的青年或写信求教，或登门拜访。韩愈所撰《柳子厚墓志铭》中记载"衡湘以南为进士者，皆以子厚为师。其承子厚口讲指画为文辞者，悉有法度可观。"这是对柳宗元在永州培养人才的高度评价，后人也肯定柳公对湖湘文化有开启之功。

最感谢柳宗元的莫过于永州老百姓，"至今言先生者必曰零陵，言零陵者必曰先生"。柳公显然已成为永州的一张名片。"零陵一泉石，一草木，经先生品题者，莫不为后世所慕，想见其风流。"湖湘的山水之美借着柳公的诗文传播四方，南方不再是穷乡僻壤的代名词，而是山光水色的避世乐土。永州十年的磨砺，在逆境中奋起的品格，也让柳宗元成为谪官楷模，并位列唐宋八大家，成为被后人敬仰的思想家、文学家和政治家。柳公是永州的知音，永州的山川成就了子厚文章。

47岁时，柳公病逝于第二次被贬的任职地柳州。他任柳州刺史的四年，留下四大政绩，即破除陋俗、移风易俗、发展生产、兴办文教。他尽自己的努力为政一方，以至于后人称其"柳柳州"。

在纪念柳公的永州柳子庙中有一副清代诗人杨季鸾所写的长联：

才与福难兼，贾傅以来，文字潇湘同万里；

地因人始重，河东而外，江山永柳各千秋。

"人才难兼福命""挥毫当得江山助，不到潇湘岂有诗"。一位仕途显达的柳宗元，一位官场失意却文章"传于后"的柳宗元，孰得孰失？

同是沦落人　湖湘弃置身

贬谪的滥觞，上可推至尧舜时代，传说中的舜流放共工被人们认为是贬谪的最早的源头。古书中曾记载共工被流放到一个叫"三苗"的地域。

《说文》中解释"贬，损也；谪，罚也"。贬谪是对人的惩罚和人格的贬损。还有一种遭遇叫"流放"。两者的区别在于"流为减死，贬乃降资"。不管是贬还是流，其目的地都是蛮荒之地、塞外边疆。流贬地汉至唐宋时首选是南方，明清时期则以北方及边塞为主。

清代城南学院、岳麓书院山长王先谦在《湖南全省掌故备考》中记录历代湖南"流寓"人名录，2012年湖南省的相关学者依据名录制作了一张《湖南贬谪地图》。历代被贬至湖南的官员有100多人，且以唐宋时期居多，地域则以永州最多，有80多人。"晨趋丹陛，夕贬蛮荒"是当时的朝堂写照。

为什么贬至湖南？原因有三，其一，湖湘及南方为"瘴气"之地，山林、蚊虫、毒蛇、猛兽众多，生存艰难，容易生病；其二，南方也称"蛮夷"之地，贬官至此可开化民智；其三，皇帝们认为，湖南的青山秀水和淳朴民风能疗愈那些仕途落魄的贬官，让他们"脱胎换骨""以观后效"。

正史中记载的第一位被贬至湖南的官员是屈原。屈原有两次被流放的经历，第一次是到楚国北部汉水流域，第二次是"上洞庭而下江"。"举世皆浊而我独清，众人皆醉而我独醒"的屈原给后世文人点亮了一盏忧国忧民的心灯，擦拭出文人刚正不屈的气节。自汉代后，后世文人无不对屈原推崇备至。屈原创立的"楚辞"与北方中原的"诗经"，并称中国诗歌的两大源头。曾国藩认为《离骚》是湖湘文学的源头，影响巨大而深远。

一百年后，第二位被贬至湖湘大地的是24岁的贾谊。贾谊是位才华出众的少年，21岁就被汉文帝提拔为"博士"，却因才华遭嫉而被流放至离长安千里之远的长沙。贾谊的住所在长沙太平街，离湘江很近，相传他最喜欢去的就是江边。当年，因感伤屈原投江自沉，贾谊写下汉赋名篇《吊屈原赋》。他在《鹏鸟赋》中写道，"祸兮福所倚，福兮祸所伏。忧喜聚门兮，凶吉同域"，告诉众人要常怀旷达之精神。

东汉时期，文学家、书法家蔡邕是第一位"流寓"到零陵郡（永州）的文人。他因敬仰舜治国有方、从谏如流而写下《九嶷山铭》，以表对天下太平、百姓安康、国有明君的期待。

公元 748 年，李白曾写过一首送别诗"我寄愁心与明月，随君直到夜郎西"。当时，他"送别"的正是"一片冰心在玉壶"的王昌龄。58 岁的王昌龄被"下放"到了湖南黔阳。

长沙的湘江边有一座杜甫江阁，用以纪念伟大的诗圣在长沙度过的流亡时光。杜甫本想来潭州投靠昔日好友，可命运不济，朋友离世，只得宿在江舟靠奉赋赠诗接济度日。杜甫在长沙写下《麓山道林二寺行》，诗句"寺门高开洞庭野，殿脚插入赤沙湖"被题刻在麓山寺观音阁前的檐柱上，成为描绘这座古寺的千古绝响。"入舟虽苦热，垢腻可灌溉。痛彼道边人，形骸改昏旦。"描绘了当年长沙在动荡时期的社会样貌。最让人大喜过望的莫过于杜甫在城边偶遇大音乐家李龟年，欣喜之中写下了"岐王宅里寻常见，崔九堂前几度闻。正是江南好风景，落花时节又逢君"这首晚年压卷之作。

公元 805 年，柳宗元和刘禹锡分别被贬至湖南永州与常德。同是"八司马"事件，同是文学生涯中最重要的十年，同在被贬时期失去了生命中最重要的亲人，他们形影相吊、相互慰藉、往来文章、互相促进。如果说唐朝有"二人组"的话，论才情名气当属"李杜"，论个人交情当属"柳刘"这对难兄难弟。被贬固然是政治上的不幸，但也因为这段重要的时光，柳宗元成为仅次于韩愈的唐代古文运动的副帅，刘禹锡写下了一生创作中最美丽的《秋词》。

时间到了北宋，婉约派词人的代表人物——"苏门四学士"中的秦观被贬至湖南郴州。《踏莎行·郴州旅舍》是秦观极为出名的词之一。"郴江幸自绕郴山，为谁流下潇湘去"的才情感动了大书法家米芾，他将秦词苏跋摹制在郴山西麓的石崖上，史称"三绝碑"。

范仲淹的好朋友滕子京被贬至巴陵郡任太守，在重修岳阳楼之际，写信给范公邀其作记。范公借文鼓励好友"不以物喜，不以己悲""居庙堂之高，则忧其民；处江湖之远，则忧其君""先天下之忧而忧，后天下之乐而乐"。滕子京传承此"忧乐"之精神，在岳阳的三年，承前制，重修岳阳楼；崇教化，兴建岳州学宫；治水患，拟筑偃虹堤。三年治政，成就三件大事。同朝史学家司马光赞其在岳州"治为天下第一"。

范纯仁是范仲淹的次子，无辜遭贬至永州，颇有其父"先忧后乐"之遗风，常道"以责人之心责己，恕己之心恕人"。理学泰斗张栻为其建"思范堂"。

贬至永州的著名宰相有北宋寇准与南宋张浚。寇准任道州（今湖南道县）司马时在百姓为其修建的太平楼上有感而发，"野水无人渡，孤舟尽日横", 忧心强敌寇边、宋室衰弱、百姓困苦。南宋宰相张浚——岳麓书院"朱张会讲"中张栻的父亲, 也是城南书院创始人, 两度被贬永州, 虽远离朝堂却力主抗金。

在"学而优则仕"的文化引导下, 历史中的文人们考取功名, 走入仕途, 为朝廷效力, 为国家人民做事, 青史永留。这些傲骨的文人饱读诗书, 善良、正义, 如"冰心""松柏""清莲", 可政治是复杂的, 官场是无情的, 权谋是血雨腥风的! 文人们虽有不屈之情怀, 绕不开的却是"焚书坑儒""三纲五常"的封建统治。

贬官不幸湖湘幸

有人总结"被贬是唐朝政治生活的一大节目""古代诗人写诗篇, 只有贬谪才能贤"。余秋雨也曾描述:"中国文化中极其夺目的一个部位可称之为'贬官文化'。随之而来, 许多文化遗迹也就是贬官行迹。贬官失了宠, 摔了跤, 孤零零的, 悲剧意识也就爬上了心头; 贬到了外头, 这里走走, 那里看看, 只好与山水亲热。这一来, 文章有了, 诗词也有了, 而且往往写得不坏。过了一个时候, 或过了一个朝代, 时过境迁, 连朝廷也觉得此人不错, 恢复名誉。于是, 人品和文品双全, 传之史册, 诵之后人。他们亲热过的山水亭阁, 也便成了遗迹。"简而言之, 即贬官在仕途受挫、跌宕起伏的人生中实现了自我认知的飞跃, 同时也成就了一方山水和文化。

隋唐以前, 关中及中原文化对湖湘地区的影响十分有限, 湖湘也因为地域偏僻而远离中原政治、经济和文化中心。唐宋时期, 这些被贬谪至湖湘的优秀文人们带来了进步思想与先进文化, 为相对落后的湖湘地区的开发与文化发展带来机遇、创造条件, 对湖湘文化的孕育和形成产生了重要的影响。

第一, 他们将中原地区先进的思想、文化带到湖湘地区, 为湖湘文化的孕育和形成积淀了丰富的养分。贬谪的士大夫们大多是进士出身, 受过良好的教育, 是当时先进思想和先进文化的代表人物。谪居湖南时, 他们没有消沉, 而是力所能及地将关中的哲学思想、文化理念介绍到湖湘地区, 对相对落后的湖湘地区的思想启蒙与经济文化发展有开启之功。

第二, 贬官们将其忧国忧民的情怀留在湖湘大地, 使湖湘文化在发展过程中形成了关注民生、先忧后乐之精神。从"先天下之忧而忧, 后天下之乐而乐"到"为有牺牲多壮志, 敢教日月换新天", 湖湘土地上逐渐孕育出了家国情怀。

第三，贬谪文人自强不息的品格、坚忍不拔的执着追求，深深影响到湖湘人民的品德个性与精神。柳宗元被贬后与"山水为伍"，虽落泊但不颓废。刘禹锡被贬回京后又倔强地写道"玄都观里桃千树，尽是刘郎去后栽"而再次遭贬。后来的湘军素有"打落牙齿和血吞"之气概，而湖南人也以"吃得苦、耐得烦、霸得蛮"的品性而著称。士大夫们虽斯人已逝，但精神却留在湖湘这片土地上生根发芽、育树成林。

第四，贬谪文人们将关中及中原地区先进的生产技术与管理经验带到湖湘地区，为湖湘地区的经济发展和社会进步创造了条件。如柳宗元将耕种技术、医药知识介绍给当地百姓；吕温用自己丰富的管理经验精心管理自己的辖区；王昌龄在被贬期间积极提出民族政策，加强民族团结。

第五，贬谪文人们成就了湖湘的山山水水。湖湘的山水解脱了文人的壮志难酬，使他们的才情得以激发，也因文人们而传播四方。屈原成就了汨罗江，陶渊明成就了桃花源，柳宗元成就了永州八景，滕子京成就了岳阳楼。湖湘山水在文人们的笔下成为迥异于中原的奇山妙水。

"朝廷万万未曾想到，正是发配南荒的御批，点化了民族的精灵，催生了文化的瑰宝。"那些贬官们身处逆境却矢志不渝，他们的精神与诗文如甘霖般滋润湖湘大地，为湖湘文化的发展注入新的活力。他们在南荒之地，并未消沉，反而以更加饱满的热情投入文学创作中。他们的诗文，或抒发对家乡的思念，或表达对理想的追求，或展现对人生的感悟，充满了真挚的情感和深邃的思想。这些诗文在湖湘大地上广为流传，深受人们的喜爱和推崇。

正是这些贬官们的精神与诗文，为湖湘文化增添了浓墨重彩的一笔。他们的作品不仅丰富了湖湘文化的内涵，还提升了湖湘文化的品位和影响力。他们的精神更激励着一代又一代湖湘人，勇往直前，追求真理，为湖湘文化的传承和发展贡献力量。

🔊 **拓展阅读**

　　柳宗元(773—819)，字子厚，唐代杰出的文学家、哲学家，被誉为唐宋八大家之一。祖籍河东解县(今山西省永济市西文学村柳家巷)，后迁居长安(今陕西西安)。柳宗元出生于官宦之家，自幼便展现出过人的才华和远大的志向。他的文学之路始于对辞采华丽的追求。他贞元九年(793)成功考中进士，14年后又登博学鸿词科，被授予集贤殿正字的职位。他曾在蓝田县担任县尉，后入朝任官，积极参与王叔文集团的政治革新，并因此被擢升为礼部员外郎。然而，永贞元年(805)，由于政治革新失败，柳宗元被贬至邵州担任刺史，仅数月后又被加贬至更偏远的永州担任司马。尽管遭遇仕途的挫折，他并未消沉，反而在永州深入生活，体验民情，创作了大量反映现实、抒发个人政治理想的诗文作品。元和十年(815)，柳宗元得以重返京师，但不久又被外放为柳州刺史。在柳州任上，他致力于改革弊政，推动教育发展，深受当地民众爱戴。他政绩卓著，为柳州的社会经济发展作出了重要贡献。柳宗元一生创作了600余篇诗文作品，其中散文的成就尤为突出。他的散文论说性强，笔锋犀利，讽刺辛辣，充满了战斗性。他的游记则善于写景状物，寄托深远。此外，他还著有《天说》《天时》《封建论》等哲学著作，展现了深厚的哲学素养和独到的思想见解。《柳河东集》是柳宗元的重要著作集，收录了他的大量诗文和散文作品，是研究柳宗元文学和哲学思想的重要资料。柳宗元的作品和思想深深影响了后世，在中国文学史和哲学史上具有举足轻重的地位。

主要参考文献

[1]吴昕孺.中国文学里的山水情怀[J].湖南教育(中)，2013(7)：26-29.

[2]戴金波.唐代贬谪文人与湖湘文化的相互影响[J].武汉理工大学学报(社会科学版)，2014，27(4)：705-710.

[3]张利玲.湖湘贬谪文学的发展历程[J].索求，2001(6)：103-104.

（执笔：左娅）

王夫之：天地大儒，湖湘巨擘

西方有一个黑格尔，东方有一个王船山。

五百年来学者，真通天人之故者，船山一人而已。

被誉为"南国儒林第一人"的王船山，本名王夫之，字而农，号姜斋，湖南衡阳人。因晚年隐居于衡阳西乡石船山，自称"船山遗老"，后人便称他为船山先生。

作为明清之际与黄宗羲、顾炎武齐名的著名思想家，王夫之是中国古代朴素唯物主义思想的集大成者。其著述涉及哲、史、政、经、文乃至自然科学等各方面，流传至今的作品尚有73种、401卷，共计470多万字，发行100多种版本，且见解独到，创论甚多。王夫之开六经生面，集诸家大成，创造性地继承、整理、总结了前人的思想与理论，不愧为湖湘文化乃至中国古代文化发展史上的一座丰碑。中国科学院学部委员嵇文甫盛赞："船山有博大精深的思想体系，其内容极为丰富，是一座宝贵的矿藏，给我们多方面的启发和教育。"

抱刘越石之孤愤

"抱刘越石之孤愤而命无从致。"王夫之以西晋时期枕戈待旦、闻鸡起舞的刘琨的豪杰精神激励和鞭策自己，知其不可而为之。英勇抗清，就是王夫之以豪杰精神贯注的圣贤气象最为突出的体现。正如学人所说："他是一位虽与灰俱寒而不灭其星星之火，虽与烟俱散而不荡其馥馥之馨的真豪杰……其人格，其思想，皆如'孤月之明，炳于长夜'，令今日一切有良知的知识分子生无限敬仰之情。"

王夫之是一个处于改朝换代时间节点上的杰出思想家，其生平与遭遇在其思想中打下了不可磨灭的烙印。我们先从王夫之的生平背景出发，了解其立身处世和治学为文的基础。

明万历四十七年(1619 年)，南岳衡山后山的石船山下，一个正趋没落的士人家庭迎来了他们的第三个儿子。这个孩子，"少负隽才"，自幼颖悟过人，4 岁发蒙入私塾，7 岁就读完十三经，14 岁考中秀才，19 岁结婚，20 岁到岳麓书院读书，24 岁考中举人，同年欲进京参加会试，一展青云之志，恰逢李自成农民起义风起云涌，未能如愿。清顺治五年(1648 年)8 月，王夫之凭借一腔忠愤，在南岳举起"抗清复明"的大旗。起义失败后，他为了免遭清廷迫害而流离失所。他在晚年才迁居船山村，开始了相对稳定的著书立说生涯。

作为一位明清交替之际的杰出人物，王夫之的一生注定充满了传奇。抗清、逃亡、隐居著述是船山人生轨迹的三部曲。正所谓"国家不幸诗家幸"，剧烈的社会震荡虽然打破了他"学而优则仕"的梦想，但成就了一位名垂青史的文化大家。

用王夫之自己的话来说："自束发受业经义，十六而学韵语，阅古今人所作诗不下十万，经义亦数万首。"(《夕堂永日绪论》)他 16 岁从其饱学的叔父学诗研史，致力于四声音韵之学，在不到两年的时间里，阅读前人诗词不下 10 万首，对历代诗集及二十一史都十分熟悉，这为他日后的学术思想打下了坚实的基础。

用王夫之之子王敔的话来说："(王夫之)自少喜从人间问四方事，至于江山险要，士马食货，典制沿革，皆极意研究。"(《大行府君行述》)这说明王夫之是一个脚踏实地，不满足于书本之学，特别注重从现实生活中去考察社会实际的力行者。他对各方面事物都很感兴趣，都着意去研究，这为他今后的成就奠定了良好的基础。

青年时代的王夫之遭遇了"故国天崩"和功名破灭的风云巨变，不得不远离读书、科举、入仕的老路。在动荡时局的推动下，王夫之踊跃参加"行社""匡社""须盟"等带有一定政治色彩的民间学术团体，以文会友，指点江山，试图突破现实樊篱，有所建树。

老年时代的王夫之于明朝灭亡后，在家乡抗击清兵。失败后，他只得隐居避世，"忍死穷山"明心志。王夫之为什么选择贫瘠而相对偏僻的石船山呢？因为他以"石船山"自况，取其"顽石"之品质，与其人品相辉映；取其恶劣之环境，与其心境相仿佛。

王夫之晚年身体不好，生活贫困，据说写作时连纸笔都要靠朋友周济。即便如此，倔强的王夫之依然笔耕不辍，以至腕不胜砚、指不胜笔。民间有这么一个传说：在王夫之 71 岁时，有一位清廷官员来拜访这位前朝遗老，想赠送一些吃穿用品。王夫之此时虽在病中，且穷困潦倒，但认为自己是明朝遗臣，拒不接待这位当朝官员，对官员所赠送的礼物也一概拒收。非但如此，为表心迹，王夫之还当场题写一联，云：

清风有意难留我；

明月无心自照人。

显然，"清"指清廷，"明"即明朝。王夫之借这副对联抒发怀抱，表达心曲：誓将忠心向明月。明月是他的追随、他的怀抱、他的信仰。

这种"忠臣不事二主"的思想在王夫之的心中根深蒂固，以至于日常生活中都须臾不敢松懈。相传，王夫之为明心志，深居简出，偶尔出行之时，无论晴雨，必定要在头上撑一把雨伞（一说头戴斗笠），脚下踏一双木屐。用他自己的话来说，这叫作"头不顶清朝的天，脚不踩清朝的地"。从人臣的气节这个角度来看，王夫之把自己的一份忠心演绎得淋漓尽致！

王夫之的人格魅力，不仅表现在他的民族气节上，而且在日常待人接物、与朋友交往的真诚方面也值得我们称赞。在王夫之的家乡衡阳西乡石船山，乡民们口口相传着这样一个故事：有一天，一位朋友来访，王夫之十分高兴，倾其所有，置办饭菜。天色将晚，朋友告辞，王夫之本想多送一段路，然而自己年事已高，又体弱多病，只能起身恭送朋友到门口。临别时，他郑重地对朋友说："君自保重，我心送你三十里。"朋友拱手而别，走了十五里，忽然想起雨伞忘在了王夫之家里，又急忙往回赶。等他回到王夫之家门口，竟然看见船山先生真的还毕恭毕敬地站在原地，眺望着朋友远去的方向，"心送"朋友走完三十里。

人无信则不立。古人说，信也，诚也。真正的诚信，是对自己内心的承诺，不是做给别人看的表演。王夫之以他的坚持，为我们演绎了可贵的待人以诚的风范。

希张横渠之正学

王夫之不仅是一位视富贵如浮云、寄孤愤于笔端的热血男儿，更是一位以"六经责我开生面"为己任，有着强烈文化关切与文化抱负，对中国传统文化作出了集大成与创新性贡献的文化哲人。

王夫之之学，集湘学之大成。"希张横渠之正学"，即王夫之站在张载哲学的立场上，对宋明理学提出的系列重要哲学问题作批判与反思，创造性地构建一个哲学体系，把湖湘经世致用之学发展到一个新的高峰。

王夫之的人生道路之曲折传奇与其论著之丰富、思想之复杂都够得上"顶级"。浏览王夫之著作，感受其作品文字的高深、学术背景的复杂后，人们常会由衷感喟："触碰"这位学识"极其渊博"的大家绝非容易的事情！因为王夫之的学术"浩瀚闳深，取精百家"，集中国古代唯物主义和辩证法思想之大成。举凡经学、理学、史学、佛学、小学、文学等各门学术，造诣无不精深，天文、历数、医理、兵法乃至卜筮、星象，亦旁涉兼通，且留心当时传入的"西学"。清末，其著作汇刊成《船山遗书》，凡70种、324卷。据统计，王夫之一生写有百余种书，共计800多万字。但遗憾的是，由于战乱，很多作品散失了。在颠沛流离之中，在穷困交加之下，王夫之尚有如此丰富的论著，令人敬佩！

生生不息的湖湘文化，涵养了一批又一批杰出的湖湘儿女。其源头之一就是被称为"南国儒林第一人"的王夫之。不可否认，王夫之是一位自觉的儒家学者。与历史上许多儒学大师一样，王夫之一生从事著述，绝大部分是直接研究儒家经典。比如，他撰写的《尚书引义》《读四书大全说》《四书训义》《礼记章句》《春秋家说》《周易内传》《诗广传》等，都是直接对儒家经典的阐释与发挥。《宋论》等其他著述，也是以儒家的基本思想为指导的。

然而，王夫之又与历史上的儒学大师有所不同。比如，对各种非儒家甚至反儒家学说，他在进行分析批判的同时，非常重视对其中合理因素的汲取，从而使其探究的儒家思想达到了新的高度。

在哲学上，王夫之总结并发展中国传统的唯物主义，开创了中国古代哲学的新纪元。其朴素唯物主义和朴素辩证法相结合的思想体系是对中国古代哲学思想的总结批判，集中国古代唯物主义哲学之大成。作为"王阳明以后第一人"，王夫之在中国哲学史上的地位，远高于同时代的顾亭林、黄梨洲。他的学说集心学和理学之大成。"道问学即所以尊德性，格物穷理即所以明心见性。"表面上，他绍述横渠，学脉比较接近程朱，然而在骨子里，心学、理学的对立已经被他解除了，程朱陆王间的矛盾也被他消融了。此外，王夫之从学理的角度，对佛、老之学进行了深刻的揭露与批判。

在文学方面，王夫之善诗文，工词曲。其作《诗绎》《夕堂永日绪论》等，多有独到见解。

王夫之治学不仅博大，而且精深。在哲、史、经、文等各个领域，他独具见解，有许多超越前人的地方。他之所以能取得如此丰厚成就，首先应归功于其治学态度与方法。他熟读经书，却不为经书中现成的结论所束缚，而是善于将经书的基本精神融于现实生活与现实斗争之中，并对经书作新的解释与阐发。他崇奉儒家，但又不存门户之见，而是兼收并蓄，汲取众家之长，丰富自己的思想。这就是"六经责我开生面"的可贵之处。

王夫之一生僻居荒野，发愤著书，可谓著作等身。但是王夫之治学不求显达于当世，其全部著作在生前几乎都未刊布，仅在死后由其子选刻10余种。故长久以来，王夫之的作品在世上流传甚少。直到鸦片战争后，中国进步思想家寻求民族自救的思想武器，王夫之的著作才被重视起来，得以汇编为《船山遗书》，先后多次刊行，传播海内。中华人民共和国成立后，船山遗著的整理出版、佚文的搜集刊布等受到重视。日本和欧美诸国已有王夫之论著、诗文的译本，王夫之的学术遗产成为人类共同的思想财富。毫无疑问，研究王船山的著作是有重要意义的，因为他的学说是中世纪哲学发展的最高阶段，他是真正百科全书式的学者。

今天，王夫之在学术上的造诣与贡献越来越受到人们的关注。对王夫之的学术研究和历史地位，学术界已经形成了比较中肯的结论。从学术史的角度来看，他终结了宋明理学的客观唯心论与王阳明心学的主观唯心论，标志着中国古代哲学从唯理向唯实的转型，这种转型意味着中国古代哲学摆脱了玄虚，超越了空谈。

传湖湘文化之薪火

湖湘文化源远流长，湖湘文脉绵绵不绝。可谓"一方水土养一方人"，在洞庭湖畔，在充满生机的湘水之滨，一群楚人后裔孜孜耕耘，为博大精深的华夏文明，延续了一条激荡着浓郁地域特色的文脉。

湖南的自然生态环境是秀美、富饶的。放眼湖湘之地，自古民族杂处，不乏原始图腾崇拜。高山大泽、云烟变幻的三湘大地，为神话传说提供了条件；名山大川、奇花香草和秀丽的风景、富饶的物产，给文学创作提供了许多素材。

湖南的人文生态环境是独特、鲜明的。早在2000多年前，湖湘大地上就出现了以屈原的《离骚》为代表的具有浓郁地域特色的湖湘文脉。

继汨罗江畔的屈子行吟之后，贾谊又在任长沙王太傅时创作了《吊屈原赋》与《鹏鸟赋》。这两篇带着湖湘地域特色的托物言志的赋，对后代抒情小赋的发展有很大影响。

东晋时，陶渊明创作了《桃花源记(并诗)》。其中营造的湖南武陵桃源世界，引得后人纷纷来此寻景觅胜，抒发怀抱，形成了一个"桃花源文学"奇观。

中唐时期，大批著名文学家如李白、杜甫、柳宗元、刘禹锡等来到湖湘，使湖湘文学一度出现"挥毫当得江山助，不到潇湘岂有诗"的盛况。

但此后，湖湘文脉难以为继，沉寂了数百年，未能形成繁盛局面。

两宋时期，范仲淹创作了《岳阳楼记》，周敦颐创作了《爱莲说》，这两个作品都成了脍炙人口的名篇佳作。

元代，湖湘本土稍有名气的文学家有冯子振与欧阳玄；明代，有李东阳与江盈科。不过，若将他们的文学作品放在全国的文学殿堂上，其成就与影响就十分有限了。

当此湖湘文脉寂寥、文苑萧条之际，一代大儒王夫之出现了。王夫之创作了大量的文学作品，诗、词、文、赋、杂剧等众体兼备。尤其是船山诗学，最终完成了中国儒家诗学的美学化进程。

但是，文学只是文化这个大家族中的一朵奇葩。对湖南地域文化，我们可以从三个层次的解读中梳理其性质与特征。

第一个层次是"湖湘学"。这是南宋时期，以胡安国、胡宏父子和张栻为代表的，在湖南地区产生和传承，主张"体用合一"，内圣与外王并重的一个理学学派所倡导的学问。

第二个层次是"湘学"。湘学史应该是湖南地区的学术思想发展史。这是19世纪和20世纪之交被广泛使用的一个概念。作为上承南宋湖湘学派，下启近代湘学的重要人物，王夫之集湘学之大成，一度成为湘学的代名词。王夫之的思想对后世产生了很大影响，尤其在湘学发展史上有着不可取代的地位。

第三个层次是"湖湘文化"。湖湘文化既涵盖了文、史、哲、艺术、宗教、民风、民俗等精神文化，又囊括了服饰、饮食、建筑、自然胜景、乡土物产等物质文化。这是一个非常广的概念。

"湘学"显然居于"湖湘学"与"湖湘文化"之间。

湘学在元、明两代沉寂数百年之久，并在王夫之的继承与发扬下重新兴盛起来，且通过船山先生对近代湘学以及湘人产生了重大的影响。王夫之是湖南历史承上启下的一位重要人物。他的出现，对其之后的湘学的发展、湖湘士人性情的陶冶，都有着特别重要的影响。

王夫之终结了理学与心学的霸权，复兴了传统经验实证唯物论思想，成为明清之际"实学"思潮的中坚。杨毓麟在《新湖南》中说道："船山王氏以其坚贞刻苦之身，进退宋儒，自立宗主。当时阳明学说遍天下，而湘学独奋然自异焉。自是学子被服其成俗……"他充分肯定了王夫之的创新精神对后世产生的深远影响，尤其是对近代湖湘士人的影响。

王夫之实现了开六经之生面的理想，其精神吸引、感染和征服了无数人，俨然近代湖湘文化的一面旗帜。船山精神在一代又一代的湖湘人物的弘扬之下，也成了湖湘精神最为重要的组成部分。那么，被湖湘士人引以为豪的船山精神到底是什么？其魅力何在？

船山精神的特质体现在其作为一个前朝遗臣的不屈不挠的民族气节，兼具了豪杰与圣贤特质于一体的人格理想，发扬了即事穷理与经世致用的求实精神等。王夫之继承和传递了湘学当中的理性之学与经世之学，并且将两者融会贯通，形成内圣外王并重的学术精神。他还将湘学之中深厚的民族主义思想传统发挥到极致，形成了一种合圣贤与豪杰为一体的理想人格。

王夫之殁后两百多年，其人格精神与学术思想得到了湖湘士子的极力追随。尤其是晚清湘军集团的将领，如曾国藩、郭嵩焘、彭玉麟、胡林翼、罗泽南等，大多推崇船山学行。其中，曾国藩在金陵刊刻了《船山遗书》；郭嵩焘上书清廷，最终使王夫之得以入祀孔庙；彭玉麟则为王夫之立传，"亲读其书，私淑其人"。可以说，船山精神就是一条凝聚湘军将领的重要的精神纽带。

曾国藩、唐才常、黄兴、郭嵩焘、王闿运、刘人熙、杨昌济等人都在日记中记录《船山遗书》是他们的案头必备之书，他们经常从研读中汲取有关经学、哲学、史学、文学、政治学、经济学等方面的思想营养。

梁启超说："船山在清初湮没不彰，咸同以后，因为刊行遗书，其学渐广，近世的曾文正、胡文忠都受他的熏陶，最近的谭嗣同、黄兴亦都受他的影响。清末民初之际，知识阶级没有不知道王船山的人，并且有许多青年作很热心的研究，亦可谓潜德幽光，久而愈昌了。"

谭嗣同认为："万物招苏天地曙，要凭南岳一声雷。"所以，他以"私淑船山"自诩，自觉地学习船山"精义之学"，并在自己的论著中不断地引用、发挥王夫之思想。

章太炎也在《〈船山遗书〉序》中称道："当清之季，卓然能兴起顽懦，以成光复之绩者，独赖而农一家而已。"

毛泽东曾说王船山是"东方黑格尔"，这是对船山哲学的一个高度评价。王夫之的即物穷理和重行、先行的哲学观对毛泽东等人的影响尤为突出。例如，在知行关系上，王夫之强调行是知的基础，反对陆王"以知为行"的观点。知易行难，王夫之强调行难，但并不畏惧于行，而是希望人们由轻视行转而重视行，突出行在认识中的重要性。毛泽东的老师杨昌济便是王夫之的倾慕者，在教学中特别强调"力行"的意义。史载，青年时代的毛泽东受杨昌济的影响，多次去船山学社听讲，并抄录了不少船山语录。毛泽东在第一师范读书期间，还利用暑假与同学到湖南农村调研考察。没有调查没有发言权，这种重视实践的做法，也成了毛泽东思想的重要基石。1921 年，毛泽东利用船山学社创办"湖南自修大学"，传播马列主义，培养革命干部；延安时期，毛泽东在写作《矛盾论》《实践论》时，写信给他的老师徐特立，请他给自己补齐《船山遗书》所缺各册。显然，《矛盾论》《实践论》的写作，参考借鉴了船山哲学重"力行"的知行观。1950 年、1956 年，毛泽东两次为"船山学社"题词。

湘学中深厚的民族主义思想传统，因王夫之而发展到极致，对近代湘学产生了巨大影响。杨树达先生说："自王船山先生以后，湖南人笃信民族主义，因欲保持自己民族，故感觉外患最敏，吸收外来文化最力，且在全国为最先。如魏默深之志海国、郭筠仙、曾劼刚之赞欧化，光绪丁酉、戊戌之办新政，皆其例也。"谭嗣同、魏源、郭嵩焘、陈天华等在抵御外敌方面，都表现出了强烈的民族独立意识，他们都是王夫之民族思想的力行者。

说到王夫之的影响，自然要提及船山书院。船山书院，是清末最著名的书院。光绪十一年(1885 年)，船山书院改建于东洲岛，并由彭玉麟亲聘，国学大师王闿运任山长。从此，东洲岛船山书院名之日显，"海内传经问学者踵相接""岳麓、城南、渌江书院学子纷纷南下"，一时有"学在船山"之称。后来，著名书画家曾熙主讲于此。船山书院培养了大量有真才实学的人，

"湖南省艺术名家"、教育界前辈、政界俊杰皆出此门。船山之学，也因此昌盛于湖南而影响全国。

今天，王夫之离开我们已经三百余年，其背影虽渐行渐远，影响却历久弥新。因为他留给我们的不仅是一个著名的思想家的名号，还有那取之不尽的精神财富和仰之弥高的气节风范。

🔊 拓展阅读

　　王夫之（1619—1692），字而农，号姜斋，又号夕堂，湖南衡阳人，中国朴素唯物主义思想的集大成者，与黄宗羲、顾炎武合称明末清初的三大思想家。著有《周易外传》《黄书》《尚书引义》《永历实录》《春秋世论》《噩梦》《读通鉴论》《宋论》等。晚年居南岳衡山下的石船山，著书立说，故世称"船山先生"。

　　坐落于南岳衡山南麓的湘西草堂是湘南普通的民居院落，门额题"湘西草堂"，系赵朴初书；门联为"清风有意难留我，明月无心自照人"；堂屋内正中悬王夫之画像及自撰联"六经责我开生面，七尺从天乞活埋"。

主要参考文献

[1]船山全书编辑委员会.船山全书[M].长沙：岳麓书社，2011.

[2]胡发贵.王夫之与中国文化[M].贵阳：贵州人民出版社，2000.

[3]裴士锋.湖南人与现代中国[M].黄中宪，译.北京：社会科学文献出版社，2015.

[4]王兴国，聂荣华.湖湘文化纵横谈[M].长沙：湖南大学出版社，1996.

（执笔：杨春燕）

魏源：开眼世界，海国有志

位于湖南省邵阳市隆回县司门前镇学堂湾村的沙洲，实则为一处台状宅地，因其狭长如船的地形而别称"船形上"。此地风景独特，四周环绕着开阔的田垄，并有清澈的金水河川流而过。在金水河两岸，狮山与象山分立，形态生动，一如奔腾的狮子，一如扑跃的大象。它们与南端高耸入云的五主峰相连，共同构成了当地著名的"狮象把水口，金板铲龙门"的胜景。

遥望南方，群山峻岭之中，笔架山巍然耸立。此山由三座山峰的尖端并排而成，形似一个巨大的笔架。这个笔架与沙洲上的一座民居恰好遥遥相对，仿佛赋予了这座民居特别的灵气。正是在这座充满灵气的民居里，1794年，中国近代史上杰出的爱国主义思想家、史学家和文学家，被誉为近代中国"睁眼看世界第一人"的魏源诞生了。

魏源的思想和主张对近代无数先哲先贤产生了深远的影响，他们从中汲取智慧，成为魏源思想与主张的实践者。作为一位卓越的思想家，魏源继承了湖湘文化经世致用、敢为人先的传统，他主张经世致用、与时俱变，这一理念与当今社会所倡导的实事求是、与时俱进的精神高度契合。同时，魏源敏锐地洞察时势，明确提出了向西方学习的必要性，并创造性地提出了"师夷长技以制夷"的先进思想。这样的前瞻性和开放性思维，即使在我们这个改革开放的时代，也仍然具有重要的学习价值和借鉴意义。

功名待寄凌烟阁　忧乐常存报国心

魏源（1794—1875），原名远达，字默深，湖南邵阳人。他出身于没落的地主官僚家庭，幼年时代家境贫寒，但好学上进，少时便才华显露。

魏源一生在功名场上很不得意。道光二年（1822年），28岁的魏源中举，但至鸦片战争结束后的道光二十四年（1844年），他才考上进士，这时他已经50岁了。道光二十四年（1844年），魏源参加礼部会试，录取为第十九名贡士。但由于当事者说他的试卷不工整，他被罚停殿试一年，第二年补行殿试才成为进士。

"功名待寄凌烟阁，忧乐常存报国心"，这副刻于魏源故居的门联道出了魏源忧国忧民的爱国精神。身处社会动乱加剧的清末，魏源亲眼看见了近代中国的剧烈变革，为救国救民倾注了满腔热情。

1840 年爆发的鸦片战争，使魏源的注意力从内政改革转移到抵抗外敌入侵。道光二十一年（1841 年），魏源入两江总督裕谦幕府，直接参与抗英战争，并在前线亲自审讯俘虏。后见清政府和战不定，投降派昏庸误国，魏源愤而辞归，立志著述。道光二十二年（1842 年），魏源创作完成《圣武记》。此书记述了清初到道光年间的军事历史及军事制度。魏源希望以此来激励清朝统治者振兴武备，抵抗外来侵略。

魏源坚决反对西方资本主义的侵略活动。在三元里人民痛击英国侵略者之后，他满怀激情地以"同仇敌忾士心齐，呼市俄闻十万师"的诗句，热情讴歌三元里人民的抗英斗争，愤怒声讨投降派为侵略军解围的可耻行径。认为："三元里之战，以区区义兵，围夷酋，斩夷师，歼夷兵，并取得了胜利，难道可以说我兵陆战不如外国侵略者吗？"由此，他还主张利用和依靠人民群众作为抵抗外来侵略的主要力量，与投降派"防民甚于防寇"的反动政策形成鲜明对照。

随着鸦片战争失败，林则徐被革职查办，充军新疆。在林则徐去新疆的途中，两位好友在镇江见面，百感交集。林则徐将自己收集的关于西方历史地理的草稿《四洲志》交托给魏源，郑重嘱托魏源一定要完成自己未竟的事业，把书稿编著出来。面对好友的重托、列强的残暴侵略和清王朝的闭关自守、夜郎自大，在强烈的爱国情怀激励下，魏源在林则徐《四洲志》的基础上，参考历代史志，特别是明代以来的《岛志》及当时的夷图夷语等，编成《海国图志》。

《海国图志》是为了挽救民族危亡而作的，最初编撰五十卷，最后扩充为一百卷。它囊括世界地理、历史、政制、经济、宗教、历法、文化、物产等，对强国御侮、匡正时弊、振兴国脉之路作了探索。《海国图志》明确提出"以夷攻夷""以夷款夷"和"师夷长技以制夷"的观点，主张学习西方战舰、火械等先进制造技术和选兵、练兵、养兵之法，改革中国军队。《海国图志》在当时是一部系统地介绍西方历史地理的著作，在国内开创了介绍西方先进文明的先河，影响了一大批进步的中国人。

咸丰元年(1851 年)，魏源任高邮知州。他勤政爱民，在当地留下了很多动人的故事。"民不可欺，常忧获戾于百姓；官非易做，唯愿推恩到万家。"这副对联，道出了他做官为民的心声。

经世致用世　睁眼看世界

"经世致用"是湖湘文化的一个重要特征，原意为"尽其所学用于治理国家、治理天下"。经世致用思想指理论与实践相结合以治邦济世和注重实践、讲究务实的思想。在我国从封建社会向近代社会转型的过程中，经世致用思想对于启动和加速中国现代化的进程发挥了积极的作用。

魏源以经世致用的眼光，力主扭转那种"不关军国要务，无视民族危亡""泥古不切实务"的学风，提出把学术引上干预政治和革故鼎新的轨道。魏源认为："乌有不行而能知者乎？""披五岳之图，以为知山，不如樵夫之一足；谈沧溟之广，以为知海，不如估客之一瞥；疏八珍之谱，以为知味，不如庖丁之一啜。"(《古微堂集·学篇》)

魏源的经世致用思想主要反映在他编撰的《皇朝经世文编》《海国图志》以及他的实践上。

《皇朝经世文编》近 300 万字，收录道光以前清代 254 位作者的 2000 余篇经世文章，有关治世者，无不搜采，是一本反映清代前期政治、经济、文化、军事典章制度和社会状况的重要资料书籍，也是借助传统经验解决税收、漕运、盐法、币制、荒政、水利、河工等具体政务问题的工具书。这本书问世后得到士人的推崇，晚清汉学大师俞樾在《〈皇朝经世文编〉序》中说："数十年风行海内，凡讲求经济者无不奉此书为矩矱，几于家有其书。"魏源编撰此书的目的在于治世。他在《皇朝经世文编》的序言中说要格其心、身、家、国、天下之物，并强调在格物过程中治世和实际效验。在这一思想的指导下，魏源自然不会满足于书斋中的坐而论道，而是热衷于接触、研究实际问题，积极投身于经世派的改革活动。例如，他积极协助陶澍、贺长龄参与江苏漕粮、水利等问题的筹议与改革。

他遵循经世致用的原则，在《海国图志》中提出"以实事程实功，以实功程实事"的主张，广泛介绍世界各国史地政情，倡学西方先进的科技、军事，设想了一整套富国强兵的经世方略。

鸦片战争后，在强烈的忧患意识驱使下，魏源积极要求清政府进行改

革，强调："天下无数百年不弊之法，无穷极不变之法，无不除弊而能兴利之法，无不易简而能变通之法。"（《海国图志》）

《海国图志》内容丰富，包括海防、海图、海志、各国史地知识、各国宗教、西方历法等。此书就是"为以夷攻夷而作，为以夷款夷而作，为师夷长技以制夷而作"。他认为"夷之长技三：一战舰，二火器，三养兵练兵之法。"首先，要设厂自造。他提出在广东虎门外沙角、大角设造船厂和火器局，甚至可以聘请外国工匠、技术人员作指导，同时也可以聘请外国人训练清军。养兵练兵之法，不在多而在精。他提出："人但知船炮为西夷之长技，而不知西夷之所长不徒船炮也。每月出兵，以银二十元安家。上卒月饷银十元，下卒月饷银六元。赡之厚，故选之精；练之勤，故御之整。"（《海国图志》）而清朝兵备的情况却是："闽广水师，每省三万有奇；江浙水师，每省二万有奇。虚冒半之，老弱半之，未必有数千之可用。"（《海国图志》）所以，魏源认为应该去掉虚冒和滥竽充数的人员，选精兵，精训练而严管制，增强军队的战斗力。

同时，魏源也清醒地认识到，西方国家的富商大贾是侵略者，专以鸦片之烟毒害我国人民。他倡导国家之间在外交上要自主，在贸易上应"互市"，反对非法的鸦片贸易。他揭露英国殖民者到处扩张势力，"四海之内，其帆樯无所不到，凡有土有人之处，无不睥睨相度，思朘削其精华"。他也告诫中国人不要放松对沙皇俄国的警惕。

魏源认为："三代以上，天皆不同今日之天，地皆不同今日之地，人皆不同今日之人，物皆不同今日之物""故气化无一息不变者也。"（《海国图志》）他明确提出："变古愈尽，便民愈甚。"魏源正是以"创榛辟莽，前驱先路"的创新精神，才写出了《海国图志》这样"开眼看世界"的不朽名著，全面阐述"师夷长技以制夷"的主张，实属难能可贵。

在学习西方的同时，魏源主张奖励科学发明，并认为这样做就可以"尽得西洋之长技为中国之长技"，逐步改变中国的落后面貌，从而达到"制夷"的目的。他满怀着民族自豪感，对中华民族的智慧才能充满信心，认为"中国智慧无所不有"，中国"人才非不足""材料非不足"，中国有着丰富的矿藏和资源，具有自己的有利条件。他相信中国人民有能力掌握西方的新式生产技术，可以逐步做到"不必仰赖于外夷"。他指出只要努力，若干年后必然"风气日开，智慧日出，方见东海之民，犹四海之民"，中国一定能富强起来，赶上并超过西方资本主义国家。

魏源的这些思想，表明他对科学技术的进步作用有一定的认识，对资本主义制度优于封建专制制度也有一些粗浅认识。魏源不仅主张学习西方的先进生产技术，而且也很推崇资本主义国家的民主制度。他称誉瑞士"不设君位，不立王侯"，"推择乡官理事"，是"西方桃花源"。当时，在封建专制制度长期统治下的中国，魏源敢这样赞美没有君主和皇帝的政治制度，不得不说是很有胆识的。

培根植本　富民利民

魏源做过陶澍和贺长龄等人的幕僚，还做过海州分司盐运通判，办理淮北盐务等。在治理朝政的过程中，他采取务实作风，进行改革，取得了一些成效，特别是赋税方面。

在赋税问题上，魏源主张培植和保护税源，指出"善赋民者，譬植柳乎，薪其枝而培其本根"。他指责苛重税敛，"不善赋民者，譬则剪韭乎，日剪一畦，不罄不止"，认为重税破坏了纳税人的财产，也就破坏了国家赖以生存的基础。"彼贪人为政也，专朘富民；富民渐罄，复朘中户；中户复然，遂致邑井成墟。""有因何不种稻稷？秋收不给两忙税，洋银价高漕斛大，纳过官粮余秕稃。"

魏源主张国家利用赋税手段保护工商业的发展，认为"士无富民则国贫，士无中户则国危，至下户流亡而国非其国矣"。他所强调的富民主要是指工商业者。魏源提出这一思想，有助于民族资本主义在中国的发展。

在盐政改革上，魏源提出了以官盐成本为中心的改革方案。魏源提议废除"纲盐"制，以一般商人领票纳税、自由运销的"票盐"制代替"纲盐"制，废除盐纲世袭垄断权，唯凭商人纳税，取票买盐。魏源参与筹划的"票盐"制于1832年在淮北试行，盐政改革使盐价大减，走私现象渐绝，国家盐税收入也随之大增。魏源在《淮北票盐记》里记载了此事的巨大成效："不四月请运三十余万引，场盐埽积一空。是岁海州大饥，饥民转移佣值，全活无算。而口岸盐净价贱，其贩芦私者皆转而贩票盐。……利国利民，利商利灶，为数百年所未有。"事后，魏源分析说："票盐售价，不及纲盐之半，而纲商岸悬课绌，票商云趋鹜赴者，何哉？纲利尽分于中饱蠹弊之人……票盐特尽革中饱蠹弊之利，以归于纳课请运之商，故价减其半而利尚权其赢也。"在魏源看来，用盐票的方式可以减少运输销售的费用，大大降低成本；低价销售可以增大销量，利于民生；抵制走私，又可增加国家的盐税收入，从而大大增加财税收入。魏源培植税源、保护工商业发展和推行盐政改革，都取得了一定实效，这些赋税思想在我国 19 世纪以前的经济思想中是极为罕见的。

师夷长技以制夷

魏源，作为一位思想先锋，敏锐地认识到中国与世界的差距，积极倡导向西方学习，以寻求国家的富强之路。他的"师夷长技以制夷"思想，明确提出了学习西方先进技术和文化的必要性，为中国近代的现代化进程指明了方向。他的学说在中国近代史上留下了深刻的烙印。他的思想和主张不仅在当时引起了巨大的反响，而且对此后的洋务运动和维新变法产生了重要的启蒙与号召作用。

在洋务运动中，魏源的思想得到了广泛的实践。魏源"师夷长技以制夷"的观点培养和孕育了一代具有远见卓识的知识分子。魏源的思想为洋务运动提供了理论支持和精神动力，使得这场运动能够在困难和挑战中不断前进。洋务派以他的学说为指导，积极引进西方的科学技术和管理经验，推动了中国的工业化和现代化进程。洋务运动的领导力量曾国藩、左宗棠、郭嵩焘、张之洞等，都受到魏源思想的影响。洋务运动就是在"师夷长技以制夷"思想的指导和曾国藩、左宗棠等人的推动下开展起来的。它开辟了近代中华民族自救运动的先河。曾国藩、左宗棠都认真仔细地阅读过魏源的著作，而且他们创设轮船局、造枪炮等都是受魏源"师夷长技以制夷"思想的启发。近代第一位外交使臣郭嵩焘充分肯定魏源思想的历史价值，说《海国图志》"以互市议款及师夷长技以制夷"，"历十余年而其言皆验"。张之洞更是高度评价《海国图志》，认为它"是中国知西政之始"。

同样地，在维新变法时期，魏源的思想也起到了重要的启蒙作用。魏源经世致用思想的重要内容，如政治变革、学习西方文化、重视经邦治国之才等，启迪了冯桂芳、王韬、郑观应、薛福成等早期维新运动思想家，影响了康有为、梁启超、谭嗣同等维新运动领袖，对湖南维新运动的推动者陈宝箴、江标、皮锡瑞等也有直接影响。康有为早年读过《海国图志》，后游历香港，接触并阅读了更多西方书籍，"始知西人治国有法度，不得以古旧之夷狄视之，乃复阅《海国图志》《瀛寰志略》等书，购地球图，渐收西学之书，为讲西学之基矣"（《康南海自编年谱》）。梁启超也称"其论实支配百年来之人心，直至今日犹未脱离净尽。"以上这些足以说明魏源的前驱先导之功。谭嗣同深受魏源致力于探求救国之路思想的感染，积极发扬魏源"援经议政"的精神，鼓吹"素王改制"和三世说，形成了 19 世纪末的改制维新思潮。今文经学家皮锡瑞也举公羊改制之义，以"推尊孔教而引申变法之说"。在此影响下，湖南的维新运动开展得轰轰烈烈，陈宝箴、江标等人推崇魏源经世之学，积极支持谭嗣同、唐才常等办时务学堂，创《湘学报》、南学会，宣传维新思想。

魏源提出了许多与当时传统观念不同的新思想，尤其是他倡导学习西方先进科学技术的观点，引起了广泛的关注和讨论。这种讨论甚至漂洋过海，波及日本。自 19 世纪中叶《海国图志》传入日本，日本的维新派人物"皆为此书所刺激，间接以演尊攘维新之活剧"。日本人盐谷世弘在《翻刊〈海国图志〉序》中说："自古国家积衰之际，非无勇智之士、筹策之臣也，不胜其孤愤，则或入山林，或隐于居钓，或慷慨赴死，或诡激买祸，而最下为敌国之用。今清方有朱氏、凌氏之乱，而社稷殆将墟，则默深之进退存亡亦未可知也……呜呼！忠智之士，忧国著书，不为其君之用，而反被琛于他邦，吾不独为默深悲焉，而并为清主悲之。"

魏源历经清代嘉庆、道光、咸丰三朝，其思想与著作最为璀璨夺目的时期，无疑集中于道光朝的三十载。这一时期，恰逢清朝盛极而衰，鸦片战争的惨败更是标志着中国逐步沦为半殖民地半封建社会。魏源终其一生，致力于经世致用，强调学术应为现实社会服务，将主要精力倾注于对国家前途命运的深沉思考，以及为御侮图强而不懈著述努力上。他的著作影响深远，《皇朝经世文编》重新点燃了经世致用的思想火花，引领了时代思潮的回归与发展；《海国图志》更是打开了古老封建中国的封闭视野，开启了向西方学习的先河，对于推动中国社会思潮的近代化转型产生了不可估量的影响。正是这些卓越的贡献，奠定了魏源在中国近代史上的不朽地位，使其影响深远而持久。

🔊 拓展阅读

　　魏源(1794—1857)，原名远达，字默深，湖南邵阳人。道光年间进士，曾任内阁中书，与龚自珍同属主张"经世致用"的今文经学派。鸦片战争前，魏源受江苏布政使贺长龄之聘，辑《皇朝经世文编》，并助两江总督陶澍筹办漕运、水利诸事，对社会实际问题有颇多了解。鸦片战争爆发后，魏源深感外敌入侵、国势孱弱，于1841年入两江总督裕谦幕府，直接参加浙江抗英斗争。但因清政府战和不定，投降派昏庸误国，魏源愤而辞归，发愤著书，先后写成《圣武记》《海国图志》。他率先打量海外诸国，试图从西方文化中寻求经世的途径，提出了"师夷长技以制夷"的主张，为后来的洋务派确立了理论基础。他的思想尽管有诸多局限，但已经开启了传统士人接触西学、变法求新的序幕，他因此被称为近代"睁眼看世界第一人"。1853年，魏源任江苏高邮知州，倡办团练，组织地主武装，对抗太平天国运动。魏源晚年弃官学佛，整理著述，病死于杭州。他的著作有《圣武记》《海国图志》《古微堂集》《元史新编》《老子本义》等。

主要参考文献

[1]杜纯梓.湖湘文化要略[M].北京：北京大学出版社，2011.

[2]戴逸，夏剑钦.中国近代思想家文库·魏源卷[M].北京：中国人民大学出版社，2013.

[3]陈谷嘉.岳麓书院名人传[M].长沙：湖南大学出版社，2016.

[4]魏源.魏源全集[M].长沙：岳麓书社，2011.

（执笔：欧阳红）

曾国藩：湘军之魂，湖湘楷模

湘籍近代民主革命家杨毓麟说过一句话："我湖南人碌碌无所轻重于天下，亦几不知有所谓对于天下之责任，知有所谓对于天下之责任者，当自洪杨之难始。""洪杨之难"，就是"太平之乱"，著名的湘军就出现在此时。换言之，这个转折就发生在曾国藩身上。

曾国藩，一个出生于湘中普通农家的书生，凭什么能够扭转湖湘文化的发展态势？有道是，时势造英雄，可为什么时势造出的英雄不是其他人而是他？

十年磨砺　脱胎换骨

年轻时期的曾国藩与许多同时代的年轻人一样，走的是科举之路。天资平平的他经历了从 14 岁到 23 岁的秀才考试，长达 10 年的挫折慢慢唤起了他的耻辱意识。考上秀才后，在祖父、父亲的支持下，他来到长沙的岳麓书院，开启了他的自新之路。经过一年时间的努力，他顺利考上举人。

可是，乡试的顺利和会试只三次便成功的侥幸，又让曾国藩开始目无余子，自命不凡。进朝为官前，他特意回乡一趟，遍游湘中，访曾氏宗亲，"打秋风"；进京做官后，趁翰林院清闲，他开始游走在同乡同窗之间，并喜欢无事外出、无事夜出，可谓轻浮好色、心贪嬉游，多言好动、不能安坐。

这段时间，他与人龃龉不断，好说大话，爱听好话，导致密友断交，连身边的仆人都离他而去。正当他在平庸的道路上越走越远的时候，朋友的当面指责终于唤起了他的醒悟。这一次，他终于坚定刻苦磨砺、脱胎换骨的决心。

他开始咬牙励志，"不为圣贤便为禽兽"，将自己身上的毛病和缺点一一找出来，有计划有步骤地改进。他虽然改得非常艰苦，但最终也只花了不到10年的时间就使自己脱胎换骨。后来，他总结了一句话：天下事，有所逼有所激而成者居其半。可以说，他的大半生，每一步都是这样被逼出来的。咸丰十一年（1861年），脱胎换骨之后的曾国藩一边拿着洋人的望远镜，一边不无感慨地对子弟说："其铜铁、树木等，一经洋人琢磨成器，遂亦精曜夺目。因思天下凡物加倍磨治，皆能变换本质，别生精彩，何况人之于学？但能日新又新，百倍其功，一何患不变化气质，超凡入圣？"

这里透露出他对中西方科技对比的危机感，也折射出人才成长的必然规律：凡人才都是磨砺出来的。他就是一个舍得磨砺自己的人，并以此激励子弟和身边下属励志图强。

从曾国藩身上，我们不难看出他的湖湘性格：霸蛮。他成了晚清湖湘人物励志成才的典范，湘军将领胡林翼等人也是如此。

修德楷模　为官典范

面对晚清积弊难除、痼习难改的末世景象，曾国藩没有随波逐流，而是"吾有志学为圣贤"，立志要摆脱流俗的束缚，"另起炉灶，重开世界"，终成修德楷模、为官典范。

曾国藩曾嗜烟如命，他立志后第一件事就是决心戒烟，一生未再吸食。十年京官期间，他每天在日记中省察自己："一日之中，一念之差，一事之失，一言一默，皆笔之于书，书皆楷字……盖其慎独之严，虽妄念偶动，必即时克治。"

曾国藩将志付于行，始终坚信读书是修身立德、储才养望的关键，终生读书，以书为乐，奉行附骥名师，绝不附庸权贵的人生信条。他自强自立、好学深思、自以为非，终于成就了他的圣贤品德。曾国藩一生带兵、治家以严著称，他在日记和家书中对此有颇多记载，但这严的前提是严于律己，处处给下属、子弟做榜样。

他以诚修身，秉承"君子之道，莫大乎以忠诚为天下倡"。纵观曾国藩一生，他始终以忠诚立身，事上以忠，事友以忠。自担任湘军统帅至平定太平军，曾国藩在十几年间没有进过一次北京，向上级汇报沟通的唯一方式就是奏折。曾国藩有晚清第一奏折高手之誉，重要文件从不假他人之手，这本身就是诚的体现。奏折的内容更是做到了一个"诚"字。曾国藩言："奏疏公牍,再三斟酌,无一过当之语、自夸之词……"曾国藩"积诚以相感",最终赢得了朝廷的信任。同时,曾国藩对待他人也以诚信求之,虚心处之。"驱将之道,最贵推诚,不贵权术。"一个宝贵的"诚"字,使曾国藩赢得了天下人才,赢得了湘军上下的团结和信赖。

曾国藩在日记中提出"克勤小物"这一理念,讲的是自古成大业者,多自克勤小物而来。克勤小物就是脚踏实地,从浅处、实处、小处入手,勤勤恳恳做好每一件小事。小事做好就是实,但"实"要想落到实处,就要靠勤。他认为历史上的一等人物都是勤奋之人,于是把勤奋当作人生第一要义,以勤精业,以勤兴家。勤政更是他居官之首务。他在家书中说:"勤字功夫,第一贵早起,第二贵有恒。"他主张做事要下笨功夫,勤即劳心劳力的笨功夫,勤能生明,勤能为实。

曾国藩在家书中说:"予自三十岁以来,即以做官发财为可耻,以宦囊积金遗子孙为可羞可恨,故私心立誓,总不靠做官发财以遗后人,神明鉴临,予不食言。"他信奉俭以养廉,做官以不要钱为本,安身俭、治家俭、为官俭。身为两江总督、一等侯爵,他始终保持一介寒士之风,床上铺草席,身上盖土布,衣服常带补丁。他自我总结道:"我仕宦十余年……除此二者(指书籍、衣物),予断不别存一物以为宦囊,一丝一粟不以自私。"俭以养廉,是曾国藩的为官之德,也是其护官之符,更是治国之道。他说:"历览有国有家之兴,皆由克勤克俭所致。其衰也,则反是。"这样的告诫有振聋发聩之功。

这样的克己修德功夫,终于使得这个一生坎坷多病的儒生走出了个人小天地,走进了历史大视野。

勇于担当　理学治军

曾国藩的脱胎换骨并非偶然,而是与其深受湖湘文化的浸染和熏陶不无关系。

作为中国区域文化版图中的一块,湖南虽然直到宋代才开始进入中国主流文化的视野,但在这一千年间,得益于本土文化和中原文化的交互影响,湖南民间沉淀了深厚的文化底蕴。以"先忧后乐"为核心的岳阳楼精神和周敦颐开创的程朱理学在岳麓书院的传承,使得湖南民间和学者有着一种深沉的忧患意识与经世思想。曾国藩的家庭并不算富裕,但其五兄弟都被父亲送到衡阳、长沙等地读书。特别是在程朱理学的大本营——岳麓书院的求学,使得曾国藩深受影响和熏陶，接受了书院的教育理念，打破了读书是为了科举、为了做官的传统观念。

十余年京官期间，曾国藩接受了以唐鉴等为代表的理学大师的指导，以及一批同为岳麓书院出身的同乡好友的规劝切磋，"澄清天下"之志逐渐坚定。1852年，在受命出任帮办湖南团练大臣之时，他尽管有过犹豫，但最终毅然挑起了这一重担。在无兵无饷无权的"三无"情况下，他不顾自己既毫无带兵经验，又无筹饷之才，白手起家，组建起闻名天下的湘军，并且历经磨难，率领这支农民出身的队伍，取得了最后的成功。

当时的曾国藩已经是礼部侍郎，38岁即为二品大员，他完全没有必要改变自己的人生轨迹，没有必要冒着巨大的生命危险和政治风险来建功立业，获取富贵。然而，他却果决地迈出了这一步，这是一种什么精神？这就是湖湘文化中最宝贵的经世为民的担当精神。他多次表示："天下事，在局外呐喊议论，总是无益，必须躬身入局，挺膺负责，乃有成事之可冀。"躬身入局，挺膺负责，就是"空谈误国、实干兴邦"的另一种表达。

在组建湘军的过程中，曾国藩善于借鉴历史经验，以书生带兵，以理学治兵。他举起"卫道"（即捍卫中华文化之道）的旗帜，团结了一大批湖南读书人，向湘军将士灌输"忠义血性"的信念，将湘军作为一所培养人才的学校，激励湘军士兵"朝出鏖兵、暮归讲道""上马杀贼、下马读书"，从而培育出"纪律严明、生死相救"的湘军精神。

从湘军中走出来的封疆大吏、军事将领上百，且大多成为活跃在晚清及近代军界、政界的风云人物。这些人基本上是从一介书生或者底层兵士逐渐成长起来的，他们和曾国藩一起，成为后世湖南人励志成才的榜样、楷模。

湘军的成功极大地激发了湖南人的文化自信，培育了湖南人的湘军情结，开启了湖南人总督天下、巡抚八方的政治格局，奠定了湖南两百年人才辈出的基石。

立定根基　力战流俗

曾国藩身边的核心幕僚赵烈文认为，曾国藩辛辛苦苦大半辈子，真正花在军事指挥方面的精力不过三四成，绝大部分精力花在与世俗文法斗争和与当时的社会风气斗争上。这话概括得很确切。

曾国藩所处的时代，社会上弥漫着一股向钱看的风气。基于对时局和社会风气的忧心，曾国藩初办团练，便宣布"不要钱，不怕死"，借此号召乡土豪杰。

在曾国藩看来，官员的身心事关风气的好坏。作为一个躬身入局的人，只有自己做得正，才能引导一种好的社会风气。曾国藩提出"风俗移人"，"凡人才皆随风气而转移，虽贤者不能自拔于风尚之外"。再能干的人才也逃不过风气的左右，或多或少会受到一个社会或一个单位的风气的影响。官员品行高下、能力强弱和一举一动，都关系到普通百姓的生活和社会的运行。所以，诸葛亮也曾说："屋漏在下，止之在上。"这句话的意思就是下边的流弊应该在上边杜绝。

因此，湘军每战一地，曾国藩都要设忠义局、建昭忠祠，以"慰忠魂而维风化，劝臣节而正人心，维风教而励人心"。他是把这一场战争当作一场"卫道战争"来打的。所以，他响亮地提出了"君子之道，莫大乎以忠诚为天下倡"的理念，以此培育一种好的社会风气。

现代学者钱基博曾对曾国藩作过精辟的概括："游心如老庄之虚静，治身如禹墨之勤生，齐民如管商之严整，而持之以不自是之心。虚心实做，庶几乎道矣。"这句话的意思是，曾国藩的修心如老子、庄子，虚心虑人；治身如大禹、墨子，勤勤恳恳；治民如管仲、商鞅，严肃整齐；关键是他持有"不自是"的心，踏实做事。

在曾国藩的带动下，胡林翼、罗泽南、左宗棠等人均以"移风易俗"为己任。例如，郭嵩焘认为，"国家大计，必先立其本"，"本者何？纪纲法度，人心风俗是也。无其本而言富强，只益其侵耗而已。"（《伦敦致李伯相》）

学风，是人心风俗的重要体现。湖南从陶澍、魏源开始，到曾国藩、左宗棠、罗泽南、刘蓉、郭嵩焘等，无不着力于培养经世学风，去除学习的功利性，区分读书与科考，从而造就了实事求是的湖湘学风。

左宗棠认为，"读书当为经世之学，科名特进身之阶耳"。在做幕僚之前的青年时代，是左宗棠读书的黄金时期，他将大量的精力投入理学、农学、荒政、盐政、漕政的研究中。

罗泽南亦与曾国藩、左宗棠的看法出奇一致，他"不忧门庭多故，而忧所学不能拔俗而入圣；不忧无术以资生，而忧无术以济天下"。曾国荃、曾国华、李续宾、李续宜、蒋益澧、刘腾鸿等都从学于罗泽南，受其影响颇深。

刘蓉则将学风与风俗紧密联系起来，说："学术坏而人心风俗随之。"因此，他提出治学应当匡世济民、经世济用。

后来，在分析曾国藩的历史观点和实践时，毛泽东提出了"大本大源"的命题。他在 1917 年 8 月 23 日给老师兼好友黎锦熙的信中说："欲动天下者，当动天下之心，而不徒在显见之迹。动其心者，当具有大本大源。"毛泽东认为，成功的秘诀就在于会抓人心、抓学术。正如曾国藩所言："使得大本大源，则必有定向，而不致摇摇无着。"青年毛泽东主张本源治世，说："今吾以大本大源为号召，天下之心其有不动者乎？天下之心皆动，天下之事有不能为者乎？天下之事可为，国家有不富强幸福者乎？"

上述措施，在培养湖南士子清廉风尚方面发挥了巨大的作用，因为无论是在教育还是风俗方面下大力气，其结果必然是人心正。人心一正，实用型人才的成长就有目共睹。"中兴将帅，什九湖湘""名臣能吏，半出其门"并非虚语。

到了 20 世纪，曾国藩仍然是湖湘杰出人物崇拜的楷模，黄兴、蔡锷、杨昌济、毛泽东等人无不以他为效法的榜样，怀爱国济民、胸怀天下之大志，抱舍我其谁、经世致用之大才，托个人事功与国家命运为一身，实事求是、脚踏实地，成为引领历史发展的关键人物。可以说，湖湘人才后辈继起，曾国藩发挥了重要的历史作用。

🔊 拓展阅读

　　曾国藩(1811—1872)，原名子城，字伯涵，号涤生，湖南双峰人。道光十八年(1838 年)进士，道光二十七年(1847 年)升内阁学士加礼部侍郎衔，两年后，晋升礼部右侍郎兼兵部、工部左侍郎。咸丰二年(1852 年)，守孝在家的曾国藩奉命帮办湖南团练。咸丰三年(1853 年)，曾国藩筹建湘军。咸丰四年(1854 年)二月，曾国藩发布《讨粤匪檄》，率湘军水陆两师 17000 人出师东征。咸丰十年(1860 年)，曾国藩任两江总督、钦差大臣，督办江南军务。同治三年(1864 年)，曾国藩指挥湘军攻破"天京"，成功地平定席卷东南 14 年之久的太平军，赐爵一等毅勇侯，太子太保，先后获授体仁阁大学士、武英殿大学士。同治七年(1868 年)，曾国藩调任直隶总督。同治九年(1870 年)，曾国藩回任两江总督。同治十一年(1872 年)二月，曾国藩病逝于南京两江总督衙门，清廷追赠太傅，谥号文正。

《清史稿》有传。其著作有《曾国藩全集》。其故居富厚堂现为国家重点文物保护单位。

主要参考文献

[1]刘绪义.曾国藩与晚清大变局[M].北京：九州出版社，2015.

[2]曾国藩.曾国藩全集[M].长沙：岳麓书社，1986.

（执笔：刘绪义）

左宗棠：湖南骡子，心忧天下

1885 年 9 月 5 日清晨，74 岁的湘籍名臣左宗棠在福州任上走完了他的人生旅程，安详辞世。洋务运动领袖，一代民族英雄，自此陨落。是夜，暴雨倾盆，忽听一声霹雳雳，东南角城墙顿时被撕裂一个几丈宽的大口子，而城下居民安然无恙。老百姓说，左宗棠死了，此乃天意，老天要毁我长城。

左宗棠，字季高，号湘上农人，湖南湘阴人。他 15 岁参加湘阴县试，名列第一；次年，应长沙府试，取中第二名。1832 年，左宗棠以监生身份参加湖南乡试，中第十八名。之后 6 年，他三次赴京会试，均未考中，从此"绝意仕进"，打算"长为农夫没世"，寻找新的报国途径。

1838 年，怀抱经世之才的左宗棠，在老乡陶澍(两江总督)的推荐下，做了两江总督府的四品幕僚。从此，一个落魄的穷举人，开始接触军国大事，也开始了解夷人的船坚炮利与世界大势。左宗棠将自己的命运与清廷和中华民族的命运连在一起，先后官居闽浙总督、陕甘总督和两江总督，在风云际会的近代中国，成为洋务运动的领袖人物和当之无愧的民族英雄。

左宗棠一生忠勇善战，在铁马金戈的晚清政坛上成为"中兴名臣"。他在身居要位后成就了两大事功，首功是收复新疆，其次是兴办洋务。林则徐评价他："一见倾倒，诧为绝世奇才。""东南洋夷，能御之者或有人；西定新疆，舍君莫属。"胡林翼评价他："横览九州，更无才出其右者。"潘祖荫评价他："天下不可一日无湖南，湖南不可一日无左宗棠。"

"绝口不言和议事，千秋独有左文襄。"在国运衰竭之时，年近古稀的左宗棠力排众议，率兵西征，收复了新疆，保住了中国六分之一的国土，为捍卫国家领土主权立下赫赫功业。梁启超评价他是"五百年来第一伟人"。

2000 年，美国《新闻周刊》评出的"近一千年全世界 40 位智慧名人"中有 3 位中国人：毛泽东、成吉思汗、左宗棠。

抬棺西征　收复新疆

新疆自古以来就是中国的领土，秦汉以降一直称之为"西域"。1757 年，清朝彻底平定了准噶尔部叛乱，乾隆便把这片土地命名为"新疆"，取"故土新归"之意。

鸦片战争后，晚清王朝日益衰败，内忧外患剧增。新疆地处中亚东部，与中亚和印度接壤，英、俄两国都试图通过控制新疆来争霸中亚。1865 年，英国政府拉拢和控制中亚浩罕汗国（在今乌兹别克斯坦境内）军事头目阿古柏，煽动和支持阿古柏率兵侵入新疆南部，建立"哲德莎尔"伪政权，企图以此作为肢解新疆的工具。

1870 年，阿古柏相继侵占吐鲁番和乌鲁木齐，将侵略势力扩展到北疆的部分地区，占领天山南北 160 万平方公里的土地。为了巩固统治，阿古柏对新疆各族人民实行血腥的屠杀和残暴的统治。但这时的清政府忙于镇压太平天国起义，分身乏术，无暇西顾。

1871 年 7 月，俄国直接出兵侵占了伊犁。俄军实行高压统治，伊犁民众苦不堪言，除了在当地进行反抗斗争之外，纷纷从俄统治区逃离，并要求清政府早日出兵，收复失地。在处理边疆问题上，当时的清政府内部产生了所谓的"海防"和"塞防"之争。

1874 年 5 月，日本入侵台湾，东南沿海防务紧张。以直隶总督李鸿章为代表的"海防"派认为，东南海防比西北塞防更重要，新疆为肢体之伤，海疆为心腹之患。他们主张维持新疆现状，取消新疆战事。以陕甘总督左宗棠为代表的一派则提出"东则海防，西则塞防，二者并重"的主张，并且坚决要求出兵新疆，收复中国失地。

为了表达收复新疆的强烈意愿，左宗棠向清政府提交了一道五千言的奏折，详细论述了收复新疆的必要性。他说："我朝定鼎燕都，蒙部环卫北方，百数十年无烽燧之警，是故重新疆者所以保蒙古，保蒙古者所以卫京师。"他还说："胜固当战，败亦当战。倘若一枪不发，将万里腴疆拱手让给别人，岂不是成为中华民族的千古罪人？"

危难之时，在左宗棠的强硬陈词下，清政府采纳了出兵收复新疆的主张。1875 年 4 月 23 日，清政府任命左宗棠为钦差大臣，督办新疆军务。此时的左宗棠已经 63 岁，本该是解甲归田、颐养天年的时候了。然而，作为军事统帅，他不顾自己年老体弱，毅然投入一场拯救新疆山河的伟大战争。

为收复新疆，左宗棠用了近一年的时间在兰州从事战前准备。他根据新疆地理特点及敌情，制定了"先北后南""缓进速决"的战略。1876 年春天，左宗棠的队伍一路西行，设大本营于肃州（今酒泉），督办西征事宜。为了表示收回领土的决心，左宗棠用兵车运着自己的棺木，派主力从肃州出发入疆，誓与侵略者决一死战。

清军讨伐阿古柏的战役，从进军北路到收复南疆，历时一年半：1876 年 8 月，出奇兵攻占战略要地黄田，迅速收复乌鲁木齐；11 月，攻下玛纳斯南城，胜利结束北路之战。1877 年春，向南疆展开攻势；4 月，攻克南疆门户达坂城，然后兵分两路攻克托克逊和吐鲁番，歼灭了阿古柏主力，取得收复南疆的决定性胜利；10 月后，陆续收复库车、阿克苏、乌什、喀什噶尔、叶尔羌、英吉沙尔。

1878 年 1 月，清军攻克和田。至此，除沙俄侵占的伊犁地区外，左宗棠收复了被阿古柏侵占长达 13 年的新疆，彻底粉碎了英俄企图利用阿古柏肢解和侵吞中国西北领土的阴谋。沙俄迫于阿古柏的失败和左宗棠积极部署进军伊犁的形势，同意与清政府举行谈判。

左宗棠在收复新疆全部土地的问题上，态度坚决而强硬。1881 年，在左宗棠的军事支持下，曾国藩之子曾纪泽与沙俄反复交涉签订《中俄伊犁条约》，中国自此收回了伊犁和特克斯河上游两岸被占领土，从而使新疆各族人民免遭沙俄殖民统治，重回祖国怀抱。羸弱的清朝居然使沙俄将吞下去的中国领土又吐出来，这在近代史上是前所未有的。

收复新疆后，左宗棠的心思立即转到了如何保证新疆的长治久安上面。他采取了召集流亡、兴修水利、恢复生产、改革税制等一系列措施，来促进民族发展，维护民族团结。他认为"立国有疆，富国裕民"是前提，继承并发扬了"置省兴屯，以靖边陲"的主张。他还提出"自古边塞用兵，无不以兴屯为守务"的理论，认为只有体恤民情、解除民困，才能使百姓安居乐业。

左宗棠还对新疆的前景作出通盘筹划。1880 年 5 月，他提出了设立新疆行省的第一个具体方案：设总督驻乌鲁木齐，巡抚驻阿克苏，伊犁将军仍旧，塔尔巴哈台改设都统。次年，在清政府收回伊犁时，已调任两江总督的左宗棠还特地提交了一个奏折，强调新疆建省的重要性。1884年11月17日，清政府采纳左宗棠提出的新疆长治久安之策，决定在新疆建立行省，任命湘军大将刘锦棠为新疆第一任巡抚。新疆行省的建立，对巩固祖国统一、加强西北边防、促进新疆建设，具有深远的历史意义。

为了进一步维护新疆的长治久安，左宗棠结合新疆的实际情况，广开科举之门。这一做法一方面笼络了一大批读书之人，让他们熟读儒家经典，做到知书达理、明是非；另一方面也让少数民族人民通过树立儒家的伦理道德观念和传统的法律法治观念，修其身心，增进少数民族人民对汉族文化和儒家思想的认同感。这样的做法大大改善了当时的社会风气，使新疆出现了一片安定祥和的景象。

"大将筹边尚未还，湖湘子弟满天山。新栽杨柳三千里，引得春风度玉关。"这是1879年，同为湘人、后官至兵部尚书的杨昌濬写的一首七言绝句。这首诗热情地歌颂了清军收复新疆的伟大功绩，高度赞扬了这一壮举的最高统帅左宗棠的爱国主义思想。今天，我们依然可以在新疆诸多城市看到左宗棠当年栽下的杨柳树，这些经历了一个多世纪的百年老树仍在诉说着那段恢宏难忘的历史。

自强御侮　创办洋务

左宗棠一生的后三十年是同创办洋务企业密切相连的。

19世纪60年代到90年代，中国掀起了洋务运动，创办了一批近代军事工业，其中比较重要的有曾国藩创办的安庆内军械所、李鸿章成立的江南制造总局、崇厚创立的军火机器总局。1866年，左宗棠创办了中国近代史上第一个制造轮船和修理水师武器装备的专业工厂：福州船政局。

在中国近代造船史上，左宗棠是一位大功臣。福州船政局是当时远东第一大船厂。左宗棠为了建立福州船政局，早早酝酿，广咨博采，呕心沥血，花费了大量精力和许多时间，为中国近代海军的建设与船舶工业的近代化作出了不可磨灭的贡献。

1863年春，时任闽浙总督的左宗棠在浙东和太平军作战中，与法国人有较多的接触，亲眼看到了西洋的船炮优势。他当即向清政府总理各国事务衙门建议："将来经费有出，当图仿制轮船，庶为海疆长久之计。"他在致浙江宁绍台道史士良的信中说："轮舟为海战利器，岛人每以此傲我，将来必须仿制，为防洋缉盗之用。"有鉴于此，他多次向朝廷提出："沿海各郡长久之计，仍非仿制轮舟不可。"

1864 年，左宗棠开始将仿制轮船付诸实践。这年秋天，他雇请匠师在杭州试制了一艘蒸汽轮船，在西湖中试航，但速度不快。他邀请洋将德克碑、税务司日意格查看。德克碑等看后认为："大致不差，惟轮机须从西洋购觅，乃臻捷便。"德克碑把法国制船图册送给左宗棠阅览，并表示愿意代为监造，将西方造船技术传授给中国。从此，左宗棠开启了邀请法国人仿造轮船的历程。

建设现代化的造船厂，在当时的中国是破天荒的新事物。国内既无先例可循，又无技术基础。此前数年，安庆、南京、苏州、上海、天津等地虽然陆续设立了军械所、机器局、制造局等，但都因陋就简，规模很小。即便是最大的江南制造总局，投资总额也仅十多万两白银，和福州船政局计划前 5 年投资 300 万两相比，远不能及。

左宗棠一直把建设福州船政局视为国家的一项根本建设，从筹集资金、选定厂址、购买机器设备、雇用洋匠到整个建设规划，他都亲自筹划，广泛听取各方意见，经过反复斟酌，最后才拍板定案。他为建设船政局费尽了心力，也为后来船政局的建设打下了良好的基础。福州船政局建成时，他早已离开福建，但对船政建设仍高度关注，竭尽全力维护与支持。

左宗棠不仅注重引进西方先进科学技术，而且注重为清政府培养新型人才。福州船政学堂培养了中国近代第一批海军军官和第一批工程技术人才，从船政学堂毕业的学生成了中国近代海军和近代工业的中坚力量。在左宗棠的支持下，福州船政局还设立"艺学"，专门负责青少年基础文化知识的学习，这为以后能更深入地学习科学技术打下了良好基础。

左宗棠为了达到"抵洋商"的目的，除造船之外，还积极提倡发展其他新式企业，兰州织呢局就是他创办的中国第一个新式纺织企业。自担任闽浙总督开始，左宗棠先后创办多家近代洋务企业，其创办洋务企业的目的是自强御侮。他在临终前夕的口述疏中仍然吁请清政府："凡铁路、矿务、船炮各政，及早举行，以策富强之效。"

左宗棠是一个具有创新意识的封建官吏。他看到了当时清朝在战争中大多是由军事上的失败导致的失败，所以效仿西方，掀起了洋务运动。在创办洋务企业的实践中，左宗棠始终以抵制外国军事、经济侵略，发展民族经济，"富国强兵"为出发点，坚持"师夷长技以制夷"的指导思想，倡导西学，充分展示了其一贯的强烈爱国动机和民族立场。

身教言传　耕读传家

晚清之际，左宗棠能一飞冲天，成为一代名臣、千古儒将，与其"身教言传，耕读传家"的良好家风有关。左宗棠成为高官后，如何让家风传承下去，使子孙不堕入富贵陷阱，避免成为纨绔子弟，亦考量着他个人的智慧。

湘阴自古便有"楚南首治"之称。左宗棠的曾祖父左逢圣、祖父左人锦、父亲左观澜皆为秀才，父亲以教书为生。左宗棠青少年时期曾在长沙城南书院、湘水校经堂学习，因父母先后去世，转入贫困子弟学校"公资书院"读书，后入赘湘潭周家。左宗棠通过家书和家教等形式，要求子女传承孝顺、慈善的家风，做真君子。左宗棠的家规家训主要记载在家书和其题写的楹联匾额以及留下的警示劝诫名言中。现在流传下来的左宗棠家书有 163 封，这是他在戎马倥偬、政务繁忙之际写给夫人、仲兄、儿女和侄儿们的信札。他在家书中倡导"耕读为本，自立自强"，要求"勤俭持家"，提出"惟崇俭乃能广惠"，并在湘阴左氏宗祠的大门上写下一副对联：纵读数千卷奇书，无实行不为识字；要守六百年家法，有善策还是耕田。在他的严厉教导下，左氏家风端肃。

左宗棠钟爱读书，他的家书中多有教子读书做人的内容。他在给长子孝威的信中说："尔年已渐长，读书最为要事。所贵读书者，为能明白事理。学作圣贤，不在科名一路，如果是品端学优之君子，即不得科第亦自尊贵。……尔父二十七岁以后即不赴会试，只想读书课子以绵世泽，守此耕读家风，作一个好人，留些榜样与后辈看而已。"

左宗棠是一个十足"霸蛮"的湖南人，但在教育子女方面却心细如发。他要求儿子每月将功课寄予他查阅，就连功课上的错别字也一一纠正。他教子"读书非为科名计"，强调"知行合一""学以致用"。他在家书中写道："识得一字即行一字，方是善学。"他反对子孙在科举八股文中寻讨出路，不厌其烦地教导自己的后代不能为了读书而读书，读书就要读懂今世，学到真才实学。在那个人人都追求功名的年代，这种求实创新的精神难能可贵。左宗棠反其道而行之，他常常教育子女们要务实，不要贪图功名，要以实业、实学为重。他提倡维护国家利益是重中之重，鼓励子女们通过有效的方式来救国，不要只读八股文，要做到先天下之忧而忧。左宗棠这种治国、治家的思想，深深地受到了湖湘文化经世致用价值取向的影响。

左宗棠通过身教言传，延续了左家耕读传家、知行并重、勤俭忠厚的家风。

身无半亩　心忧天下

1812 年，左宗棠出生于湘阴文家局左家塅一没落的书香之家。湘阴左家至左宗棠父亲这一代已是 7 代秀才，家境并不宽裕。左家自曾祖父左逢圣始，孝顺、乐善好施的家风一直被人称道。左宗棠耳濡目染，继承了孝顺、慈善的良好品质。左宗棠幼时随祖父、父亲外出施粥时，别人逗他："饥民吃掉你家的粮食，你就要饿肚子了。"左宗棠却回答："祖父教我念过杜甫的诗'穷年忧黎元，叹息肠内热'，我饿一两顿不算什么。"青年时期，左宗棠倡导兴办"义学公"，免费教育穷苦子弟。22 岁时，左宗棠写下了脍炙人口的对联：身无半亩，心忧天下；读破万卷，神交古人。

封疆大吏　境遇清苦

左宗棠出山之后，湘阴左家已是名门望族，日子却过得拮据。左宗棠有一句训诫子孙的名言："惟崇俭乃能广惠。"据《清史稿》记载，左宗棠生活"刚明耐苦，布衣蔬食"，为官"廉不言贫，勤不言劳"。他一生俭朴，即使位高爵显，依然"非宴客不用海菜，穷冬犹衣缊袍"，平常多穿普通的棉布衣袍，只有公事场合才穿官服。戍边多年，他在营帐中和士兵过一样的生活。左宗棠曾加太子少保衔，人称"左宫保"。他爱读书写字，衣袖经常磨破，就请人制作了一副套袖戴在衣服外面，门人称它"宫保袖"。左宗棠每年仅寄两三百两银子回家，还嘱咐家人要省着花，但对捐赠赈灾很积极。史书记载：1866 年，他捐献银两支持湘阴两建试馆；1869 年，湖湘水灾，他捐廉银赈灾；1877 年，陕西、甘肃大灾，他慷慨解囊……在左宗棠家书中，仅提及"助赈之事"的地方就有 66 处之多。

耕田读书　笃根去浮

左宗棠自号"湘上农人"，精通农事。"好子弟，唯读书与耕田不可辜负。"这是湘阴左家的传家之训。1866 年，左宗棠奉命移节西征前，书联勉励4 个儿子："要大门闾，积德累善；是好子弟，耕田读书。"他嘱咐："慎交游，勤耕读，笃根本，去浮华。"他还给左氏家庙写了一副对联：纵读数千卷奇书，无实行不为识字；要守六百年家法，有善策还是耕田。他嘱咐儿子孝威将对联刊悬祠中，以示族中子弟。左宗棠钟爱读书，他的家书中多有教子读书做人的内容。他在给长子孝威的信中说："尔年已渐长，读书最为要事……尔父二十七岁以后即不赴会试，只想读书课子以绵世泽，守此耕读家风，作一个好人，留些榜样与后辈看而已。"

天地正气　家国情怀

左宗棠身教言传，延续了左家的良好家风。他的4个儿子，虽出身显赫，但均无"骄娇"之气。长子左孝威，跟随左宗棠在军中做了一名随军文书，衣食住行与普通军士一般无二，没有丝毫特殊，后患病早逝；次子左孝宽是一位颇有名望的郎中；三子左孝勋，曾任兵部主事，但并不喜欢当时的官场，生活十分低调；四子左孝同为著名的金石书法家。左宗棠"天地正气"的家国情怀，对其子孙后代影响颇为深远。曾任上海市副市长的左焕琛是左宗棠的玄孙女，她感慨道："我们家庭一直非常强调左宗棠的清廉从政和爱国主义，尽管他没给我们留下丰厚的财产，但他的清廉与爱国让左家几代人都非常骄傲。"

结　语

左宗棠，这位深受儒家思想熏陶的杰出人物，自幼便沉浸在湖南乡邦先贤的经世学风之中。他对程朱理学的尊崇，不仅体现在个人的修齐治平之道上，更在于其文治武功的世界观与耕读传家、知行并重的家风。在长沙城南书院的学习经历，为他奠定了坚实的学术基础，也塑造了他以国家利益为重、忠君爱国的思想品格。

湖湘文化传统与忠君爱国思想在左宗棠身上得到了完美的体现。他注重经世致用，将所学知识与实践相结合，致力于救国平乱、爱民治家。在与曾国藩、贺长龄、贺熙龄、林则徐等杰出人物的交往中，左宗棠的忠君爱国思想得到了进一步的升华。他在政治、军事、经济上的主张，充分彰显了湖湘士人的英雄气概和爱国情怀。

左宗棠的一生，可以说是功勋卓著、影响深远的一生。作为收复新疆的首功之臣，他通过一系列的措施巩固了祖国边防，维护了国家统一。作为洋务运动的推动者，他创办了福州船政局，为中国的近代化进程作出了重要贡献。在学习西方的问题上，他坚持"用洋人而不为洋人所用"的原则，强调自力更生、保持民族自信。这些思想观点在今天依然具有重要的借鉴意义。

左宗棠作为一位典型的儒家知识分子，他的一生充满了智慧、勇气和担当。他不仅为后人树立了光辉的榜样，更为我们今天的发展提供了宝贵的启示。我们应该铭记左宗棠的历史贡献，继承和发扬他的精神，为实现中华民族伟大复兴贡献自己的力量。

🔊 拓展阅读

1. 左宗棠（1812—1885），汉族，字季高，一字朴存，号湘上农人，湖南湘阴人。晚清重臣，军事家、政治家，湘军著名将领，洋务派代表人物之一。与曾国藩、李鸿章、张之洞并称晚清中兴四大名臣。曾就读于长沙城南书院，并于20岁乡试中举，虽此后在会试中屡试不第，但留意农事，遍读群书，钻研舆地、兵法。后由幕友而起，参与平定太平天国运动，兴办洋务运动，收复新疆，推动新疆建省。历任闽浙总督、陕甘总督、两江总督，官至东阁大学士、军机大臣，封二等恪靖侯。中法战争时，自请赴福建督师。光绪十一年（1885年）在福州病逝，享年73岁。追赠太傅，谥号文襄，并入祀昭忠祠、贤良祠。

2. 柳庄，系左宗棠故居，位于湖南省湘阴县樟树镇巡山村柳家冲，南距湘阴县城20公里。1843年，左宗棠用教书所得积蓄约900两白银在柳家冲置田70亩，并亲自设计建造了一座占地4.29亩、有48间房屋的砖木住宅。住宅砖墙燕瓦，坐西朝东，屋后是绿色的山冈，门前有一汪清澈的池塘。因挚爱柳树不折的性格，左宗棠为其起名"柳庄"。从建成入住到1857年迁居长沙，左宗棠在柳庄居住了14年。在这期间，他除研习农事、钻研农桑外，还广泛研究天文、军事、历史、时事，"读破万卷""心忧天下"，通晓治道，通观国事，为其之后建功立业、名垂青史奠定了深厚的基础。

主要参考文献

[1]左宗棠.左宗棠全集[M].长沙：岳麓书社，2014.
[2]秦翰才.左宗棠全传[M].北京：中华书局，2016.

（执笔：杨芳）

谭嗣同：湖湘侠客，剑胆琴心

"周虽旧邦，其命维新。"这句古语，用来形容清末民初的湖南，恰如其分。在那场波澜壮阔的近代化大变革中，湖南人民迎来了属于自己的"黄金时代"。他们曾以守旧闻名，却在此刻锐意革新，成为维新的领军者；他们曾热血沸腾地投身于革命洪流，却在省宪自治运动中展现了深厚的民主意识。从时务学堂的启蒙到新民学会的成立，湖南不断地开放与崛起，以崭新的面貌呈现在国人面前，令人瞩目。

中日甲午战争前夕，湖南尚为中国最保守的省份之一。然甲午一役，竟使湖南之民风士气发生翻天覆地的变化。自此，湖南由保守之域一跃成为"全国最富朝气之一省"。长沙，作为湖南的省会，顺理成章地成为湖南维新运动的中心。长沙城内，维新之风盛行，然新旧之争亦愈演愈烈。中国近代史研究者常对此现象困惑不已：湖南一向以守旧著称于天下，但为何维新乍起之时名震社会，声势居全国之首？

湘系集团与经世致用学风

近代湖南，以曾国藩为首的湘系集团在动荡中异军突起。19世纪60年代，湘系集团声名远播，"东至东海，南逾岭南，西辟回部，西南振苗疆"，势力达到巅峰。因此，湖南一改鸦片战争前后"碌碌无足轻重于天下"之状况，毅然以天下为己任，深以湘人能平天下大难而自豪。所谓"道咸之乱，唯我湘士翼戴王室，厥功最高，天下称之"，尽显舍我其谁之豪迈气概，并由此催生出前所未有的荣誉感与使命感，仿佛只要有湖南作为坚强后盾，中国便能无往不胜。然而，甲午战争之惨败，却对这份自负心理提出了严峻的挑战。

1894年，中日甲午战争骤然爆发。在淮军于海战、陆战皆节节败退之际，举国上下对湘军寄予厚望。12月，光绪皇帝颁布谕旨，任命刘坤一为东征事务督办，并向湘军老将及其子孙发出号召，鼓励他们踊跃投身军旅。然而，出乎所有人预料的是，短短6日，湘军在辽东接连失守牛庄、营口、田庄台，兵败如山倒。局势急转直下，一时"海陆交乘，畿疆危逼"，清政府被迫求和。甲午战争最终以中国的惨败告终，伴随而来的是割地赔款的屈辱。这一结果不仅令全国上下惊愕不已，更让湖南人感到难以置信，深陷迷茫与困惑之中。甲午一役，部分湖南人开始从幻想的破灭中认清残酷的现实。正如谭嗣同所言："光绪二十一年，湘军与日本战，大溃于牛庄，湖南人始转侧豁寤，其虚骄不可向迩之气亦顿馁矣。"曾自诩能拯救天下的湖南士人，面对战败的残酷事实，心头涌起了沉重的负罪感。

从心理学的角度来看，人们面临严重挫折时，可能会产生两种不同的心理反应。一种是在失望中迷失方向，感到无所适从，最终可能陷入沉沦；另一种是在失败的刺激下激发出新的进取心，积极寻找新的出路。显然，湖南人属于后者。

受地理、血统、移民等多种因素影响，湖南人自古性格强悍。翻开湖南地方志，"其俗懔悍""任性刚直"等形容湖南人性格的词语不胜枚举。近代以来，这种性格最先在湘军首领身上得到充分的体现。曾国藩一败于岳州，二溃于靖港，三负于湖口，却一再振作而终获成功。这种愈挫愈烈的精神气度，自此成为湖南人的众趋人格，他们普遍"以曾胡望其长官，望其士民"。正因为这种特殊的地域性格，甲午战争并未使湖南人一蹶不振，他们抖落了惨败带来的耻辱感，强化了拯救国家与民族的责任心，抱着"救中国从湖南始""吾湘变，则中国变；吾湘存，则中国存"的殉道气概，在沉沦和变革的歧路上毅然选择了变革，欲"开通其耳目，充浚其智识，幡然求之中西图籍，一洗其从前迂骄之气，雍雍彬彬，怀瑾握瑜，庠序之士，靡然向风"。也正是在这样的心理和氛围中，湖南维新揭开了序幕。

湘系集团的兴起，进一步强化了湖南的经世致用传统。早在清代乾嘉年间考证之学大兴于全国时，湖南所受的影响就较小。钱穆指出："清儒考证之学，盛起于吴皖而流衍于全国，独湖湘间被其风最稀。"章太炎也评价湖南学人："盖于江、戴、段、孔古音之学实未得其分毫也，偶一举及，其疵病立见矣。"嘉庆道光年间，陶澍、贺长龄、魏源等湘籍经世学派即卓称于世，倡议"时务莫急于当代，道存乎实用"。魏源编撰《皇朝经世文编》，从此"三湘学人，诵习成风，士皆有用世之志"。曾国藩、左宗棠、胡林翼等湘军首领皆标榜经世，鄙视"袭为一种破碎之学，辨物析名，梳文栉字，刺经典一二字，解说或至数千万言，繁称杂引游衍而不得所归"的考据末流。曾国藩更将当时学者公认的义理、考据、辞章三门之学加经济而成四门，把魏源所编《皇朝经世文编》定为士生必读书籍，竭力提倡经世实用之学。曾国藩等以书生领军终获成功，且身为封疆重臣多年，向受湘省士子推崇，被尊为精神楷模。"欲袭其故迹以备起功名"，以曾国藩为首的湘系集团成了湖南士人的"众趋人格"。士绅们也纷纷仿效，将经世致用的传统发扬光大。在这个过程中，湖南士绅们的政治参与意识得到了极大增强，这在以后的维新运动中直接表现出来了。

中日甲午战争中，中国遭受了惨重的失败。这场战争不仅让中国在国际上的地位大幅下降，更引发了列强瓜分中国的狂潮，使中华民族陷入了空前的危机，政治环境也因此产生了重大的变革需求。在这样的大背景下，被誉为"经世之学"的湘学所倡导的经世致用之理念显得尤为重要。为了挽救国家和实现民族复兴，以康有为、梁启超为首的改良派挺身而出，发动了维新变法运动。湖南当局积极响应维新变法的号召，大力支持变法新政。以谭嗣同、唐才常为代表的大批湖南维新变法活动家，如雨后春笋般涌现。他们深受湘学影响，秉持着经世致用的精神，致力于推动维新变法在湖南的深入实施。他们的努力和奉献，为湖南乃至整个中国的现代化进程奠定了坚实的基础。

变法维新图国存

湖湘文化是中华文化丛林中一棵后来居上的参天奇树。"湖湘学派，在北宋时为周濂溪，在南宋时为张南轩，中间很消沉，至船山复盛。"船山思想是近代湖湘文化的发端。船山思想是以唯物主义为理论基础，以辩证分析为思想方法，以民主启蒙为重要特征，以民族至上为核心的博大精深的思想体系。它从产生到"大倡于湖湘而遍于天下"，经历了100多年的湮没冷落，直到近代才大放光彩，促进了大批仁人志士的觉悟，谭嗣同便是其中的一位。1897年10月，谭嗣同弃官回湘，在巡抚陈宝箴的支持下，与梁启超、唐才常等人积极开展变法维新的宣传与组织活动，提倡新学，筹划新政，使湖南成为当时全国变法运动中最富有朝气的省份。

谭嗣同作为维新派的重要代表人物，在近代湖湘士人中的地位是无可替代的。早年的谭嗣同深受湖湘经世学风影响，注重实学，喜谈王霸之略，足迹遍布东南、西北诸省，熟悉各地山川形胜与风俗民情。他研究过清初黄宗羲、顾炎武与王夫之等人的著作，接触过《海国图志》与《瀛寰志略》等西学书籍，了解过一些近代自然科学知识，但其 30 岁以前所学仍属旧学范畴。

甲午战争后，谭嗣同的思想发生剧变，开始摆脱旧学羁绊，成为冲决专制罗网的激进维新志士。

谭嗣同主要的著作为他于 1897 年写成的《仁学》，该书大声疾呼变法维新是救亡图存的当务之急，"变法则民智""变法则民富""变法则民强""变法则民生"。《仁学》还勇敢地发出"冲决网罗"的呼声，不但要"冲决利禄之网罗""俗学之网罗"，还要"冲决君主之网罗""伦常之网罗"。这种反对君主专制的思想，闪烁着民主主义的思想光辉。

少年时期的谭嗣同喜欢运动和武术，崇尚侠义之风。他曾拜当时闻名于江湖的侠客王正谊为师。王正谊为人正直，武艺超群，被人称为"大刀王五"。在他的培养下，谭嗣同练就了一身好本领。

谭嗣同 12 岁那年，家里人感染了白喉病。母亲、大哥和姐姐在 5 日内相继去世，谭嗣同也昏迷了 3 日才苏醒过来。他的字复生，就是这样得来的。

后来，他的父亲升任甘肃道台，他便随从父亲来到甘肃。祖国西北浩瀚无边的沙漠和浑圆的落日，开阔了他的胸怀。他策马驰骋，过着无拘无束的浪漫生活。1883 年的隆冬腊月，在漫天风雪中，他带着一队人马，不顾饥渴劳累，连续 7 个昼夜奔驰在高山深谷之中、悬崖峭壁之间，行程 1600 多里。返回家中时，他的两腿已被马鞍磨破，鲜血染红了裤子，家人们都惊呆了，他却若无其事。

1884 年，谭嗣同应聘到新疆巡抚刘锦棠的幕府中任职。时隔不久，刘锦棠去职，谭嗣同也随即离开新疆，开始了漫游生活。他踏遍了长江南北、黄河上下，到过河北、河南、山东、江西、湖南、安徽、江苏、浙江和台湾等13 个省，行程 80000 余里。在近十年的漫游中，谭嗣同广泛地考察了各地的风土人情，多方面地接触了社会现实。祖国幅员的辽阔、山河的壮丽、人民的众多，开阔了他的视野，增长了他的爱国之情。但是，他也看到了许多地方农田荒芜和市井萧条的惨淡景象。雄伟壮丽的山河和一幅幅悲惨的图景，使谭嗣同发出了"风景不殊，山河顿异；城郭犹是，人民复非"的感叹。

在漫游中，谭嗣同和秘密结社中的人士有不少往来，结识了一些豪杰。他们从不同的角度，思考着祖国和民族的前途命运。谭嗣同闻到了一股新鲜的气息，产生了强烈的思想共鸣，加速了对社会问题的探索。

　　求知欲旺盛的谭嗣同，深入钻研了中国古代哲学。从先秦诸子百家到宋明理学、清代各个学派，他都进行分析、比较、研究，以便从中找出挽救祖国于危亡的思想武器。在众多的学说中，墨子的"兼爱"学说对谭嗣同思想的发展产生了积极的影响。王船山、黄宗羲这两位明末清初的爱国思想家，也给谭嗣同以很大的启发。他们在自己的著作中批判了封建礼教，流露出对黑暗现实的不满和要求改革的愿望。这对正在探索救国之道的谭嗣同来说，具有相当大的吸引力。谭嗣同还特别推崇龚自珍和魏源，因为他们是维新思想的先驱者。

　　为了寻求祖国自强的道路，谭嗣同阅读了当时出版的西方自然科学、历史、地理和政治等书籍。先进的西方文化拓宽了他的眼界，"酌取西法，以补吾中国古法之亡"，这就是谭嗣同探索得到的结论。

　　1894 年，中日甲午战争爆发，洋务派苦心经营的北洋海军几乎全军覆没。谭嗣同这时正在湖北，帮助他已迁任湖北巡抚的父亲，做些赈灾之类的工作。1895 年，《马关条约》签订的消息传来，他悲愤异常，写信给师友痛心地说："这个条约不但割去了我国的大片土地，而且使各种权利丧失殆尽，人民将无以为生。这真是将中国的生死命脉尽授予人，全国将没有一家一人不亡了！"在写给老师欧阳中鹄的信里，他说："中国再不赶紧变法，外国人就要来'代变'，那时中国人都将成为奴隶。"

　　谭嗣同的思想，除了道德理想主义、人性本善这一核心外，其他方面早已逾越儒家的矩矱。无论是孔孟、横渠、船山，还是诸子、佛家、西学，都不过是为其所用的材料而已。30 岁以后，他的思想越来越激进，甚至开始认为中国后世的伦常早就因为外族入侵等各种因素而失去古意，不如西方的健全。"他的政治立场徘徊于变法与革命之间，而他的文化思想则已超过与他同时代所有的先进知识分子，而与五四的激烈反传统相颉颃了。"

　　1895 年，康有为在北京发动"公车上书"，成立强学会，宣传维新变法。谭嗣同听到这个消息，非常高兴，特意赶到北京去拜访。不凑巧的是，康有为已经离京南下，但谭嗣同见到了梁启超。梁启超向他介绍了康有为的学说和主张，他听后赞不绝口，十分佩服康有为的才能，自称康有为的"私淑弟子"。可是，不久之后，强学会就被清政府封禁了，谭嗣同只得怅惘地离开了北京。回到湖南后，他积极宣传新学，从事变法活动。

　　1896 年 7 月，父亲为谭嗣同谋得了江苏候补知府的官职，谭嗣同便来到了南京。官场的黑暗使他十分苦恼，但候补知府的清闲生活，也给了他充裕的时间思考问题和写作。他不愿和那些官僚同流合污，就在一个清静的庭院里，开始写《仁学》。在变法图强的激情推动下，他不顾盛暑的酷热，伏案钻研，奋笔疾书，经过半年多的艰苦写作，在 1987 年初完成了《仁学》一书。

此时的中国，康有为、梁启超领导的维新运动正在各地兴起。湖南巡抚陈宝箴赞成变法，知道谭嗣同是个人才，特地请他回湖南。谭嗣同欣然应邀，带着眷属，离开南京回到湖南。在家乡，他积极参加了维新变法运动，和陈宝箴之子陈三立、按察使黄遵宪、好友唐才常等一起，建立了南学会、时务学堂、武备学堂，创办了《湘报》，并筹办内河轮船、修筑湘粤铁路和开采矿藏等。他还和熊希龄在长沙组织延年会，与唐才常等在浏阳设立群萌学会。

但是，清政府的顽固派对维新运动十分仇视。谭嗣同等人的活动受到了湖广总督张之洞的压制。南学会被解散，《湘报》主编遭到毒打，有些维新派人士被迫离开湖南。在困难局势面前，不少人胆怯退缩，谭嗣同却毫不畏惧。他说："平日咱们互相劝勉的就在'杀身灭族'四个字，难道碰到小小利害就要改变原来的志向吗！现在，国弱民贫已经到了极点，只有闹到新旧两党流血遍地，国家才有复兴的希望。不然，都贪生怕死，国家就真的要灭亡了！"他用"横目相仇"来对付顽固派的反扑，斗争意志十分坚定。

谭嗣同在湖南维新运动中显露的非凡才华，得到了光绪皇帝的赏识。光绪帝在 1898 年 6 月 12 日，下令给张之洞与陈宝箴，要他们派谭嗣同与黄遵宪进京，以便任以新职。正处于困境之中的谭嗣同，看到皇帝决心变法，喜出望外，认为"国事大有可为"，自己的抱负要实现了，便匆匆上京。进京途中，他又接到光绪帝的催电："迅速来京，毋稍迟延。"这使他受宠若惊，以报答"圣恩高厚"的心情，入京献身变法。8 月 21 日，他到达北京。9 月 5 日，光绪帝召见了他。在皇帝面前，他陈述了自己的变法主张，得到光绪帝的赞赏。谭嗣同衔军机章京，与杨锐、林旭、刘光第等参与新政的筹划。谭嗣同充满了奋发的激情和美好的幻想，认为他苦心设计的救世方案和多年追求的理想就要成为现实，便不辞辛苦，夜以继日地工作着。

变法流血自我始

在戊戌六君子中，谭嗣同因为那句"今中国未闻有因变法而流血者，此国之不昌也。有之，请自嗣同始"而最为著名。其父谭继洵当年已70多岁，正任湖北巡抚，虽然位高权重，却无法理解儿子的激烈政治主张。在被杀之前，谭嗣同似乎已有预感。他一方面以英俄要在北洋开战为由，阻止父亲进京；另一方面又在"莽苍苍斋"里伪造家信，营造父子决裂的假象。很明显，他准备杀身成仁，但不想连累家人。

1898年9月21日凌晨，慈禧太后发动政变，囚禁光绪皇帝，下令逮捕维新派。

政变发生的那天中午，谭嗣同正在自己的寓所与梁启超商谈。搜捕康有为的消息传来，谭嗣同镇定自若。他劝梁启超逃亡日本，自己则等候被捕。他的武术师傅"大刀王五"准备当他的保镖，劝他出走，还有人劝他去日本避难，他都拒绝了。他说："各国变法都是流了血才成功的。现在中国还没有听说为变法流血的，这就是国家不昌盛的原因。为变法而流血，就从我谭嗣同开始吧！"

25日，一伙兵丁闯入谭嗣同的寓所，把他逮捕了。在狱中，谭嗣同态度从容，神情自若。他回首往事，感触万千，觉得自己的遭遇与汉代的张俭和杜根差不多：张俭因揭发朝中权贵而遭到报复，到处流亡；杜根因劝太后把政权归还给皇帝而受到酷刑。于是，谭嗣同便在牢房的墙上，题了这样一首诗：

> 望门投止思张俭，忍死须臾待杜根。
>
> 我自横刀向天笑，去留肝胆两昆仑。

谭嗣同被捕的第4天，即9月28日，封建统治者在北京宣武门外的菜市口杀害了年仅34岁的他。同时被害的还有康广仁、杨深秀、杨锐、林旭、刘光第5人，史称"戊戌六君子"。

谭嗣同牺牲后，"大刀王五"埋葬了他的遗体。1899年，谭嗣同的遗骨被运回原籍湖南，葬在浏阳城外石山下。他墓前的华表上有一副对联，表达了湖南人民对这位爱国志士的怀念：

> 亘古不磨，片石苍茫立天地；
>
> 一峦挺秀，群山奔赴若波涛。

狮子奋迅慨而慷

王夫之是古代湖南文化的集大成者，也是湖南古代文化向近代文化过渡和转化的中介。谭嗣同把王夫之的道器关系进行了创造性的转换，用"器"表示近代资本主义物质文明，用"道"表示资本主义精神文明，以道器不可分割的思想强调物质文明与精神文明的统一关系，从而既显示了其资产阶级新学的深厚文化渊源，又突出了"器体道用"的时代气息和新的文化意蕴。

自秦始皇以后，中国的政治、经济、文化制度便一脉相承地延续下来。中国传统政治与伦理情感巧妙地搅和在一起，导致了血淋淋的残暴被掩盖在温情脉脉的人伦关系的面纱背后。在许多读书人的笔下，漫长的专制社会成了一曲怎么也唱不完的田园牧歌。

清末民初是社会变革的关键时期，王纲解纽，新旧交替。从戊戌变法到辛亥革命，许多先知先觉、忧国忧民的有识之士如狮子般奋勇迅猛、前赴后继地投身于国家和民族的救亡图存之中。正是这些英勇无畏、心怀天下的"大侠"们的出现，使得这一历史时期成为民族精神最具生机与活力的阶段。"侠之大者，为国为民。"谭嗣同正是走在这个时代前面的"大侠"之一。

"七被追捕，三入牢狱，而革命之志终不屈挠"的章太炎曾盛赞谭嗣同："挟高士之才，负万夫之勇，学奥博而文雄奇，思深远而仁质厚，以天下为己任，以救中国为事，气猛志锐。"民国时期著名的新闻记者张慧剑在笔记中这样评价谭嗣同："壮飞之胸襟、抱负、才气、胆略、品质，求之历史上殆不易得似者。人仅盛称其与'大刀王五'缔交一事，而不知其本身即为第一等之大侠。"

谭嗣同出身传统官宦家庭，父亲谭继洵是一个忠于传统、忠于秩序的官僚，一生保守而谨慎。他给谭嗣同安排了平坦康庄的仕途，但是，谭嗣同却选择了一条叛逆的不归路。心灵的奥妙，是难于言说的，但我们可以借吉光片羽，彰取义成仁之旨。谭嗣同曾跟随父亲到陕西赈济灾民，他在给老师欧阳中鹄的一封书信中这样写道："见难民作种种状，悚然忆及去年家乡之灾，幸有人焉以维持之，不然，大乱一作，惨毒当不止此。办赈者真功德无量哉！又自念幸生丰厚，不被此苦，有何优劣，致尔悬绝？犹曰优游，颜之厚矣！遂复发大心：誓拯同类，极于力所可至。"

谭嗣同就义时的场景令人震撼。在万众瞩目之下，他表现得极其从容，面对死亡毫无惧色。就义之日，观者如云，人数上万，谭嗣同慷慨赴死，神态自若。临刑前，他高呼："有心杀贼，无力回天，死得其所，快哉快哉！"行刑过程中，刽子手一连三刀都未能将他的脖颈砍断。这一异常情况让监斩大臣刚毅惊慌失措，他急忙下令将谭嗣同按倒在地，刽子手又连续剁了几刀才完成任务。在为谭嗣同缝合头颅的时候，人们惊讶地发现他的肩胛上也留下了深深的刀痕。

<h2 style="text-align:center">结　语</h2>

在历史的长河中，许多革命和变革最终都沦为利益集团的争斗，而普通百姓却常常成为纷争的牺牲品。然而，在戊戌变法与旧有政治体制的较量中，一条鲜明的分界线被画下。这条线是由谭嗣同和与他并肩作战的5位烈士，用他们的鲜血和生命画下的。

谭嗣同，这位英勇的殉道者，从精神层面赋予了戊戌变法更深远的价值。他不仅是为了改革而牺牲，更是为了民族大义和人民福祉而英勇就义。他的牺牲，让人们看到了勇士们对于理想和事业的坚定信念，以及他们为了这些理想和事业不惜付出生命的决心。

在中国历史上，项羽、文天祥、林觉民等壮志未酬身先死的勇士们，以自己的生命为炸弹，做出了最后的一掷，爆发出无尽的光和热。这种凤凰涅槃般的精神，让他们得到了永生。他们不仅在生前享受了事业之乐、理想之乐，更在身后永享历史之功和人格之尊。

谭嗣同以自己的牺牲完成了狮子奋迅般的壮举，其英勇事迹将永远地铭记在历史的长河中。他的牺牲不仅是对戊戌变法的坚守，更是对民族精神的传承和弘扬。让我们铭记这些烈士的英勇事迹，缅怀他们的精神，将这种精神传承下去，为中华民族伟大复兴而努力奋斗！

拓展阅读

1.谭嗣同（1865—1898），湖南浏阳人，中国近代著名政治家、思想家，维新派人士。他是维新运动的重要推动者之一，主张学习西方，变法图存。他所著的《仁学》是维新派的第一部哲学著作，对封建的君主专制制度和纲常名教进行了批判。他参与了时务学堂的创办和南学会的建立，还参与了《湘报》的创办，宣传变法维新思想。然而，戊戌政变后，他拒绝逃亡，最终英勇就义，为变法献出了生命。

2.唐才常（1867—1900），湖南浏阳人，清末维新派领袖，与谭嗣同并称"浏阳二杰"。他积极参与维新运动，曾去日本、南洋集资，回上海后又创立了"自立会"。他是维新派中行动力最强、最敢于冒险的人，先后谋划和发动了自立军起义，试图通过武装斗争实现政治变革，但事败被捕后英勇就义。

3.熊希龄（1870—1937），湖南湘西凤凰人，经历和参与了近代中国维新运动、立宪变法、辛亥革命、走向共和、武夫当国、抗日救亡的全过程。他曾任北洋政府国务总理，是民国时期的政治家、教育家。晚年他退出官场，毕后半生之力从事慈善教育事业，是一位不可多得的慈善家。著有《熊希龄集》等。

主要参考文献

[1] 钱穆. 中国近三百年学术史[M]. 北京：商务印书馆，1997.

[2] 魏源. 皇朝经世文编（影印本）[M]. 北京：中华书局，1992.

[3] 王夫之. 船山全书（修订版）[M]. 长沙：岳麓书社，2011.

[4] 梁启超. 戊戌政变记[M]. 北京：中华书局，1954.

（执笔：蒋寄红）

黄兴、蔡锷：民国双杰，公勇奇崛

　　"可以强天下而保中国者，莫湘人若也。"梁启超对湘人的这句评价，无疑是对近现代湖南人公勇精神的最好概括。所谓"强天下而保中国"，体现的是一种高尚无私的"公"心；而为保卫祖国不惜牺牲一切的决心与行动，则彰显了无所畏惧的"勇"气。

　　当我们回望近现代百余年的中国历史，那些以天下为己任、勇敢保卫国家的湖南人，犹如璀璨的星辰，在历史的长河中熠熠生辉。而在这些光辉人物中，黄兴与蔡锷无疑是杰出的代表。他们不仅有着满腔的热血和勇于牺牲的精神，更在中国近代史上产生了重大的影响，共同参与了"中华民国"的缔造。

　　黄兴，被誉为"开国之功未可忘，国人犹自说孙黄"的民国英雄，他的功绩永载史册，与孙中山并称民国的缔造者。蔡锷，则是"一身肝胆生无敌，百战灵威殁有神"的再造民国英雄。然而，命运多舛，1916 年，这两位共和英雄、民国元勋先后离世。黄兴享年 42 岁，蔡锷年仅 34 岁，他们的英年早逝无疑是国家的巨大损失。这一消息在当时引起了极大的社会震动，全国人民都沉浸在深切的哀悼之中……

　　为了表彰革命先驱蔡锷和黄兴的历史功绩，孙中山等革命元老为二人撰写了祭词，并发布了讣告。大量社会贤达、爱国人士以及普通民众自发走上街头，为两位英雄送行。北洋政府也在第一时间发表了声明，肯定他们的伟大功绩，并迅速颁布了《国葬法》，开创历史先河，向二人表达最高敬意。据史书记载，"民国之有国葬，实自松坡（蔡锷）始"。1917 年 4 月 12 日和 4 月 15 日，蔡锷和黄兴被国葬在湖南省长沙市的文化名山岳麓山。

湖湘孕育　书生气华

　　黄兴，原名黄轸，字克强，1874 年 10 月 25 日出生于湖南省长沙府善化县高塘乡（今属长沙县）。黄兴家是当地的一个农耕之家，但父亲黄筱村是秀才，曾在教馆授徒，还担任过地方上的都总，家境还是比较殷实的。

黄兴的父母在黄兴的养育上颇费心思。虽是独子，但父母并未给黄兴太多生活上的约束，而是给了他一定的自由空间。当然，父母也绝不宠溺，并十分重视黄兴的教育。黄兴6岁开始学习《论语》、唐宋诗文，并阅读家中藏书，8岁时又学习了《诗经》《尚书》《礼记》《周易》《春秋》《楚辞》等。长期而广泛地学习中国传统文化、国学经典，身被乡风，让黄兴奠定了知识的基石，更塑造了他赖以安身立命的良好品质。其中就包括儒家的以天下为己任、修齐治平的政治责任感，格致诚正的修己功夫，墨家的爱国爱民、杀己以利天下的献身精神等。特别是王船山的"心之所存，推行于物"的务实精神，对黄兴的影响很深。15岁时，黄兴为自己定下了5条学习规则：一是行动必须严守时刻；二是说话必须说到做到；三是读书须分主次，纵使事忙，主要者不得一日荒旷；四是处理重要事务必须亲自动手，不得请托他人；五是对人必须真诚坦白，不行怨怒。黄兴小小年纪便显露出独立自主、自信、自尊、自律的个性特点。

19岁时，黄兴来到长沙城南书院求学。1896年，黄兴考中秀才，两年后，由长沙湘水校经堂保送到武昌两湖书院深造。两湖书院在当时算是一所新式学堂，除教授经史文学外，还开设了天文、地理、算学、测量、化学、博物学以及兵操等新学科。在校期间，黄兴"笃志向学，而于地理一科及体操尤为精勤"，并开始接触西方的民主学说，于"课程余闲，悉购西洋革命史及卢梭《民约论》诸书，朝夕盥诵"。接受了新思想的黄兴，同情维新运动，赞成变法主张。

1901年，27岁的黄兴从两湖书院毕业。翌年，湖广总督张之洞选派30名学生赴日本东京留学，黄兴是其中唯一的湘籍学生。当时，日本留学生界正兴起一股资产阶级民主革命的思潮，黄兴很快投身其中，并结识了志同道合的湖南同乡蔡锷。同年12月，他与杨笃生、樊锥、蔡锷等创办了《游学译编》杂志，以翻译为主，介绍西方资产阶级的社会、政治学说和革命历史，宣传民主革命和民族独立。年底，黄兴又与蔡锷、张孝准、杨笃生等发起组织"湖南编译社"。黄兴还支持湖北留学生创办了《湖北学生界》，揭露帝国主义瓜分中国的阴谋，宣传"排满"的民族主义，并领导宏文学院的湘籍学生组成"土曜会"，鼓励挺身杀敌，"从事用兵，以破坏现状为出路"。1903 年 4 月，留日学生掀起拒俄运动，黄兴积极参与组织拒俄义勇队。同年 5 月，黄兴在弘文学院毕业后，回到了上海。

与黄兴相比，蔡锷幼年家境贫寒。1882 年 12 月 18 日，蔡锷出生在湖南省宝庆府邵阳县亲睦乡蒋家冲(今湖南省邵阳市大祥区蔡锷乡蔡锷村)。父亲以种田为生，兼做裁缝；母亲王氏辅助劳动，勤俭持家。年幼的蔡锷勤劳能吃苦，生活节俭。幸运的是，蔡锷的父母也很重视教育。他 6 岁开始读书，而且跟黄兴一样，天资聪颖、勤奋好学，13 岁即考中秀才，一时传为佳话。蔡锷 15 岁时便从 2000 多名青年才俊中脱颖而出，考入长沙时务学堂，虽是同学中年龄最小的，但成绩很出色。据同学唐才质后来回忆，蔡锷"在堂每月月考，皆居前列，英气蓬勃，同学皆敬慕之"。在这里，蔡锷认识了一位对他的一生产生决定性影响的人物——维新派的代表梁启超。梁启超时任时务学堂中文总教习，蔡锷成为梁启超的入室弟子，深得梁启超的喜爱，并受到梁启超平等、民权等新思想的熏陶。

1898 年 7 月，湖南选拔学生出国留学，5000 人应试，蔡锷以第 2 名的成绩入选。但恰逢戊戌政变，维新运动失败，留学行程遂化为泡影。随后，蔡锷与同学唐才质、范源濂赴武汉求学失败，转而来到上海，第二年又考入南洋公学。时值暑假，他们在南洋公学寄居了一个月的时间，忽然接到梁启超从日本寄来的书信，又得到唐才常的资助，于是东渡日本，留学东京大同高等学校，后转入横滨东亚商业学校。1900 年，蔡锷返回国内，参加唐才常发动的起义，但起义失败，唐才常等被捕遇害。蔡锷幸免于难，再次东渡日本。

一方水土养一方人。黄兴、蔡锷生活的时代与环境，使得他们经常接触一些志节高尚的湖湘人，如梁启超、魏源、曾国藩、胡林翼、左宗棠等，这些人对黄兴、蔡锷思想的形成产生了重要影响。

近代著名学者钱基博在《近百年湖南学风》一书中说："湖南之为省，北阻大江，南薄五岭，西接黔蜀，群苗所萃，盖四塞之国。其地水少而山多，重山叠岭，滩河峻激，而舟车不易为交通。顽石赭土，地质刚坚，而民性多流于倔强。""人杰地灵，大儒迭起，前不见古人，后不见来者，宏识孤怀，涵今茹古，罔不有独立自由之思想，有坚强不磨之志节。""湛深古学而能自辟蹊径，不为古学所囿。义以淑群，行必厉己，以开一代之风气，盖地理使之然也。"以上阐述，道出了湖南人性格倔强之本性与由来。诚然，湖南人倔强，好像"石头""骡子""辣椒"一般。湖南人认准了的目标，认定了的思想主张，不会轻易改变。遇到困难，湖南人勇往直前，"虽九死其犹未悔"。势之顺逆，人之毁誉，全不顾及；断头流血，粉身碎骨，在所不惜。

刚的内核、毅的灵魂、灵的气质，霸蛮与灵泛辩证统一，虎气与猴气集于一身，这就是公勇湖南人。湖南人既有"路漫漫其修远兮，吾将上下而求索"的坚忍之志，又有"楚虽三户，亡秦必楚"的豪迈之气，更有"心系天下，敢为人先"的舍我其谁之担当。

倔强、勇敢、坚忍、豪迈、担当、无私是湖南人的天性，它为黄兴、蔡锷肩负时代重任提供了得天独厚的成长因子。正是在湖南人文底蕴的熏陶下，黄兴、蔡锷继承了湖南人正直重气节、朴实重实干、勇于任事、舍生取义、以天下为己任的忧患意识，更锤炼了"敢为天下先"的进取精神，并养成了"见义而不谋利，明道而不计功"的无私奉献品格，为日后创共和、再造共和打下了坚实的基础。

投笔从戎　流血救民

黄兴生活的年代正是湘军兴起与发展的时期，他深受尚武思想的影响，爱好习武，"是文人的底子而擅长武术，文武合一，以秀才为将军，有儒将风度，继承了湖南人'秀才领兵'的优良传统"。从1895年孙中山发动广州起义开始，中国的革命党人就正确地认识到，只有通过武力推翻腐朽、卖国、专制的清政府，才有振兴中华的希望。但就如黄兴所说："所苦者无人肯首先发难"。在这种背景下，黄兴继孙中山之后站了出来，直接策划和领导了至少10次武装起义：同盟会成立前的长沙起义、鄂宁起义、洪江起义；同盟会成立后的萍浏醴起义、镇南关起义、钦廉上思起义、河口起义、广州新军起义、黄花岗起义、阳夏之役。

1903年，为抗议沙皇俄国侵占中国东北，黄兴与同学200多人组织拒俄义勇队（后改为学生军、军国民教育会）。他在拒俄运动中看清了清政府的腐朽与反动,愤慨地指出:"中国大局,破坏已达极点。今而后唯有实行革命,始可救危亡于万一耳。"同年11月,黄兴在长沙创建华兴会,计划于慈禧太后70岁生日那天在长沙起义。这次起义虽因泄密而流产,但因"豪侠云集"而成为同盟会诞生的主要基础之一。

1905年,黄兴在日本与孙中山筹建革命组织同盟会。同盟会是以孙中山、黄兴为轴心建立起来的,黄兴被指定为执行部庶务。这样,黄兴就成为同盟会内仅次于孙中山的重要领袖。同盟会的成立,加强了革命力量的团结和统一,使中国资产阶级民主革命进入了一个新阶段。

1907年3月,在各方面的压力之下,孙中山被日本政府勒令出境。于是,孙中山辗转到今越南河内设立机关,策动两广的革命工作。黄兴于同年夏赴河内,与孙中山共谋在南方起义。9月,他们在广西发动钦州、防城起义,12月发动了镇南关起义,但两次起义都以失败告终。

鉴于过去几次分散的起义都遭遇失败,同盟会决定募集巨款,集中全党人力,在广州组织一次大规模的武装起义。1911年1月,黄兴与赵声在香港成立领导起义的总机关——统筹部,黄兴被推举为部长。4月23日,黄兴由香港乘轮船潜入广州,在两广总督署附近的越华路小东营五号设立起义总指挥部。

广州起义爆发后,黄兴率敢死队百余人,攻入两广总督衙门,发现总督张鸣岐已逃跑。出衙门后,敢死队同清军大部队遭遇,双方展开激战,多人牺牲。"碧血横飞,浩气四塞,草木为之含悲,风云因而变色。"(孙中山语)黄兴持双枪左右射击,击毙清军多人,右手负伤。黄兴化装后逃至香港治伤,此役又告失败。事后,收殓殉难者遗体72具,史称"黄花岗七十二烈士"。

1911年10月28日,黄兴在北洋军攻入汉口城内的危急形势下来到武昌。黎元洪立即派人举着写有"黄兴到"三个大字的大旗,骑马跑遍武汉三镇,所到之处,人心大振。参加武昌首义的革命士兵只有2000多人,经过近20天的苦战,实力大减。北洋军武器精良,训练有素,袁世凯亲自坐镇,冯国璋、段祺瑞等亲自指挥。黄兴视察战场后,决定以攻为守,当天晚上便开始组织反攻汉口。革命军作战勇敢,争夺激烈。北洋军火烧汉口,大火三天三夜不熄,汉口"全市被焚",黄兴只好于11月2日率军退守汉阳。湘军第一协和第二协先后赶来支援,革命军声势复振,黄兴于11月16日再次反攻汉口。战斗打响，黄兴抱着"但愿牺牲性命期在必成"的决心，紧密依靠革命官兵，坚守汉阳到 11 月 26 日 23 时许。

黄兴在阳夏战役中苦战 1 个月，消息传到云南，蔡锷和唐继尧、刘存厚、罗佩金、雷飚等爱国志士多次举行秘密会议，分析情况、评价形势、研究对策。蔡锷认为此时革命条件已成熟，倡导大家尽快起义。他们最后商定在 10 月 30 日即阴历九月初九发兵，此次起义被后人称为辛亥云南"重九起义"。"重九起义"响应辛亥革命，革了清王朝的命，建立了共和国，救中国于腐朽政府之手，为云南的光复立下汗马功劳，同时也为云南跨入民国作好了交接准备。

阳夏的苦战，迎来了 17 省区的积极响应，从而使清政府的崩溃成为定局。1912 年 1 月 1 日，以孙中山为临时大总统的"中华民国"正式宣告成立，开启了中华民族历史的新篇章。

长沙文史专家梁小进评述黄兴：孙中山有"十次革命"，即自 1895 年至 1911 年间，革命起义行动共计 10 次，最初 2 次由孙中山领导兴中会发动，而其后 8 次均由同盟会统筹，大多由长沙人黄兴主持。黄兴每役均在前线浴血奋战，虽屡战屡败，却愈战愈勇。这个敢战能战、霸得蛮耐得烦的"湖南骡子"，在历史上享有崇高的革命威望。

在"中华民国"创立的这一过程中，黄兴倾尽全力拥戴孙中山，努力维持全国性革命团体同盟会的运行，无役不与、舍生忘死地参加武装斗争，在民国创立大业上可谓"一身系其成败"，与孙中山并称"开国二杰"。章士钊挽黄兴联"无公则无民国，有史必有斯人"，可谓允评。

蔡锷也继承了湖南人"秀才领兵"的优良传统。

其实，早在 1900 年 7 月，怀着对祖国热切眷恋之情的蔡锷就毅然中止学业，赶回武汉参加唐才常组织的自立军。不幸的是，自立军失败；幸运的是，蔡锷由于被唐才常派往湖南联络新军而免于难。这次事变使蔡锷认识到，要救国救民，必须学习军事，掌握兵权。他决心投笔从戎，军事救国。同年，蔡锷改名为"锷"。"锷"者，刀剑之刃也。他希望自己在将来成为一把无坚不摧的快刀利剑，斩尽杀绝陷我"天下雄国"于"无面无祸""无处无祸""无日无祸"之境的大小"民贼"。

1904 年，蔡锷从日本回国。此时正值国内各省纷纷编练新军，急需像蔡锷这样的军事人才，故刚回国的蔡锷受到各省长官的青睐。他先后在江西、湖南、广西、云南担任军政要职，备受各方器重，名声也传播开来。蔡锷先是接受江西巡抚夏时的邀请，任江西将弁学堂总教习。不久，蔡锷又应湖南巡抚端方之请，任教练处帮办兼武备、兵目两个学堂教习。之后，应新任广西巡抚李经羲邀请，蔡锷到广西任职，总理随营学堂兼理测绘学堂事务，并会同督练新军，任广西陆军小学堂总办、广西讲武堂总办、兼领龙州、南宁新军第一标统带、广西干部学堂总办。他在《登岳麓山》中写道："苍苍云树直参天，万水千山拜眼前。环顾中原谁是主？从容骑马上峰巅。"这首诗吐露出蔡锷以天下苍生为己任和舍我其谁的豪迈！

正是一腔公勇报国之情，成就了蔡锷一生中的三件大事。一是辛亥革命时期领导云南反清武装起义，二是"云南独立"后对云南的治理，三是领导反袁护国战争。

1911年夏天，蔡锷在云南编撰出版了重要军事著作《曾胡治兵语录》。云贵总督李经羲奏准朝廷，任命蔡锷为新军第十九镇第三十七协统协。此时正值武昌起义爆发，昆明也发生了起义。11月1日，起义官兵组成"大中华国云南军都督府"，蔡锷众望所归，被推举为云南都督，时年仅29岁。

1912年元旦，"中华民国"建立。第二年10月，蔡锷奉命调往北京，在中央政府担任多项职务。当时，他对袁世凯持理解、支持态度，试图帮助袁世凯建立一个强有力的中央政府。但袁世凯利令智昏，欲自立为帝的野心日渐膨胀。1915年，袁世凯公然接受日本企图亡我中华的"二十一条"，又指使杨度等人组织所谓的"筹安会"，开始公开鼓吹帝制。蔡锷对于袁世凯的卖国行径十分气愤，"与其屈膝而生，毋宁断头而死，此次举义，所争者非胜利，乃中华民国四万万众之人格也"，毅然走上与袁世凯彻底决裂的道路。

1915年12月19日，蔡锷到达昆明。他亲自主持商议起义的军事会议，且作了慷慨激昂的军事动员："拥护共和，吾辈之责；兴师起义，誓灭国贼。"1915年12月23日，蔡锷任护国军第一军总司令，唐继尧为云南军政府都督，护国军三个军分别从四川、湘西和广西出师讨袁，历史上闻名遐迩的护国战争爆发。

护国运动是革命党人与袁世凯的生死之争，决定着"中华民国"的生死存亡。护国军以弱于敌人的兵力，在饷弹两缺、后方接济时断的情况下，与号称精锐的北洋军奋战数月，牵制住了敌军主力，阻止了敌军的推进，有力地配合了其他方向军队的行动，推动了全国反帝制运动的发展壮大。1916年

3月22日，袁世凯被迫宣布取消帝制。护国成功，共和国体因蔡锷的南天举帜而保存、延续，帝制永不再存于中国。当时的中央政府任命蔡锷为四川督军兼省长。

然而，不幸的是，一代骁将蔡锷患上了当时还属不治之症的喉结核，又因戎马倥偬、尽瘁国事而病体难支。他虽东渡日本，入九州帝国大学医学部治疗，却回天乏术。1916年11月8日，再造共和的一代名将蔡锷在日本逝世，年仅34岁！

公勇奇崛　殊勋盖世

黄兴、蔡锷的公勇，是湘人之公勇、湖南之公勇。

从戊戌变法、辛亥革命，到五四运动前后，湖南人开始进入世界文化视野。"湘省士风，云兴雷奋。"最早办洋务且成效较大的是湖南人，倡导变法并身体力行的是湖南人，在辛亥革命和新文化运动中冲在最前面的也有一大批湖南人。因为这份公勇，湖南由"碌碌无所轻重"转而成为近代史上对中国全局影响至深至巨的地区。

无数湖湘士人极力吸纳世界各国文化精华，丰富着湖湘文化的内涵，进行着中西文化的大融合。在融合的过程中，湖南出现了三次人才群起局面。一是以魏源、曾国藩、左宗棠为代表人物的洋务运动时期，开创了"无湖南人不成衙门、无湖南人不成军队"的局面；二是以谭嗣同、黄兴、蔡锷、宋教仁为代表人物的戊戌维新和辛亥革命时期，"以守旧闻天下"的湖南成了最有生气的省份；三是以毛泽东、蔡和森、刘少奇、彭德怀、贺龙为代表人物的新文化运动和新民主主义革命时期，湖南籍政治、军事、文化等方面的杰出人才灿若群星。

伏尔泰说过："造就政治家的，绝不是超凡出众的洞察力，而是他们的性格。"

黄兴为了挽救民族危亡，冲在战争的最前线，十七次屡战屡败、屡败屡战，困难重重却豪气不减。"不信乾坤大，超然世莫群。口吞三峡水，脚踏万方云。"黄兴淡泊名利，顾全大局。是黄兴，在同盟会正式成立大会上，首先提议"孙中山先生为本党总理，不必经过选举手续"；也是黄兴，在章太炎、陶成章等人迭次掀起倒孙风潮的危难时刻，"弛函劝顾大局"，拒绝受任同盟会总理；还是黄兴，在武昌起义后，谢绝革命党人的推举，迟迟不肯赴南京就任，翘首以待孙中山，使孙中山在回国后顺利当选临时大总统；又是黄兴，在孙中山筹组中华革命党时，毅然决然地拒绝他人提出的另外组党并担任领袖的建议。黄兴就是这样一如既往地捍卫孙中山的领袖地位，披肝沥胆进行革命。

时人对黄兴的评价极高，章太炎撰写挽联："无公乃无民国，有史必有斯人。"冯自由言："世称孙、黄为开国二杰，克强诚当之无愧矣。"胡汉民说："黄兴是个标准的'湖南骡子'，更隐藏'老子不信邪'的脾气，其雄健不可一世，处世接物则虚衷缜密，转为流辈所弗逮。先生使人，事无大小，辄日慢慢细细。余耳熟是语，以为即先生生平治己之格言。"李书城道："克强总是个最平实的人，做事有功不居，光明磊落；作战身先士卒，爱护袍泽；做人推诚务实，容忍谦恭；受谤不言诠，受害不怨尤；不道人之短，不说己之长。"章士钊言："吾持以论交之武器，在'无争'二字，然持此以御克强，则顿失凭依，手无寸铁。何以言之？我以无争往，而彼之无争尤先于我，大于我……天下最易交之友，莫如黄克强！"蔡锷撰写挽联："以勇健开国，而宁静持身，贯彻实行，是能创作一生者；曾送我海上，忽哭君天涯，惊起挥泪，难为卧病九州人。"

蔡锷的公勇，得到了中国共产党创始人之一李大钊的大力褒扬。当蔡锷高举讨袁义旗的时候，正在日本留学的李大钊赋诗一首："神州悲板荡，丧乱安所极。八表正同昏，一夫终窃国……义声起云南，鼓鼙动河北。绝域逢知交，慷慨道胸臆。"他高度赞扬了蔡锷在云南首义的壮举，并表示自己愿意成为蔡锷的知交，共同战斗。在李大钊的心里，护国起义和辛亥革命是可以相提并论、交相辉映的："辛亥之役，遂藉之以奏倾清之功。今兹护国军兴，亦凭之以倡讨袁之义。此则史迹昭然。"

蔡锷明确表示："眼看着不久便是盈千累万的人颂王莽功德，上劝进表，袁世凯便安然登其大宝，叫世界看着中国人是什么东西呢？国内怀着义愤的人，虽然很多，但没有凭借，或者地位不宜，也难发手。我们明知力量有限，未必抗他得过，但为四万万人争人格起见，非拼着命去干这一回不可。"正是凭着这份公勇，知其不可而为之，蔡锷创造共和、再造共和，殊勋盖世，宇宙垂名。

陈独秀在《欢迎湖南人底精神》一文中，赞美代表湖南人精神的蔡松坡："带着病亲领子弹不足的两千云南兵，和十万袁军打死战，他们是何等坚忍不拔的军人!"他还鼓励以毛泽东为代表的湖南青年永远纪念、继承和弘扬蔡锷等前辈的奋斗精神:"不能说王船山、曾国藩、罗泽南、黄克强、蔡松坡已经是完全死去的人,因为他们桥的生命都还存在。"在陈独秀的眼里,以黄兴、蔡锷为代表的湖南先贤,有着中华民族最优秀的品质和最崇高的公勇精神。

毛泽东等新一代湖南青年对蔡锷、黄兴充满敬仰和崇拜之情,在两位先贤逝世后,毅然接力扛起救国救民的大旗,总结他们的经验教训,探索新的革命道路,完成先贤未实现的伟业。

毛泽东在《湖南改造促成会复曾毅书》中写道:"曾、左,吾之先民;黄、蔡,邦之模范。"他明确表示自己把黄兴、蔡锷当成国民模范效尤,同时希望其他同仁也向黄兴、蔡锷学习,发扬二人的奋斗精神:"充分发挥湖南人之精神,造一种湖南文明于湖南领域以内。"所谓的"湖南人精神",就是像黄兴那样不断努力,失败了再干,"杀不死吓不死"的勇敢奋斗精神。

毛泽东在《湘人为人格而战》一文中说:"故湘人驱张,完全因为在人格上湘人与他不能两立。湘人驱张,完全是'为人格而战',和蔡松坡云南誓师,说吾为人格而战是一样的。"毛泽东认为湘人驱张,就是要学习和效仿蔡锷,为湖南人争人格。

结 语

湘人的性格源于湖湘大地的深厚土壤,这片土地不仅塑造了他们的特质与禀赋,更为其精神世界注入了独特的"公勇"人格。千年的湖湘文化正是由这些性格和天赋共同铸就,而这种文化的深厚底蕴又持续塑造和影响着每一代湘人。

在这片充满生机的土地上,黄兴、蔡锷等湘人世代传承的公勇精神熠熠生辉。他们以公为先,为国家和民族的福祉不懈奋斗,体现了大公无私、报效祖国的崇高情怀。同时,他们又以勇为魂,展现出勇往直前、坚韧不拔的决心,敢于面对任何困难和挑战。这种公勇精神已经深深融入湘人的血脉,成为他们代代相传的宝贵财富。即使时光流转,斯人已逝,这种精神也会永远存在,激励着湘人为国家、为民族继续贡献力量。

🔊 **拓展阅读**

为共和献身的湖南三伟人

黄兴，以"创共和"著称。他寡言重行，甘当配角，却以伟大的革命行动赢得了崇高的威望。在辛亥革命期间，他多次主持起义，虽屡战屡败，但愈战愈勇。在民国创立大业上，他倾尽全力，无役不与，舍生忘死。历史上，"孙黄"一直并举，"孙氏理想，黄氏实行"的绝佳搭配，是辛亥革命能够成功的基础。章士钊挽黄兴联说"无公则无民国；有史必有斯人"，可谓允当评价。

蔡锷，在"护共和"上立下了不世功勋。袁世凯称帝后，蔡锷毅然举起反帝制的大旗，组织护国军出师讨袁。他的英勇行为得到了全国人民的广泛支持，最终迫使袁世凯取消帝制，维护了共和政体的稳定。蔡锷的护国义举不仅拯救了共和，也为中国历史的进程留下了浓墨重彩的一笔。然而，他同样在壮年时因病去世，年仅 34 岁。

宋教仁，是"建共和"的杰出代表。他前瞻性地看到清政府的脆弱，决心研究政法、经济，为将来建设共和国作准备。武昌起义后，他负责绘制中国资产阶级民主共和国的政治体制蓝图，制定了《鄂州约法》等重要文件。他还积极倡导责任内阁制，限制袁世凯的野心，为中国的现代政治发展作出了重要贡献。然而，不幸的是，他在为共和事业奋斗时，遭遇暗杀去世，年仅 32 岁。

主要参考文献

[1] 杜纯梓.湖湘文化要略(第二版)[M].北京：北京大学出版社，2017.

[2] 湖南省湘学研究院.湘学研究报告(2016)[M].北京：中国社会科学出版社，2017.

[3] 高青，孙敏坚.黄兴 无公则无民国 有史必有斯人[J].新湘评论，2018(11)：39.

[4] 黄自荣.浅论蔡锷爱国思想的两大主旨[J].湖南省社会主义学院报，2017，18(3)：81-84.

[5] 王小梅.黄兴：具有真知远识的政治家和文人气质的诗人[J].文史月刊.2022(5)：62-74.

（执笔：覃铁梅）

第二篇

湖湘精神　薪火相传

湖南党建：红色潇湘，信仰传承

湖南，这片浸润着深厚湖湘文化的土地，不仅是中国革命的摇篮，还是马克思主义中国化理论探索的重要发源地。在这片充满红色历史的沃土上，涌现了一批杰出的无产阶级革命家、社会主义建设先锋以及民族复兴的领路人。他们不仅汲取了湖湘文化中的优秀元素，更致力于推动马克思主义与中国实际的深度融合，使其在历史各个时期都展现出强大的生命力，为中国共产党的发展历程增添了浓墨重彩的一笔。

红色文化不仅是中国共产党人的灵魂象征，还是中华民族珍贵的文化遗产。无数革命先烈和英雄在湖南这片充满激情的土地上，用鲜血和生命谱写了一曲曲感天动地的英雄赞歌。他们的英勇行为和崇高精神，已然成为湖南红色文化的重要组成部分。2020 年 9 月，习近平总书记在湖南考察时深情地指出："湖南是一方红色热土，大批共产党人在这片热土谱写了感天动地的英雄壮歌。要教育引导广大党员、干部发扬革命传统，传承红色基因。"这不仅是对湖南红色历史的肯定，更是对未来红色文化传承的殷切期望。

新民学会　建党先声

1918 年 4 月 14 日，在长沙岳麓山下的湘江西岸，春枫翠柏，花红柳绿，到处是生命的律动。在这如诗如画的春日里，蔡和森的家静静地掩藏在繁茂的绿树和草丛中。那天，在蔡家庭院与宽敞的堂屋内，14 位意气风发、满腔热血的青年才俊欢聚一堂，携手共创了后来闻名遐迩的青年进步团体——新民学会。

新民学会，取义于儒家经典"大学之道在新民……日日新，又日新"，并确定以"革新学术，砥砺品行，改良人心风俗"为宗旨推动自身发展。新民学会是五四新文化运动时期湖南影响最大、人数最多的进步团体，在全国也有重要的影响，对马克思列宁主义在湖南的传播发挥了非常重要的作用。新民学会通过创办刊物，传播马克思主义。五四运动时期，毛泽东应湖南学联之邀，主编《湘江评论》。《湘江评论》的文章思想深刻、笔锋犀利、气势磅礴、通俗易懂，每篇都洋溢着反帝反封建的战斗激情，深受读者欢迎。新民学会还创立社团、创建学校，凝聚同志、培养人才。志同道合的青年才俊为着共同的信仰、共同的理想齐聚一堂，结社组团、指点江山、激扬文字。

在新民学会的大力倡导和积极推动下，湖南学子踊跃地投入留法勤工俭学的行列中。新民学会的一部分骨干奔赴法国后，又成为湖南留法勤工俭学学生的核心，成为留法勤工俭学学生中的一支重要力量。留法的新民学会会员号召力极强、影响力极大，成为推动留法勤工俭学运动的一支中坚力量。新民学会的绝大多数会员为湖南第一师范的学生。1920 年下半年，新民学会的许多会员加入了中国社会主义青年团和共产主义小组。

毛泽东、蔡和森、萧子升等湖南青年学子，恰同学少年，风华正茂。他们心怀壮志，立志改造中国与世界，并为此创立了新民学会。在学会中，他们不仅深入研究马克思主义理论，更广泛学习各类社会科学知识，显著地拓宽了视野并深化了思维。通过不断地交流与探索，他们逐渐形成了统一的思想观念和实践目标，为中国共产党的建立揭开了序幕。

建党伟业，湘人功不可没

1919 年 12 月，一艘法国邮轮从中国缓缓离开，船上载着一批新民学会的青年人。他们不远万里去法国勤工俭学，蔡和森和他的母亲葛健豪、妹妹蔡畅也在其中。在法国，蔡和森学习和接受了马列主义建党理论，正式提出了建立中国共产党的主张，认为共产党是革命运动的"发动者、宣传者、先锋队、作战部"，为"无产阶级运动的神经中枢"。从此，蔡和森为救国救民，特别是为中国共产党的建设奔走着、探索着、奋斗着、奉献着，直至献出年仅36 岁的生命。

蔡和森，中国共产党的创始人之一，被公认为党内杰出的马克思主义理论家、宣传家和社会活动家。他的一生虽然短暂，但为革命作出的贡献是巨大的，特别是对党的初期思想建设的功绩是不可磨灭的，被党史界公认为"我党最早比较系统、全面而又正确地提出列宁式的建党思想和建党原则的人"。蔡和森不仅首次提出了"明目张胆正式成立一个中国共产党"的观点，而且还依据列宁建党学说和俄国布尔什维克的经验，结合中国国情，提出了比较完整的党建理论。他在 1920 年 8 月、9 月给毛泽东的两封信和 1921 年

2月给陈独秀的一封信中，全面系统地论证了建党的阶级基础，阐明了党的性质和指导思想，指出了党的奋斗目标和达到这一目标的具体步骤，提出了党的组织原则，强调了党的国际主义原则。蔡和森与毛泽东的通信与探讨，为中国共产党设计了最早的蓝图。

毛泽东是中国共产党的创始人之一，在中国共产党的创建过程中发挥了重要的作用。在建党伟业中，除了毛泽东之外，还有许多其他的湖南人也作出了重要的贡献。他们共同参与了中国共产党的发展历程，为中国的革命和建设事业作出了不可磨灭的贡献。

1921年7月，中国共产党在上海诞生。在出席第一次全国代表大会的13名代表中，湖南籍代表有4人。中国共产党成立时，全国的共产党员有50多名，其中湖南就有近20名。当时，上海、北京、武汉、长沙、济南、广州等建立了6个地方共产党组织，在国外的留学生也建立了旅欧、旅日共产党组织。在这8个共产党组织中，除武汉、济南、广州以外，其余都有湖南人。1921年10月成立的中共湖南支部，是全国第一个省级党组织。

中共一大代表中年纪最大的是何叔衡，当时已经45岁。他是湖南宁乡人。1918年，他与毛泽东、蔡和森等组织成立新民学会，曾任执行委员长。五四运动中，他与长沙的进步教师支持学生反帝爱国行动。1920年，他与毛泽东共同发起成立湖南共产党早期组织。1921年7月，他与毛泽东一起出席中国共产党第一次全国代表大会，成为中国共产党的创始人之一。同年10月，何叔衡参与组建中共湖南支部，任支部委员。1922年，何叔衡任中共湘区执行委员会委员。他在湖南大力发展党员和基层组织，开展革命活动。在第一次国共合作时期，按照党的要求，他在湖南发展国民党组织，推动国民革命的发展，曾任国民党湖南省党部执行委员、监察委员等职。何叔衡的工作能力和工作作风，深得毛泽东的钦佩、赞赏和信任，毛泽东在许多场合说过："何胡子是一条牛，是一堆感情。""叔翁办事，可当大局。非学问之人，乃做事之人。"

中共一大的筹备、组织和召集工作都是湖南永州人李达完成的。李达积极承担了党的一大的繁重的会务工作，负责安排食宿，并将会场安排在李书城的住宅内。1921年7月30日晚，会议正在进行，突然有一名陌生的中年男子闯入会场，环顾四周后又匆忙离去。具有长期秘密工作经验的马林立即断定此人是敌探，建议马上中止会议。李达立即要求夫人王会悟想办法找一个继续开会的地方。王会悟对嘉兴以及南湖的情况非常熟悉。她想到嘉兴的南湖游人少、好隐蔽，就建议到南湖包一个画舫，在湖中开会。此外，嘉兴和上海之间的交通非常方便，两者都位于沪杭铁路沿线。代表们听取了这个意见。正是这一次的当机立断，让党的一大顺利举行。

回望历史，中国共产党在湖南这片热土上留下了许多不可磨灭的记忆。在中国共产党的创建史上，第一个明确提出"中国共产党"概念的蔡和森、第一个强调"唯物史观是吾党哲学的根据"的毛泽东、中国共产党第一任宣传部部长李达、第一位女党员缪伯英、第一位工人党员李中、中国工人运动先驱李启汉和邓中夏、第一位女共产党员向警予，都出自湖南。这一切代表着马克思主义先进思想与湖湘文化精华的碰撞，产生了体现时代精神的灿烂结晶。

中国第一个县级红色政权在湖南建立

说起最早的红色革命政权，大家都会自然地想起井冈山。其实，中国第一个县级红色政权，是在湖南省株洲市茶陵县建立的。茶陵县城距井冈山茨坪只有 50 公里，在井冈山周边六县中，茶陵的人口最多、地域最广、经济最好。1927 年 11 月，红军第二次攻克茶陵，毛泽东在分析了茶陵的地理位置和经济条件后，有了经营茶陵的想法。于是，根据毛泽东的指示，中国历史上第一个县级红色政权——茶陵县工农兵政府建立了。

茶陵县是湖南农民运动最激烈的县域之一，是湘赣革命根据地的重点县和模范县，在中国革命史册上留下了浓墨重彩的一页。毛泽东在《井冈山的斗争》中多次提到并赞扬茶陵县的革命斗争事迹。1927 年 11 月 28 日，茶陵县工农兵政府正式成立，由谭震林、李炳荣、陈士榘分别担任工人代表、农民代表、士兵代表。虽然在国民党军队的进攻下，茶陵县工农兵政府仅存在了近一个月，但它为以后苏维埃政权的建立，提供了许多宝贵的经验。

茶陵县工农兵政府的建立，开创了中国苏维埃运动在农村建立政权的先河，是毛泽东"武装夺取政权"的伟大尝试。随后，各县在井冈山根据地建立的红色政权，都沿用了"工农兵政府"这一名称。

在茶陵县工农兵政府旧址，我们依然可以看到茶陵县苏维埃政府、中国工农红军独立师办事处、茶陵县政治保卫局、苏区共青团儿童团办事处等，还有红军学校、列宁学校、红军亭、红军井、红军桥、红军战壕、红军练兵场、红军商店与宿舍等。其中，书写在茶陵县苏维埃政府旧址内的红军宣传画、红军地图为全国仅存。红军时期的各色标语，曾经书写于全村乃至邻村民居的墙壁之上，其分布之广、数量之多，极为罕见。当地曾有红色歌谣："彭总领兵到严塘，红旗飘飘上井冈；扩大红军独立师，后生青年报名忙；跟着红军打白匪，湾里湾外别爹娘。"

加强党的组织建设，在湘赣边界开启

"秋收时节暮云愁，霹雳一声暴动。"

1927年9月9日，秋收起义如霹雳般爆发，震撼世界。这次起义紧接在南昌起义之后，是中国共产党领导的又一次著名的武装起义，与南昌起义、广州起义并称中共党史和军史上的三大起义。它不仅标志着中国人民革命揭开了新的篇章，而且还成功开创了中国共产党领导下的第一个农村革命根据地。

秋收起义的独特之处在于，它不仅是军队的行动，更有数量众多的工农武装力量积极参与其中，工农革命军的旗号也在此次起义中首次公开打出。尽管起义初期以攻占大城市为目标，但在遭遇严重挫折后，起义部队及时转变战略，从进攻大城市转向进攻农村。在农村地区，起义部队从小规模的游击战开始，逐步扩大战果，这一战略为后来各地工农红军和农村革命根据地的大规模发展奠定了坚实的基础。秋收起义和随后的井冈山道路，共同构成了毛泽东"农村包围城市"战略思想的起点，对中国革命进程产生了深远的影响。

三湾改编是秋收起义失败后，部队在江西省永新县三湾村进行的一次整编。在三湾改编之前，已经诞生六年之久的中国共产党没有一支独立的军事武装。我们党虽然整合和影响了一些国民党军队，并在军队中建立了党的组织，但党组织（支部）都设在团一级，团政治指导员办公室直接管理连队政治指导员，政治指导员只作宣传教育工作，因而政治工作没有群众基础。连一级没有党的组织，难以直接掌握士兵；团一级即使设了党的组织，也难以掌握部队。在这种情况下，如果不改进部队存在的问题，不加强党对军队的领导，中国共产党不仅难以适应艰苦的环境，而且无法完成艰巨的革命任务。

秋收起义部队到浏阳市文家市镇集合后，毛泽东否定了"浏阳直攻长沙"的错误意见，把部队引向罗霄山脉建立革命根据地。起义部队翻越了大山口，来到一个群山环抱、没有地方反动武装的山坳——永新县三湾村。三湾村地处湘赣边区的九陇山区，是茶陵、莲花、永新、宁冈四县的交界地，有50多户人家，在山区算是较大的村庄。起义部队到达三湾村的时候，减员较多，人员不足1000，组织很不健全，思想相当混乱，部队士气低落，士兵不断逃亡，军阀习气严重。

三湾改编的三项决定是：第一，整编部队；第二，党组织建立在连上，设立党代表制度，排有党小组，班有党员，营、团以上有党委，全军由毛泽东领导的前委领导，从而确立了"党指挥枪"的原则；第三，建立士兵委员会，实行官兵平等、经济公平的民主制度，破除旧军雇佣关系，并初步酝酿出"三大纪律六项注意"。

三湾改编后，红军连以上的部队都设立了士兵委员会，让士兵群众参加军队的民主管理，以确立新型的官兵关系，这是对建军原则的一个重要创造。自从实行了民主主义制度，士兵群众的利益得到了保障，士兵群众的革命热情大大地被激发出来，有了当家做主的感觉，对部队建设的责任感也明显加强了，部队中出现了一种官兵一致、上下平等的新型官兵关系。

在部队缩编的同时，部队中的党的组织结构也进行了相应的调整。毛泽东总结经验教训，在部队各级都设立了党的组织。从南昌起义时提出的"支部建在团上"，到三湾改编时的"支部建在连上"，这不是一个简单的组织架构的下沉，而是对党的领导的加强。它更便于把党的意图、任务和要求迅速而准确地落实到部队的各个层级与基层单位，落实到每一位指挥员、战斗员，为军队能打胜仗创造了重要条件，提供了根本保证。三湾改编作为党对军队绝对领导这一根本原则和制度的重要奠基，永载于人民军队和党的建设发展的史册。

三湾改编之后，秋收起义部队以崭新的精神面貌向井冈山挺进，并迅速在那里建立了全国首个农村革命根据地。在党的坚强领导下，这支人民军队历经风雨，勇往直前，于战火中持续壮大，最终开启了中国历史的新篇章。三湾改编无疑是毛泽东思想演进中的重要里程碑。凭借深邃的历史洞察力与卓越的政治远见，毛泽东确立了党对军队的绝对领导地位。三湾改编不仅从政治和组织层面确保了党对军队的绝对领导，更是我们党在构建新型人民军队方面的首次成功尝试，从而奠定了政治建军的重要基石。

加强纪律建设，三大纪律八项注意从湖南唱起

加强纪律建设，是革命队伍走向胜利的必由之路。《三大纪律八项注意》这首脍炙人口的歌曲，不仅被誉为"第一军规""红色经典第一歌"和"中国第一军歌"，更是湘南郴州这片革命热土上诞生的宝贵精神财富。在三湾改编的重要时期，毛泽东深刻认识到红军队伍中旧军阀习气的危害，因此特地制定了初步的"三大纪律"，以确保军队的严明纪律和与民众的紧密联系。随后的 1928 年，在湖南郴州桂东县，毛泽东进一步明确了"三大纪律六项注意"，为红军行为定下了铁的规矩。这一举措不仅彰显了共产党对军队纪律的严格要求，还为后来人民解放军的纪律建设奠定了基石。

随着革命的不断深入和部队实践经验的累积，"三大纪律六项注意"逐步得到完善。最终，"三大纪律"被精炼为"一切行动听指挥""不拿群众一针一线""一切缴获要归公"，同时"六项注意"也扩充为更加全面的"八项注意"，全面涵盖了军民关系、军纪军风等关键方面。1947 年，毛泽东亲自起草相关训令，使得"三大纪律八项注意"成为全军必须严格遵守的行为准则。这一规范对于加强部队的思想作风建设起到了举足轻重的作用，同时也为党政干部的作风和行为树立了明确的标杆，成为保持共产党干部队伍纯洁性、先进性

和拒腐防变能力的重要保障。

正如习近平总书记指出的那样，我们党是依靠革命理想和铁的纪律组织起来的马克思主义政党。严明的纪律是我们党的光荣传统，也是我们独特的政治优势。将纪律和规矩始终放在首位，是中国共产党及其领导的人民军队从小到大、由弱变强、无往不胜的重要法宝。《三大纪律八项注意》正是这一历史经验的生动诠释和具体体现。

加强党的建设，在湘南起义延续

湘赣边界军旗猎猎，湘南大地风云激荡。朱德、陈毅与中共湘南特委共同发动了湘南起义。

1928 年 1 月 12 日，起义部队智取宜章县城，揭开了起义的序幕。宜章，成为湘南起义的策源地。在这里，揭开了湘南起义的序幕；在这里，成立了中国工农革命军第一师；在这里，成立了湘南第一个红色政权——宜章县苏维埃政府；在这里，组建了湘南第一支农军——工农革命军独立第三师。

1928 年 4 月，起义部队撤离湘南，向井冈山转移，与毛泽东率领的秋收起义部队胜利会师，历时 3 个多月。一时间，革命烽火燃遍湘赣两省 20 多个县，近 100 万人参加了起义，呈现了"红旗漫卷南天乱，湘南这边红一片"的新局面。湘南起义后，湘南地区先后建立了宜章、郴县、耒阳、永兴、资兴、桂阳、桂东、安仁等 8 个县级苏维埃政府和湘南工农兵苏维埃政府，开展了轰轰烈烈的土地革命运动。

湘南起义是继南昌起义、秋收起义、广州起义之后，中国共产党发动的又一次武装起义，它是在南昌起义、秋收起义、广州起义的影响和鼓舞下爆发的，标志着中国革命由正规战争向游击战争转移。湘南起义不仅保留了南昌起义的革命火种，而且在一定程度上成就了井冈山斗争的丰功伟绩。它是中国共产党人在思考农民武装斗争和土地革命问题，以及探索"农村包围城市"道路过程中具有战略意义的历史丰碑。

湘南起义高举八七会议提出的"武装反抗国民党"和"土地革命"的旗帜，传承了南昌起义的革命精神，在中共党史和军史上占有极为重要的地位。在起义中，朱德、陈毅等领导人组织和领导农民武装，开展了建党、建军、建政和土地革命活动，使武装斗争与农民运动相结合，打击了国民党反动派，扩大了中国共产党的革命力量和影响范围。

湘南起义中，中国共产党继续坚持党对军队绝对领导的根本原则和制度，加强基层工作，整顿纪律，整顿党团组织。同时，中国共产党开始对部队进行改造，转变军队职能，建立了新型的革命武装，从正规战到游击战、运动战，适时进行战略转变。朱德和陈毅等老一辈革命家审时度势，根据地理条件、敌我力量对比、我军的作战能力和任务，以及战争形势的发展，灵活地运用运动战、阵地战、游击战等三种作战形式，领导部队"上山打游击"。实行军事战略转变，对于推动湘南起义的发展和胜利具有重大意义。

湘南起义发动于大革命最低潮的时期，我们的领导人认识到了发动群众的重要性、艰巨性，看到了群众的愿望，认识到了群众的力量，并在斗争过程中真正依靠群众，通过思想政治工作，让湘南农民看到了希望、振奋了精神、激发了斗争意志。湘南起义在农村地区发动，创造了将正规军与地方农民武装相结合、将武装革命与土地革命相结合的新经验，是毛泽东等中国共产党人探索中国革命道路的又一次尝试。但是，由于湘南特委犯了盲动主义错误，严重脱离了群众，后来起义武装失去了人民群众的支持，起义部队和农民武装被迫撤离湘南地区，向井冈山转移，与秋收起义部队会师。

湘南起义的历史警示提醒我们，全面从严治党、加强党的建设是一个永恒的主题。中国共产党人必须始终坚守党的信仰、宗旨和纪律，与群众保持紧密联系，确保党的先进性和纯洁性。首先，只有坚定的共产主义理想信念和坚守的精神追求，才能让共产党人在困难和挑战面前始终保持清醒头脑和正确方向。其次，组织纪律是党的生命线。加强组织纪律不仅关系到党的团结统一，还关系到党的执政能力和领导水平。再次，群众路线是我们党的根本工作路线。中国共产党自成立之日起就确立了全心全意为人民服务的根本宗旨，始终坚持从群众中来、到群众中去的工作方法。最后，损害群众利益的行为是坚决不允许的。中国共产党必须时刻牢记党的性质和宗旨，把人民群众的利益放在首位，坚决反对任何损害群众利益的行为。

结　语

在中华民族处于水深火热的危难之际，湖南热血青年发起组建新民学会，以赤子之心探索真理、坚持信仰、传播马克思主义；心怀天下、敢为人先的湖南人提出建党主张，建设了一个先进的政党——中国共产党。在革命处于低潮之时，湖南的一代伟人研究革命形势，采取将支部建在连上、党指挥枪、加强纪律教育等方法，提高了军队的战斗力、凝聚力，缔造了一支人民的军队；探索符合中国国情的军事战略、组织方法等，创立了一个科学理论——毛泽东思想。一代又一代的湖南人和中国共产党人在这片热土上挥洒着青春和热血，思考着、践行着加强党的建设的伟大事业。他们的奋斗与牺牲在三湘四水间谱写了一曲曲壮丽的红色乐章，为中国共产党留下了永恒的光辉和宝贵的财富。

🔊 拓展阅读

1. 新民学会旧址：位于湖南省长沙市岳麓区岳麓山风景区内，是一座竹篱斜护的古朴农舍，舍内 5 间青瓦白屋，几株香樟，石径弯弯，菜畦横纵。1918 年 4 月 14 日，毛泽东、蔡和森等 13 人在此开会，成立了新民学会。新民学会是"五四时期"以学生为主体的众多进步团体中成立最早的。抗战期间，旧址毁于战火，遗址已于 1972 年按原貌复建。

2. 茶陵县工农兵政府旧址：全国第一个红色政权诞生地，位于湖南省株洲市茶陵县城关镇前进村三角坪，原系南宋至清代的州（县）署衙门，始建于南宋中叶之末，占地面积 18000 余平方米，建筑面积 4975 平方米。茶陵县工农兵政府旧址是全国红色旅游 30 条精品路线第 8 条中的重要景点。1927 年 11 月，工农革命军第二次攻克茶陵县城后，根据毛泽东的指示，在此创建了中国历史上第一个县级红色政权——茶陵县工农兵政府。1928 年，茶陵县工农兵政府毁于战火。

3. 湘南起义纪念馆：位于湖南省郴州市烈士公园东塔岭，是湖南省级爱国主义教育基地、郴州市红色旅游的重要景点之一。纪念馆展厅内的展品分为"浴血重生，朱德率部奔湘南""风展赤帜，百万之众斗敌顽""波澜壮阔，创建苏维埃政权""战略转移，湘南义军赴井冈""千秋史册，伟业闪耀功勋榜"等五个部分，全方位展示了湘南起义的历史过程。此外，纪念馆还设立了"红色老区革命精神永传承""湘南福地今日郴州"两个专题。

主要参考文献

[1]中共湖南省委宣传部,中共湖南省委党史研究室.中国人民永远记着他:蔡和森
　　110周年诞辰纪念集[M].长沙:湖南人民出版社,2005.

[2]中共湖南省委党史研究室.枪杆子里面出政权:湖南革命武装斗争史[M].长沙:湖南
　　人民出版社,2018.

[3]习近平.论中国共产党历史[M].北京:中央文献出版社,2021.

(执笔:谭文辉)

湖南抗战：历史铭记，丰碑永存

"若道中华国果亡，除非湖南人尽死。"

湖南地处中国中部腹地，战略地位十分重要，历来为兵家北略中原、南取交广、西图川滇、东进吴越所必争之地。古语云："楚虽三户，亡秦必楚。"这是先秦时期楚国人表达自己决不屈服、坚决反抗的决心和信念。湖南人民所展现的坚韧不拔、英勇顽强的斗争精神，已然深深烙印在这片楚国故土之上，代代相传，生生不息。

当抗日战争的烽火燃起，特别是进入相持阶段后，湖南以其独特的地理位置，成为敌我双方激烈争夺的主战场。国共两党的湖湘子弟，无论身在正面战场还是敌后战场，皆怀抱着满腔热血，奋不顾身地投入抗击敌寇的伟大斗争中。在正面战场的 13 次重大战役中，湖南一地便担负了 6 次，并且战绩辉煌——4 胜 1 平 1 负。这样的战绩，在全国各省区中也是罕见的。彼时的长沙，更是成为抗战期间歼灭日军最多的省会城市。长沙会战的胜利，不仅彰显了湖湘子弟的英勇顽强，更让这片昔日的"三户地"成为日军的葬身之地。

深受湖湘文化熏陶的湖南人民，自古以来便有着反抗侵略、反抗压迫的斗争传统。在抗日战争期间，特别是从 1939 年日军进攻长沙开始到 1945 年湘西会战结束，日军在湖南投入了总兵力的 35%，兵种齐全，陆海空军悉数上阵，甚至不惜在这片土地上实施化战和细菌战，制造了震惊中外的"厂窖惨案"。然而，英勇的湖南人民并未屈服于侵略者的暴行，无论是正面战场的中国军队，还是敌后战场的人民武装，抗战官兵都展现了"视死如归、宁死不屈的民族气节"和"不畏强暴、血战到底的英雄气概"。在湖南万千血性军民的顽强抗击下，嚣张的日寇最终走向了失败的深渊。

抗日战争的胜利，是中华民族由危亡走向振兴的历史转折点。在这场伟大的斗争中，抗战文化发挥了举足轻重的作用。在民族危亡的关头，湖南人民紧密团结在中国共产党抗日民族统一战线的旗帜下，毁家纾难，以死相拼。他们始终以高昂的爱国主义热情，站在抗日斗争的前列，用热血谱写了一曲曲捍卫山河的壮丽战歌。在抗战最严峻的时刻，中国共产党人、进步文化名人和各界爱国人士齐聚湖南，怀着救国之心、报国之志，形成了强大的抗日文化大军。他们舍生忘死、亲临前线、深入群众，通过各种形式宣传抗日救国，支持全面抗战，掀起了湖南抗战文化运动的高潮，为中国的抗战事业作出了不可磨灭的贡献。

东北狼烟起　湖湘救亡潮

"九一八"事变后，湖南是全国抗战文化运动兴起最早、声威最壮、影响最大的省份。湖南军民高举爱国主义旗帜，开展了轰轰烈烈的抗日救亡运动，全力支援前方抗战，为正面作战和游击战争的开展奠定了思想、组织与群众基础。

1931年9月18日，日本在中国东北蓄意制造"九一八"事变并发动侵华战争，这是日本帝国主义侵华的开端。9月23日，素具"心忧天下、敢为人先"的湖湘文化精神的湖南人民获悉日军侵占沈阳的消息后，即有200多个学生、教师、工人宣传队走上长沙街头，宣讲"九一八"事变的真相。湖南《大公报》《通俗日报》《工人报》《全民日报》等大小报纸连续报道日本侵占东北的消息和全国各地游行示威的情况，发表各群众团体的宣言和通电。以长沙为中心，辐射三湘四水的抗战文化运动也随之迅速兴起。

1931年9月25日，长沙教师、学生、工商各界群众近20万人举行反日示威大会，声讨日本侵华暴行，发表《湖南人民对日援侨委员会反对日本武力侵占东北示威大会宣言》，作出了"团结民众力量，一致对日宣战，实行对日经济绝交"的决议，号召湖南抵制日货，断绝供给。对日经济绝交运动，直接打击了日本侵略者。为加强领导，湖南人民对日援侨委员会改组为湖南人民抗日救国会，长沙工商、学界实行"三罢"声援抗日救国会活动。衡阳、邵阳、锡矿山分别举行5万人、3万人、2万人的游行示威大会。湖南全省70多个县市和地区成立了300余个抗日团体，出版《湖南反日救国会会刊》《抗日救国半月刊》《抗日周刊》《抗日专刊》等刊物40多种，进行抗日宣传鼓动。

1931年10月5日，以青年学生为主的湖南青年抗日铁血救国团在湖南省立第一师范学校成立。会场布置庄严肃穆，悬挂着"万众一心誓灭倭寇"

"誓以铁血雪尽国耻"等横幅、标语。参加大会的团员和各界代表共有 2000 余人。铁血救国团在报纸上刊登启事："吾人痛国势之阽危，见人心之未死，敢发起救国之团体，志在报仇雪耻……洒我沸腾之热血，荡彼东瀛。"这个启事如火星，点燃了青年爱国情绪的"干柴"，不到 3 天，长沙应征参加铁血救国团的青年就多达 200 余人。"一·二八"事变爆发后，他们组建团队开赴苏州前线修筑工事，支援 19 路军抗战。

1933 年 3 月，长沙会战开始后，湖南先后组织 3 批近百人的"北上抗日汽车运输队"和湘雅医院救护队开赴抗日前线。当日军侵占山海关后，湖南各民众团体请愿省政府转电南京政府，调遣全国军队抵抗暴日；当日军进犯华北后，省城各民众团体纷纷请愿，督促政府出兵抗日；长沙民众还要求政府组织民众义勇军，发给枪支，支援前线；湖南民众也要求省政府开放抗日言论和救国运动自由，启封抗日团体，开展"抵制日货"等对日经济绝交运动。湖南广大普通民众在日常的生产生活中，用朴素的方式孕育着抗日的火种。

1935 年 12 月 9 日，"一二·九"抗日救亡运动爆发，北平学生举行抗日救国示威游行，中共长沙青年运动党团推动《大公报》《中山日报》等报道北平学生请愿受伤和津沪汉学生响应罢课游行的消息。12 月 17 日，湖南学生提倡国货会发出 3 个通电，声援北平学生。12 月 20 日，长沙万名学生冲破何键当局的威胁阻拦，举行示威游行，高呼"反对华北自治""铲除汉奸"等口号，散发《告同胞书》等传单，提出"停止内战、一致对外""打倒日本帝国主义"的口号，声援"一二·九"抗日救亡运动。中共长沙青年运动党团还创办《更生》旬刊，第一次在湘公开提出建立抗日民族统一战线的主张。

1936 年 7 月，中国民族解放先锋队长沙分部成立，创办进步刊物《湘流》，开辟"救亡通讯""救亡言论"等专栏，宣传抗日救亡，反映群众"停止内战，一致抗日"的呼声，批判国民党政府"攘外必先安内"的错误政策，要求释放救国会"七君子"，释放政治犯，开放救国自由，立即准备抗战。随后，湖南文化界抗日救国会成立，文化界七八百人参加了进步社团，紫东文艺社等深入学校、车站、码头、街头巷尾、郊区农舍等地，演唱《救亡进行曲》《义勇军进行曲》等抗日救亡歌曲，不遗余力地进行抗日宣传。1936 剧社深入各中小学校，排演《汉奸的子孙》等抗日独幕剧和五大救亡歌曲，声势浩大，使长沙观众耳目一新。《全民日报》《力报》发起组织文艺界统一战线的讨论，批判菲薄鲁迅的言论，支援"中国旅行剧团"来省公演《雷雨》《祖国》等剧目，并多次邀请长沙文艺界人士进行座谈，形成了大革命失败以来湖南罕有的新文化气象。

湖南早期的抗日文化救亡运动历时 6 年，影响深远，覆盖了全省 70 多个县市城乡。这场运动不仅增强了全国抗日救亡运动的声势，激发了前线将士的英勇斗志，更重要的是为抗日民族统一战线的构建和抗日民主运动的推进奠定了初步的群众基础与政治思想基础。在这场运动中，中国共产党以坚定的信念、卓越的智慧和无私的奉献精神，成为引领湖南人民奋勇前行的核心力量。他们的领导作用和巨大贡献，不仅为运动的成功提供了坚实基础，还为抗日民族统一战线的形成和抗日民主运动的发展注入了强大的动力。

卢沟战火烧　大地狂飙起

1937 年 7 月 7 日夜，卢沟桥事变爆发，标志着日本帝国主义全面侵华战争开始。战火燎原，北平、天津、上海等昔日繁华的都市相继沦陷，中华文化的重心被迫南迁与西移。在这场历史的风云变幻中，湖南以其得天独厚的地理位置——"扼控南北、联通东西"，迅速崛起为抗战后方的交通枢纽、文化高地和资源汇集之处，吸引了来自全国各地的文化名流与抗战志士，极大地壮大了全国抗战文化运动的声威，并有力地推动了湖南抗日民族统一战线的巩固与深化。

卢沟桥事变的消息传到湖南的第 2 天，长沙各大报纸就用大字标题报道了日军进犯与我军抵抗的情况，惊呼"中华民族到了最危险的时候"，号召"国人迅速抵御外侮"。在湖湘大地，人民的爱国热情被彻底点燃：同仇敌忾的人民抗敌后援会如春雨后的新笋，迅速且大量地涌现；湖南省国术馆民众训练班妇女组的 40 余名成员巾帼不让须眉，毅然决然地请缨加入抗日的行列；南岳新老圣帝殿、南台寺、祝圣寺的所有僧侣聚集商量，聘请国术专家教练武术，待练习纯熟，即请缨杀敌……

1937 年 8 月 13 日，淞沪会战爆发，彻底引爆了湖南人民心中的抗日怒火。湖南民众自发组织抗日自卫队、抗日志愿兵、敢死队、大刀队、汽车运输队、军运装卸队、船运队、战地服务团等，或赶赴抗日前线，或就地担负军运任务，有力地支援了正面战场上的中国军队。9月14日，历史记载了长沙火车站的动人场面：著名作家、北伐战士谢冰莹率领一支17人的女兵队伍，在火车站举行了一场简单而雄壮的北上抗敌宣誓典礼。这些女兵多为医生、教师和学生，都是20岁左右的女青年。她们为了抗日，脱下旗袍，放弃体面的工作，一律齐耳短发，身着灰军装，打绑腿，戴军帽，背着被包雨伞，打着"湖南妇女战地服务团"的旗帜，告别故乡和亲友，开赴上海前线。这一场景令当时在场的群众热血沸腾，深受感动。

在民族危亡的紧急时刻，代表先进文化的中国共产党提出了"动员人民、依靠人民"的全民抗战路线，高举团结抗日的大旗，促成了国共两党的第2次合作。"七七事变"后，中国共产党有计划地从平津沪宁等地派遣了一批湘籍共产党人和进步人士回湘，从事抗日救亡活动。1937年7月24日，湖南人民抗敌后援会成立，要求国民政府对日宣战；9月，北方局派吕振羽回湘"开荒"；10月，湖南文化界抗敌后援会建立；12月，徐特立回湘建立八路军驻湘通讯处；不久，高文华等来湘组建中共湖南省委。他们发展党组织，深入开展统战工作，促进了湖南抗日民族统一战线的建立。

徐特立是湖南资深教育家，在湖南教育界及上层人士中有着极高的威望。徐特立在长沙期间，受邀在长沙临时大学（西南联大前身）等地发表公开演讲19次，为报刊撰写文章40多篇，宣讲中共中央发布的《抗日救国十大纲领》，驳斥当时甚嚣尘上的"亡国论"和"速胜论"，宣传国共合作，团结抗日。徐特立的多次公开演讲，使人民群众在十年内战之后第一次听到了中国共产党的声音，精神为之一振，为湖南抗战文化注入了新鲜血液，促使湖南抗日救亡运动出现了新高潮。

1937年11月至1938年年底，著名爱国将领张治中担任湖南省政府主席一职。彼时，全国人民的抗日救亡运动正在蓬勃兴起。张治中主政湖南后，积极响应抗日号召，采取了动员民众、训练民众、武装民众等一系列开明的政策和措施，成立了湖南省民众训练指导处，聘请徐特立等共产党员和进步人士负责指导工作，举办民训干部训练班，"训练后派往各县工作，把革命的种子播到各县去了"。在张治中的领导下，八路军驻湘办事处与国民党政府展开了紧密的合作。这种团结合作不仅促成了抗日民族统一战线在湖南的顺利实现，还为湖南抗战文化注入了新的活力。这一时期，湖南抗战文化迎来了国共合作的"黄金发展"阶段，为抗击日本侵略者、保家卫国奠定了坚实的基础。

国破山河在 铁血是湖湘

1938 年 10 月，广州、武汉相继失守，抗日战争进入战略防御和相持阶段。在抗战相持阶段，湖南是抗战的前哨阵地，是战斗最多、最惨烈的主战场之一。湖南人民在艰苦卓绝的条件下，英勇抵抗日军侵略，持续了 6 年之久，消耗了日军的大量有生力量，打破了日军试图迅速占领湖南、彻底"解决中国事变"的计划，有效地支援了全国的持久抗战和世界反法西斯战争。

"救中国自湖南始，吾湘变则中国变，吾湘存则中国存。"1938 年 4 月，湖南省政府以"好男去当兵"为口号，开展了湖南全省兵役宣传周活动，发动广大民众参军参战，支援前线。抗日战争全面爆发的 8 年中，湖南成为中国军队的兵源供应基地，有 210 万子弟参军参战，占全国兵员征募总数的 15%，居全国第 2 位，平均 15 人中就有 1 个人参军，居全国人均参军比例第 1 位。长沙会战、常德会战、衡阳保卫战、湘西会战，直至芷江受降的艰苦卓绝，是中国人民英勇不屈的象征，湖南以其特殊的功勋在抗战最为漫长的相持阶段，成为中华民族坚强的堡垒，顽强地熬过了抗战黎明来临前的黑暗。

　　"听得北人歌里唱，潭州城是铁州城。"长沙铁城，当然是铁的意志使然。长沙会战，歼敌10万余人，这是日军偷袭珍珠港后全世界范围内盟军的第一次决定性胜利，引起了巨大的国际反响。除了主力部队"扎硬寨，打硬仗"的坚守御敌，湖南民众"不怕死，霸得蛮"的精神再次为全世界人民所推崇。当时有组织的战时服务队，长沙县有6495人，浏阳县有86058人，平江县有34340人，湘潭县约有36000人，而更多的老百姓则是放水淹没自家良田，挖断所有的铁路、公路来阻断敌军。正如英国《每日电讯报》所言："际此远东阴雾密布中，惟长沙上空之云彩确见光辉夺目。"英国首相丘吉尔也发表演说，指出："诸君如忆及日军之活跃，即知中国抵抗敌人至5年之久，并予敌人以打击，为如何不可思议之事。"此战扩大了中国抗战的影响，英美等国终于认识到中国是世界反法西斯不可轻视的力量，中国的抗战从此得到了广大同盟国的积极支援。

　　1943年冬，被后世誉为"抗战史上最惨烈一役"的常德会战拉开帷幕。当时，守卫常德的重任落在了被誉为"虎贲"的国民党第74军第57师的肩上。在地理条件极为不利、易攻难守的情况下，57师的官兵们毅然决然地誓死捍卫常德城。面对日军28门大炮和20余架飞机的疯狂轰炸，57师以仅有的8000兵力，英勇抗击装备精良的40000日军。他们孤军奋战了整整16个昼夜，虽然最终几乎全军壮烈牺牲，但也给日军造成了惨重的伤亡。师长余程万率领部下死守常德的英勇事迹，在我国抗日民族英雄的辉煌战史上留下了浓墨重彩的一笔。这一历史事件激发了著名作家张恨水的创作灵感，于1945年创作了长篇小说《虎贲万岁》。这部小说直接描绘了常德保卫战的壮烈场景，也标志着中国第一部现代战史小说的诞生。到了2010年，常德保卫战的故事更是被搬上了大银幕，以电影《喋血孤城》的形式呈现给广大观众。常德会战在整个抗日战争乃至第二次世界大战中占据了重要的地位。它不仅确保了重庆东面的安全和补给线的畅通，还有效地支援了太平洋地区盟军对日军的作战。因此，常德会战被誉为"东方的斯大林格勒保卫战"。

　　1944年6月至1944年8月，衡阳保卫战一打就是47天。四面楚歌的衡阳孤军奋战，至保卫战全部结束时，参加守城的国民党第10军将士1.8万人，共计死伤1.5万余人，其中阵亡7600人。除了在正面战场奋勇杀敌的国民党军，还有那些与衡阳城共存亡的湖南普通民众：3000多名挑夫、码头工人、铁路工人，献出粮食、被褥甚至全部财产的家庭妇女……衡阳保卫战是中国抗战史上敌我双方伤亡最多、中国军队正面交战时间最长的城市攻防战，被誉为"东方的莫斯科保卫战"。国民党军以少战多重创日军，日军惨胜，日军从第 68 师团师团长至小队长等官佐，几乎被歼灭殆尽，几个师团数次丧失战斗力。战后，衡阳保卫战被死后余生的日军称为"唯一苦难而值得纪念的战役""华南的旅顺之战"。

雪峰山绵亘 300 公里，因其以西多崇山峻岭，被惯称为"湘西"。特殊的地理环境曾让这片神秘的土地免受大规模战争的摧残。1945 年 4 月 9 日，强弩之末的侵华日军向湘西进攻，发动了芷江攻略战，史称湘西会战，也叫"雪峰山会战"。会战历时近 2 个月，中日双方参战总兵力达 28 万余人，战线长达 200 余公里。中国军队以伤亡 2 万人的代价，歼敌 2.8 万余人，取得胜利。在湘西会战中，中国军队得到了各界在人力、物力上的全力支持，特别是获得了共产党领导的抗日游击队和"美国空中之鹰"飞虎队的密切配合。湘西会战挫败了日军企图占领中国芷江空军机场，并一举占领湘西，威胁重庆的阴谋，提高了正面战场"反攻之士气"，被当时美国《纽约时报》视为"中日战争之转折点"。湘西会战是中国人民抗日战争中的最后一次会战。此后，日军在中国战场彻底停止进攻作战，直至 1945 年 8 月 21 日在芷江投降。

上述发生在湖南战场的各次会战，极大地缓解了中国战场的压力，并对太平洋战场产生了积极的影响，对世界反法西斯联盟的胜利起到了重大作用。尤其是第三次长沙会战，作为太平洋战争爆发后在中国战场上进行的第一次且获得空前胜利的战役，它发生在希特勒法西斯席卷西欧、疯狂进攻苏联和日军横扫太平洋，以及同盟国军队在多处失利的背景下，不仅是中国军队在相持阶段正面战场的唯一一次大获全胜，更是同盟国在欧亚战场自苏德开战以来取得的首次重大胜利。第三次长沙会战成为抗战相持阶段中国战场对世界影响最为深远的战役之一，其胜利为中国在世界反法西斯阵营中获得大国地位及日后成为安理会常任理事国奠定了重要基础。

湖湘多斗士　热血沃中华

中国的全面抗日战争不是从湖南开始的，但是战争爆发后湖南人民表现出来的爱国情怀却无比热烈。彼时的湖南省会长沙，凝聚了众多文化名人和抗战文化资源，成了名副其实的抗战文化城。除长沙外，衡阳、湘潭、邵阳、岳阳、湘西、怀化等地也都开展了轰轰烈烈的抗战文化运动，与长沙的抗战文化运动相互呼应、相互促进，共同为宣传、动员、组织湖南人民投身抗日救亡运动，对中国文化重心向大西南转移发挥了重要作用。

文化名人汇成革命洪流

"七七事变"后，湖南作为战略大后方，吸引了大批文化教育机关和文化名人。一批著名的外省文化人士，如郭沫若、茅盾、沈钧儒、邹韬奋、闻一多、朱自清、曹禺等纷纷随文化教育机关内迁，或因其他原因来到长沙。他们通过演讲、写文章等方式，对湖南的抗日救亡文化运动起了促进作用。同时，一批在外发展的湘籍文化名人，如吕振羽、翦伯赞、田汉、张天翼、廖沫沙等也先后回到了长沙。这些文化人士与原来就在长沙的文教界人士(李仲融、杨荣国等)汇合，形成了以共产党员、进步人士为骨干，广泛团结爱国人士的文化队伍。他们因人熟地熟，或办报刊，或在抗日团体和学校任职，对长沙的抗日救亡文化运动产生的作用更大。

据不完全统计，在抗战初期，先后来到长沙的学生和文化界人士有1500多人，其中有一定影响的文化人士有700多人。大批平、津、沪等地的大学生及一些文艺团体中流离失所的文化人士来到长沙后，纷纷表示："不作战时古城的难民过客，而作抗日烽火的文化传人。"他们将自己的聪明才智，同湖南民众的抗战热情紧密结合，从而汇成了滚滚的抗战文化洪流。

此外，长沙的抗战文化运动还得到了国际友人的关切和支持。英国女作家阿特丽，美国著名女记者艾格尼丝·史沫特莱，日本反战作家鹿地亘、池田幸子夫妇，法国著名记者李蒙，世界学联代表团等先后访问长沙，参加抗日救亡运动，使湖南原有相当规模的抗战文化运动开展得更加如火如荼，并在国内外产生了广泛影响。

抗日文化团体阵容壮阔

全面抗战爆发后，在中国共产党的组织和推动下，湖南文化界抗敌后援会、中苏文化协会湖南分会、中国青年记者学会长沙分会等文化团体纷纷建立，并成为团结各界人士和广大群众的统一战线组织。这种既立足省会又辐射全省的文化团体，在当时大后方的省市中是少见的。湖南的抗日文化团体掀起了前所未有的抗日救亡高潮。

湖南文化界抗敌后援会等组织将共产党员、进步人士、爱国人士联系起来，动员各方力量，组成了文化界最广泛、最具影响力的群众团体。它提出了抗战文化的重要任务，要"将刚毅创新的湖南精神，发挥为现代的民族精神，为湖南即将成为一个新的文化中心，担负起披荆斩棘的前锋任务"。这些文化团体还开办了各类战时培训班，先后培训了800多名学员。这些学员学成后就分别回到本县发动和组织群众，进行抗日救亡运动。

抗日宣传活动遍布城乡

湖南抗战文化运动中的抗日救亡宣传一直以来都贴近民众生活，以群众喜闻乐见的画报、壁报、讲演、歌咏、话剧等多种形式进行，从而达到事半功倍的效果。在文化名人的大力倡导下，湖南掀起了声势浩大的"文化拓荒运动"：白雪剧团率先下乡，1936剧社到了前线，一致剧社到湘西进行流动宣传，湘剧到湘东、湘南、湘中、湘西演出，一些画家也背起画板到乡村、上战场，动员民众投身抗日斗争。

在繁盛的长沙抗战文化运动中，堪与救亡戏剧相媲美的还有空前活跃的救亡歌咏活动，各种以抗日为主题的游行歌咏、街头歌咏、电台播唱、团体合唱等声势浩大，深入人心。

尤其值得一提的是长沙的学生晨呼队。他们以中小学生为主体，每天黎明即起，奔赴市内几条主要街道，先高唱救亡歌曲，然后齐声高呼"国难当头，大家要觉醒，不能再醉生梦死""亲爱的同胞起来，早些起来工作""我们不要忘记敌人的凶暴行为！""我们要有钱的出钱，有力的出力""亲爱的同胞们起来，赶快起来，挽救中华民族的危亡"等抗日口号。他们挨家挨户去捶门，唤醒民众勿忘国耻、坚持抗日之心。歌声、口号声此起彼伏，划破古城长沙的黎明长空。

进步报刊出版空前繁荣

长沙的新闻事业历来较为发达。20世纪30年代，不过三四十万人口的长沙市，报馆却有40余家，还有几十家通讯社，这在国内其他城市是少见的。

抗战全面爆发后，长沙新闻界面貌一新，由共产党人、进步文化人士创办的进步报刊异军突起，占据了舆论的高地，文化界以抗日救亡为核心的大宣传、大发动也掀起了前所未有的抗日救亡高潮。

1936年至1938年，全省除原有的《大公报》《国民日报》等40余种报刊外，还有共产党人和进步人士创办的《观察日报》《抗战日报》《中苏》《抗战文化》《火线下》《湘流》《前进》《民族呼声》等报刊，加上迁湘的《中国农村》等40多种报刊和各县各校的小型报刊，各类救亡报刊合计300多种，连湘西都有进步刊物30多种。这些报刊发表了大量抗日救亡的通信、散文、诗歌、小说和报告文学。1938年底，湖南记者严怪愚将汪精卫投敌叛国的消息首次在《力报》刊出，震动全国。同时，更有长沙、武汉广播电台一起代行中国广播电台职责，被称为"中国唯一之喉舌"。进步报刊和广播电台在传播中共抗日主张、推动全省全国抗日救亡高潮方面发挥了文化先锋作用。

教育救国图强潜滋暗长

1937年7月7日，卢沟桥事变爆发。日本为了从根本上摧毁中国，对我国高校进行了有计划、长时间、大规模的摧毁。北平民国大学、南京国立戏剧学校、国立杭州艺专等学校为躲避战火，陆续迁到湖南。

8月28日，国民政府教育部分别授函南开大学校长张伯苓、清华大学校长梅贻琦和北京大学校长蒋梦麟，决定将3校迁至长沙，合并为长沙临时大学。10月，1600多名来自3校的师生，包括朱自清、闻一多、陈寅恪、冯友兰、金岳霖、潘光旦等教授，经过长途跋涉陆续到达长沙。11月1日，学生开始正式上课。为了满足学生的学习需求，长沙临时大学邀请了很多名流学者来作关于形势的讲演：湖南省政府主席张治中讲抗战形势；国民党高级将领陈诚、白崇禧讲战略与士气等问题；陈独秀讲对国际形势发展的预测；徐特立先后3次来校讲演，介绍延安八路军情况，以及动员民众参加抗战等。

1937年底，南京陷落、武汉告急，战争形势骤然紧张，长沙也"摆不下一张平静的书桌"了。1938年2月19日，长沙临时大学师生召开誓师大会，决定搬迁至昆明。4月2日，教育部电令国立长沙临时大学改称国立西南联合大学。

国立长沙临时大学虽然办学时间不长，但保存了抗战时期的重要科研力量，培养了一大批优秀学生，他们纷纷走上抗日救国前线，为中国抗战作出了巨大的贡献。

全民抗日活动高潮迭起

抗战时期，在湖南各界抗敌后援会的发起和组织下，在各大新闻媒体的舆论宣传下，长沙人民有钱出钱、有力出力，用一切力量支援前线。此时，湖南还涌现了许多献金活动，如中秋节献金救国、爱国献金、国庆日献金、消耗费献金、国防献金等。

1938 年 9 月下旬，国民党总政治部在武汉发起征募寒衣运动。湖南民众积极响应，征募寒衣达 20 万件。据统计，在抗战时期，湖南人民每年为全国战场供应军棉 7 万担、军布 300 余万匹、军粮 1000 万担，是抗战物资供应基地。

与此同时，长沙人民通过致电慰劳、汇款或捐慰劳品、服务伤兵等方式，组织慰劳前线抗战将士，安抚和服务负伤将士等各项活动，极大地鼓舞了广大抗战将士的斗志，为抗战的最后胜利作出了卓越贡献。

结　语

波澜壮阔的抗日战争，铸就了中国人民伟大的抗战精神。湖南作为全国抗战的重要组成部分，深厚的湖湘文化底蕴催生了其独特的抗战精神。在这片热土上，无数军民以顽强的姿态抗击日军，彰显了深厚的爱国情怀和攻坚克难、血战到底、精诚合作、坚韧不拔的抗战精神。湖湘文化所倡导的"天下兴亡，匹夫有责"的担当精神和团结奋进的优良传统，在抗战中得到了充分体现，形成了"精忠报国、舍生取义"的湖南抗战民族气节。湖湘文化"经世致用、以才济世"的学术传统，也为同仇敌忾、救亡图存的湖南抗战精神提供了坚实的文化支撑。

湖南之于抗战，厥功至伟。这些怀揣"心忧天下、敢为人先、坚韧顽强"的湖湘精神的革命志士和湖南人民成了伟大抗战精神的杰出践行者。他们振臂高呼，"不准敌人走湖南的路，不准敌人住湖南的屋，不准敌人食湖南的米"，彰显了坚定的抗战意志。抗战将士们更是誓与湖南共存亡："我们的生命与湖南紧密相连，湖南在则我们在，湖南亡则我们亡！"这种与国家、民族休戚与共的责任感和宁死不屈的抗争精神，极大地丰富和滋养了中国抗战精神，不仅在当时激发了全国人民的抗战热情，还为后世留下了宝贵的精神财富。

🔊 **拓展阅读**

湖南抗战文化重要纪念地

1.塘田战时讲学院旧址：第六批全国重点文物保护单位。塘田战时讲学院位于湖南省邵阳县塘田市镇夫夷江对岸，与芙蓉峰隔江相望，是抗日战争时期，中共湖南省委和中共代表徐特立委派马克思主义史学家、时任湖南文化界抗敌后援会研究部主任的吕振羽负责创办的一所闻名遐迩的军政大学，被誉为"南方抗大"。

2.南岳圣经学校旧址：位于南岳衡山集贤峰侧的白龙潭之上，创建于20世纪初，曾是南岳游击干部训练班所在地和西南联大文学院所在地。南岳游击干部训练班是国共合作的产物，3042名游击干部毕业后被分配到各战区的敌后战场，成为中国抗日游击队的强大骨干力量。

3.南岳忠烈祠：位于南岳衡山香炉峰下，坐北朝南，为宫殿式建筑，中轴线上依次排列着牌坊、"七七"纪念塔、纪念堂、纪念亭和享堂等5座建筑。这是世界反法西斯阵营建设最早、规模最大的抗日战争纪念地之一，也是国民党政府于1938年在大陆为纪念抗日阵亡将士而建的唯一的大型烈士陵园。

4.岳麓山：曾是第九战区司令部战时指挥3次"长沙会战"和"长衡会战"的指挥部所在地。自20世纪30年代起，这里相继建成岳王亭、忠烈祠、陆军第73军抗战阵亡将士墓、长沙会战纪念碑等纪念性建筑物，并且保存了当时的战壕、弹坑、炮台及第九战区战时指挥所等遗址。

5."厂窖惨案"遇难同胞纪念馆：位于湖南省益阳市南县西南部的厂窖镇内。"厂窖惨案"是1943年5月9日，侵华日军在中华大地上制造的仅次于南京大屠杀的第二大惨案，也是二战时期法西斯日平均杀人最多的惨案。短短3天，3万无辜同胞被残忍杀害。"厂窖惨案"遇难同胞纪念馆作为爱国主义教育基地，设有2个展厅，分为"日军侵华""血腥屠杀""奋起反抗""铁证如山""警钟长鸣""珍爱和平"等六个部分。

6.常德会战阵亡将士公墓：位于湖南省常德市武陵区青年路。该公墓是为了纪念常德会战阵亡将士，由当时国民党第74军军长王耀武和常德县县长戴九峰主持修建的。主要建筑有牌坊、纪念碑、纪念亭、纪念堂、公墓等。2014年，该公墓被国务院列入《第一批国家级抗战纪念设施、遗址名录》，成为人们缅怀抗战先烈、接受爱国主义教育的场所。

7.龙潭抗日阵亡将士陵园：位于湖南省溆浦县龙潭镇弓形山，是湘西会战最后一仗龙潭战役阵亡将士陵墓。龙潭战役以阵亡700多名将士的代价，歼敌4000余人，大获全胜，是湘西会战乃至抗日战争最后一次蜚声国际的重大战役。这一重大战役的3个月之后，日本于芷江投降。

8.芷江受降旧址和纪念馆：位于湖南省芷江侗族自治县七里桥村境内。1945年8月23日，日本降使今井武夫在这里向中国受降代表萧毅肃递交了降书。旧址主要包括抗日胜利受降纪念坊、中国战区受降旧址、萧毅肃陈列室、受降史料陈列馆、兵器陈列馆、受降亭和援华飞虎队纪念馆等纪念性建筑物和辅助建筑。2005年11月，芷江受降旧址被中国共产党中央委员会宣传部公布为第三批全国爱国主义教育基地。

主要参考文献

[1]郭辉.湖南抗日战争史研究的回顾和思考[J].兰州学刊，2023(6)：5-29.

[2]邓燕，万诚杰.湖南抗战文化运动与中共的统一战线工作[J].湖南省社会主义学院学报，2022，23(4)：59-62.

[3]萧栋梁.论湖南抗战文化的历史地位和作用[J].抗日战争研究，2007(4)：150-166.

[4]王继平，杨晓晨.论中国共产党领导的湖南文化抗战[J].湘潭大学学报(哲学社会科学版)，2021，45(2)：154-161.

[5]黎维新，周德辉.长沙文化城：抗战初期长沙抗日救亡文化运动实录[M].长沙：湖南出版社，1995.

（执笔：谭建淋）

志在天下：湖湘文化的博大情怀

麓山巍巍，湘水泱泱。唐代伊始，"湖湘"一词便成为湖南人文地理的重要概念。历经千年的积淀与演变，湖湘文化在这片丰饶的土地上绽放出独特而迷人的光彩。在这里，远古神农炎帝创华夏文明，彪炳史册；屈子赋《九章》《离骚》，留辞赋瑰宝，忠贞爱国之情激励后人；贾谊太傅论政天下，倡仁义仁政民本之思想；东汉造纸鼻祖蔡伦，泽被后世；唐之欧阳询与怀素，书法独辟蹊径，成就楷书与草书之巅；宋之理学鼻祖周敦颐，设濂溪书院，始继孔孟绝学；胡安国、胡宏承濂溪之学，创湖湘学派；张栻主持岳麓书院，集湖湘学派之大成；衡阳王船山倡经世致用，蔚为一代宗师……

近代以来，中西文化先后经历器用、制度、思想文化等三次交汇与融合。与此相对应，湖湘人才以联袂而起、结群而强著称于世，成就了"举世无出其右"的人才盛景。一是以魏源、曾国藩、左宗棠为代表的洋务运动，主政事，倡改革，师夷长技以制夷，变法图强以自立，引领中国近代启蒙思想之先，成就"无湘不成军"之佳话；二是以谭嗣同、熊希龄、唐才常、黄兴、蔡锷、宋教仁为代表的戊戌维新和辛亥革命，尽显前仆后继、不屈不挠之英勇精神，彰显湖南之生气；三是以毛泽东、蔡和森、刘少奇、彭德怀、贺龙等湖南籍革命家为代表的新文化运动和新民主主义革命，引领历史潮流，缔造新中国，使神州大地别开生面换新天。湖南杰出人才灿若群星，历史功绩永垂不朽。

粪土当年万户侯的天下情怀

心忧天下、爱国忧民是湖湘文化的基本底色。心忧天下，铸就湖湘之魂，是湖湘精神的核心，代表着家国情怀，是湖湘儿女对国家命运的深刻关切与思考，是爱国主义精神中最深沉的部分。

我们从湖湘文化的源头屈贾说起。屈原在贬谪流放湖南近20年间，毅然发出"定心广志，余何所畏惧兮"的心声。宋代湖湘学派的创始人胡安国说："有志于学者，当以圣人为则；有志于为政者，当以宰相自期。降此，不足道也。"明末清初湖湘巨儒王船山则云："人之所以异于禽兽，唯志而已矣！"清末，魏源毅然决定从科举途中走出来，"功名待寄凌烟阁，忧乐常存报国心"，志在挽救时局，谋求良方；左宗棠"身无半亩，心忧天下"；曾国藩更是自述"不为圣贤，便为禽兽"；谭嗣同为唤醒国人，从容为变法献身；黄兴"投笔方为大丈夫"，为革命立下鸿鹄之志。这种"救中国自湖南始，济天下自我始"的强烈参政意识，正是湖湘文化中的一个重要遗传基因。

湖湘文化志在天下、胸怀苍生的底色，在青年毛泽东身上得到集中体现和伟大升华，与湖湘前贤一脉相承。在年少读书时，他就有忧国忧民的思想情怀和立志"利国富民"的改革抱负。1910 年秋天，毛泽东在离家赴湘乡县立东山高等小学堂求学前夕，提笔写下一首《七绝·改西乡隆盛诗赠父亲》："孩儿立志出乡关，学不成名誓不还。埋骨何须桑梓地，人生无处不青山。"这首诗是少年毛泽东走出乡关、奔向世界的宣言书，表明了他胸怀天下、志在四方的远大抱负。毛泽东于 1913 年考入湖南省立第四师范学校，次年随校并入湖南省立第一师范学校。他在一师求学期间的笔记《讲堂录》里，工工整整地抄录了屈原的《离骚》《九歌》。他还创作过《七律·咏贾谊》《七绝·贾谊》等诗篇，其中"年少峥嵘屈贾才，山川奇气曾钟此"等诗句体现了他深受屈贾影响和强烈的忧患意识。

毛泽东就读的湖南第一师范学校，汇聚了众多继承王船山、谭嗣同精神的优秀教师，他们共同营造了一个充满湖湘精神的文化殿堂。从 1913 年开始，20 岁的毛泽东在这里做了五年半的师范学生。在此期间，他深受湖湘文化的熏陶和杨昌济等贤达人士的思想启迪，用"二十八画生"做笔名征友，结识了蔡和森、李维汉、周世钊、何叔衡等一大批志同道合的朋友。他们共同面对当时中国内忧外患的严峻形势，立志要探究宇宙人生的真谛，成为救国救民的英雄。

在湖南第一师范求学期间，毛泽东经常游历与第一师范（城南书院）隔江相望的岳麓书院。这座历史悠久的学府自张栻主教以来，始终秉持"传道而济斯民"的办学宗旨。岳麓书院强调道治"体用一源"的学术旨趣，崇尚经世致用的湘学传统，成为湖湘学派的核心和湘学的重要输出地。置身于这样浓厚的文化氛围之中，毛泽东自然而然地受到了深刻的影响。特别是岳麓书院的经世致用精神，激发了他关注社会、投身实践的热情。这段经历不仅塑造了毛泽东坚定的理想信念，还彰显了湖湘精神中关注社会、经世致用、实事求是等核心价值，成为他奋斗一生的不竭动力。

不到长城非好汉的执着信念

自强不息、百折不挠是湖湘文化的高贵品格。百折不挠，彰显湖湘之责，是湖湘精神的意志特质。在湖湘文化中，自强不息、坚忍执着是一种积极向上的生活态度，是"吃得苦、耐得烦、霸得蛮"的湖湘辣椒性格的折射。而百折不挠、愈挫愈勇则体现了湖湘人民的毅力和决心，无论遭遇多少次挫折，他们都能重新站起来，继续前行。湖南人历来不缺"路漫漫其修远兮，吾将上下而求索"的追求理想的坚韧之志，而且有"楚虽三户，亡秦必楚"的战胜困难的义无反顾。

湖湘文化和湖湘精神相辅相成。湖湘文化孕育了湖南人坚忍执着的信念和革命精神，这种精神又进一步丰富了湖湘文化的内涵。屈原的《九歌》《天问》等辞赋，鲜明地代表了湖湘地域最早的文化形态。北宋濂溪先生周敦颐开创理学，南宋理学家胡安国、胡宏父子等在南岳书院和岳麓书院开坛讲学，由此湖湘学派聚合形成了鲜明的湖湘地域风格。明末清初大思想家、史学家、哲学家王船山的加持，使湖湘文化进一步形成了以改造社会为主要目标的价值观。这种价值观，其具体的精神表象之一就是自强不息、敢为人先、经世致用、视死如归、爱国救亡等强烈鲜明的湖湘精神特质。

到了晚清近代，西方列强侵略和国内政治腐败、社会矛盾激化等问题交织，使得中国的国家主权和领土完整受到严重威胁。面对巨大的民族危机，湖湘文化迅速焕发出强大的感知力和蓬勃生机。在自强不息、敢为人先、经世致用、视死如归、爱国救亡等强大的思想文化内核的引领下，湖南人才群体在近现代民主革命的风云激荡中，展现了舍我其谁、强悍刚毅的性格。他们内在的执着与坚守，以及天生的闯劲，使得湖南人在变革中虽然不是先行者，却能后来居上，一时成为引领时代风气的先锋。这种精神，正是湖湘文化的独特魅力所在，也是湖南人民在面对困难和挑战时，始终能够勇往直前的力量源泉。

大思想家王船山在青年时代举兵抗清失败后，拒绝清政府高官厚禄的条件，誓死不降，"窜身瑶峒""席棘饴茶"，专心从理论上探讨重振明朝河山的法门，在艰险环境下一生著述达 100 余种 400 余卷，共计 800 多万字。没有坚韧不拔的毅力和执着奋斗的精神，王船山是难以取得如此巨大成就的。曾国藩、左宗棠、彭玉麟等湘军将领深受王船山奋斗精神的影响，他们扎硬寨、打硬仗，屡败屡起、百折不挠，最终成就了"无湘不成军""无湖南人不成衙门"的佳话。

大浪淘沙，英雄辈出。在近现代革命的洪流中，湖南人民以他们的血性和坚毅，在中国革命史上书写了浓墨重彩的一笔。在反帝反封建的近百年历史上，湖南人不折不挠的奋斗精神体现得尤为突出。戊戌辛亥时期，谭嗣同和他的战友们面对强大的保守势力毫不畏惧，办报刊、设学堂、立学会，百折不挠、一往无前，终使湖南成为"全国最富朝气"之省份。戊戌变法失败后，谭嗣同甘愿做"为变法流血"的第一人。辛亥革命时期，以黄兴、宋教仁、蔡锷为代表的湖湘革命志士把这种执着信念、奋斗精神发挥到了极致。蔡锷毅然拒绝高官厚禄的诱惑，首举护国大旗，以人数少、装备差之兵力与器械精良的十万袁军进行殊死战斗，最终取得护国战争的胜利。

毛泽东等老一辈湘籍革命家深受湖湘文化的熏陶，有着湖南人自强不息、百折不挠的勇毅禀赋。他们在少年时代豪气冲天，在青年时期踌躇满志，在壮年时期执着豪迈，在晚年时期壮心不已。"星星之火，可以燎原"，是他们对中国革命的必胜信念；"要向潇湘直进""直下龙岩上杭""直指武夷山下""席卷江西直捣湘和鄂"，一个"直"字，使中国共产党人信念坚定、矢志不渝、百折不挠、义无反顾的奋斗精神跃然纸上。为了找到挽救中国的出路，以毛泽东、蔡和森等为代表的进步志士们探讨"大本大源""宇宙之真理"，立志从"根本上变换全国之思想"。他们在苦苦探寻真理的过程中，经过对各种思潮、主义进行反复比较和鉴别之后，毅然选择了马克思列宁主义，选择了为实现共产主义而奋斗的崇高理想，从此一生追寻，矢志不移。为祖国和人民奉献一切的情怀，也成就了毛泽东"为有牺牲多壮志，敢教日月换新天"的胸襟和境界。

作为一个伟大的革命者，毛泽东说过："我们都是来自五湖四海，为了一个共同的革命目标，走到一起来了。"诚如斯言，无论是在建党初期、秋收起义、井冈山斗争、陕北岁月，还是在北京"赶考"并最终夺取全国胜利的过程中，面对惊涛骇浪和艰险考验，以毛泽东为首的中国共产党人从未退缩，正所谓"与天奋斗，其乐无穷！与地奋斗，其乐无穷！与人奋斗，其乐无穷！"

他们始终以坚定的信念和顽强的斗志直面各种挑战，展现出一种面对复杂局面从容不迫、临危不惧的英雄气概；他们始终带着对理想信念的执着追求，怀着对党的无限忠诚，历尽坎坷而初心不改，备尝艰险而矢志不渝，把毕生的精力，全部贡献给了中国人民的解放事业。他们以实际行动践行了忠诚于党的铮铮誓言，将"舍家为国、舍己为民"的决心贯彻到底。他们用宝贵的生命守护了心中的信仰，用热血浇筑起理想信念之基。湖湘精神中的坚定、刚毅和乐观已经深入他们的骨髓，融入他们的血脉。这些精神特质不仅体现了个人的伟大品质，更是对湖湘精神中敢于挑战、敢于胜利的精神内核的生动诠释。这种精神不仅激励了一代又一代中国人，还成了湖湘精神中最具代表性和感染力的部分。

敢教日月换新天的开拓精神

敢为人先、兼收并蓄是湖湘精神的重要特色。敢为人先，昭示的是湖湘精神之"勇"。这种勇气在湖湘历史上屡见不鲜，如近代以来，湖南人总是勇立时代潮头，敢于"第一个吃螃蟹"。无论是洋务运动中的先驱者，还是辛亥革命、新文化运动中的领军人物，都展现了敢为天下先的魄力和勇气。

兼收并蓄则彰显了湖湘精神之"容"，即湖湘文化的包容性。湖湘文化历来注重吸收和借鉴外来文化，不断丰富和发展自身。在学术领域，湖湘学派就是一个典型的例子。它融合了多家思想，形成了独具特色的学术体系。在艺术领域，湖南的湘绣、花鼓戏等也吸收了各种艺术形式的精华，形成了独具特色的湖南艺术风格。这种兼收并蓄的精神使得湖湘文化更加丰富多彩，更具生命力。

历史学家林增平说过："大凡离乡背井、迁往他方的移民，一般都具有不同程度的开拓意识、自立自强和勤奋创业的精神。"几千年的变迁，使湖南成为以汉族为主、多民族共存的地方。迁徙至湖南的外地移民，一次次带来外地域、外民族的文化，一次次进行文化交流与融合，使这里既保留了本地的文化特色，又不断吸收外来文化的精华。湖湘文化正是在湖南深厚的地域文化的基础上，与外来文化相碰撞、相结合的产物。

中国思想史曾在四次重要的时刻出现过影响重大的思想理论大融合。第一次是在宋代，儒学吸纳佛、道思想，形成新的儒学即理学，其开创者是道州人周敦颐；第二次是在清初，衡阳人王船山集中国古代文化之大成，总结和发展了中国历史上的朴素唯物主义和朴素辩证法，使唯物辩证法思想达到了前所未有的高度；第三次是在鸦片战争前后，邵阳人魏源学习西方以商立国和民主政治，提出"师夷长技以制夷"；第四次是在新民主主义革命时期，湘潭人毛泽东提出和实践将马克思主义理论与中国实际相结合，为中国新民主主义革命的胜利奠定了理论基础。

四次思想理论大融合、大创新的先驱都是湖南人。由此可见，"主变创新"作为湖湘经世致用文化的突出特色，使历代湖湘文化先贤都怀有勇往直前的"主变"精神。其创始人胡安国、胡宏、张栻等都主张经邦济世、躬行实践。到了晚清，以强调经世致用、主张躬行实践为基本特征的湘学士风形成，并成就了一大批人才。王船山、陶澍、魏源、贺长龄等是经世学派的代表人物；曾国藩、左宗棠、郭嵩焘等推动的洋务运动，谭嗣同参加的维新运动，黄兴等领导的旧民主主义革命，毛泽东等领导的新民主主义革命，无不体现了经世致用、主变创新的湖湘精神。

毛泽东在《讲堂录》中写道："闭门求学，其学无用，欲从天下国家万事万物而学之。"这句话反映了他深受经世致用观念的影响，强调对政治、国家及实际事务的学习，旨在实现他"改造中国与世界"的宏伟目标。为了拓宽视野，他曾在湖南省立图书馆自学，广泛涉猎中外书籍，从而系统地接受了西方近代思想文化的启蒙教育。毛泽东思想与湖湘文化中开放、包容、创新的精神相呼应，体现了一种内在的联系和延续。

在探索救国救民的道路上，毛泽东在湖湘文化的基础上进行创新，不仅吸纳了马克思主义的普遍原理，还将其与中国革命的具体实践、中华优秀传统文化紧密结合，从而形成了独具特色的中国化马克思主义——毛泽东思想。这一思想体系内容完整且丰富，成功地指导了中国革命实践。其中，实事求是、群众路线、独立自主构成了毛泽东思想的活的灵魂。湖湘文化中的经世致用传统以及"圣贤豪杰之特质""恃己"和"贵我"观念，对毛泽东思想的形成产生了深远影响。毛泽东敢于挑战旧有社会秩序和勇于探索、敢于创新的精神，恰恰也是湖湘精神中"敢为人先、兼收并蓄"的生动体现。

欲与天公试比高的自信豪迈

惊天动地、气壮山河是湖湘文化的诗意情怀。"山川资俊杰，时势造英雄。"湖南南阻五岭，境内千山万壑；北及洞庭，又称"三湘四水"；湖泊江河纵横，"大江东去，无非湘水余波"。山水相依、灵动多变的地域特征使湖湘文化韵味无穷。

湖南人的诗意情怀，源于湖湘文化的深厚底蕴，源于潇湘沃土的滋润和孕育，源于奇秀多姿的地理环境的熏陶。湖湘文化、地理环境、民俗风情赋予了一代代湖南人志趣高雅、敏锐浪漫、襟怀坦荡的特质，加上湖南人独立的自由思想和不屈的斗争志节，共同成就了湖南人"已是悬崖百丈冰，犹有花枝俏"的乐观豪迈，造就了湖南人"掌上千秋史，胸中百万兵"的大义凛然，淬炼了湖南人"踏遍青山人未老""而今迈步从头越"的伟岸人格，涵养了湖南人"风物长宜放眼量""战地黄花分外香"的豁达胸襟。

"戊戌变法六君子"中的谭嗣同，面对变法失败后的国家与民族命运，以死来唤起人民的觉醒。临刑前，他在狱中墙上写下了"我自横刀向天笑，去留肝胆两昆仑"的千古诗句，可谓震天撼地泣鬼神！

晚清重臣左宗棠，年幼时就豪情满怀、壮志凌云。他自撰对联："身无半亩心忧天下，读破万卷神交古人"，并以此修身明志，激励自己。他虽多次科考落第，但初心不改、锐气不减，写下了"书生岂有封侯想，为播天威佐太平"的誓言，体现了无私无畏的人生境界。晚年，他临危不惧，抬棺挺进新疆，一举收复了被沙俄帝国侵占的中华大片国土，为构建我国西北大屏障奠定了基础。

一代伟人毛泽东，不仅是中国革命的杰出领袖，更是一位才华横溢的伟大诗人，将湖南人的诗意情怀演绎得淋漓尽致。他的诗词作品不仅表达了个人的豪情壮志，更体现了对人民和国家的深深眷恋。在《沁园春·雪》中，毛泽东以超凡的想象力和非凡的感悟力，借景抒情，谈古论今，将中国五千年的历史和神州九万里的风光尽收眼底。"江山如此多娇"和"数风流人物，还看今朝"的绝妙诗句，不仅抒发了浓浓的爱国主义情怀，更彰显了其人民至上、人民必胜的坚定信念。毛泽东的诗词是他革命生涯的真实写照，反映了他那"欲与天公试比高"的豪迈情怀和坚韧不拔的革命精神。他的很多作品，如《七律·长征》《清平乐·六盘山》等，充满了革命的乐观主义精神，展现了他面对困难和挑战时的无畏与坚韧。

湖湘文化诗意情怀的浪漫，充分彰显了湖湘儿女自信豁达的精神特质。

鸦片战争前后，以陶澍、魏源为代表的一批湘籍经世派人物脱颖而出，开辟了近代中国向西方学习的前驱之路。这对树立湖湘儿女的自信心具有不可忽视的影响。曾国藩创建的湘军崛起，且由小而大、由弱而强，直至"声威震朝野"，使湖南往日人才寥落、默默无闻的局面得到彻底改观，取而代之的是"中兴将相，十九湖湘"以及"国家不可一日无湖南"的辉煌。湖南人"舍我其谁"的自信心空前高涨。

维新运动中，湖南人不仅喊出了"救中国从湖南始""吾湘变，则中国变；吾湘存，则中国存"的响亮口号，而且通过自身实践将一个曾经"以守旧闭化名天下"的湖南，变成了一个甲午战败后全国发动维新运动最早也最具成就的省份。

在以推翻清王朝为目标的辛亥革命时期，湖南人"舍我其谁"的自信心得到进一步强化。"欲新中国，先新湖南""若道中华国果亡，除非湖南人尽死"等名言名句，将湖南人"舍我其谁"的自信心表达得淋漓尽致。而黄兴、宋教仁、蔡锷、陈天华、禹之谟、谭人凤、焦达峰等一大批革命志士在政治舞台的极度活跃，特别是他们革命热情的高昂激越、战斗实践的艰苦卓绝，又从行动上诠释着湖南人无与伦比的自信。

在伟大的中国共产党的诞生过程中，湖南人蔡和森、毛泽东等更是发挥了不可估量的作用。"五四运动"特别是中国共产党成立初期湖南人这种生机勃勃的精神风貌，与长期流淌于湖南人血液中的那份"舍我其谁"的自信心是密切相关的。毛泽东诗词中"五岭逶迤腾细浪，乌蒙磅礴走泥丸"的气魄，"不管风吹浪打，胜似闲庭信步"的从容，以及"问苍茫大地，谁主沉浮"的高远豪迈，都是这种自信心的最佳证明。

结　语

"咫尺名峦讲席崇，湘江隔岸仰清风。由来胜迹千年在，收入南楼一望中。"湖南这片土地不仅涌现了一代又一代的英雄豪杰，而且走出了一批又一批的文学大家、科学巨匠，造就了"惟楚有材，於斯为盛"的宏大气象。作为近代以来湖湘人物的杰出代表，毛泽东思想深受湖湘文化的熏陶，这种深远的影响与他生于湖南、长于湖南并在湖南求学的独特经历密不可分。

湖湘文化的深厚底蕴，尤其是它对宇宙和人生"大本大源"探索的执着，为毛泽东的人生观和世界观的形成打下了坚实的哲学基础。其中，独特的理学传统，结合对"大本大源"的深入追寻，以及"气化日新、自强不息"的奋进精神，共同塑造了毛泽东敢于"动"和勇于"斗"的坚毅性格，并赋予他自信、豪迈、乐观的人生态度。同时，湖湘学派所倡导的实事求是、务实践履的学风，在毛泽东思想中留下了不可磨灭的印记，使他始终重视实地调研，并坚守知行合一的原则。

在湖湘文化的深远影响下，毛泽东自青年时期便展现了卓越的责任感和使命感，胸怀宏伟的救国救民抱负。他对于经世致用的学风和内圣外王的高尚品质有着深厚的认同感，这使得他在学生时期便怀揣着拯救世界的情怀，立志要为国家和人民贡献力量。他创立的新民学会，以及他始终坚守的救世理想，都是湖湘文化中经世致用理念在他身上的完美体现。可以说，正是在湖湘文化的熏陶下，毛泽东怀揣着救国救民的伟大使命，从家乡湖南走向全国，最终领导人民实现了中国历史上最为深刻的革命性变革。

毛泽东横空出世，以其艰辛的探索和缔造新中国的丰功伟绩，把湖湘文化的影响推向了极致，被誉为"伟大时代的灵魂性人物"。他所倡导的牺牲奉献、无私奋斗的精神，以及实事求是的思想路线，不仅是对湖湘文化重力行、重践履这一传统的深刻传承，更是一种全新的解读和超越。毛泽东将湖湘文化的责任感与自信心提升到一个全新的理想高度和实践层面，这种精神力量不仅引领了革命和战争年代的巨大变革，而且将继续激励湖南人民在新的改革和发展时期，为实现中华民族伟大复兴的中国梦谱写新篇章。

🔊 拓展阅读

　　湖南是中国共产党伟大精神的丰厚沃土。湖南人民坚韧不拔、勇于斗争的性格，在革命岁月中转化为坚定的革命精神，正如毛主席所抒发的"为有牺牲多壮志，敢教日月换新天"的天下情怀。2020年9月，习近平总书记在湖南考察时指出，湖南是一方红色热土，走出了毛泽东、刘少奇、任弼时、彭德怀、贺龙、罗荣桓等老一辈革命家，发生了秋收起义、湘南暴动、通道转兵等重大历史事件，大批共产党人在这片热土谱写了感天动地的英雄壮歌。为了找到中国的出路，以毛泽东同志为代表的中国共产党人"向大本大源处探讨"，在反复比较和鉴别中，毅然选择了马克思列宁主义，选择了为实现共产主义而奋斗的崇高理想，从此一生追寻，矢志不移。习近平总书记指出，"毛泽东同志属于中国，也属于世界。他不仅赢得了全党全国各族人民爱戴和敬仰，而且赢得了世界上一切向往进步的人们敬佩""他的思想博大深邃，胸怀坦荡宽广，文韬武略兼备、领导艺术高超，心系人民群众，终生艰苦奋斗，为中华民族和中国人民建立了不朽功勋。"毛泽东之所以能得到亿万人民的敬仰和爱戴，一个重要原因是他有着能够容纳整个"天下"的胸怀。毛泽东的一生都在不断追寻和完善自身的"天下胸怀"，并将"胸怀天下"的世界观和方法论陶染至全党，为中国共产党领导中国革命、建设和改革注入了巨大勇气、丰富智慧和强大动力。

主要参考文献

[1]陈先初.湖湘文化对青年毛泽东的影响[N].光明日报，2003-12-09.

[2]张锦力.解读青年毛泽东[M].北京：中央文献出版社，2016.

[3]曾军良."湖湘文化"彰显伟大民族精神[EB/OL].（2021-07-28）[2024-08-15].
　　https://column.chinadaily.com.cn/a/202107/28/ws610126aoa3101e7ce975c016.html.

[4]肖永明，夏金龙.走进岳麓书院丨从经世致用到实事求是[N].湖南日报，2023-07-17.

[5]孙敬睿.湖湘文化中的"敢为人先"精神及其时代价值[D].衡阳：南华大学，2013.

[6]刘云波.湖湘文化的三大核心精神[J].新湘评论，2012(17)：35-37.

（执笔：廖剑）

骆驼之魂：湖南性格的坚韧风范

　　深入剖析湖湘性格，不能不了解湖湘性格的多样性。例如，左宗棠被称为"湖南骡子"，黄兴也被赋予"湖南骡子"称号。同盟会元老胡汉民曾评价黄兴："黄兴是个标准的'湖南骡子'。"这里讲的就是湖南人骨子里那种"不信邪"的雄健脾气，同时也概括了湖南人吃得苦、耐得烦、霸得蛮，性子倔、不服输、敢拼命的性格，和骡子性格极为相似。与之相类似，形容湖湘性格的还有"骆驼"。有确切记载的"骆驼"性格的，便是任弼时。叶剑英曾称赞任弼时："他是我们党的骆驼，中国人民的骆驼，担负着沉重的担子，走着漫长的艰苦的道路，没有休息，没有享受，没有个人的任何计较。他是杰出的共产主义者，是我们党最好的党员，是我们的模范。"

　　众所周知，骆驼是沙漠之舟、沙漠之雄。生活在常年干旱、条件恶劣的环境中，骆驼的身躯高大健壮，总是默默地负荷着重物，迈开大步，缓慢而稳重地前行。它从不患得患失，并敢于冲出困境，挑战极限，走向胜利，迎来希望。它集中了忍饥耐渴、坚韧顽强、无私无畏、默默奉献的性格品质和精神特质。

　　任弼时说："我们都是共产党员，肩负着革命重任，能坚持走一百步，就不该走九十九步。"一生劳身苦体，砥节砺行，他用生命践行共产主义理想，用行动为党的事业立下汗马功劳，是党员领导干部一心向党、一心为民的杰出典范，更是湖湘性格与湖湘精神的代表。

　　与"湖南骡子"相比，湖南人的"骆驼性格"似乎更具典型性，更能诠释"吃得苦、霸得蛮、耐得烦"的那种坚韧不拔、吃苦耐劳的精神与性格。作为湖南人最突出的群体性格，它也是湖湘文化的重要内涵。"吃得苦"代表吃苦耐劳、坚韧不拔，"霸得蛮"表示刚直、血性、不轻易服输，"耐得烦"意即做事有耐心、力求精细。吃苦耐劳是一种执着追求事业的性格和精神，已成为湖南人民宝贵的思想财富，成为湖湘文化的重要精神内核。

湖南人吃苦耐劳的历史血脉

吃苦耐劳精神自古就流淌在湖南人的血液之中，经久不息，源远流长。这一方面来自湖南独特自然环境的影响，另一方面来自湖南文化传统的熏染。

艰苦的自然环境培育了湖南人的骆驼性格。湖南地处云贵高原向江南丘陵、南岭山脉向江汉平原的过渡地带，东、南、西三面高山，中部丘岗起伏，山丘占全省面积的80%，北部为湖泊平原，地势呈朝北开口的不对称马蹄形。冬季，从西北南下的干冷气流长驱直入；夏季，从海洋来的暖湿气流受阻难达。全省冬冷夏热，春温多变，夏秋多旱，严寒期短，暑热期长。一方面，这种地理和气候环境使湖南拥有充沛的雨量、发达的河网、茂密的森林、肥沃疏松的湖河谷地、丰富的动植物和鱼类资源，为远古人群的采集、渔猎和农耕及牲畜饲养提供了有利条件；另一方面，陡岭险峻、群山阻隔、远离海岸的自然条件，使湖南与外界交往困难，加上变幻莫测的风云、滔滔的洪水，给人们的生存带来了种种艰辛。历代迁入"荒蛮之地"湖南的大批居民，披荆斩棘，吃苦耐劳，其"筚路蓝缕"的精神在迁徙过程中和新的生活地域得到增强。洪水和干旱常常结伴而行、接踵而至，锻炼了湖南人吃苦耐劳的品质。少数民族的"霸蛮"作风和极端的气候造就了湖南人百折不挠的性格。

屈原、左宗棠、任弼时等长期生活的环境相似。屈原流放期间主要在洞庭湖一带，左宗棠、任弼时也都生活在洞庭湖周围。左宗棠是岳阳湘阴人，任弼时是岳阳汨罗人。任弼时于1904年出生在湖南省湘阴塾塘乡（今属汨罗市）的一个条件艰苦却读书氛围浓厚的家庭。他3岁的时候，父亲就让他踩着小板凳，在勉强能够到的桌子上练习描红。再大一点，他就开始抄录古文名篇了。

参加革命后，任弼时长期艰苦的工作是与自身的疾病斗争相连的。两次狱中受刑对他的身心造成了极大的伤害，加之日夜劳累，他时常患病，被确诊的就有糖尿病、高血压、血管硬化等疾病。但他总是以常人难以想象的毅力和意志，克服疾病带来的痛苦，拼命地工作。早在延安时期，任弼时的各种疾病就开始发作，他时常感到头晕、头痛。在这期间，他担任中共中央秘书长兼中共中央书记处书记、中共中央办公厅主任等要职。从吃住等日常事务到中共中央大政方针的确立和落实，任弼时以多病之躯，精益求精、踏踏实实地做好，获得了"党内的老妈妈"的亲切称号。

特殊的社会文化环境造就了湖南人的骆驼性格。屈原的上下求索为湖南人提供了吃苦耐劳的精神动力。岳阳汨罗是一片红色热土，是中国第一批革命老区县、湖南省一类革命老区。汨罗境内山川秀丽，人杰地灵，屈子祠、屈原墓等名胜古迹驰名中外。伟大的爱国诗人屈原在汨罗江畔居住、写作、求索十年，最后于农历五月初五投江殉节。百姓闻讯驾船寻救，从此形成端午龙舟竞渡的风俗，汨罗也成为中华龙舟文化的发祥之地。无独有偶，写过千古名句"朱门酒肉臭，路有冻死骨"的唐代著名诗人杜甫，晚年漂泊湘江、汨罗江，因贫病交加死于船上，也葬于汨罗。逝者如斯夫，汨罗江成为中华民族诗魂文魄的归宿之处。屈原期望实现的"举贤而授能兮，循绳墨而不颇"的"美政"理想，表达了革除弊政、挽救危亡、民富国强的进步要求。诗人的人格和诗人的心血泣成的爱国诗篇，成为培育民族精神的良土沃壤。青少年时期的任弼时、仇鳌、聂次荫、任作民等革命烈士，就生活在屈原投江的地方。任弼时的家乡唐家桥距离屈原故宅仅几十里，他也深受中华民族文化中凭吊屈原遗风流韵的影响。他的父亲给他起名培国，寓意爱国、卫国、强国，并给他讲述屈原的故事，在他幼小的心灵中播下了崇拜屈原的种子。他在家乡读书时，学校距屈子祠不远。读书之余，他经常寻访古迹，凭吊古人，激励自己和同学，探求国家、民族的兴盛之道。他的作文《爱国》《拟御侮之策》都张扬着少年时代任弼时浓厚的爱国主义情感。正如毛泽东所言："他（屈原）不仅是古代的天才歌手，而且是一名伟大的爱国者：无私无畏，勇敢高尚。他的形象保留在每个中国人的脑海里。无论在国内国外，屈原都是一个不朽的形象。我们就是他生命长存的见证人。"屈原的永恒精神和不朽生命，在毛泽东、任弼时这些中国现代伟人的身上得到了延续和再生。

浓烈的忧患意识熏陶了湖南人吃苦耐劳的人格魅力。湖南岳阳有一座天下闻名的岳阳楼，早在三国时期便为吴将鲁肃的阅兵台，唐代扩为楼阁，宋代庆历四年，谪守巴陵的滕子京重修岳阳楼，并请范仲淹撰写了千古名篇《岳阳楼记》。范仲淹是北宋著名的政治家和文学家，自幼家贫好学，考取进士入仕后，不论在朝做官或任职地方，均勤政廉洁，推行新政，政绩卓著，京师传誉"朝廷无忧有范君，京师无事有希文"。虽然因新政失败被罢免参知政事的职务，但是他"不以物喜，不以己悲，居庙堂之高则忧其民，处江湖之远则忧其君"，感愤时事应邀而作《岳阳楼记》。其中，"先天下之忧而忧，后天下之乐而乐"成为传世名句，反映了范仲淹上安社稷、下忧黎民的博大情怀和吃苦耐劳、不易其操的铮铮傲骨。范仲淹对湖湘文化的影响是很深的，湖湘学派的主要代表人物胡安国、胡宏父子极力抗击金兵，收复失地，胡宏号召人们"寝苦枕戈，弗与（金人）共天下"，他们爱国抗敌的坚强意志、吃苦耐劳的精神与范仲淹"将军白发"坚守边塞如出一辙。毛泽东在湖南第一师范学校读书时"身无分文，心忧天下"的志向，任弼时呼吁"人人若有卫国之心，即有御侮之策"，他们这种"本爱身之心以爱国"的思想与范仲淹"先天下之忧而忧，后天下之乐而乐"的思想一脉相承。

革命实践塑造了湖南人吃苦耐劳的人格品质。在辛亥革命和新民主主义革命中，一批批湖南人冲锋在前、吃苦耐劳、默默奉献。"为四万万人争人格"（蔡锷语）而甘愿牺牲生命的湖南人前仆后继，层出不穷：唐才常发动自立军起义，最后英勇就义；陈天华、姚宏业、杨毓麟、彭超、易白沙为了唤醒民众而蹈海，投河殉国；禹之谟在临刑前的绝笔遗书中说"躯壳死耳，我志长存"；黄兴发动黄花岗起义，断指犹战，勇往直前；宋教仁成为为"宪政"牺牲的第一人；毛泽东一家为革命牺牲了 6 位亲人……仅从辛亥革命至 1949 年新中国成立，收录存册的湖南革命烈士就有近 10 万人。

辛亥革命埋葬了华夏大地延续几千年的封建帝制，掀开了中国近现代历史的崭新篇章。湖南人敢为天下先，冲破樊篱，革故鼎新，其吃苦耐劳的精神已被中国和世界体认。黄兴、蔡锷、宋教仁为创立民国建功立业、流血献身，开启的一代新风薪尽火传、激励后人，为任弼时那一代先进青年汲取社会政治营养打下了基础。毛泽东曾指出："现代中国人，除了一小撮反动分子以外，都是孙先生革命事业的继承者。"时代掀起的民主、共和、科学大潮，对任弼时产生了深刻影响和巨大激励，帮助少年任弼时树立为理想奋斗的信念，成为其思想启蒙和人格培养的关键因素。少年任弼时的作文《民生在勤》《自立》《爱国》《拟御侮之策》《国庆纪念日感言》充分流露了吃苦耐劳、默默奉献思想的萌芽，体现了富国、强兵、爱民、复地、兴业等爱国主义情怀。后来，在中国共产党领导的解放区民主建设中，任弼时强调要扩大党内民主、扩大人民民主，运用平等的民主精神；民主建设与经济建设是密不可分、缺一不可的，只有在经济建设有成就的基础上，文化建设事业才更有利于发展，军事才更有力量，政权的民主建设内容才能更充实。任弼时曾经这样解说："我们共产党领导的革命所以优于一切历史上的革命，就是因为只有我们才能采取最为公平合理的政策，最大限度地发展社会的生产力，达到人人有衣穿，人人有饭吃，人人有屋住，人人有事做，人人有书读之目的。"民主、民生的观念，在任弼时的脑海中烙印深刻；为人民谋利益、为人民服务，成为任弼时毕生奋斗和追求的目标。

湖南人吃苦耐劳的铿锵战歌

湖南人素有吃苦耐劳、顽强奋斗的优良民风和传统。湖南人倔强，按湖南话说也就是"犟"。人们常以"骡子""石头""辣椒"的习性来比喻湖南人的性格。湖南人只要认准一个目标，有了一个思想主张，就不会轻易改变。在国家和人民需要的时候，湖南人挺身而出，排除万难，勇往直前。近代湖南人的吃苦耐劳，我们可举数端：

其一，在晚清衰世，爱国将领左宗棠虽年近古稀，但壮志不减当年，为保卫祖国领土完整，抵御外寇，毅然请命率三湘子弟出征新疆，"引边荒艰巨为己任"，最终平定了阿古柏叛乱。

其二，谭嗣同的吃苦耐劳最具代表性。他怀抱"我不病，谁当病者"，即"我不入地狱，谁入地狱"的使命感和责任感，以"冲决一切罗网之势"，投身维新事业。在湖南维新与守旧两党之争中，谭嗣同表示："今日中国能闹到新旧两党流血遍地，方有复兴之望，不然，则真亡种矣。佛语波旬曰：今日但观谁勇猛耳。"戊戌政变发生后，谭嗣同慨然表示"今中国未闻有因变法而流血者，此国之所以不昌也。有之，请自嗣同始"，最后"我自横刀向天笑，去留肝胆两昆仑"，成为"为变法流血第一人"。谭嗣同之勇、之志为维新志士和革命党人提供了思想与精神的指引。维新时期，唐才常便鼓吹激进的民权论，豪言"敢犯天下之不韪，负天下之恶名，粉骨齑身"，发出了革命救国之先声。

其三，湖南革命党人的吃苦耐劳，体现在黄兴、宋教仁、蔡锷、陈天华、姚宏业、禹之谟、杨毓麟等人身上，也很耀眼。黄兴、宋教仁、蔡锷等湖湘志士在青少年时期便尽显豪情壮志和英雄情怀。黄兴在《笔墨铭》中"投笔方为大丈夫！"和《咏鹰诗》中"独立雄无敌，长空万里风。可怜此豪杰，岂肯困樊笼？一去渡沧海，高扬摩碧穹。秋深霜气肃，木落万山空"之情怀，亦可体现其勇敢。宋教仁在 1904 年左右作诗："满地腥膻岁月过，百年胡运竟如何？

我今欲展回天策，只奈汉儿不肖多。"1905 年，蔡锷归国后在湘编练新军、开办武备学堂，其间作《登岳麓山》一诗："苍苍云树直参天，万水千山拜眼前。环顾中原谁是主？从容骑马上峰巅。"杨度有"若道中华国果亡，除非湖南人尽死"之句，喊出了近代湖南的最强音。以"无我""笃实"自况，以实干著称的黄兴更是近世湘人之典范。鲁迅在《因太炎先生而想起的二三事》（系其最后一篇文章且为未竟之作）中，忆起 1902 年春在东京弘文学院师范科的同学黄兴始终没有断发，也未大叫革命，"所略显其楚人的反抗的蛮性者，惟因日本学监，诫学生不可赤膊，他却偏光着上身，手挟洋磁脸盆，从浴室经过大院子，摇摇摆摆的走入自修室去而已"。黄兴十足的吃苦耐劳精神及冲天的革命豪情，可从其中窥见一二。黄兴还题词："大丈夫当不为情死，不为病死，当手杀国仇以死。"此亦可见黄兴之豪迈气概。蔡锷一介文弱书生，毅然投笔从戎，于沧海横流中尽显英雄本色，亦可见湘人之勇、之胆、之识。1915 年 8 月 23 日，筹安会成立。次日，蔡锷便从北京赶往天津，与梁启超商议对策。他愤然表示："眼看着不久便是盈千累万的人颂王莽功德，上劝进表，袁世凯便安然登其大宝，叫世界看着中国人是什么东西呢？""我们明知力量有限，未必抗他得过，但为四万万人争人格起见，非拼着命去干这一回不可。"黄兴、蔡锷之勇，堪称湖南乡邦之楷模。1920 年，毛泽东在《湖南改造促成会复曾毅书》一文中称："三湘七泽，惟楚有材。""呜乎湖南！鬻熊开国，稍启其封。曾、左吾之先民，黄、蔡邦之模范。"1920 年，陈独秀在《欢迎湖南人底精神》一文中，更是盛赞黄兴、蔡锷的革命勇气和吃苦耐劳精神："黄克强历尽艰难，带一旅湖南兵，在汉阳抵抗清军大队人马；蔡松坡带着病，亲领子弹不足的两千云南兵，和十万袁军打死战。他们是何等坚忍不拔的军人！"

其四，我国近代的吃苦耐劳思想主要体现在中国共产党领导中华民族进行的革命和建设的伟大事业中。战争年代，中国共产党正是依靠吃苦耐劳的坚强意志，用"小米加步枪"推翻了"三座大山"，迎来了中华人民共和国的成立。周恩来在《目前形势和新四军的任务》中说："我们新四军能吃苦耐劳，不怕困难。"毛泽东在《整顿党的作风》中要求："我们的高级干部起模范带头作用，把我们党的艰苦朴素、密切联系群众的传统作风很好地恢复起来，坚持下去。"青年毛泽东非常重视对自身意志力的培养，主张年轻人应到大风大浪中锻炼，"到中流击水，浪遏飞舟"，磨炼自己的意志力。他还要求子女吃苦耐劳、勤于求知。周恩来一生坚持深入群众、与群众共患难的工作原则，体现了他吃苦耐劳、艰苦朴素、亲民解民的高尚品质。他说："什么是我们克服困难的道路呢？从最根本的方面说来，这就是要依靠我们全国人民同心协力，艰苦奋斗。"战争年代的朱德时刻秉持吃苦耐劳的高贵品质和勤俭节约的生活作风（详见《战争年代的朱德同志》）。毛泽东称其"度量大如海，意志坚如钢"。任弼时虽多次遭到国民党反动派的逮捕和拷打，但始终保持共产党员的崇高气节和钢铁意志，同敌人顽强斗争。同志们说："他就是这样的一个忘我的人，工作起来好像病都被赶走了。"其实，他是依靠坚强的意志来战胜病痛、坚持工作的。在病情加重时，同志们劝他休息，他却说："我们都是共产党员，肩负着革命重任，能坚持走一百步，就不该走九十九步。"他还有一个著名的"三怕"：一怕工作少，二怕用钱多，三怕麻烦人。1969 年新年刚过，不到 16 岁的习近平乘坐火车、卡车，外加徒步，从北京辗转来到陕北。在梁家河，他种地、拉煤、打坝、挑粪……他什么活儿都干、什么苦都吃，是乡亲们眼中"吃苦耐劳的好后生"。回忆那段日子，他这样描述："艰难困苦能够磨炼一个人的意志。七年'上山下乡'的艰苦生活对我的锻炼很大，后来遇到什么困难，就想起那个时候在那样困难的条件下还可以干事，现在干吗不干？"改革开放后，党的领导人多次提出要继承和发扬我们党吃苦耐劳、艰苦奋斗的精神。2022 年 10 月，习近平总书记在红旗渠考察时强调："年轻一代要继承和发扬吃苦耐劳、自力更生、艰苦奋斗的精神，摒弃骄娇二气，像我们的父辈一样把青春热血镌刻在历史的丰碑上。"

湖湘文化造就的吃苦耐劳精神的价值意义

湖南人的吃苦耐劳精神对于个人和社会都有重要的意义。对个人而言，只有经历过生活的磨砺，才能更好地实现人生的价值，吃苦耐劳能够让人在人生的道路上走得更远、更稳；对社会而言，吃苦耐劳精神是推动社会进步的重要动力，一个充满吃苦耐劳精神的社会，必定是一个充满活力、富有创造力的社会。

吃苦耐劳是湖南人才群体成长发育的重要基石。20 世纪初，青年毛泽东在刻苦读书的岁月中，一直坚持"自讨苦吃"：烈日炎炎的盛夏，别人待在寝室摇扇避暑，他却赤背顶着骄阳暴晒；北风呼啸的寒冬，别人躲在屋里取暖，他却穿着薄衫在山谷中做"冷风浴"；雷鸣电闪的雨中，别人撑伞避淋，他却光着上身傲然进行"雨淋浴"。后来，毛泽东在谈及青年时代的吃苦经历时，常常提起"艰难困苦，玉汝于成"的古训。可以说，正是持之以恒地在苦境中练体魄、砺胆气，铸就了一代伟人超凡的革命意志和坚定信念。有哲人说，苦是奋进人生的一种补药，吃苦能补精神、补信念、补品格、补才能，使人生由苦至甜，走向理想的彼岸。

志从苦中砺。"精金美玉的人品，定从烈火中煅来；掀天揭地的事功，须向薄冰上履过。"古往今来，举凡抱负高远者，必先立志献身；献身信仰历程，必是"苦其心志，劳其筋骨，饿其体肤，空乏其身"的艰辛磨砺。正是这样的人生淬炼，使思想跃然升华、信念愈加坚定、毅力不断坚强、人格日臻完善，从而实现远大的人生抱负。朱德、贺龙、任弼时等无数老一辈革命家，立志献身信仰，或舍弃高官厚禄，或告别富裕生活，矢志投身艰苦卓绝的革命斗争，皆经历了一个浴火重生的过程。正所谓，吃苦励志，苦生芳华。

才从苦中长。立学，是奋进人生的一门必修课。立学成才，尤须呕心沥血、渐入佳境的修炼与升华。正如著名学者王国维阐述的三重境界：始而"独上高楼，望尽天涯路"，继而"衣带渐宽终不悔，为伊消得人憔悴"，终而"蓦然回首，那人却在，灯火阑珊处"。有道是"书山有路勤为径，学海无涯苦作舟"，唯有不惧苦，方能苦出才学，苦出功底，苦出硕果。

功从苦中建。没有汗水，难有收获；安于享受，难以建功。艰苦是拓荒者的底色，坚忍乃创业者的特质。哲人言，一切希望和理想，都要靠咬牙挺着，一直挺来成功的曙光。科学家发明创造的背后，是坚韧不拔的艰难攻关；体育健将摘金夺银的背后，是千锤百炼的艰辛付出；名师名角一鸣惊人的背后，是厚积薄发的艰苦练功。遵义草王坝村老支书黄大发，坚忍36年苦战，才凿通绕三重大山、过三道绝壁、穿三道险崖的水渠，彻底改变了山民世代缺水的命运。科学家南仁东，带着300多幅卫星遥感图，艰辛勘探了1000多处重峦洼地，才终于找到安装"天眼"的最佳位置。无数建功立业者的经历表明："看似寻常最奇崛，成如容易却艰辛。"实现梦想的道路是艰难曲折的，但只要有吃苦耐劳、默默奉献的精神，就必如习近平总书记所言："山再高，往上攀，总能登顶；路再长，走下去，定能到达。"

苦是伟大事业的砥砺石。我们党自成立以来，就以全心全意为人民服务为宗旨，始终秉持着吃苦耐劳的精神。无论是战争年代还是和平时期，我们党都始终坚持这一优良传统。

红军长征时期，面对极其艰苦的自然环境所带来的温饱问题，在找不到任何食物的情况下，任弼时和警卫员李少清将皮带切成若干段，放到锅里煮后充饥。虽然味道难闻、难以下咽，他们却风趣地称之为吃"煮牛肉"。长征胜利后，吃剩下的半条皮带被保存下来，成为红军将士吃苦耐劳、不畏艰险的历史见证。毛泽东在《井冈山的斗争》中这样描述红军艰难困苦的生活："现在全军五千人的冬衣，有了棉花，还缺少布。这样冷了，许多士兵还是穿两层单衣。好在苦惯了。而且什么人都是一样苦。"同甘共苦、艰苦奋斗的优良作风，支撑红军不仅战胜了艰苦的自然环境，还一步一步地从艰难形势中打开了中国革命的新局面。彭德怀曾说："我彭德怀参加共产党，党给我唯一的'特权'，就是带头吃苦。"焦裕禄在河南兰考工作期间，风沙最大的时候就是他带头下去查风口、探流沙的时候，暴雨最大的时候就是他冒雨涉水、防止灾害的时候。习近平总书记的七年知青岁月，更是向我们诠释了什么叫"吃苦耐劳"。

新中国成立之初，一穷二白、条件艰苦，广大党员不怕苦、甘吃苦、能吃苦，在迅速恢复国民经济的基础上，快速兴建起工业体系，还研制成功了"两弹一星"等国之重器。中国特色社会主义进入新时代，从经济发展连续多年稳进中到民生事业再上新台阶，无一不是党和人民吃苦耐劳、艰苦奋斗的结果。2023年6月26日，习近平总书记在同团中央新一届领导班子成员集体谈话时强调："青年人有理想、敢担当、能吃苦、肯奋斗，中国青年才会有力量，党和国家事业发展才能充满希望。"一批又一批中国共产党人用实际行动践行着吃苦耐劳、艰苦奋斗的精神，这种精神为中国共产党人提供了永不枯竭的精神动力，也成为中华民族宝贵的精神财富。

吃苦耐劳是湖南文化一心为民的内在底蕴。一心为民、走群众路线是我们党的根本工作路线，要求党员干部深入群众、了解群众、关心群众，与群众同甘共苦。只有吃苦耐劳，才能真正了解群众的需求和诉求，才能真正站在群众的立场上想问题、作决策。只有做到吃苦耐劳，才能赢得群众的信任和支持，才能更好地团结和带领群众创造美好生活。

任弼时认为，不管党的重心如何变化，向群众学习不能丢下。在党的七届二中全会上，他指出："随着党的工作重心的转移，党的建设方针转向以城市和工业为重点，因此，向人民群众学习，与工农建立密切联系，才能依靠工人阶级，巩固工农联盟，加快经济建设。"到北京后，他不顾自己重病在身，仍然通过多种渠道进行调查研究。在去世前几个星期，他还找通县农村的一位党支部书记谈话，研究制定生产、度荒的有效办法。在涉及群众利益的每一件事上，他都要求谈工作的同志把问题说得具体些，深入每个细节。

任弼时始终坚持向群众学习，坚持一切从实际出发，注重理论联系实际。在领导共青团工作时，他号召青年"努力在农民中活动"，要求共青团"深入群众"，做到"团的工作青年化群众化"。1925 年 6 月，他在《上海五卅惨杀及中国青年的责任》中对如何向群众学习作了阐述："革命事业的成功绝非纸上宣传的力量可以做到，少不了要亲自深入群众，与革命的群众接触而明白他们的心理和需要，且指导他们应进行的组织和活动的工作，注意取得民众的大多数。"善于向群众学习，是任弼时对革命经历的深刻总结，也是他革命生涯的真实写照。在指导陕甘宁边区大生产运动时，任弼时找负责运盐的乡村干部谈话，搜集整理相关材料，解决群众运盐过程中遇到的具体问题。1947 年，由于土地改革试点区扩大打击面，错划阶级成分，影响到其他解放区的土地改革运动，造成"左"倾错误的蔓延之势。为解决这一问题，任弼时利用在钱家河养病的机会，深入三十几个村庄进行了大量的调查研究，虚心听取群众意见，写成题为《土地改革中的几个问题》的长篇报告，指导土地改革运动的正确进行。

1948 年，党中央从陕北迁往西柏坡途中，任弼时每到一处，都要围绕土改、生产、群众生活、党群关系等，向干部群众了解情况，认真考察党的各项政策在实际中的贯彻执行情况，以求改进党的工作。是年 4 月，任弼时出席了在城南庄召开的中央书记处扩大会议，指出："领导者要学习黄河船夫，舵手在惊涛骇浪中把准方向，预见风向水势。"他用生动的语言形象地说明了无论是在思想方法还是在工作方法上，领导干部都要向群众学习，从而找准方向，看清未来。

🔊 拓展阅读

任弼时同志是伟大的马克思主义者，杰出的无产阶级革命家、政治家、组织家，中国共产党和中国人民解放军的卓越领导人，以毛泽东同志为核心的中国共产党第一代领导集体的重要成员。他 16 岁参加革命，46 岁英年早逝。在30年的革命生涯里，他为中国人民的解放事业和新中国的诞生奉献了一切，留下了极其宝贵的精神财富。叶剑英同志曾评价他是"我们党的骆驼，中国人民的骆驼，担负着沉重的担子，走着漫长的艰苦的道路，没有休息，没有享受，没有个人的任何计较"。他的这种精神，被大家形象地誉为"骆驼精神"。"骆驼精神"，是一种信念坚定、对党忠诚的精神，是一种不辞重负、忘我工作的精神，是一种一心为民、服务群众的精神，是一种实事求是、善作善成的精神。习近平总书记指出："中国共产党人的历史自信，既是对奋斗成就的自信，也是对奋斗精神的自信""我们党作为马克思主义执政党，不但要有强大的真理力量，而且要有强大的人格力量。""骆驼精神"是任弼时同志留给我们的宝贵精神财富，是中国共产党人奋斗精神的生动体现。它既是历史的、也是时代的，蕴含着跨越时空、历久弥新的强大人格力量。

主要参考文献

[1]王开林.湖南人的境界[M].长沙：岳麓书社，2023.

[2]阳信生.勇与忧：近代湖湘精神谱系中的两个关键字[EB/OL].（2020－10－21）[2024－05－02].http://www.xhgmw.com/html/zhuanjia/chengguo/2020/1021/27314.html.

[3]中共中央文献研究室.任弼时传（修订本）[M].北京：中央文献出版社，2004.

[4]任远志.我的父亲任弼时[M]北京：外文出版社，2011.

（执笔：卢迈）

好人之风：湖湘大地的道德标杆

　　伟大源自平凡，平凡孕育伟大，此乃"湖南好人"之真谛。作为共产主义战士的卓越典范，雷锋以其短暂而光辉的生命历程，铸就了一座永恒的精神丰碑，成为"湖南好人"乃至全民族道德楷模。在中国共产党成立100周年之际，第一批46种纳入中国共产党人精神谱系的伟大精神正式发布，雷锋精神是典型性精神之一，在精神谱系中具有长久生命力、丰富关注度和高度重要性。习近平总书记指出："雷锋精神，人人可学；奉献爱心，处处可为。积小善为大善，善莫大焉。当有人需要帮助时，大家搭把手、出份力，社会将变得更加美好。"

　　没有哪一种生命，比活在人们的内心里更长久；没有哪一种精神，比化在人们的行为中更永恒。尽管雷锋已离我们远去六十余载，但他的崇高精神始终在我们心中熠熠生辉，成为湖湘文化的灿烂瑰宝，更是中华民族精神的璀璨明珠，彰显着社会主义先进文化的真实本色。它宛如那普照万物的阳光，温暖而明亮；又似那滋润大地的朝露，细腻而深远。这种精神滋养着我们的生命，净化着我们的灵魂，为时代注入了不竭的动力。在全面建设社会主义现代化国家新征程上，我们坚信，雷锋精神将绽放更加耀眼的光芒，照亮我们前行的道路，引领我们不断奋进。

回溯雷锋来时之路，从生命中感受力量

　　望城是雷锋的故乡，原为湖南省望城县，2011年经省政府报请国务院批准，"撤县改区"，正式成为长沙市第六区。望城地处湘中东北部，湘江下游两岸，东临长沙县，南接长沙市区，西至宁乡市，北连湘阴县、汨罗市，总面积969平方千米。望城物产丰富，主产稻谷，盛产鲜鱼，素有"鱼米之乡"之称。

　　1940年12月18日，雷锋出生于湖南省望城县一个困苦的农民家庭。7岁时，他的爷爷、父亲、母亲、哥哥、弟弟相继死去，雷锋遂成了孤儿。

　　1956 年，雷锋小学毕业，留在乡政府当通信员。乡政府推荐他到中共望城县委当公务员。他处处留心向县委的同志们学习。有一次，他跟县委书记一起去开会，在路上看见一颗螺丝钉，县委书记立马把它捡起来，装进衣袋。过了几天，雷锋要到一个工厂去送信，县委书记掏出螺丝钉交给他带过去，并说："小雷，咱们国家底子薄，要搞建设，就得艰苦奋斗。一颗螺丝钉，别看东西小，缺了它也不行。滴水积成河，粒米堆成箩呀！"就是这颗小小的螺丝钉，在雷锋心中留下了难忘的印记，雷锋的"螺丝钉精神"也在那时开始萌芽。

　　有一次看电影，开演之前，有个小学生发现前排座位上有位解放军叔叔，正在聚精会神地看《毛泽东选集》。他往前凑了凑，惊喜地说："这不是雷锋叔叔吗？这么一点时间，你怎么还看书啊！"雷锋说："时间短，可是看一页算一页，积少成多嘛。"雷锋就是这样抓紧点滴时间来学习的，政治、技术、文学、写作……他无所不爱，无所不学。对马列主义、毛泽东思想，他更是刻苦攻读，孜孜不倦。雷锋经常把书装在挎包里，挤出时间阅读。驾驶室、车场、工具棚、厨房司务长宿舍都成了他看书学习的好地方，有时连队干部在工地值夜班，他也到连部办公室去读书，常常一坐就是大半夜。这就是雷锋的"钉子精神"，有一股"挤劲""钻劲"。

　　雷锋做事精益求精，他就像一颗永不生锈的螺丝钉，拧在哪里就在哪里发亮。他总是在风浪中锻炼自己，在鞍山钢铁厂参加社会主义建设、在雨夜抢救水泥、在寒风中劳动、带病与洪水作斗争、帮助战友学文化补棉裤、给战友家寄钱、帮老大娘找儿子、做少先队的优秀辅导员……他走到哪里，就把善良带到哪里，把爱心送到哪里，把好事做到哪里。

1962 年 8 月 15 日，雷锋正在指挥倒车，因车轮打滑，汽车碰到了一根木柱，砸在雷锋身上。年仅 22 岁的雷锋，因为一场意外而永远离开人世，但这个光辉的名字和他留下的宝贵精神，一直与我们如影随形，影响着千千万万的人。

"如果你是一滴水，你是否滋润了一寸土地？如果你是一线阳光，你是否照亮了一分黑暗？如果你是一颗粮食，你是否哺育了有用的生命？如果你是一颗最小的螺丝钉，你是否永远坚守在你生活的岗位上？"我们从《雷锋日记》中可以看出，在短暂的生命中，雷锋一直在为国为民全心全意付出并葆有湖南人踏实做事的性格，他的话语在今天依然闪烁着思想的光芒。

雷锋精神永不过时，新时代绽放新光芒

时至今日，每当提起好人好事，我们总能想到雷锋。1963 年 3 月 5 日，伟大领袖毛泽东亲笔题词"向雷锋同志学习"。自此，每年 3 月 5 日被定为"学雷锋纪念日"。雷锋所做的好事也许是平凡的，但做好事容易，做一辈子好事谈何容易？他把点点滴滴的凡人善举，融入自己的生命之中，厚积薄发，汇聚成一股磅礴的力量。

时代洪流奔涌向前，雷锋精神经久不衰。社会和时代在发展变化，而雷锋精神却具有永恒的价值。伟大时代孕育伟大梦想，伟大梦想需要伟大精神。党的二十大报告明确指出："从现在起，中国共产党的中心任务就是团结带领全国各族人民全面建成社会主义现代化强国、实现第二个百年奋斗目标，以中国式现代化全面推进中华民族伟大复兴。"

未来，雷锋服务人民、助人为乐的奉献精神，干一行爱一行、专一行精一行的敬业精神，锐意进取、自强不息的创新精神和艰苦奋斗、勤俭节约的创业精神，将焕发更加灿烂的光辉，为新时代新征程注入更强的生机与活力。雷锋精神具有持久的生命力，其当代价值在以下七个方面仍然值得我们传承和发扬。

一心向党的理想信仰精神。"革命需要我去烧木炭，我就去做张思德；

革命需要我去堵枪眼，我就去做黄继光。"雷锋坚决听党的话，按照党的指示办事，为党的事业努力奋斗。他对党的忠诚、对社会主义的热爱，并非只停留在口头上、日记里，而是落实到具体行动上。他是工作岗位上的螺丝钉，日常生活中的暖心人，党和国家精神的践行者。

赤胆忠诚的爱国主义精神。雷锋在他短暂而光辉的一生中，正确地解决了世界观、人生观这个根本问题，用他自己的话来说，就是懂得了"怎样做人，为谁活着"，决心把"有限的生命投入无限的为人民服务之中去"。他把个人的前途命运与国家、民族、社会主义的前途命运紧紧联系在一起，表现出主人翁的博大胸怀。

全心全意为人民服务精神。全心全意为人民服务，是贯穿雷锋一生的最突出、最动人、最完美的主旋律，也是雷锋精神的核心内容。雷锋的事迹家喻户晓，他在全心全意为人民服务上言行一致、不图名利、始终如一，一直为人民勤勤恳恳做好事，他的一生是真正体现了为人民奉献自己光和热的一生。

勤俭创业的艰苦奋斗精神。雷锋不仅生活克勤克俭、精打细算，衣服袜子总是补了又补，而且他自己还钉了一个"节约箱"，把平时捡到的螺丝钉、碎铜烂铁边角料存在里面，供日后使用。他继承了中华民族勤俭节约、艰苦奋斗的传统美德。他说："我觉得人生在世，只有勤劳，发奋图强，用自己的双手创造财富，为人类的解放事业——共产主义贡献自己的一切，这才是最幸福的。"

乐于助人的奉献精神。雷锋帮助战友学文化、帮老大娘找儿子、看望照顾烈士家属……他乐于助人的好事做了"一箩筐"。雷锋出差一千里，好事做了一火车。他走到哪里，就在哪里奉献自己的光和热，所到之处皆留下了他助人为乐的身影。

刻苦钻研的钉子精神。雷锋为革命钻研理论，在技术上一丝不苟、精益求精。他之所以能够从只有小学文化提高到可以深刻领会毛泽东著作，并能写出富有哲理的日记、诗歌、散文，还能很快地学会各种专业技术，就在于孜孜不倦的学习态度和刻苦学习的精神。凭着这种可贵的"钉子精神"，雷锋练就了一身过硬的本领。

忠于职守的螺丝钉精神。在短暂的人生中，雷锋甘于平凡，服从革命的需要和组织的安排。他当过农民、工人和解放军战士，做过推土机手、汽车兵、少先队优秀辅导员、模范班长等。无论是在哪个岗位上，雷锋始终扎扎实实、勤勤恳恳地工作。他乐于做一颗小小的"螺丝钉"，党把他拧在哪里，他就在哪里闪光、发亮，在平凡的岗位上干出了不平凡的业绩。

一个时代若没有英雄，那将是苍白的。雷锋是社会主义时代的英雄，他活着就是为了使别人生活得更美好。雷锋的伟大就在于他身体力行，走到哪里，就把共产主义道德新风带到哪里。在今天这个时代，举办学雷锋活动更要因时制宜、因地制宜、创新形式，让雷锋精神真正融入人们的心灵和实际行动中。

雷锋精神是时代发展的一面永不褪色的旗帜。60多年前，毛泽东等老一辈无产阶级革命家发出"向雷锋同志学习"的号召。60多年来，雷锋精神已长久植根于中国人的心中，流淌于中华民族的血脉之中。

新时代，"当代雷锋"层出不穷。郭明义多年献血，把爱岗敬业、资助贫困儿童、关心工友、捐献造血干细胞等奉献善举融入生命，持之以恒地付出大爱；庄仕华带领巡诊医疗队深入新疆总队所有执勤哨所，累计行程达40多万公里，把医疗援助、无私大爱，穿越戈壁大漠送到千里之外的急症官兵手中；孙茂芳发起公益活动、照顾孤残老人、帮助病困家庭，助人与奉献几十年如一日……他们都被授予了"当代雷锋"荣誉称号，他们用行动诠释了雷锋精神的当代价值，也正是这点点滴滴的雷锋精神成了助推时代发展的强大引擎。实践证明，雷锋精神充分体现了社会主义的时代精神，已成为中华民族的精神支柱。雷锋精神具有永恒的生命力，不仅赢得过去和现在，还必将赢得未来。

雷锋精神闪耀湖湘，道德模范人才辈出

雷锋的家就在岳麓山脚下的望城，他无疑是浸润着湖湘文化成长起来的湖湘子弟。雷锋牺牲后，国务院总理周恩来题词："向雷锋同志学习：爱憎分明的阶级立场，言行一致的革命精神，公而忘私的共产主义风格，奋不顾身的无产阶级斗志。"

爱憎分明的阶级立场——敢爱敢恨、爱憎分明，一直是湖湘文化的一个标志性特征。湖南人认准了的事，丝毫不含糊。无论是现实中的湖南人，如彭德怀、朱镕基等，还是小说中的湖南人，如《芙蓉镇》里的林玉音，都是如此。农家子弟兼从小成为孤儿的苦痛经历，加上时代的熏陶，使雷锋毫不犹

豫地站在自己的阶级立场上，同情和帮助同一阵线的人们。

言行一致的革命精神——知行合一、求真务实，同样是湖湘文化的一个标志性特征。到底是知先行后还是行先知后，这个问题在哲学界始终存在争论。但在湖南人这里，争论并不存在。自王夫之倡导知行合一的哲学命题以来，湖南人始终信奉知与行的统一。说到做到，言行一致，讲求实行，成为湖南人的一个标志。无论是曾国藩还是谭嗣同，无论是毛泽东还是朱镕基，无不践行了这一湖湘精神。

公而忘私的共产主义风格——心忧天下、救世济民，是浸透湖湘文化的一种风尚。特别是在"大我"还是"小我"的选择上，湖南人毫不犹豫地选择前者。左宗棠的抬棺进疆和陈天华的舍生蹈海，无不感染与激励着湖南人的这种大义执着精神。不同时期，湖南人分别喊出了不同的时代强音，并贯穿着一个共同的主题，即对国家和民族的一片忠诚和强烈的责任感。先天下之忧而忧、后天下之乐而乐的精神已经灌注到湖南人的血脉里。

奋不顾身的无产阶级斗志——志趣高远、洁己修身，是湖南人的情操。湖南人善于以世界的眼光、以全民族的眼光来思考问题，每逢国家多难、社会动荡之时，就会出现湖南人活跃的身影。雷锋有一句名言："人的生命是有限的，可是，为人民服务是无限的，我要把有限的生命，投入到无限的为人民服务之中去。"这既是雷锋精神的实质，又是湖南人志趣高远、斗志激越的真实写照。

除此之外，还有自强不息的奋斗风尚——霸得蛮、耐得烦，这是湖南人的性格。厚重的历史渊源、特殊的社会环境，养成了湖南人自强不息的品格。早期，湖湘先民与莽林密布、山隔水阻的自然环境斗争；近代以来，湖湘精英慨然以天下为己任，以救中国为事，前仆后继、赴汤蹈火。而雷锋雨夜抢救水泥、当新兵苦练技能、带病与洪水斗争……体现出他在行事做人上一直秉持刚健质朴、吃苦耐劳的精神，展现出湖南人坚韧不拔的"霸蛮"性格。

从雷锋身上，我们看到了中华民族传统美德和湖湘文化精神的完美结合。一个民族、一个时代、一种文化，需要有一批活生生的人物来代表它的本色、形象和风貌。雷锋，其实是千千万万有理想、有信念、有精神的湖南人的缩影。在新时代新征程上，我们看到像雷锋这样的湖南好人遍地开花。

雷锋，这个用青春凝结、热血铸成的名字，没有随一个时代的落幕而离我们远去，千万个"新雷锋"仍在并肩前行，"雷锋式的好人"一直在湖湘大地接力涌现。湖湘大地不断涌现锐意进取、艰苦奋斗、兢兢业业、无私奉献的雷锋式模范人物和先进集体。

从 2016 年 4 月开始，湖南省委宣传部、省文明办开展"湖南好人"推荐评选宣传活动，打造"湖南好人"精神文化品牌，用接地气、有温度、真实具体的"凡人善举""草根英雄"故事，在全省营造争当好人、崇尚好人、学习好人、宣传好人、关爱好人的浓厚氛围。评选活动开展 8 年来，先后有 2401 名群众身边的好人入选"湖南好人"，641 人（组）身边好人荣登"中国好人榜"。例如，湖南临湘十三村食品有限公司经理李国武反假 20 年，坚守食品安全底线。20 年来，他主动焚烧销毁假冒、不达标产品和原材料 20 多次，焚毁总价值超过 85 万元，放弃了高达 600 多万元的"利润"，被评为"全国诚实守信道德模范"。又如，湖南长沙普通农村妇女廖月娥先后将 4 名无血缘关系的孤残乡邻接到自己家养老送终，为 30 年的善举倾注了爱心与耐心。她把助人当作快乐，把奉献当作习惯，始终用真心温暖孤独者的心灵，被评为"全国孝老爱亲道德模范"。再如，湖南衡阳民警匡兵与未婚妻温琦华在海南三亚拍摄婚纱照时，突遇歹徒持刀乱砍。危急关头，他们挺身而出，用自己的血肉之躯挡住了歹徒砍向孩子的屠刀。他们用自己的侠肝义胆，书写了真善美的人间大爱，被评为"全国见义勇为道德模范"。

这些来自湖南的全国道德模范，都是再普通不过的人，但正是他们可赞的善良、可敬的坚持和可贵的勇气，焕发出人间最美的光芒。他们用凡人善举，在今天这个时代延续雷锋奏响的乐章。他们传承着当代雷锋精神，书写着湖南人的倔强和勇毅，凝聚着湖南人的智慧和力量。

结　语

雷锋精神已经走过了风雨兼程的 60 多年。随着时代变迁，雷锋精神与时俱进，其内涵与价值不断丰富和发展，在新时代新征程上实现了创造性发展与创新性升华，充分展示了共产主义的强大力量，成为中国共产党人精神谱系中的精神标识。道德乃立人之本，兴业之基。《学习雷锋好榜样》的旋律始终萦绕在湖湘大地，歌词深深扎根于湖湘儿女心中。新时代以来，湖湘大地孕育了众多以锐意进取、艰苦奋斗、兢兢业业和无私奉献为特质的雷锋式模范人物与先进集体。每一位好人都是一面旗帜，每一次善举都如同一首歌谣，这些凡人善举汇聚成湖南的光明之源，使得雷锋精神的珍贵种子在这片土地上生根发芽、开花结果。

雷锋精神深受湖湘文化精神的滋养，自湖南望城起源，跨越历史与时空的界限，深深植根于每个人的心中。它如春风化雨一般，潜移默化，润物无声，影响远播四方。随着时代的进步，一批又一批新时代的雷锋式好人不断涌现，他们的善行义举让长城内外、天山南北、渭水河畔、巴山蜀水乃至整个中国都变成了充满希望的沃土。在这样的背景下，我们坚信，雷锋精神将继续照亮人们前行的道路，为实现中华民族伟大复兴的中国梦提供不竭的精神动力。

🔊 拓展阅读

雷锋（1940—1962），原名雷正兴，中国人民解放军战士、共产主义战士，1954 年加入中国少年先锋队，1960 年参加中国人民解放军，同年 11 月加入中国共产党。1961 年 5 月，雷锋作为全团候选人，被选为辽宁省抚顺市第四届人民代表大会代表。1962 年 8 月 15 日，雷锋殉职，年仅 22 岁。

雷锋故居始建于清朝宣统年间，坐东朝西，为江南农村民居风格的茅草土木结构建筑。故居原为地主给佃户建的庄屋，现保存的 3 间茅草房是新中国成立后党和人民政府分给雷锋的房屋。1940 年 12 月 18 日，雷锋出生在这里，并在此度过了苦难的童年。

雷锋精神是以雷锋同志的名字命名，以雷锋的精神为基本内涵，在实践中不断丰富和发展着的革命精神。雷锋精神的内容为热爱党、热爱祖国、热爱社会主义的崇高理想和坚定信念；服务人民、助人为乐的奉献精神；干一行爱一行、专一行精一行的敬业精神；锐意进取、自强不息的创新精神；艰苦奋斗、勤俭节约的创业精神。2013 年 3 月 6 日，中共中央总书记、中共中央军委主席习近平参加十二届全国人大一次会议辽宁代表团的审议，强调雷锋精神的核心是信念的能量、大爱的胸怀、忘我的精神、进取的锐气，这也正是我们民族精神的最好写照，是我们民族的脊梁。2014 年 3 月 11 日，习近平总书记出席十二届全国人大二次会议解放军代表团全体会议，接见部分基层代表。他对某工兵团"雷锋连"指导员谢正谊说："雷锋精神是永恒的，是社会主义核心价值观的生动体现。"2021年9月，党中央批准了中央宣传部梳理的第一批纳入中国共产党人精神谱系的伟大精神，雷锋精神被纳入其中。

主要参考文献

[1]兰英，陈思思.中国共产党人精神谱系整体建构中的具体精神研究：从雷锋精神谈起[J].西南大学学报(社会科学版)，2023，49(6)：52-67.

[2]习近平总书记给"郭明义爱心团队"的回信[N].人民日报，2014-03-05(1).

[3]湖南文明网.好人闪耀光芒 2023年四季度湖南好人榜发布仪式在衡阳县举行[EB/OL]（2024－01－22）[2024－03－04].http://hun. wenming. cn/yw/202401/t20240122_6730124. html.

（执笔：易澳妮 盛泽顺）

稻作之光：湖湘田野的文明瑰宝

　　农耕乃衣食之源、文明之根，在人类历史长河中占据举足轻重的地位。农耕文明，堪称世界上最古老且对人类影响深远的文明形态之一。

　　中国首创农耕，以农立国。中国农耕文化博大精深，可细分为稻作文化与粟作文化两大体系。随着人口的迁徙与交流，长江文明与黄河文明——分别以稻作与粟作为核心，相互融合、共同孕育了灿烂的中华文明。

　　谈及中国对人类文明的卓越贡献，人们自然会联想到中国古代的"四大发明"。然而，中国农耕文化中的"新四大发明"——稻、粟、菽、茶的生产与传播，对世界的影响与意义并不亚于甚至超越前者。这些作物的广泛种植与利用，不仅滋养了中华民族，更对全球文明产生了深远而持久的影响。

稻作文化，是以水稻种植为核心而衍生的一种独特文化形态。水稻，这一古老的人工栽培植物，伴随着人类漫长的农耕历史。考古和研究表明，湖南不仅是世界稻作文化的发源地，更是中国稻作文化传承与创新的重要区域。在这里，湖南的先民们经过数千年的辛勤劳作与智慧积累，形成了独具特色的稻作文化。这一文化瑰宝，不仅属于湖南、属于中国，更是全人类共同的文化遗产。

溯古析源　遗存遍布

《诗经·甫田》

黍稷稻粱，农夫之庆。

报以介福，万寿无疆。

自古以来，农耕便是中华民族的重要生产方式，并孕育了丰富的农耕文化，成为中华文明的基石。从我国古代文献看，商代甲骨文中已有"稻"字出现。《诗经》中已将黍、稻并提。"黍稷稻粱，农夫之庆。报以介福，万寿无疆。"正是对这一文化的生动写照，它描绘了农夫们欢庆丰收的场景，展现了农耕文化的深厚底蕴和人民对美好生活的向往。

在中国传统文化中，"五谷"是民生的基础。相传神农氏最早种植"五谷"。"五谷"在北方的解释多为"麻、黍、稷、麦、菽"，南方则为"稻、黍、稷、麦、菽"。中国古代"五谷"的生产，黍、稷、麦、菽等旱作物主要分布在西北和黄河流域，唯有稻等水作物在长江流域及南方。

春秋前，北方稻种稀少，水稻被列为五谷之末。唐宋时期，随着水稻广泛种植，其地位逐渐跃升至五谷之首。至明代，《天工开物》有言："天下育民人者，稻居什七。"稻米成为我国人民的主食。纵观中华五千年文明，五谷丰登不仅是农耕文化的缩影，更凝结了中华民族勤劳、智慧和自强不息的精神。

目前，世界上有超过14万个稻种，有110多个国家种植水稻，水稻总产量仅次于小麦和玉米，居世界粮食作物产量第3位。许多国家把稻米自给作为基本国策，许多国家的国民都以稻米为主食。不过，关于人工栽培稻的起源，国外一直有不同的说法。

在20世纪初，人们曾认为印度人最先种植了稻；后来在泰国能诺古塔发现了距今5500年的古稻之后，则认为稻是从南亚传至中国及东南亚各地的。

苏联著名遗传学家瓦维洛夫曾认为中国的稻作是 7000 年前从印度传进的。

但中国学者早有不同的看法。他们认为,要解决水稻起源问题,从自然条件上看,必须具备水稻生长的气候和土壤条件,并且有普通野生稻的分布。从年代序列上看,这一地区的史前稻作遗存必须具有连续性,在年代上应是最早的,并且有相同类型的遗址在相近地区不断被发现。

通过近几十年对中国史前时代的稻谷遗存遗址的发掘,初步统计有114 处,其中长江上游 8 处、长江中游 51 处、长江下游 35 处、黄淮流域11 处、闽粤台 9 处、辽东半岛 1 处。长江中下游地区河川纵横、水网密布并富有野生稻的沼泽地带成为稻作起源的理想之所。

1973 年,在浙江余姚古杭州湾河姆渡发现了大片原始稻作遗址,有的地方稻谷、稻壳和秆叶交互混杂,形成 0.2～0.5 米厚的堆积层,最厚处超过1 米。稻类遗存数量之大,保存之完好,都是中国新石器时代考古史上罕见的,以年代学方法测定为距今 7000 多年的栽培作物。

不过,近 20 年来的重大考古发现一再表明,长江中游的湖南才是世界稻作文化最早的发源地,而且时间排列是连续不断的,空间分布于"三湘四水"之间。这些遗址地域分布之广,时间跨度之大,在国内外是罕见的。可以说,从远古时代开始至今,在 21.8 万平方公里的三湘大地上,湖南先民绘就了一幅巨大的稻作文化遗存之历史长卷。

翻开《新华字典》,寻找"垱"字,其解释是为便于灌溉而在低洼的田地或河中修建的用来存水的小土堤。

在湖南常德澧阳平原,有一个叫"八十垱"的地方。这块海拔 31 米、面积不足 3 万平方米的土地,坐落濒临澧水右河道。站在这块土地上,目之所及皆是绿荫:草地如茵,绿树葱茏,稻苗茁壮……然而,"八十垱"这个名字生来就是因稻田而命名的,这块土地注定与湖南稻作文化有着千丝万缕的联系。

1992 年,"八十垱"遗址的发掘给我们带来了属于新石器时代的想象:在这块土地下面挖掘出来的环壕与围墙,以及木耒、木铲、木杵、骨铲等农具和加工工具,距今 8500 年。更让人惊讶的是,在距遗址地表 4.5 米深处黑色淤泥层里,在仅数平方米范围内,考古人员挖掘出土了 1.5 万多粒稻谷,超过了当时国内已有发现的总和。这些稻谷保存极好,有的出土时还见近 1 厘米长的稻芒。

考古发掘表明，澧阳平原已经形成了湖南先民定居农业的基本经济形态，将中国稻作文化发展到了规模农业的新阶段。

湖南古栽培稻的发现还远不止"八十垱"。

1993 年和 1995 年，在湖南省永州市道县玉蟾岩遗址中，发掘了我国最早的陶器遗存和有人工育化迹象的稻壳。经碳十四测量，有的稻壳已有 12500 年的历史，是目前世界上发现最早的人工栽培稻标本。玉蟾岩遗址彻底改写了"中国稻作是 7000 年前从印度传进的"定论，使中国和世界稻作栽培史延伸了 4000 年。

研究人员发现，玉蟾岩遗址出土的人工栽培稻标本与现代栽培稻存在差异：颗粒大小不一，稻壳上依然保留着野生稻、籼稻及粳稻的混合特质。这无疑表明，玉蟾岩的古稻属于野生稻与现代栽培稻之间的过渡形态。这一发现为我们探寻栽培稻的起源及其演化过程提供了重要的参考标准。

历史的画卷在遗址的发掘中徐徐展开，空间的维度在探索中不断拓展。湖南，这片拥有中国南方最丰富的稻作遗址和最早的稻谷遗存的地域，再次向世界宣告了稻的栽培起源于此。水稻在湖南广泛种植后，从长江中下游地区向黄淮流域及岭南地区扩散，于 3000 多年前传入朝鲜，2000 多年前传入日本，秦汉统一后又南传至越南，并逐渐向西传播至印度。在中世纪，水稻被引入欧洲南部，随后传播到西亚和欧洲其他地方。

日本的渡部忠世曾挥毫著就《稻米之路》一书，并在书中深刻地指出："丝绸之路是贵族的专属，稻米之路则是民众的通途。"的确，正是中国的"稻作文化"铺就了这样一条道路，它不仅丰富了世界各民族的饮食习惯，更塑造了丰富多彩的农耕文化。毋庸置疑，相较于丝绸之路的璀璨辉煌，稻米之路在人类生存的篇章中书写了更为浓墨重彩的一笔，其深远意义不言而喻。

神农创耒　天降嘉禾

《诗传》

始教造田，谓之田祖，

先为稼穑，谓之先啬。

神其农业，谓之神农。

湖南的远古农耕文化是神农文化。神农即炎帝神农氏，在中国古代传说中被尊为农业和医药的发明者，他教会了人们如何耕种土地、播种五谷，从而开创了农业的先河。因此，他被尊称为"田祖"，即农业的始祖。

在远古时期的长江中下游地区，稻作农业的发展催生了众多与稻作相关的原始部落。这些部落不仅数量众多，而且存续时间漫长，为湖南稻作文化奠定了深厚的人类学基础。在这些部落中，我们甚至可以看到神话传说中"三皇五帝"的影子，特别是与炎帝、黄帝等伟大部落的紧密联系。

黄帝南征，迫使神农氏进入洞庭湖区，并直达宁远县的九嶷苍梧。神话传说认为，稻是农业始祖神农氏传播的。《淮南子》上记载有"于是神农乃始教民播种五谷，相土地宜"。神农氏的主要功绩是发明了农耕、耒耜、制陶、医药、饮茶，为中华农耕文明作出了杰出贡献。

"神农"又号烈山，烈山即放火烧山之意。古时湖南多山地丘陵，原始农业的刀耕火种大多在山地进行。它的生产过程，首先是伐树木、烧草木，然后播种、看护，最后收割，即所谓"稼穑"。"刀耕火种"是原始农业的起始阶段。《烈子·说符》云："尝观之神农有炎之德。"湖南先民对"有炎之德"的"火神"崇拜，大概由此肇始。

炎帝神农氏进入湖南后，在各地留下了许多遗迹和传说。这些遗迹和传说，不少与湖南古稻作文化有关。相传神农种"五谷"的宜章县骑田岭，就在九嶷山附近。在湖南的地名中，与炎帝神农氏有关的就有嘉禾县、耒阳、茶陵、炎陵、郴州等几十处。

郴州市嘉禾县之名，来自"天降嘉种""天降嘉禾"的传说与记载。《嘉禾县学记》载："嘉禾，故禾仓也，炎帝之世，天降嘉种，神农拾之教耕作，于其地为禾仓，后以置县，徇其实曰嘉禾县。"《衡湘稽古》云："今桂阳县北有淇江，其阳有嘉禾县。相传炎帝之世，天降嘉禾，帝拾之以教耕，以其地为禾仓，后置县，因名嘉禾。"

耒阳市的地名也反映了该地与稻作文化的密切关系。"耒阳"地名非常古老，春秋时就有，公元前 206 年汉高祖设置耒阳县，县衙至今保存完好，被誉为"江南第一县衙"。《易·系辞》载："神农氏作，斫木为耜，揉木为耒。耒耜之利，以教天下，盖取诸益。"耒耜是早期稻作农具，耒耜的出现标志着先民结束"刀耕火种"的原始农业，开始从山地发展到河谷平原耕种水田。

株洲市"茶陵""炎陵"的地名皆因炎帝之墓得名。西汉时始建炎帝陵，至唐代建祠祭祀。北宋乾德年间在白鹿原修炎帝宗庙，至今还保留炎帝所铸尝药鼎，其盖端有蝌蚪古文，今人不能辨认。自古以来，官方和民间对炎帝陵祭祀绵延不绝。炎帝陵日益成为中华儿女缅怀始祖的圣地。

湖南稻作文化的源远流长，还离不开另一位重要人物：舜帝。舜帝是"三皇五帝"中被后人歌颂最多的人物。《史记·五帝本纪》记载舜帝"南巡狩，崩于苍梧之野。葬于江南九嶷，是为零陵"。

舜帝顺湘江溯潇水南巡，一路上传道德、教稼穑、授陶艺，并"作室、筑墙、茨屋、辟地、树谷，令民皆知去岩穴，各有家"。让人们告别原始的穴居生活，开启地面房生活，这是舜帝的聚民之举。

炎帝和舜帝迁入湖南后，他们最为人称道的贡献便是将中原地区先进的农业技术引入此地，从而开创并推动了湖南地区的原始农业发展。这两位帝王所留下的丰富农作文化遗迹与传说，在古籍和各地方志中均有详尽记载，因而他们的历史功绩得以传颂千古，他们本人也备受后世敬仰与重视。

自然演进　得天独厚

《诗经·閟宫》

有稷有黍，有稻有秬。

奄有下土，缵禹之绪。

任何事物的存在和传播都是以时间和空间为条件的，稻作文化亦然。科学研究表明，栽培稻的起源可以追溯到普通野生稻。这意味着，只有在那些存在野生稻的地区，当地人才有可能通过长期的实践与探索，将野生稻逐渐培育成我们今天所熟知的栽培稻。

时至今日，长江中下游地区，几乎分布了中国现存绝大多数普通野生稻。例如，距道县玉蟾岩不远的江永县至今仍有成片的野生稻；距炎帝陵不远的茶陵尧水乡艾里村于1981年发现有成片野生稻；耒阳、永兴等地称野生稻为"野禾"，自古也有"野禾"存在。从"天降嘉禾"到湖南至今仍保有成片"野生稻"，这些均说明湖南具有水稻生长的自然条件。

在人类稻作史上，稻作文化的发展形态，大致经历了原始野生稻采集和半栽培文化、烧田农耕文化、水田灌溉文化三个阶段。湖南普通野生稻发展到大面积的种植栽培稻，也经历了从"刀耕火种"到"火耕水耨"再到"水田移栽"的艰难驯化过程。

湖南位于长江中下游地区，属于亚热带季风气候区，温暖多雨，气候条件优越。同时，在山地、丘陵与河流冲积平原的过渡地带，河流落差大，土坡肥沃，河湖众多，水力资源丰富，灌溉十分方便。这些都为湖南先人将普通野生稻培育为种植栽培稻提供了最得天独厚的条件。

"刀耕火种"和"火耕水耨"是早期湖南山地先民从原始野生稻采集和半栽培文化阶段发展到烧田农耕文化阶段的主要稻作方式。

汉语中的"畲田"，就是指采用刀耕火种的方法耕种的田地。《湖南方物志》云："沅湘间多山，农家惟植粟。且多在冈阜。每欲布种时，则先伐其林木，纵火焚之，俟其成灰，即布种于其间，如是则所收必倍。盖史所谓刀耕火种也。"西吾衡上在《力农》中有诗句"火种锄秋月，刀耕破晓烟"，生动描写了古代刀耕火种的原始农耕场景。

自汉代以来，许多历史文献在记载南方水稻生产的情况时，都要用到"火耕水耨"这样一个成语。火耕水耨的基本特点是"以火烧草，不用牛耕；直播栽培，不用插秧；以水淹草，不用中耕"。其实质是采用直播法迫使刚刚驯化的"野生稻"稳定结实。隋唐以前的湖南地区，普遍采用的是"火耕水耨"的水稻栽培方法，移栽并不普遍。

中唐以后，随着经济重心的南移，水稻移栽技术在湖南地区得到了普遍的推广。有诗为证："六月青稻多，千畦碧泉乱，插秧适云已，引溜加灌溉。""溪水堪垂钓，江田耐插秧"。水稻移栽不但能使稻株生长良好、倒伏较少，还有利于秧田除草和中耕管理，促进了南方水稻的规模化种植。

水稻具有离地高，产草量大，既能够忍受短暂的干旱，又能够忍受较深的水淹而不会休眠的特点。也许，湖南先人选种水稻正是看中水稻特有的生物属性与三湘大地独特的气候和土壤特点的高度契合，这种特点能对"野生稻"构成强烈的刺激，确保其稳定结实，防止出现"返祖"现象。

从文字语义学的角度来看，"稻"字从禾从舀，臼上加"爪"，表示先民迎风打稻、用手舂米的意思。"禾"与"舀"联合起来的本义为"在水田里采取抛种法种植的谷物"。直到今天，湖南农人还习惯传统的"抛秧+插秧"的移栽手段，而不是采取机器直接播种水稻的技术，究其原因，也可以理解为通过加大对水稻的刺激防范其"返祖"。

人类学家弗朗西斯卡·布雷曾将稻作文化归为"技术导向型"农业。南宋时期的《陈旉农书》就详细讲述了南方水稻的种植技术，并对水稻的田间管理和水稻育秧技术，即"薅耘之宜"和"善其根苗"进行了详细记载。

《陈旉农书》讲在坡塘的堤上可以种桑，塘里可以养鱼，水可以灌田，使得农、渔、副同时发展，很有现代生态农业的风采。书中还十分强调传统的"因地之宜"，对不同类型田地的整治尤其是南方山地高田的整治尤为详细。

"梯田"作为南方山地高田代表，是湖南重要的稻作文化遗产。时至今日，在湖南新化奉家山紫鹊界山地上，尚有8万亩古梯田仍在使用。据专家考证，奉家山本名秦家山，因秦国王族逃避宫廷争斗而率族人来此"紫鹊绝境"，即东晋陶渊明所记"桃花源"秦人村。紫鹊界梯田的自流灌溉系统堪称人类最伟大的水田工程，规模之大，地势之高，形态之美，堪称世界之最。

"烤田"是北方"蹲苗"技术在南方的发扬光大。到了夏季，农民们将稻田里的水放干，让稻穗接受几天暴晒，直到稻田干得出现龟裂纹，再重新往稻田里灌水，让水稻恢复正常的生长。农民们把这种耕作方法叫作"烤田"。"烤田"技术通过让水稻暴晒"熬煎"来促进有效分蘖的生长。这是水稻增产的关键技术，该技术沿用到今天，显现了南方稻作文化较强的进取性与能动性。

中国传统农耕文化的主要特点是"男耕而女织"。在南宋诗人杨万里的《插秧歌》中，我们就看到了妇女插秧的身影："田夫抛秧田妇接，小儿拔秧大儿插""唤渠朝餐歇半霎，低头折腰只不答"。男女合作的农耕场景在插秧活动中表露无遗。在南方稻作文化中，"妇女馌饷，凡拔秧刜水与男子均劳。"凸显的是男女"劳动分工"的平等理念，这是对传统社会性别分工的突破。

渔樵耕读　内蕴深厚

《诗经·七月》

八月剥枣，十月获稻；

为此春酒，以介眉寿。

这几句诗的大致意思是八月开始打红枣，十月下田收稻谷。酿成春酒香又甜，为了长寿大家享。它描绘了古代农耕社会的田园生活，表达人民对美好生活的向往。

湖南有一万年以上的稻作栽培史。清人黄本骥在《湖南通志》"序"中指出了湖南稻作农业丰富发展的因素："生其地者，可因地之利以治生；居是邦者，可因人之利以裕己；守斯土者，可因民之利以布政。"居于湖南的原始先人和迁入湖南的神农氏族，正是"因地之利以治生"而开创原始农业及稻作文化的。

早在新石器时代，湖南即开始了水稻耕作。春秋时期，湖南已是楚国的南方粮仓。魏文帝曹丕说"江表唯闻长沙名，有好米，上风炊之，五里闻香。"六朝时期，湖南的粮食已大量外调，湖南亦已成为全国重要的粮食生产地和供应地。唐宋时期，中国经济重心南移，湖南粮食地位日渐突出。到北宋晚期，湖南成了全国主要的稻作区和粮食供应基地。当时的潭州"巨舰漕米，一载万石"。南宋时期，洞庭湖围湖造田达到高潮，"湖沼淤地，筑堤围田，广袤千里"，堤垸比比皆是，"桑麻蔽野，稼穑连云"。

明代，洞庭湖的围垦运动进入急剧膨胀阶段，"泽国皆成沃壤，因地之宜，顺物之性，阜国裕民"，湖南稻米产量剧增。民间流行的"湖广熟，天下足"谚语一改而为"湖南熟，天下足"。当时包括长沙在内的整个湘北地区已是全国重要的粮食产地。明代长沙城，既是辖12县州的长沙府府治，又是长沙、善化两县的县治，人口密集，商业繁荣，米业产销两旺。

康熙三年，湖南被冠以"天下第一出米之区"，粮食外运之船络绎不绝，长沙、湘潭等地"仓库栉比，米袋塞途""堆则如山，销则如江"。清雍正初年，湘江上运米之船"千艘云集"，直销汉口，再抵江浙，盛极一时。清代晚期，随着湘军在全国的征战，长沙、湘潭发展成为百谷总集之区，湖南的农业生产发展也已居全国领先位置。

到20世纪二三十年代，湖南粮食外运每年400万石以上。长沙因为其不断增加的稻米输出，在全国粮食贸易中的地位日益突出，得以与无锡、芜湖、九江并誉，成为当时赫赫有名的中国四大米市之一。长沙港、望城靖港、湘潭易俗河、汉寿沧港成为湖南四大米市。湖南成为名副其实的"鱼米之乡"。

中国稻作文化作为一种民俗，已于 2014 年经国务院批准列入第四批国家级非物质文化遗产代表性项目名录。在长期的稻作栽培历史中，湖南形成了丰富的、具有浓郁地方色彩的稻作文化，在民间信仰、民间艺术、岁时节气、民间服饰等民俗方面皆有所体现。

在民间信仰方面。祭神是湖南稻作文化的传统之一。

伴随着农耕祭祀文化的发展，巫傩之风的传承与流布也融入湖南人"祈求农业丰收、六畜兴旺"的农耕习俗之中。湖南怀化洪江高庙文化遗址是中国农耕祭祀的最早发现地，距今已有 7400 多年。高庙遗址出土画有人面獠牙纹和人面鸟爪、口长象牙的神农氏头像纹陶器，是此地巫傩文化盛行的重要证据。

《吕氏春秋》记载了中国古代孟秋之月"天子乃以犬尝稻"的祭神仪式。"以犬尝稻"的习俗在湖南民间至今留存。每年农历六月初六是湖南的尝新节，节日中要先以新米饭敬祖宗，然后以新米饭给狗尝，最后才是全家人聚餐。

在民间艺术方面。直接或间接反映稻作生产的传说故事、民间艺术不胜枚举。例如，土家族的《梯玛歌》、苗族的《古老话》、侗族的《侗歌》、瑶族的《盘王大歌》，以及苗瑶民族的盘瓠图腾等。其中，侗族大歌最为有名。它来源于水稻民族的自然歌唱、劳动传承、爱情诉说和人间友爱，如同一首多声部无指挥、无伴奏、自然和声的民间合唱音乐。它是侗族传统文化的瑰宝，也是湖南数千年稻作文化的宝贵结晶。

花鼓戏是湖南地方大戏剧种之一。长沙花鼓戏的经典曲目，比如《刘海砍樵》《打铜锣》《补锅》《烘房飘香》《双送粮》《骆四爹买牛》《牛多喜坐轿》《啼笑因缘》等充满浓浓的稻作文化色彩，具有浓郁的湖湘乡土文化风味，深受广大观众的欢迎喜爱。

在岁时节气方面，湖南各地方言里有许多反映物候农事的农谚，如"清明前后，撒谷种豆""谷雨前，好种棉""小暑小割，大暑大割""八成熟，十成收；十成熟，二成丢"等饶有趣味，是具有指导意义的水稻种植口诀。

在日常生活方面，稻米在民俗节日中也扮演着重要的角色，如春节打年糕做八宝饭，腊八节做"腊八粥"，元宵节做元宵包汤圆，清明节包青团，端午裹粽子。只要有节日的地方，总少不了稻米的存在。除了当地人以粘稻为日常饮食外，湖南也盛产糯稻，用糯米酿造醪糟(甜米酒)在湖南城乡非常普遍。

革新创新　独放异彩

湖南稻作文化的贡献，首先在品种的革新上。

"长腰瓠犀瘦，齐头珠颗圆，红莲胜雕胡，香子馥秋兰，或收虞舜余，或自占城传，早籼与晚稬，滥炊甑甗间。"

这是南宋诗人范成大写的诗作《劳畲耕》。诗中共提到 8 个水稻品种：长腰、齐头白、红莲、香子、舜王稻、占城、稬稉、籼禾。而历史上比较著名的水稻品种还有早稻、香稻、赤米、占城稻、杜糯、六十日、御稻米之类。这些水稻品种在不同的历史时期在湖南均有种植，而且经过长期的栽培选择，湖南水稻品种不断丰富和发展。

占城稻在唐末宋初从占城引入中国，属于"后种而先熟"的早稻品种。以占城稻为代表的早熟品种在湖南的广泛推广，不仅促进了湖南双季稻的发展，甚至还影响了中国古代农业的耕作制度。直至今日，以丘陵山区为主的湖南仍是我国双季稻品种最多的省份。

目前，世界上可能有超过 14 万种不同的稻。科学家们还在不停研发新稻种。水稻品种虽越来越多，但总体还是籼、粳、糯三种，而且大都是杂交品种。洞庭湖大米、江永香米、南岳寿米、九嶷富硒大米等品牌稻米，比起以往要高产得多。

世界范围内，水稻的主要生长区域也由中国南方和台湾岛、朝鲜半岛、东南亚、南亚等地，扩展到欧洲南部地中海沿岸、美国东南部、中美洲、大洋洲和非洲部分地区。也就是说，除了南极洲之外，世界大部分地方都有不同品种的水稻生长。

湖南稻作文化的另一重大贡献，则在技术创新上。

水稻是湖南主要的粮食作物，稻谷占湖南粮食总产量的 89%，湖南稻谷总产量和稻田耕种面积均居全国第一。

多年来，湖南稻谷产量均占全国的 13% 以上，是全国为数不多的几个粮食净调出省份之一，年均调出稻谷 40 多亿千克，在国家粮食安全保障中起着举足轻重的作用。

人类任何一次稻作生产的飞跃都源于重要新资源的发现和新技术的应

用与突破。正是矮脚南特稻的发现促成了矮秆革命，也就是水稻的第一次绿色革命。而花粉败育的野生稻以及农垦58S的发现则分别催生了三系和两系杂交稻的全面革新。

自1949年以来，湖南稻谷产量连续登上四个台阶，每一个台阶都伴随着一次技术革命：单季稻改双季稻的稻田耕作制度革命，高秆稻改矮秆稻的水稻品种革命，常规稻改杂交稻、三系杂交稻改两系杂交稻、普通稻改优质稻的水稻种子革命，以及以培育壮秧、合理密植、科学施肥、综合防治为主要内容的栽培管理革命。

杂交水稻是一个世界性难题，以袁隆平院士为首的中国水稻育种科学家冲破经典遗传学理论的束缚，生产出世界上首例杂交水稻，创造了亘古未有的世界奇迹。我国自1976年大面积推广杂交水稻以来，累计种植五六十亿亩，增产稻谷五六亿吨，为国家粮食问题的解决作出了巨大贡献。袁隆平被誉为"当代神农"，国际上尊袁隆平为"杂交水稻之父"。

袁隆平杂交水稻团队组建以来，在两系法杂交水稻理论与技术、超级杂交稻育种研究、突破性骨干亲本创制、广适型主导品种选育、节氮高效与绿色生产等方面取得了5项标志性创新成果，使我国杂交水稻研究稳居国际领先水平。

中国源远流长的稻作文化是杂交水稻文化的起源。杂交水稻是通过野生稻的发现和转育，并最终通过实现"三系"配套而诞生的。科学家们断言：没有野生稻，就没有中国杂交水稻的诞生和大面积推广。

今天的湖南人正在描绘中国稻作文化新的画卷：把野生稻驯化成栽培稻，用野生稻与栽培稻育成杂交稻和超级稻，再用野生稻与杂交超级稻远缘杂交而形成不须每年栽种的超级优质稻。这被国际学术界认为是世界水稻栽培历史上的第三次革命。

目前，我国团队正在利用现代高效的全基因组选择育种技术，将海水稻资源中耐盐碱基因导入超级优质杂交稻品种中，并在沿海沙漠化土壤中建立一种更高效的水稻栽培技术，来填补中国土地资源匮乏的缺口，扩展水稻种植的潜在生产范围。在可以预见的将来，海水稻项目将在国内种出万亿级产业，在"一带一路"沿线种出中国农业制造之路。

朱镕基在考察湖南时曾说："湖南的发展可打两张牌，一张是张家界的生态牌，一张是袁隆平杂交水稻牌。"杂交水稻文化已成为湖南鲜明的、独特的、不可复制的大文化品牌，湖南杂交水稻文化作为湖南稻作文化的一种新元素和新动能，必将在湖湘文化谱系中大放异彩。

结　语

中华文化源远流长，农耕文化作为其重要组成部分，奠定了中华文化的基本特征。"夫稼，为之者人也，生之者地也，养之者天也。"更是道出了农耕之本质——人的勤劳、地的滋养与天的恩赐共同铸就了丰收的硕果。

在中华民族漫长的历史进程中，中华儿女世代聚居，历经艰辛，与大自然和谐共生。他们勤劳耕作，种植五谷，蓄养六畜，农耕与桑蚕业并举，农耕与纺织业相融，逐渐形成了精耕细作、渔樵耕读的优良传统。在这一过程中，还孕育出中国先民内敛自给的生活方式、深厚的文化传统、独到的农政思想以及完善的乡村管理制度，这些都是中华文化不可或缺的宝贵财富。

稻作文化作为中华文化的重要分支，承载着丰富的历史与文化内涵。湖南，作为世界稻作的起源地之一和历史悠久的农业大省，其稻作文化源远流长，底蕴深厚，内容丰富，类型多样，特色鲜明。湖南稻作文化的地域多样性、历史传承性和乡土性，不仅为中国稻作文化增添了独特魅力，也是湖南稻作文化能够历久弥新的重要基石。

在湖南先民的传统中，我们可以领略到一种顺应天时、灵活应变、团结协作、自强不息以及勇于开拓的精神风貌。这些精神特质代代相传，已然成为湖湘文化的核心价值观和思维方式，并体现为兼容并蓄的开放精神与敢为人先的创新精神。而这种精神，也将持续推动湖南稻作文化走向新的辉煌。

稻作的生产与发展离不开天时、地利、人和的完美结合。湖南稻作文化所蕴含的"天人合一""以人为本""和而不同"的哲学思想，与当今倡导的和谐、环保、低碳理念高度契合，体现了人类生态环境、生存环境和生活环境的和谐统一。这为我们推动绿色发展、建设美丽中国提供了宝贵的文化资源。随着时间的推移，湖南稻作文化必将在历史的沃土中苗壮成长，绽放出更加绚丽多彩的光芒。

🔊 拓展阅读

1. 湖南稻作文化的主要遗址：除了玉蟾岩和八十垱遗址，长沙大塘的7000年前稻作遗址也展示了湖南地区悠久的稻作历史。株洲茶陵独岭坳的稻作遗址，距今6500—7000年，进一步证明了湖南在新石器时代就已经有了发达的稻作文化。怀化安江农校附近的黔阳高庙遗址，发现了7600年前的稻作遗迹。这个遗址与杂交水稻的诞生地紧密相关，显示了湖南在稻作科技方面的突出贡献。此外，常德澧县城头山、彭头山遗址更是发现了世界迄今为止所发现的历史最早（6300—6500年前）、保存最好的水稻田遗存，对于研究稻作文化的起源和发展具有重要意义。

2. 湖南水稻品种的历史记载：清嘉庆年间的《湖南通志》记录了湖南存在数百种水稻品种的情况，显示了湖南地区水稻品种的多样性。到了清道光年间，黄本骥在其所著的《湖南方物志》中，对湖南的稻作进行了更为详细的分类和介绍。黄本骥将湖南的水稻品种大致分为早稻、中稻和晚稻三类，这是根据稻谷的播种期和收获期来划分的。同时，他还提到了适宜酿酒的糯稻和种植在山地的旱稻等特种稻。此外，他还引用了"省志"中的描述，进一步将稻谷分为粘稻（即粳稻）和糯稻两种，并列出了多达163种糯稻和粳稻的名称。

主要参考文献

[1]匡达人.炎帝神农氏的兴农与湖南古稻作文化[J].农业考古,2000(1):129-141.

[2]王佩良,张茜.论湖南稻作文化旅游开发[J].湖南商学院学报,2008,15(1):61-64.

[3]曾雄生.江南稻作文化中的若干问题略论:评河野通明《江南稻作文化与日本》[J].农业考古,1998(3):110-118.

[4]安志敏.中国稻作文化的起源和东传[J].文物,1999(2):63-70,92.

（执笔：谭建淋）

财税金融：红色先驱的湖南印记

中国共产党，历经 28 年的艰苦卓绝斗争，带领中国人民战胜了国内外敌人，取得了新民主主义革命的伟大胜利，建立了新中国，这一壮举无疑是 20 世纪人类历史上的奇迹。奇迹的铸就，既凝聚着无数革命先烈的鲜血与生命，也离不开红色财税金融工作者的默默耕耘与无私奉献。正如毛主席所言："我们虽无原子弹之威，但昔日亦无飞机大炮之利，仅凭'小米加步枪'便足以击败日本帝国主义与蒋介石。"这里的"小米"，不仅是人民群众朴素支持的象征，更是红色财税金融工作智慧与汗水的结晶。

在那烽火连天的革命岁月里，党的红色财税金融事业犹如一条隐秘而坚韧的生命线，为革命战争输送着源源不断的经济血液。一群杰出的"红色管家"，以他们的智慧与勇气，书写了这段历史的辉煌篇章。李六如，以其深厚的财经理论素养和丰富的实践经验，为红色财政制度的构建与完善铺设了坚实的基石；毛泽民，作为红色金融的奠基人，不仅推动创立了中华苏维埃共和国国家银行，更在极端困难的条件下，凭借灵活的金融策略，为革命根据地筹集了宝贵的资金，确保了战争的持续供给；熊瑾玎，则以超凡的智勇，在敌人的重重包围中巧妙斡旋，为党的财经工作开辟了一条安全通道，守护了党的经济命脉。

回望党的光辉历程，梳理红色财税金融的发展脉络，我们仿佛能拾起那些散落在历史尘埃中的璀璨明珠，串起一幅幅红色财税金融事业波澜壮阔的壮丽画卷。这些珍贵的历史记忆，不仅铭刻着革命先辈们的英勇与智慧，更彰显了他们为人民谋幸福、为民族谋复兴的初心与使命。当我们再次重温那段可歌可泣的革命历程，追忆那段激情燃烧的岁月，无不被早期红色财税金融工作者那种不畏艰难险阻、勇于牺牲奉献的革命精神所震撼，更被他们心系党的事业、全心全意服务人民群众的深厚情怀所深深感染。

中央苏区税务局首任局长李六如

1931 年 11 月 7 日至 20 日，中华苏维埃共和国第一次工农兵代表大会在江西瑞金召开，宣告中华苏维埃共和国临时中央政府成立。临时中央政府成立后，设立中央财政人民委员部，这是苏维埃政府财政工作的最高领导机关。中央财政人民委员部设税务局，李六如担任首位局长。

中央苏区在赣南闽西红土地上的这一创举是中国共产党领导税收工作的一次伟大尝试，是新中国税收的预演，开创了中国革命税收事业的新纪元，创立了中华人民共和国的税收雏形。李六如和苏区税务工作者在税收制度等方面的创建及实践，是中国共产党领导和管理财税工作的一次伟大尝试，对支援革命战争、促进苏区经济发展起到了重要作用。

李六如(1887—1973)，原名李运恒，号六如，湖南平江人。1921 年，李六如经毛泽东和何叔衡介绍加入中国共产党。他是一位见证新中国成立的革命老前辈，是中央苏区税务工作的主要创始人，是红色财政、银行、关税工作的开拓者。新中国成立后，李六如任中央人民政府政务院政法委员会委员、最高人民检察署副检察长兼党组书记。

苏区创建初期，税收工作处于各地自订税则、自立章程、各自为政的状态，财政收入主要通过打土豪、没收筹款、对地主罚款、战争缴获、动员富农或商人捐派等方式获得。随着土地革命的深入，苏区及其附近的土豪基本被打光了，战争缴获品也很有限，取之于敌的财源渐渐减少。但是，红军和根据地的扩大使苏区政府的开支大量增加。特别是在历次反"围剿"战争中，部队规模扩大，财政上异常艰窘。苏区财政来源要想有稳固的基础，就必须把以打土豪筹款和战争缴获为主的财政收入方式转变为整理税收、发展苏区经济为主的财政收入方式，即由取之于敌转变为取之于民和取之于己。

中华苏维埃共和国临时中央政府成立后，设立中央财政人民委员部，它是苏区政府财政工作的最高领导机关。中央财政人民委员部设立税务局，下设农业税征收科、商业税征收科、工业税征收科、关税征收科、财会总务科等 5 个部门。

担任中央苏区税务局首任局长期间，李六如利用自己的所长与实践经验，结合苏区实际，整顿和规范了税收秩序，建立和完善了税收征管办法，迅速统一了中央苏区税政，增加了中央苏区财政收入。

　　李六如在 1931 年 11 月至 1933 年 10 月担任局长期间，参与了《中华苏维埃共和国暂行税则》的制定。1931 年 11 月 28 日，中华苏维埃共和国中央执行委员会审议通过《关于颁布暂行税则的决议》。《中华苏维埃共和国暂行税则》指出："国家的财政收入和支出，税收是主要来源。中央政府根据宪法的规定，废除国民党军阀的一切田赋、丁粮、苛捐杂税、厘金等，实行统一的累进税。"同时，暂行税则将苏区税收分为商业税、农业税、工业税等三大类，工业税在苏区始终没有开征，商业税分为营业税和关税两种。暂行税则的制定标志着人民税收和中央苏区统一的税收制度的创立。苏区税收的基本原则是把重担放在剥削者身上，贫农、中农税轻，富农税重，雇农及红军家属免税，受灾地区减免税收。因此，《暂行税则》得到了广大工农群众的支持和拥护。同年 12 月 1 日，中央执行委员会主席毛泽东，副主席项英、张国焘共同签发了《暂行税则》。

　　李六如在担任税务局局长期间，与当时的财政部部长邓子恢一起颁布了《财政部暂行组织纲要》，下达了《关于统一税收问题》《关于统一会计制度问题》《关于整顿商业税问题》等训令，制定了《工商业登记规则》《土地税征收细则》《关税征收细则》等法规。同时，李六如大力加强税务组织机构建设，设立农业税征收科、商业税征收科、关税征收科、商业登记管理处、财会总务处。自 1931 年起，李六如先后在江西赣县茅店设立税务所，在福建上杭官庄、同坑塘、石圳潭等地设立关税处。

　　李六如领导下的中央苏区税务局十分注重税收政策的宣传，并将《红色中华》《斗争》等报刊作为宣传工作的主要阵地。中华苏维埃共和国临时中央政府编印的《苏维埃法典》收录了部分关于苏区税收工作的法律文件，是各级部门宣传税法的工具书。

　　在协税护税方面，中央苏区也有创新探索。中央苏区成立了商业税征收委员会、土地税征收委员会、土地税检查委员会等协税护税管理机构，通过各级委员会和区、乡政府等部门的共同协作，加强税收征管。

　　中华苏维埃共和国中央税务局的税收工作，在反"围剿"战争中贡献巨大。中央苏区税收成为全国苏维埃税收的中心，为打破经济封锁、促进苏区经济发展发挥了重要作用。税收减免支持使中央苏区各类合作社组织蓬勃发展，到 1934 年 2 月，消费合作社发展到 1140 个，粮食合作社发展到10712 个。

中央苏区税收为革命斗争提供了重要财力支持。1932年，茅店营业税委员会在一个半月内，征收商业税共计银元3000多元，占全县3个月筹措红军战费总数的3成，有效地支援了红军作战。1934年8月至10月，建宁、泰宁等6县税收收入占经常性财政收入的44.6%。

中央苏区还大力加强税务组织机构和队伍建设。中央苏区的税务干部主要由两部分组成，一部分是从军队和地方干部中调入的人员，另一部分是从工人、店员和知识分子中吸收的人员。1934年7月，中央税务局迁往瑞金县云石山乡丰垅村单独办公，税务干部队伍进一步发展壮大。

1934年，第五次反"围剿"失败后，红军主力北上抗日，李六如作为苏区税收工作的开拓者之一，服从组织安排留在中央苏区坚持斗争，负责财经工作，度过了转战赣南的艰难岁月。

土地革命时期，党和苏维埃政府非常注重反腐倡廉，从中央到地方，领导以身作则、廉洁奉公。李六如对税务干部队伍严格管理，广大税务干部严格自律，留下了许多廉洁佳话。

赣县茅店关税处工作人员每天经手的物资、银元总价不菲，但从不占用一分一毫。老关税员陈水北在《海关红色档案故事》一书中的《追寻苏区关税足迹》一文中回忆道："一次我们从船里背盐上岸，由于长期缺盐腿发软，背一包二三十公斤的盐很吃力，我们拄着木棍爬行，累得满身出冷汗，但是我们没有吃一粒盐。想想前方作战的红军，想想医院里的许多伤员，对这些盐我们动都不去动。"

会昌县筠门岭关税处也留下了"千金难买一条道"的故事。据《追寻苏区关税足迹》记载，当时以大奸商朱德坤为首的走私集团，在会昌县各地倒卖大批粮食走私出境，筠门岭关税处接连3次将其查获，没收了近5万公斤粮食，罚了5倍的税款。为牟取非法利益，朱德坤派2名小商贩挑了几担贵重礼物来到关税处，找到负责人说："只要你们以后让粮食出境，朱老板愿意捐赠银元5000块、黄金30两为谢。"关税处严词拒绝了他们的贿赂，并派出缉私队，直捣走私集团老巢。筠门岭关税处曾在3个月内查获走私偷税案件240多起，没收28万多斤粮食及一批烟土、金银和首饰。

中央苏区税收的伟大实践，是中国共产党在领导中国革命的进程中开展财税工作的一项重要内容。苏区废除国民党军阀的一切田赋、丁粮、苛捐杂税、厘金等，实行统一的累进税，这是社会主义性质税收的萌芽和人民税收制度的开端，在新中国税收史上有着重要的历史地位和贡献。毛泽东在第二次全国苏维埃代表大会上指出，税收是苏维埃财政的三大来源之一，"苏维埃采取统一的累进税法，乃是世界上最优良的税法"。

苏维埃国家银行首任行长毛泽民

在红色金融事业中，有这样一个人，他把一生都奉献给了党的金融发展工作，那就是被誉为"红色大管家"的毛泽民。

提起毛泽民这个名字，很多人都会猜测他的家庭出身。毛泽民，字咏莲，后改为润莲。1921 年，他就跟随着自己的长兄毛泽东，走出了韶山，投入革命之中，并于次年加入了中国共产党。在加入党组织最初的一段时间，他并没有很突出的功绩，只是跟随在其他同志的后面，负责一些琐事。直到 1922 年年底，毛泽民受中共湘区区委指派，到江西安源路矿从事工人运动。1923 年 3 月，安源路矿工人俱乐部创办了消费合作社，半年后发展为总社，毛泽民任总经理。消费合作社不仅帮助了穷苦工人，还为我党筹措了经费。工人们都说："他们大战了一场资本家，打破了一切工头制，建设了一个坚强的大营寨。"

那时，安源路矿工人大罢工刚刚取得胜利，面对胜利果实，众人喜笑颜开。但出人意料的是，毛泽东并没有舒展开紧皱的眉头——他在思考一个严峻的问题：如何保护和争取工人的经济利益？毛泽民没有一丝迟疑，当即接下了这个艰巨的任务：到江西安源路矿从事工人运动。

抵达江西后，毛泽民便开始暗中进行调查。在暗中察访中，他得知资本家实施"矿票"政策，工人们领到的工钱并不是现金，而是矿票。这些矿票只有在资本家操控的银铺里才可以兑换成现金。这项政策对工人阶级的剥削十分严重。毛泽民决定尝试创办"安源路矿工人消费合作社"，用融资的方法，帮助贫苦工人摆脱困境，同时也为党筹集经费。这一决策表面上看只是保护了工人阶级的利益，实际上影响深远，把安源街上大大小小的银铺全部击垮了。

当地的资本家、包工头等开设的大小商铺因为利益受阻，纷纷出手，企图挤垮合作社。因为合作社的商品物美价廉，很多不法商人趁机从合作社套取货物，然后转手高价卖给别人。毛泽民正面对抗，制定了一些行之有效的办法，完善凭证购买政策，从而维持了合作社的营业秩序，保持了矿工的利益。

但在红色金融事业蒸蒸日上、扩大规模的同时，周转资金严重不足的问题产生了。为了解决这一问题，毛泽民建议向工人们发行股票，让工人们参与进来。这样不但解决了前期本金的问题，还能为工人创收。

这是我党历史上第一次发行股票，发行的股票被称为"红色股票"。

1931 年 7 月，毛泽民到达中央革命根据地，任闽粤赣军区经理部部长。1931 年年底，毛泽民被委派筹建苏维埃国家银行。经过 2 个多月的努力，1932 年 2 月 1 日，中华苏维埃国家银行在瑞金叶坪成立，毛泽民任第一任行长。他采取一系列符合苏区实际情况的财政政策，在不到 3 年的时间里，就使中央苏区统一了财政、统一了货币。这一系列财政政策不仅繁荣了经济，保障了军民供给，还沟通了苏区与白区的贸易往来。

在中华苏维埃国家银行成立之前，苏区流通的货币有江西工农银行的铜圆券、闽西工农银行的银圆券、光洋、国民党的纸币，甚至还有清朝的铜币。当时，货币市场非常混乱，给国民党方面破坏苏区的金融市场提供了可乘之机，发行苏区统一的货币是当务之急。但是，要印制统一的苏区纸币没有原料怎么办？毛泽民就亲自挑着箩筐，走村串户收破布、烂棉絮和烂麻袋，并发动职工上山砍毛竹、剥树皮，然后用铁锤、石碓将破布、毛竹等捣成浆，在酸碱水中浸上七天七夜，造出了白细质韧的造币用纸。毛泽民听说有一个名叫华广的同志会绘图案，便赶紧借用，让他设计纸币。对于印钞票的油墨和新机器，毛泽民也想方设法，委托白区商人程度生赴上海、香港购买。就这样，国家银行正式发行了统一的纸币——中华苏维埃共和国国家银行银币券。1932 年年底，国家银行的纸币发行额为 65 万余元，可以充分兑换现金，因为信用好，币值一直保持稳定。11 月 7 日，《中央财政人民委员部一年来工作报告》指出："纸币正在发行，银币也已开铸，纸币在群众中已有相当信用。"

但是，毛泽民依旧食不甘味、寝不安席，担心苏区纸币的防伪问题。为了解决防伪问题，毛泽民日夜苦思冥想，连煤油灯烧了毛衣都没发觉。孜孜不倦的探索使他有了灵感，那就是在造纸时将一定量的羊毛放到纸张中，这样既可以透视纸币鉴别，又可以撕开或火燎纸币，通过嗅羊毛的臭味来辨别真伪。就这样，他解决了防伪问题，保证了货币的正常流通，稳定了苏区的金融事业。

在发行纸币的同时，国家银行还开始酝酿制造银币。一天，毛泽民拿着2张银币图样来到造币厂。厂长谢里仁仔细看过图样后，激动地说："这回可好了，我们苏维埃共和国也有自己的银币了！以后再也不用铸什么'大头洋''小头洋'了。"毛泽民诙谐地说道："银币要铸，银洋也要铸，银币只能在苏区流通，我们还要到白区去买东西呢！"当时，中国的币制尚未完全统一，金银本身就是硬通货。中央苏区银币的出现，大大方便了苏区与白区之间的贸易往来。

在开创党的金融工作的长期实践中，毛泽民积累了丰富的金融经验，也遇到了不少困难。例如，如何制定会计、预算、决算和审计制度，如何废除高利贷剥削，如何调剂资金余缺等。为了破解这些难题，毛泽民集思广益，制定了中华苏维埃国家银行九条宗旨：一是摧毁反动的金融体系，废除高利贷剥削，冲破敌人的经济封锁；二是打击奸商的破坏活动，防止金银外流；三是统一货币制度，建立自己的造币厂，发行适当数量的纸币；四是开办机关、企业、红军部队和个人的储蓄，扩大银行股金；五是为经济效益好的厂、矿、合作社发放贷款，扶植各项建设事业；六是改善经营管理，从宏观上调控资金余缺；七是办理兑换业务，管理现金，并代理金库；八是组织信用社，帮助工农群众兴办各种生产合作社；九是保障贸易，繁荣市场，稳定物价，安定人民生活，为革命战争服务。

1934年10月，中央红军先头部队跨过于都河，拉开了震惊世界的二万五千里长征的序幕。在突围前5天，毛泽民才得到转移通知。他匆匆结束了手头的工作，紧急组织国家银行的同志捆扎转移所携带的财物，落实人员编组。隶属于中华苏维埃政府的国家银行被编为中央纵队第十五大队，由袁福清任大队长，毛泽民任政委，曹菊如任党支部书记，另外还配备了一个警卫连。他们从瑞金云石山下陂子村出发，踏上漫漫长征路。

尽管按照毛泽东的意见，毛泽民已经把金库中的大部分"家当"分给各军团保管使用，但由于"左"倾路线领导人实行坛坛罐罐"大搬家"式的转移，第十五大队出发时，仍配置了100多副担子，其中有2担黄金、几十担银圆、几十担纸币、四五担银毫和铜币，以及印钞的石印机和油墨、纸张等。这是毛泽民担任国家银行行长近三年的时间里，辛苦攒下的家底，也是中央红军在长征途中的后备资金。第十五大队被视为中央红军的命根子，前后左右都有红军部队保护着。

有人曾这样说：毛泽民率领的是一支特殊的红军部队，他们虽然没有真刀真枪地与敌人作战，但他们同样是战士。几万红军天天在流动，没有根据地，每天都要解决吃饭的问题，这个担子相当重。他们挑着国家银行的全部家当，支撑着中央红军走过万水千山。毛泽民的职责不亚于前线的军团长和政委。

最可信赖的红色管家

熊瑾玎，湖南长沙县人。他是一位在中国近代革命史上占据重要地位却鲜为人知的湘江"财"子。他早年在长沙从事教育工作，1918 年秋加入革命团体新民学会。第一次大革命失败后，他毅然加入中国共产党，从此走上了革命道路。

1928 年春，因中共湖北省委遭到破坏，熊瑾玎转移到上海，组织任命他担任中央机关会计，负责管理和筹措经费。他以"福兴商号"为名经营纱布生意。福兴布庄实为中央政治局开会办公的秘密机关和中央同各地联络的通信点。

熊瑾玎为人细心谨慎，防范周密，在白色恐怖笼罩之下，这个党中央的秘密机关持续 3 年之久未被敌人发觉。因具有相当的理财经验和善于交友的特点，他主持开办了 3 个酒店和 1 个钱庄，作为党的秘密联络点。他还协助毛泽民经营印刷厂，秘密印刷党的报刊。在熊瑾玎的主持下，3 年多时间内党中央机关的财务工作和会议工作均得到保障。他也因此得到了"党的红色管家"这个美誉。

1933 年 4 月，因顾顺章叛变，熊瑾玎在法租界被捕，被关押 4 年。抗日战争全面爆发后，熊瑾玎出狱。1938 年 1 月，熊瑾玎受周恩来委派任中央机关报《新华日报》总经理。自此至第二次国共内战爆发前的 9 年时间里，他发挥经营上的才能和广交朋友的优势，不仅使报纸突破国民党的经济扼杀得以维持，还为中共中央南方局筹措了大量的经费。他始终坚持办报宗旨，恪守"党报不仅要代表共产党说话，还要代表广大群众说话"的原则，使《新华日报》真正成为人民的喉舌和抗战的号角。《新华日报》从武汉辗转至重庆后，他组织人员用最短的时间完成筹备，想方设法租借总馆和职工宿舍，在战火中保证了《新华日报》的无间断出版，堪称报界奇迹。为解决印刷原料的奇缺问题，他一面与国民党当局据理力争，保证一定数量的油墨、纸张；一面广开源路，通过合办纸厂、参与炼油业务等方式，获取报社所需的纸张、油墨、煤油、汽油，为《新华日报》的正常出版运作提供了强有力的后勤保障。他还以诚实忠厚、乐于助人的个人品格，广结人缘、善于理财的经商头脑，为《新华日报》赢得了国防动力酒精厂、第二炼油厂等大批重要的经济支持者，不仅从未使《新华日报》因原料和资金不足而停刊，还为我党筹措了千万财富。他虽守着万贯"家产"，却甘于清贫，始终没有动用党的一分钱。近乎"残忍"和不可思议的背后，展现的是一个共产党员恪守党的原则纪律和危难关头钢铁般的意志，这是何等的情操和胸怀！《新华日报》的老同志后来深情地回忆道："在当年的报馆里，可以缺少任何一个人，唯独不能没有熊瑾玎。"

新中国成立后，熊瑾玎担任全国红十字总会副会长。在"文化大革命"中，熊瑾玎夫妇受到冲击，为了保护他们，周恩来亲笔写了一份证明材料："在内战时期，熊瑾玎、朱端绥同志担任党中央最机密的机关工作，出生入死，贡献甚大，最可信赖。"

1966 年初，在熊瑾玎 80 周岁诞辰之时，周恩来特地带着邓小平送给自己的 2 瓶绍兴花雕陈酒为他祝寿。1973 年，熊瑾玎病危且已不能说话，周恩来不顾自己重病在身仍去医院看望。夫人朱端绥交来丈夫的两句遗诗"叹我已辞欢乐地，祝君常保斗争身"，以此表达熊瑾玎对党内老战友的深厚感情和最后祝愿。

中国共产党领导创建的第一家银行

2020 年 9 月 18 日，习近平总书记在湖南考察工作时指出："湖南是一方红色热土，大批共产党人在这片热土上谱写了感天动地的英雄壮歌。"

湖南省衡东县湘江河畔有一个叫作柴山洲的地方。1927 年 1 月，毛泽东来此考察农民运动，高度评价柴山洲特别区第一农民银行。这家银行成立于1926 年 12 月，开创了多个"第一"：它是中国共产党创建的第一家革命银行，也是第一家农民银行、第一家人民金融组织；它发行的白竹布币是迄今发现的第一种革命货币。"三个第一"使其在湖南红色金融史上具有特殊的意义。更重要的是，它是我国农民第一次摆脱地主高利贷的剥削，发展生产，掌握自己经济命运的尝试，具有积极意义。

柴山洲特别区第一农民银行旧址位于湖南省衡阳市衡东县三樟镇柴山洲村，为 2 层砖木结构，悬山顶，小青瓦，内置天井。原门额为"夏拜公祠"

4个大字，现门楣上为黑底白字"柴山洲特别区第一农民银行旧址"，由中国人民解放军原总参谋长杨得志所书。

柴山洲特别区第一农民银行的成立，与当时衡山县柴山洲的农民运动密切相关。

20世纪初，夏拜公祠所属的柴山洲特别区是第一次国共合作时期农民协会划定的一个行政区。柴山洲地处湘潭、株洲、衡山、衡东等四地的交会处，是一个半岛形的地貌，湘江在此绕了一道大弯，湘水至此浩浩荡荡，河运交通非常发达。这里地势平坦，土质肥沃，适宜种植辣椒等经济作物，又有油麻田、栗子港2个码头，水路交通便利，物产丰富，农产品交易频繁，对外经济文化交流活跃。当时，柴山洲居住有900户、4000多口人。

尽管柴山洲有一定的地理优势，但易涝易旱，"十年九不收"也是常有的年景。当时，地主依附的封建军阀势力还很强大，毛泽东在《湖南农民运动考察报告》中点名批判的"湖南右派领袖'左社'头子"刘岳峙（时任湖南省财政厅厅长），他的家就在柴山洲特别区油麻田。他与湖南军政首领赵恒惕长期控制、把持衡山地区。农民生产生活如遇资金困难，就得借贷，但年利息都不会低于40%，这是一种利滚利的极端盘剥方式。土豪劣绅、贪官污吏的极度压榨和高利贷盘剥，以及天灾人祸使挣扎在贫困边缘的农民愈加贫穷，无法生存。

1925年9月，中共湘区执行委员会派共产党员、省农运特派员贺尔康到柴山洲开展农民运动。1926年1月，贺尔康建立农会小组、中共柴山洲支部，成立柴山洲特别区农民协会，开展轰轰烈烈的革命运动。

1926年4月，贺尔康遵照《中国共产党第一次全国大会对于农民运动宣言及纲要》，公举办事公道的夏俊生、夏仁和、夏云华、夏菊贤、夏兆梅等6人为筹备委员，开始筹建农民银行。

据《湖南省志·金融志》记载，柴山洲特别区为成立农民银行召集全体会员及会同国民党党员、妇女协会、青年团各团体决议，并成立筹备处，筹集银行基金，印制兑换性质的布币。

在贺尔康的组织下，柴山洲特别区农民协会对土豪劣绅侵吞的公产、祠产进行清算，并开展减租、减息、减押工作。所获得的款项，一部分留给贫苦农民，一部分留作银行开办基金。同时，柴山洲特别区农民协会向土豪劣绅及殷实大户派捐，共筹集银洋5800余元。

1926 年 10 月 12 日，柴山洲特别区第一农民银行在夏拜公祠正式成立，并发行面额为 1 元的白竹布货币，与银圆 1 元等值。布币流通于衡山、湘潭一带，受到了农民群众的欢迎。《银行章程十二条》明确规定："借款人资格以雇农、佃农、小商人、手工业及青年妇女需款生产者为限。"这是中国共产党创建的第一家革命银行。

第一农民银行成立后，以富户捐纳筹款作为银行基金，迅即向农户发放生产、生活贷款和为农民协会办理平粜收款，贷款对象以雇农、佃农、小商人、手工业者为限，借款期限按用途审定，贷款利息按月息 5 厘收取。同时，银行还向合作社放款，用于农副产品的收购和生产资料的经营。

除了信贷业务，第一农民银行创造性地制作和发行农民自己的货币。这种货币以银圆为本位，用 4 寸长、2 寸宽的白竹布制成，票面文字用毛笔书写，上面盖有"柴山洲特别区农民银行"图章和经理文海南、副经理夏兆梅的私章，限定发行额为 5000 元。布币 1 元可兑换银元 1 元。银圆票布币除在特区内使用外，还在湘江对岸的湘潭"王十万"地区流通。

这种银圆票布币是我国新民主主义革命时期最早的人民货币、革命货币，是中国共产党人组织发行的第一张货币，它揭开了人民货币史光辉的第一页。

1927 年 1 月，毛泽东到衡山考察农民运动，对贺尔康带领柴山洲特别区农民协会开展轰轰烈烈的农民运动、建立农民银行给予了高度赞扬。

柴山洲现已划归衡东县辖区，这个半岛如今还保留着柴山洲特别区第一农民银行旧址，银行成立时的相关文献、货币等都陈列在此。这座面积为 623 平方米的砖木建筑，经湖南省文物局批准，于 1989 年被定为省级文物保护单位，现已成为湖南省爱国主义教育基地和红色金融教育基地。

🔊 拓展阅读

李六如故居位于平江县嘉义镇泊头村，古称泊头湾内大屋。大屋飞檐翘角，屋后青山如黛。它始建于清道光二十九年(1849 年)，坐南朝北，原是一座占地 6000 余平方米、建筑面积 5600 多平方米的颇具地方特色的民居。房屋系砖木结构，四进三厅，布局大方，雕工精细。中轴线上的建筑单元规模最大，各分支建筑单元分别对称并列在中轴建筑的两侧，呈"回"

字形布局，形成24个天井"回"字形的院落布局。沿中轴线纵深方向有四进院落，两侧前、后横屋各两进院落，两侧横向轴线上的建筑单元根据各个"小家"用房情况，在所属的横轴线上的两间明间之间用隔扇门间隔开，形成各个"小家"聚集地。2011年1月，李六如故居被湖南省人民政府公布为省级文物保护单位。2023年6月29日，李六如故居开馆。

主要参考文献

[1]杨青.中国共产党财政史[M].北京：中共党史出版社，2019.

[2]余伯流.中央苏区财政经济史[M].南昌：江西人民出版社，1995.

[3]王卫斌.毛泽民与中央苏区红色金融体系的构建[J].党史文苑，2017(6)：12-18.

[4]周溯源.李六如对新中国财税制度的早期探索[J].湖南社会科学，2005(3)：88-92.

[5]李蓉.熊瑾玎与陕甘宁边区财经工作的制度化建设[J].近代史研究，2012(4)：45-53.

[6]张静.湖南红色金融先驱群体的历史贡献研究[J].湖南大学学报(社科版)，2020(5)：102-110.

（执笔：蒋寄红）

第三篇

湖湘地标　山川秀美

岳麓书院：千载传灯，学术圣地

大多数来到湖南省会长沙的人，都会拜访一下岳麓书院，来一场与历史、与先贤、与未来的对话。作为湖南省乃至全国的文化名片、中国历史上最有名望的四大书院之一，岳麓书院这座千年学府已然成了湖湘的一个地标。

山不在高　有仙则名

岳麓书院是掩映在岳麓青山之中的传统庭院式建筑，坐落在岳麓山脚，集麓山之灵秀，拥湘江之怀抱。岳麓山被古人视为衡山七十二峰之一，最高峰禹碑峰海拔300.8米，"碧嶂屏开，秀如琢玉，层峦叠翠，山涧幽深，素有'岳麓之胜，甲于楚湘'的美誉"。岳麓山不仅风景迷人，更是一座文化名山。文人们隐居于此，读书游玩，为它创作了大量的文学作品，其中的1000余首诗歌更是在湖湘诗歌史上熠熠生辉。其山顶有洞天福地云麓宫，山腰有"汉魏最初名胜"古麓山寺。当年，竺法崇在岳麓山上建麓山寺，将佛教传入湖南，促使佛教开始融入湖湘文化，为岳麓书院的建设奠定了文化底蕴。

岳麓书院建于岳麓山脚下的清风峡口，三面环山，层峦叠翠，依山傍水。山水之间，远离尘嚣，清净幽雅，与寓教化于游息之中的书院文化相适应。北宋真宗皇帝赐书"岳麓书院"四字门额，奠定了岳麓书院最初的地位。宋代，岳麓书院在全盛期曾有"道林三百众，书院一千徒"的民谣，可见其学子之众、文化之盛。清朝的统治者康熙和乾隆也曾分别御赐"学达性天""道南正脉"额，为岳麓书院的历史增辉不少。院以山名，山因院盛，千年学府传于古；人因道立，道以人传，一代风流直到今。

作为湖湘书院的典型代表，岳麓书院在教育理念上秉承"传道济民"的宗旨，实事求是，传承文化，创新学术，培育英才，推动了湖湘文化的发展。

著名理学家张栻主持岳麓书院，确立了书院的办学方略。岳麓书院讲堂最醒目之处放置着张栻所撰的《岳麓书院记》，其中提到，书院不是读书人群

居扯谈之地，不是为了栽培科举利禄之徒，不是为了学习言语文辞之华巧，书院最重要的使命是"成就人才，以传道而济斯民也"。张栻以"成就人才，以传道而济斯民也"为办学目的，力图把书院教育与修齐治平的经世济民主张联系起来，力求培养出"得时行道，事业满天下"的经世之才。何谓学校？何谓教育？何以成为真正的知识人？800年前，张栻似早有先觉，已然草蛇灰线地埋下"惟楚有材"的伏笔。

在学术研究方面，张栻强调"传道""求仁""率性立命"，从而培养了一批如吴猎、赵方、游九言、陈琦等拥有经世之才的优秀学生，湖湘学派中的大多数学者也在岳麓书院学习过。一时间，大批游学的士子前来书院研习理学、问难论辩，有的还"以不得卒业于湖湘为恨"，岳麓书院亦成为全国闻名的传习理学的基地。

南宋淳熙七年（1180年），张栻去世，朱熹、真德秀等人对岳麓书院的办学和理学传播也表现出极大的热忱。元代著名的理学家和教育家吴澄一直对岳麓书院的办学模式赞赏有加，他反对书院被官方统治，沉迷于功名利禄之中而丧失其本质，完全赞同张栻"传道济民"的办学方针，并将岳麓书院多年的成功归结于此。元代岳麓书院正是因为坚持了吴澄的教学主张，传承了

"传道济民"的办学方针，才得以有别于一般以科举为目的的官学化书院，依旧称盛天下。湖湘学派经世致用的学风影响了湖南近千年的学术发展。岳麓书院在千年的办学过程中，一直将"务实""求实"作为教育理念，故而"务实"精神成为岳麓书院的显著特征。清代岳麓书院山长王文清在他制定的《岳麓书院学箴》中，要求学生通晓礼、乐、兵、农等学问，通晓时务物理，以求经世致用。他的高明之处在于把时务物理（即实用之学）放在古文诗赋之前，在岳麓书院安排的课程中包括了农经、军事等。因为要经国济世，因为要学以致用，所以湖南比其他地方少了一些酸溜溜的纯文人，多了不少经国救民的政治家和军事家。

岳麓书院以儒学经典为课程的主要内容，兼容心学和经学等时代优点，并将其纳入学规管理。除了将儒家经典的"四书""五经"和朱熹等理学家的注解作为讲学内容，岳麓书院还注重著书立说，作进一步的发挥。岳麓书院在课程中加入了心学、经学、汉学等内容，但朱张理学始终在教学中占据统治地位，并且研习经学也作为门徒众生的学习之要，重申于学规之中。胡安国所作的《春秋传》奠定了湖湘学派的治学风格，是他给弟子传道授业的重要教材。书院的前期山长彪居正、张栻都是胡宏的得意门生，其教育思想或多或少师承胡氏父子。郭金台也对胡张"偕诸子门徒讲《春秋》大义"大为赞赏。山长们于青山绿水之间以经史为本大谈孔孟之道、程朱理学，还有大量著名学者、理学大师来岳麓书院讲学传道，给岳麓书院的学生留下了大量可参考学习的思想学说。

岳麓书院的课程体现出注重德育的特色。南宋时期，朱熹手书"忠孝廉节"于岳麓书院，后来的历届山长续之以一系列学规和学训，教导学生养成良好的道德行为习惯。岳麓书院的学规，最早源于朱熹的《白鹿洞书院教条》。清代乾隆年间，欧阳正焕任书院院长，提出"整、齐、严、肃"四字并撰诗刻在碑上嵌于书院讲堂右壁，流传至今。康熙五十六年（1717年），李文昭掌教岳麓书院。他学识渊博，一生著书立说，恒于治学。他在朱子《白鹿洞书院教条》之上，修订了《岳麓书院学规》，不仅规定"每日于讲堂讲经书一通"，"四书"为读书"本务"，"身通六籍，所传六经"为立教之务，而且要求精研宋儒之书，博洽而旁通六经。除此之外，他还将《四书章句集注》《四书或问》《朱子语类》《太极》《通书》《西铭》《正蒙》《纲目》及程朱语录、文集等理学著作列入必学课程。

名师汇聚　教育有本

岳麓书院的山长们是一批懂教育的管理者，为岳麓书院的发展作出了不可磨灭的贡献，在中国教育史和学术史上也占有重要席位。从宋朝至清朝的千余年间，岳麓书院累计有山长 58 位，他们或者是名儒，或者是进士，道德、学识和社会威望都名重一时。他们以书院为家，有的甚至把毕生精力都放在书院。首任山长周式，几十年如一日，为书院贡献了自己毕生的精力。他"学行兼善，尤以行义著称"，不愿留在京城做官，坚持回岳麓执教，引得四方学子汇聚。宋真宗感其品格高尚，赐鞍马，并亲手题赐"岳麓书院"牌匾。周式将御匾带回，悬挂于书院大门的正上方。从此，岳麓书院称闻天下，"鼓箧登堂者相继不绝"。在他的执掌下，书院从学人数和院舍规模都有了很大的发展，开启了湖湘一脉浓厚的学风。

南宋时的山长张栻，与朱熹、吕祖谦并称"东南三贤"。他在 33 岁至 43 岁的 10 年时间里，虽有间断，但将主要精力都放在书院。在他掌教期间，书院由传习经学转变为传习理学，由单一化教学转变为会讲、辩论等多样化教学。

清代乾嘉年间的山长罗典，是乡试第一、进士出身，执掌书院长达 27 年。他修亭台、种植被、筑假山、引清泉、挖池塘，使书院形成柳塘烟晓、桃坞烘霞、风荷晚香、桐荫别径、花墩坐月、碧沼观鱼、竹林冬翠、曲涧鸣泉等八景，为学生提供浪漫的育人环境。

罗典的学生、同样出身进士的欧阳厚均，担任书院山长也长达 27 年，直到逝世前 2 年才离开。此外，还有光绪年间的徐棻做了 21 年山长，咸丰年间的丁善庆做了 23 年山长，乾隆年间的王文清先后两次担任山长，"末代山长"王先谦一做就是 10 年。他们少者 10 年，多者几十年，都把毕生的精力奉献给了书院。

利用优美环境　创新教学方法

南宋以前，岳麓书院传习传注经学和文辞章句，以应付科举考试。这种教学内容决定了书院的教学方法不过是诵习辞章之类的呆板单一的教学方法。张栻主教时期，岳麓书院的教学内容发生了重大变化，"使四方来学之士得以传道授业解惑焉"，教学方法也更加灵活和多样化。

得益于岳麓山抱黄洞下，背陵向壑、木茂泉洁的自然环境，乾道元年（1165年），张栻因"爱其山川之秀，栋宇之安，徘徊不忍去，以为会友讲习，诚莫此地宜也"。主教期间，他特别提倡平心易气、优游玩味的治学方法，对生机盎然的景象比较敏感，善于创造恬淡幽远的教学意境。他的教学坚持"循序渐进""博约相须""学思并进""知行互发""慎思审择"等五条原则，颇具儒学特色。

历任山长都强调"半教半学"，学生以自主学习、自我体悟为主。山长罗典不仅为学生建设育人环境，而且充分利用岳麓山优美的自然环境进行自由讲学。严如煜记录了他的教学法："先生立教，务令学者陶泳其天趣，坚定其德性，而明习于时务。晨起讲经义，暇则率生徒看山花，听田歌，徜徉亭台池坞之间，隐乌皮几，生徒藉草茵花，先生随所触为指示。"在游玩与休憩间，学生从寓教于乐中体察万物，于悠游中增加德性见识，于寄情大自然中陶冶气质、修养心性。岳麓书院山长指导学生写作的场景经常被古书记载。

欧阳厚均治院常以"弗懈兼勤，孜孜训迪，与诸生文行交勉，道艺兼资"自勉。其学生李元度在回忆"执经请业"的情况时说："尝侍坐风雩亭，从容请益，问诗古文法"，夫子"所以启牖之者甚挚"。欧阳厚均不止一次地告诫学生："讲艺论文，有奇共赏，有疑共析。"主教者还会亲自定夺考试的主题，罗典的学生周锷在《岳麓书院课艺序》中说："夫子之于文，凡命题，必根究书旨以观其会通，而深求所代圣贤立言之意。"王文清在《读书法九则》中对学生写作作出了指导："读书要下笔不俗。董思伯所谓不废辞却不用陈腐辞，不越理却不谈皮肤理，不异格却不立卑琐格是也。"

古代书院大多设在名山胜水或风景优美的地方，因为环境幽静有利于莘莘学子潜心攻读，师生教学相长，共同探讨学术问题。在优美的环境中，师生、学友之间质疑问难，学生学得生动，教师教得自然，既培养了学生的自学能力，又钻研了学术问题。书院的这种教学方法值得现代教育教学借鉴。湖南许多书院鼓励学生自由研究学术，教学相长，强调学生独立思考的重要性。在教学过程中，自学讲课与讲习相结合，教师个别指导和学生自我体会相结合。教师讲课，提倡少而精，注重先启发或提纲挈领概述全篇，然后由学生深入钻研；或以点带面，选取重点，着重发挥，其余由学生钻研；或先作启发诱导，指明思路，然后由学生探求真谛；或指定书目，令学生熟读精思，细心求索，教师则从旁指点等。湖南许多书院非常重视学生做读书笔记，规定学生备行事日记、读书日记各一本，忠实记载自己每日所行、所想和每日所读书籍及心得、疑惑，定期交书院山长检查、解学。这些教学方法对培养湖湘人才，活跃湖湘学术均起了良好作用。书院对湖湘文化发展的促进作用还表现在，书院以其独特的教育方针、教学方式及内容培养造就了大批人才，提高了士民的文化素质。南宋与清代是湖南书院发展的两个高峰时期，这两个时期也是湖南人才辈出之时。以岳麓书院为例，南宋时期，作为湖湘学派的基地，岳麓书院涌现了彭龟年、游九言、胡大时等理学家群体。全祖望在《宋元学案》中专门设有《岳麓诸儒学案》，介绍岳麓学子的思想学术，并将他们与朱熹弟子相比较，感叹道："谁谓张氏之后弱于朱乎！"明清之际的著名学者王夫之对湖湘文化乃至整个中国思想文化的发展作出了重要贡献，他也曾就读于岳麓书院。清中叶以后，岳麓书院更是人才大盛，涌现了以陶澍、魏源、曾国藩、左宗棠、胡林翼、郭嵩焘等为代表的岳麓书院人才群体，将湖湘文化发扬光大，对中国社会发展产生了深远影响。

会讲辩论　学风醇正

北宋时期，岳麓书院作为一个教育机构，主要实现的是教育功能。张栻主教书院之后，又增加了学术研究的功能。在教学过程中，张栻和学生一起讨论学术上重要的、疑难的问题，从而推动学术研究的深入。其他不同学派的学术大师也在书院展开学术讨论，即会讲。

岳麓书院的这一特色，使它能够迅速成为闻名全国的学术基地，为学派的形成和发展创造了条件。湖湘七子闻讯纷纷来此研习理学。这样，发端于衡山的湖湘学派又大盛于长沙岳麓。成为湖湘学派的主要基地后，岳麓书院的办学规模、成就和影响进一步扩大，并发展到全盛时期。

1165 年，时任潭州知州兼湖南安抚使的刘珙聘请胡宏的得意门生张栻主持教事。宋代大教育家朱熹得知后，于乾道三年即 1167 年，不远千里从福建崇安来岳麓书院讲学。他从湘江码头登岸，拜访 34 岁的岳麓书院主教张栻。接下来两个多月，朱张二人的聚会把岳麓书院推向一个重要的历史时刻。朱熹当时就是一位颇有名望的学者，因为来听讲学的人很多，盛况空前，以至"一时舆马之众，饮池水立涸"，开创了岳麓讲学的风气。朱熹和张栻讨论学术问题十分热烈，他们"举凡天地之精深，圣言之奥妙，德业之进修，莫不悉其渊源，而一归于正大"。两人还举行了公开的辩论会，这就是著名的"朱张会讲"。朱张二人坐在岳麓书院的讲堂之上,就"中和""太极"等问题进行公开探讨,众学生则坐在下面旁听。"朱张会讲"树立了自由讲学、互相讨论、求同存异的典范,这样的治学方式值得推崇和借鉴。两人的观点互相影响、互相渗透、互相融合。在争论过程中,双方既为本学派的观点辩护,又虚心听取对方的意见,听讲者也不受地域和学派的限制,这对发展学术是有好处的。自此,"朱张会讲"闻名遐迩,传为佳话,开创了不同学派会讲的先河。

人才辈出 福泽湖湘

岳麓书院不为科举而科举,而是在坚守自身特色的基础上去适应科举,并通过自身的努力纠正培养科举人才过程中出现的偏差。他们要求生徒不但要会科举,还要有对文化、对社会的担当;既要掌握儒家经典,知道如何做人,做一个"致君泽民"的经世之才,又要学习并具备应变社会生活的基本能力,"出为良臣,处为良士",而不沦为只知低头吟咏的腐儒。通过长期办学经验的积累,书院形成了别具一格的教学体系,与当时为科举服务的官学分庭抗礼，构成我国教育史上一种优良的学风。书院在教育方法方面已形成了一整套理论。例如，罗典提出"坚定德性，明习时务"的育才思想，丁善庆提出"读书能见过，约己得全真"的教育理念。又如，嘉道年间，整个国家人才匮乏，林则徐、曾国藩等人都发出了国家匮才之忧，但是在欧阳厚均担任山长期间，书院人才辈出，青年学者不远千里前来求学，仅道光五年（1825 年）就有 28 人中榜。欧阳厚均培养出曾国藩、左宗棠、胡林翼、郭嵩焘、刘蓉、李元度等一大批湖湘才子，半部中国近代史都被他的学生写就了。

近代以来，湖湘士子如井喷潮涌，代不乏人，在历史舞台上大放异彩。他们中的多数精英是从岳麓书院走出来的。以陶澍、魏源、贺长龄、贺熙龄等为代表的经世改革派，深受岳麓书院"坚定其德性，明习于时务"的思想影响。曾国藩、左宗棠、胡林翼、郭嵩焘等湘军集团和洋务运动派的代表人物，深受岳麓书院"有体有用之学""义理经济之学"的影响。以谭嗣同、唐才常、沈荩、熊希龄等为代表的维新变法人士和以黄兴、蔡锷等为代表的民主革命派人士，以及毛泽东、蔡和森、邓中夏这些早期共产主义者，都深受岳麓书院文化教育的影响。青年毛泽东寓居岳麓书院多次，深受"实事求是"校训影响；蔡和森、邓中夏是书院改制后的高等师范学校的学生；李达在新中国成立后担任湖南大学首任校长。岳麓书院千年办学，其最大成就是培养了大量具有道德人格的人才。他们崇尚真才实学，勇于实事求是，敢于为民族尊严和大众利益而牺牲。毫不夸张地说，是近代湖南名人开创了中国的新局面，而造就湖南近代名人的，在很大程度上要归功于这所有着悠久历史和文化传统的书院。

湖湘书院　半盛天下

湖湘书院，半盛天下，自古以来便是中华文脉的重要传承之地。书院，这一中国古代教育的瑰宝，不仅承载着读书人对于真理的不懈追求，更是他们安身立命的精神寄托。同时，书院也是中华优秀传统文化的重要载体，记录着我们民族深厚的文化底蕴与情感根基。曾国藩曾赞誉道："天下之书院，楚为盛，楚之书院，衡为盛。"此言非虚，以南岳衡山为中心，湖南地区在历史上孕育了一种绵延千年的书院传统。

追溯历史，湖南唐代便已有长沙道林精舍、衡山南岳书院等知名书院。而到了宋代，随着经济的蓬勃发展，湖南的文化教育也迎来了新的春天。当时，湖南的经济虽长足进步，但文化相对滞后。因此，倡学之风在湖南尤为盛行。无论是为官者、学者，还是富商巨贾，都纷纷投身于书院建设之中。两宋时期，湖南书院激增至56所，南宋时期更是跻身全国文化发展的前列，赢得了"湖湘学最盛"的美誉。

元、明、清三代，湖南书院发展持续繁荣，无论是数量还是办学质量，均保持在全国领先水平。据统计，湖南元代有书院33所，明代增至108所，到了清代更是高达190余所，占全国书院总数的十分之一。这些书院在办学形式、教学内容和方法上各具特色，不断探索和创新。湖湘文化的杰出代表及其传人以岳麓书院为中心，大力发展文化教育事业，进一步巩固了湖南在全国文化发展中的先进地位。宋代以后，随着文化重心的南移，湖南地区的书院如雨后春笋般涌现。除了著名的岳麓书院和石鼓书院外，湘东醴陵地区也建起了9所规模宏大的书院。其中，历史悠久、规模庞大的渌江书院更是成为历代湘东学子求学的首选之地。同时，茶陵、浏阳以及湘南、湘西等地也涌现众多书院，这些地区地处偏远，有些地方还是少数民族聚居区，书院的建立无疑为当地的文化教育事业注入了新的活力。

以茶陵为例，茶陵地处长江以南的腹部山区，罗霄山脉蟠纡于境东，万洋山脉绵亘于境南，武功山屏立于境西北，交通闭塞，加上位于"吴头楚尾"，晚唐五代时期成为兵家必争之地，战乱频繁。然而，就是这样一个偏僻的小县，竟出现了几十所书院。自南宋至清末，茶陵历代兴建的书院（包括社学、义社）多达37所，其中有27所一直续办到清末。书院数量之多，在湖南各县（州）中处于领先地位。元代茶陵籍进士李祁在《学校记》一文中称"茶陵学校于湖湘为盛"。有别于官学，茶陵各类书院的建设、办学经费几乎都来自民间捐赠。例如，枣市镇苏姓的寻乐书院，捐赠的学田共有1000多亩，其中个人捐置的就有100余亩。学田田租除供教师束脩、生徒膏火费外，"考课优奖，具有成画"。书院的创建、扩建改造也是如此。其他民办书院捐置的学田多则几百亩，少则几十亩。还有的书院是以社仓积息办学。民间捐赠的学田、社仓积息不仅为书院开辟了较稳定的经费来源，而且为"考课优奖"提供了奖学金。湖南重视书院教育的程度由此可想而知。

得益于书院教育，茶陵历朝考中的进士很多，遥遥领先于周边省内各县。元惠宗至元元年至六年（1335—1340年），湖南道监司赵天弼在其《进士题名记》中称："江南三省……湖南得才为最多。茶陵隶湖南，得才比各郡县尤为多。……历科所得，或魁于乡，或魁于天下者，迹相接。湖广额贡凡十八人，茶陵每举或三四人，或五六人。"自唐朝开科取士至清末废止科举，茶陵考中进士的有127人，其中唐代1人、宋代71人、元代20人、明代23人、清代12人。127名进士中，状元有宋代的谭用式、清代的萧锦忠，榜眼有清代的曹诒孙、尹铭绶，全国会试第一名（会元）有明代的张治和清末的谭延闿。可见在人才的培养上，书院是何等的举足轻重。

以岳麓书院为代表的湖湘书院，在湖湘文化的发展过程中扮演着不可缺少的角色。岳麓书院创建后，聚集着湖湘文化形成与发展的核心人物。南宋时期各学派的产生与逐步兴盛都是以书院为学术思想研究和传播的主要阵地。岳麓书院也被誉为"潇湘洙泗，荆蛮邹鲁"。书院教育与湖湘文化的形成和发展形成了相辅相成、相互促进的关系。两宋时期，湖南因此一跃成为"理学之邦"，"湖湘学派"就此形成。而到了清朝，考据之学成为学术界主流，盛行一时。王文清、旷敏本、欧阳正焕、罗典、欧阳厚均等一大批学识渊博的学术大师，也在岳麓书院的讲坛之上孕育了其学术思想。真德秀曾言："方今学术源流之盛，未有出湖湘之右者。"从他的话中亦可见湖湘学术文化对中国古代思想文化建设的推进作用和极大影响。

由此可见，岳麓书院千年办学的历史过程，也是湖湘文化形成、发展并创造辉煌的过程。岳麓书院的辉煌历史，也就是湖湘文化的辉煌历史；岳麓书院千年积淀的学风，也成了湖湘文化的精神特质；湖湘文化的优良传统，已体现在岳麓书院培养的一代代国之栋梁身上。岳麓书院弘扬"敢为人先、经世致用"的湖湘精神，倡导"实事求是、学贵力行"的治学精神，培养了一代又一代经世济民之才。从岳麓书院到湖南大学，经世致用、实事求是、开放自由的治学精神代代流传。作为接续湖南大学的二级学院，岳麓书院绵延千年的教育、研究传统在此赓续。从岳麓书院到湖南大学的发展是中国高等教育从传统向现代转型的缩影。在新时代新征程上，岳麓书院的文化内涵和湖湘文化精神将继续传承并发扬。

🔊 拓展阅读

　　湖南书院的产生和兴盛，创立和发展了各地独具特色的学术文化，培养了各地独具特色的人才。诸书皆览、以广闻名的龙潭书院"朝夕与诸生网罗旧帙，驰骋百家，以求各有心得而后已，暇则涉猎骈偶、声律之学"。相传，在南宋乾道年间，朱熹、张栻二人游南岳"泊舟讲学于此"，后人便将当时讲学的地方改名为"朱亭"，以纪念两位学者来此讲学。人们还在朱、张二人经常泛舟的小河上修建了一座宽5米、长53.3米的六孔大麻石桥，并命名为"朱张桥"。

与岳麓书院、睢阳书院、白鹿洞书院并称"天下四大书院"的石鼓书院位于湖南省衡阳市石鼓区石鼓山，始建于唐元和五年（810年），距今已有1200多年的历史。它是一座千年学府，是我国最早的一所由私人办学的书院。因石鼓山之神奇，合江亭之雄踞，先贤祠之古朴，禹王碑之神秘，石鼓书院人才辈出，谱写了不少脍炙人口的诗词，不仅具有很高的文化欣赏价值，还为后人瞻仰其景、其人、其事、其文化内涵提供了宝贵资料。有人曾赋诗"名城衡阳人文荟萃，石鼓文脉绵延千年"来评价石鼓书院。石鼓书院和岳麓书院是历史上仅有的得到皇帝两次赐额殊荣的书院。

主要参考文献

[1]阳卫国.茶陵书院研究[D].长沙：湖南大学，2006.

[2]刘芳.从《岳麓书院学规》看书院的课程设置[D].长沙：湖南师范大学，2016.

[3]朱汉民.湖湘文化的基本要素与特征[J].湖湘论坛，2000，13(5)：59-61.

[4]蔡栋.1030岁的岳麓书院为湖湘文化贡献了什么[N].湖南日报，2006-06-16(C01).

[5]邓丽娇.岳麓书院教学模式解析[D].长沙：湖南大学，2015.

[6]肖永明，龚抗云.湖南书院与湖湘文化的发展[J].湖湘论坛，2003，16(5)：75-76.

[7]陈芬.论湖湘文化在精神文明建设中的现代意义[J].现代大学教育，2001
　　(4)：102-104.

（执笔：夏小娟）

南岳衡山：秀中蕴奥，御山而飞

中华大地，三山五岳，各有风骚。泰山雄，华山险，恒山奇，嵩山峻，唯有衡山，以"五岳独秀"著称。衡山盘亘湘中，逶迤八百余里，植被繁茂，林壑深幽，自然风光秀美，文明历史悠久，享有"文明奥区""中华寿岳""宗教圣地"等美誉。

风景秀丽的文化坐标

南岳衡山之"秀"，在茂林修竹，终年翠绿；在奇花异草，四时飘香；在流泉飞瀑，清音不绝；在云涌风移，如翔九霄。正如唐人韩愈在《游祝融峰》中所写："祝融万丈拔地起，欲见不见轻烟里。"又如清人魏源在《衡岳吟》中所说："恒山如行，岱山如坐，华山如立，嵩山如卧，唯有南岳独如飞。"

　　这里风景秀美，名胜众多，有祝融峰之高，方广寺之深，藏经殿之秀，水帘洞之奇，磨镜台之幽，试心石之险，大禹碑之古；还有仿中山陵建筑的祭奠抗战英灵的忠烈祠屹立于山腰。这里山间常年云雾缭绕，四季景色各异：春天到此，可以观赏山花的浪漫，收获一份美丽与无限愉悦；夏天到此，可以看云卷云舒，带走一份清凉与满怀意境；秋天登临，可以登高望日，感受一份高远与无尽诗情；冬天登临，可以赏雾凇、览雪景，咀嚼一份清幽与丝丝寂静。这里云集了海内外的众多游客，是历代文人墨客登临抒怀之绝佳胜境。

　　这里历史悠久，秀中蕴奥，是享誉九州的"文明奥区"：舜帝来此巡视；大禹在此杀白马祭告天地，立"治水丰碑"；宋徽宗挥毫赞誉此地为"天下名山"；清代康熙等六位帝王纷纷题赠墨宝；历代隐逸人士及官宦谴谪者到此悟禅论道、建馆兴学、著书立说，留下无数让人津津乐道的事迹。这里古刹如林，香火鼎盛，是朝拜者络绎不绝的宗教圣地，是天台宗和禅宗南岳、青原两系的发源地。同时，因佛道两教并存一山，同尊共荣，佛道文化泽被三湘大地。

　　这里忠魂长存，抗战精神永传。南岳不仅历史悠久，还是一座抗战名山。抗战期间，南岳衡山是国共两党召开军事会议的地方，留下了许多遗址和遗迹。南岳忠烈祠是国内较早的抗战纪念场所，也是纪念抗战正面战场阵亡将士的大型陵园，还是当时为了纪念抗战先烈、激发全国军民爱国抗日情怀而建的地标式场所，历史地位非常特殊。位于南岳集贤峰白龙潭的南岳圣经学校，是北平沦陷后，北大、清华、南开三校南迁时合并组成的临时大学文学院的设置地点，也是第一次南岳军事会议的举行地。由国共两党合作举办的南岳游击干部训练班先后举办了 3 期，培训了 3108 名游击干部，成为抗日游击队的强大骨干力量。

　　这里气候湿润，生态绝佳，福寿文化源远流长。作为国家首批重点风景名胜区和 5A 级旅游景区，南岳衡山属于亚热带季风湿润气候，具有夏无酷暑、冬无严寒、雨水充沛的利于万物生长的气候特点。这里不仅是许多珍稀野生动物的栖息地，还是中国亚热带地区为数不多保存较为完好的森林植被和森林生态系统自然保护区。这里不仅拥有得天独厚的生态环境和深厚的文明历史底蕴，更以其独特的寿文化闻名于世。几千年来，无论是文人墨客，还是帝王将相，都以"比寿之山""主寿之山"等美誉来称赞南岳衡山。

《辞源》即释"寿岳"为南岳。这座山被视为"长寿、昌荣"的吉祥象征，是人们养心、洗心、静心的理想之地。

这里民俗文化丰富多样，各种节日庆典和拜火神、逛庙会等民间风俗成为湖湘文化的重要组成部分，传承着三湘大地的传统文化和风俗。

祝融传火　衡山传名

衡山的得名，大有寓意。据战国时期的《甘石星经》记载，因其位于二十八星宿的轸星之翼，"变应玑衡""铨德钧物"，犹如衡器，可称天地，故名衡山。轸星主管苍生之寿命，故南岳又称"寿岳"。

对于衡山之名，民间的演绎更具想象力。

相传，黄帝部落有一个氏族首领的儿子叫作黎，那时候燧人氏虽发明了钻木取火，但人们还不太会保存和利用火。而黎特别喜欢跟火亲近，所以十几岁就成了管火的能手。火到了他的手里，哪怕是长途跋涉，都能被小心保存下来。于是，黄帝提拔黎为火正官，并赐其名为祝融。在古语中，"祝"是持久永远之意，"融"是光明之意。

有一次，祝融跟随黄帝来到云梦泽南边的群山之中。黄帝指着一座最高的山峰问随行人员："那座山叫什么名字?"众人皆无法回应。此时，唯有祝融随口答曰："这是衡山，是南方的神山。"于是，黄帝进一步追询此山的由来。祝融答道："上古的时候，天地混沌一片，就像一个大鸡蛋。巨人盘古氏开天辟地，世上才有了生灵。他活了一万八千年之后，躺在中原大地上死去了。他的头部朝东，变成了泰山；脚趾朝西，变成了华山；腹部凸起，变成了嵩山；右手朝北，变成了恒山；左手朝南，变成了眼前的衡山。"黄帝接着问道："人们为什么要叫它衡山呢?"祝融立刻回答："这座山处在八百里云梦大泽与苍梧群山之间，就像秤杆一样，起着平衡天地的作用，又用以衡量帝王道德的高下，因此人们就叫它衡山了。"

黄帝很高兴，分封祝融掌管南岳。祝融管理南岳之地非常用心，他教化当地的民众使用火来烧煮食物，驱除湿气，使人们从此告别了茹毛饮血的时代。多了温暖，少了疾病，祝融因而受到了人们的极大拥戴。

祝融死后，百姓们把他埋在衡山的一座山峰上，并把这座山峰命名为祝融峰。在祝融峰峰顶，百姓们还修建了一座祝融殿，顶礼膜拜，永远纪念着他的功德。

南方属火，祝融是火神。所以，祝融又被封为赤帝，世世代代接受着人们的香火供奉。

绝无仅有的"江南小故宫"

坐落在衡山脚下的南岳大庙是江南最大的古建筑群。这是一个集民间祠庙、佛教寺院、道教宫观和皇宫殿宇于一体的宫殿式古建筑群，也是我国南方及五岳之中规模最大的庙宇。

南岳大庙始建于唐，距今已经有 1400 多年的历史，后经唐、宋、元、明、清的 6 次大火和 16 次修缮扩建，于光绪八年（1882 年）由平江举人李元度受命重修，才形成今天的规模。南岳大庙由九进四重院落构成，四周围以红墙，角楼高耸。它是仿照北京故宫建的宫殿式的古建筑群，因此有"江南小故宫"之美称。

儒、释、道三教共存于南岳大庙，东侧为 8 个道观，西侧为 8 个佛寺，中轴线上是儒家的建筑风格，堪称我国寺庙一绝。走进南岳大庙，在欣赏佛寺与道观古香古色的建筑风格之余，有一个地方特别值得认真品读。这就是在中轴线上的一个古戏台。戏台上有一副对联，上联为"凡事莫当前，看戏不如听戏乐"，下联是"为人须顾后，上台终有下台时"，横批为"古往今来"。这副对联表面上说的是看戏和演戏的事，实际上是把人生的舞台与眼前的戏台等同，揭示了古往今来做人做事的基本规律。而且，仔细看对联中的两个繁体的"台"字，中间构架一为三横，一为口字，所含寓意令人喟叹之余称妙不已。警醒世人的深意，于无声之中默默传递。

不难发现，这里既有和尚当值，又有道士坐守，两者和平共处。虽然儒、释、道三教信仰不同，追求各异，但他们长期以来友好相处、共同发展、同存共荣。到此，你可以领略到文化交融、和谐统一的妙处。

每年八月十五，南岳大庙都要举行规模盛大的庙会。东南亚的归国华侨、日本佛教界人士，以及全国各地的善男信女，都不惜长途跋涉来此朝拜。因此，这里常年香火不息，演绎着宗教与民间文化的繁盛景象。

不到潇湘不是僧

南岳有着与自然景观相得益彰的深厚佛教文化积淀。这里佛寺林立：祝圣寺、福严寺、南台寺、铁佛寺、丹霞寺、湘南寺、广济寺、高台寺、上封寺……

两汉之际，起源于印度的佛教由陆路与海路传入中国。经过汉魏两晋南北朝数百年的融入消化，佛教在中国大地逐渐形成了广泛的影响。

作为中国现有的五大宗教之一，佛教在中国已有 2000 余年的历史。佛教虽然来自印度，但其发展和成熟是在中国完成的。佛教既吸收了中国传统文化，又丰富了中国传统文化，成为中国文化的重要组成部分。

由于湖南地处内陆，远离政治中心，佛教在湖南的传播时间比较晚，大约在西晋时期，距今 1700 余年。西晋武帝泰始四年（268 年），会稽一带有一位叫竺法崇的法师入湘，在南岳七十二峰峰尾的岳麓山创建了被誉为"汉魏最初名胜，湖湘第一道场"的古麓山寺。古麓山寺是湖南佛教的发源地和中心，它的创建标志着佛教在湖南的生根、萌芽。

南北朝时期，到湖南来传播佛法的僧人数量大增，而且开始出现本土僧人，特别是梁代慧思建立衡山般若寺（今福严寺）之后，湖南佛教开始快速发展，衡山成为全国的佛教中心之一，一度出现了"不到潇湘不是僧"的盛况。

禅宗是我国众多佛教宗派中的一支，也是最具生命力的一支，代表中国佛教的主流。禅宗以"不立文字，直指人心，见性成佛，顿悟法门"而区别于其他佛教宗派。

按照传统的说法，禅宗创始于南北朝，其初祖为菩提达摩。至五祖弘忍，禅宗分为南北两派。南宗的创始人为慧能，北宗的创始人为神秀。中唐以后，南宗成为禅宗正统。

在唐代佛教的八个宗派中，天台宗、净土宗、禅宗、律宗等在湖南极为盛行。南岳般若寺曾经是天台宗的祖庭；南岳僧人承远和法照，则被后世尊为净土宗的三祖、四祖。

在唐末五代特定的政治历史条件和社会环境下，禅宗借助佛教经典学说，结合中国固有的生产方式和老庄思想精髓，提倡心性"本觉"，强调主体"自信"，逐渐进入百家争鸣、精彩纷呈的全盛时代。

慧能死后，其门下弟子怀让于唐玄宗开元元年（713 年）入南岳，弘扬慧能学说。怀让修道于南岳期间，有一位俗姓马名道一的和尚也来到南岳，就在福严寺附近结庐坐禅。怀让见道一气宇不凡，便有心点化这个可造之才，于是问他："你辛辛苦苦坐禅是为了什么呢？"道一回答："我坐禅是为了成佛！"怀让听后二话不说，搬来一块大青砖，坐在草棚前的大石上磨了起来。磨了几天后，道一终于不能静心坐禅了，好奇地问怀让："你在这里磨砖干什么?"怀让胸有成竹地说:"磨砖作镜也。"道一诧异了:"磨砖岂能作镜?"怀让答道:"磨砖不能作镜,坐禅岂能成佛?"道一不服气地说:"请问大师,如何方能成佛?"怀让借机开导说:"心中有佛,自然成佛。"道一听后心窍顿开,大彻大悟,立即拜怀让为师,从师 10 年,学习禅宗。

怀让是禅宗南岳系的开创者。此后,马祖道一也成为一代禅宗高僧,将禅宗传遍天下,使其成为中国汉传佛教中极为重要的宗派之一。磨镜台就是怀让磨镜开导道一的地方,而今南岳的磨镜台又叫马祖庵。

道一死后,南岳系下又形成沩仰宗和临济宗。道一的嫡传弟子怀海创沩仰宗。沩仰宗认为万物有情皆有佛性,人若明心见性即可成佛。

元代,湖南禅宗开始逐渐衰落。鸦片战争后,湖南佛教由传统走向现代,经历了"庙产兴学"冲击后,佛教团体纷纷创立,湖南佛教讲习所、佛教慈善院、南岳佛学研究社等相继出现。

尤其值得称道的是湖南的一批爱国爱教的僧人。他们到全国各地演讲佛法,著书立说,影响世人。例如,献身维新变法事业的谭嗣同,便是受到佛教"冲决罗网"的大无畏精神的洗礼;寄禅法师为爱国护教而殉难;"南岳佛道救难协会"的抗日救亡活动等,以上都体现了湖南僧众爱国爱教之情怀。"若道中华国果亡,除非湖南人尽死",窥一斑而知全豹,这些僧众将湖南人的爱国情怀演绎得淋漓尽致。

总之,湖南的禅宗在中国佛教发展史上占有重要地位。长沙的开福寺和南岳的南台寺、上封寺、马祖庵、祝圣寺,以及沩山的密印寺等,都是著名的禅宗寺院。

道教洞天福地

相比于佛教,道家文化在南岳有着更为悠久的历史,这里的黄庭观、玄都观、九仙观、麻姑仙境、紫竹林、祖师殿等,吸引着道教徒纷纷来此修炼、云游。

楚国是道家学说的发源地。王夫之认为,屈原的《远游》已经包含道家养生、炼内丹的思想。

道教于东汉时期形成之后,四方修仙求道人士也被湖南的山水灵秀所吸引,纷纷来三湘大地修身养性。

南岳衡山是湖南境内的道教名山,被道家称为"第三小洞天"。根据《南岳志》记载，西晋时，女道士魏华存来南岳天柱峰下潜心修道多年，"仙化"后成为南岳夫人。魏华存是道教上清派的一代宗师，在中国道教史上占据重要地位。

唐代统治者笃信道教，南岳道教也因此进入鼎盛时期。唐代司马承祯与四大高士何应虚（又名何志纯）、邓中虚、张太虚、田虚应都在南岳修道。被唐玄宗尊崇为天师的申泰芝、邓紫阳等，均为南岳著名道士。唐末五代，聂师道等也修道于南岳。

唐代衡山道士轩辕弥明则是湖南道教人物中文采出众的高手，留下了"石鼎联句"的文坛佳话。

在中国道教史上，具有一定影响的湖南道教人物还有元代的李道纯。李道纯是道教内丹南宗一派的传人，他顺应北宋以来儒、释、道三教合一的时代思想，提出了三教合一的内炼学说。

从西晋到明清，南岳衡山的道观就有30余座。其中，黄庭观、玄都观等至今依然是湖南的道教圣地。位于岳麓峰顶的云麓宫，也是道教古观。

道教思想对湖湘文化影响深远。从周敦颐的重要哲学著作《太极图说》中可以看出：作为宋代理学开山祖师的周敦颐，从道教思想中汲取了营养。道教的内丹修炼方法和理论，对王夫之的哲学思想也起到了重要的启示作用。清代，曾国藩更是以道家的人生智慧为立身处世与齐家治国之良方。

灵秀山水　人文荟萃

"山不在高，有仙则名。"在五岳中，南岳衡山的海拔是最低的，仅有1300.2米。但是，衡山的山水灵秀却使天下无数名人在此留下了足迹。据《南岳志》记载，同南岳有渊源的历代著名僧人有162人；而来南岳隐居和游览的名人学士更不在少数。这些名人在南岳留下了不少名篇与佳话。

> 三万轴书卷无存，入室追思名宰相；
> 九千丈云山不改，凭栏细认古烟霞。

在南岳半山亭的幽深古柏掩映下，有一座邺侯书院，书院前的石柱上刻着上面这副对联。这副对联向我们讲述了一位叫作李泌的名人的一段传奇人生。

李泌是南岳第一位被钦赐的隐士。李泌来南岳后，在烟霞峰下隐居，每日以读书为乐，纵情于南岳的山水之中。李泌曾在住所旁边筑高台，题写

"极高明"三字，至今遗迹犹存。

南宋张栻在《访李邺侯书堂》诗中写道："石壁巉岩路已荒，人言相国旧书堂。临机自古多遗恨，妙策当年取范阳。"李泌与懒残和尚（明瓒法师）的故事被后人津津乐道，欧阳谦在《烟霞峰访邺侯故宅》诗中写道："读书作相寻常事，饶舌缘何到懒残。珍重芋香分一半，山肴未许俗儒餐。"

"挥毫当得江山助，不到潇湘岂有诗"。作为潇湘名山的衡山，自然值得文人墨客纷纷登临，吟诗泼墨。

一生好入名山游览的诗仙李白，3次来到湖南，写下了许多吟诵南岳的诗文。其中，《与诸公送陈郎将归衡阳》尤为传神："衡山苍苍入紫冥，下看南极老人星。回飙吹散五峰雪，往往飞花落洞庭。"

800年后，张居正登上祝融峰，由衷感叹："因忆太白五峰雪飞花洞庭之句，盖实景也。"

不只李白，诗圣杜甫在湖南生活了2年，3次到衡山，同样留下了多篇《望岳》："南岳配朱鸟，秩礼自百王。欻吸领地灵，鸿洞半炎方。邦家用祀典，在德非馨香。巡守何寂寥，有虞今则亡。洎吾隘世网，行迈越潇湘。渴日绝壁出，漾舟清光旁。祝融五峰尊，峰峰次低昂。紫盖独不朝，争长嶫相望。恭闻魏夫人，群仙夹翱翔。有时五峰气，散风如飞霜。牵迫限修途，未暇杖崇冈。归来觊命驾，沐浴休玉堂。三叹问府主，曷以赞我皇。牲璧忍衰俗，神其思降祥。"此诗内容翔实，可以媲美诗人同类题材的"岱宗夫如何，齐鲁青未了。造化钟神秀，阴阳割昏晓"之诗篇。遥想当年，杜甫从潭州（今长沙）坐船逆湘水而上，路过衡山，万千感慨，诉诸笔端。

大文豪韩愈与南岳的传奇相遇，从他的《谒衡岳庙遂宿岳寺题门楼》诗篇中可以感受无遗："五岳祭秩皆三公，四方环镇嵩当中。火维地荒足妖怪，天假神柄专其雄。喷云泄雾藏半腹，虽有绝顶谁能穷。我来正逢秋雨节，阴气晦昧无清风。潜心默祷若有应，岂非正直能感通。须臾静扫众峰出，仰见突兀撑青空。紫盖连延接天柱，石廪腾掷堆祝融。森然魄动下马拜，松柏一径趋灵宫。粉墙丹柱动光彩，鬼物图画填青红。升阶伛偻荐脯酒，欲以菲薄明其衷。庙令老人识神意，睢盱侦伺能鞠躬。手持杯珓导我掷，云此最吉余难同。窜逐蛮荒幸不死，衣食才足甘长终。侯王将相望久绝，神纵欲福难为功。夜投佛寺上高阁，星月掩映云曈曚。猿鸣钟动不知曙，杲杲寒日生于东。"

今天，衡山的开云岭、开云楼、开云中学等都因此而得名。南岳的天气可以为这位大家雨收云开，但政治上的风云遭际不是这位大家能够左右的。

柳宗元、刘禹锡、朱熹、范成大、张居正、黄庭坚等都与南岳结下了笔墨之缘，这里略具一二。

《过衡山见新花开却寄弟》："故国名园久别离，今朝楚树发南枝。晴天归路好相逐，正是峰前回雁时。"这首诗乃柳宗元谪居湖南永州，过衡山时所写。末尾两句借景抒情，暗含恨意：鸿雁尚且能够于归途中相互追逐，自己却兄弟分离，欲返故园而不能。

《道中景物甚胜吟赏不暇敬夫有诗因次其韵》："穿林踏雪觅钟声，景物逢迎步步新。随处留情随处乐，未妨聊作苦吟人。"这是继"韩愈开云"后"朱张霁雪"的又一段佳话。相传，南宋乾道三年（1167 年）11 月，朱熹与张栻同游南岳，连日的风雪短暂停住，诗人趁着游兴写诗抒情。

衡山作为中国五岳之一，不仅自然风光壮丽，更承载着深厚的历史文化底蕴，因此吸引了许多名人前来游览、题词甚至隐居。历史上，王夫之、曾国藩、何绍基、谭嗣同、魏源等思想家、政治家、书法家都与衡山有着深厚的渊源。他们或在此留下诗词墨宝，或在此讲学传道，或在此寻求心灵寄托，皆使得衡山的人文内涵更加丰富。

近现代，毛泽东、罗荣桓、蒋介石等皆慕南岳之名而来，他们或登临抒怀，或谋划时局，留下了漫山的足迹。罗荣桓更与衡山有着不可分割的联系。他的故乡衡东与衡山咫尺之遥，衡东、衡山既是他年少学习和成长的地方，也是他日后投身革命事业的重要起点。

休待衰年壮志泯，早随鸿雁到衡山。如今的南岳衡山，不仅是一座山，更像一位自然的艺术家、一位心灵的导师、一位历经风霜却依旧风华绝代的高人，以其巍然之姿和满山灵秀等待着各方宾朋的到来。

🔊 拓展阅读

南岳衡山，雄踞南天，文脉流传，令许多人慕名前往。自轩辕黄帝之世，衡山便跻身华夏四岳之列，其历史地位可见一斑。司马迁在《史记·封禅书》中明确记载："舜……五月之际，巡狩至南岳，此南岳即衡山也。"及至西汉，因长安至衡山路途遥远，汉武帝遂以安徽天柱山代行南岳祭祀之职。魏晋南北朝时，南北隔阂，衡山一时沉寂。然隋文帝一统天下，版图重展，衡山再度被钦定为"南岳"，此后历代君主承袭此制，对衡山尊崇备至，屡加封赏，使其"南岳"之名坚如磐石，不可动摇。

宗教文化：南岳是道教主流全真派圣地，也是佛教的重要圣地之一，佛道两教在此和谐共存，共融一庙，堪称一绝。南岳大庙作为衡山的标志性建筑，是佛道两教共融的典范，规模宏大，建筑精美，红墙黛瓦，角楼高耸，威严壮观，有着极高的艺术价值和文化内涵。此外，山中还有祝融峰老庙、铁佛寺、三清殿、福严寺、方广寺等诸多古朴典雅的寺庙，承载着千年的宗教文化和历史底蕴。

祭祀文化：早在夏商时期，舜帝就曾巡视南岳衡山，并有"望秩山川，遍于群神"的祭祀制度。周朝时，此地开始出现祭祀、参拜建筑。自隋朝重新诏定衡山为南岳后，其南岳的地位一直延续。历代朝廷均重视对衡山的祭祀，祭祀文化在衡山的历史发展中占据着重要地位，据统计，历朝历代有据可查的祭祀活动达 300 次。

诗词文化：衡山的自然风光和人文景观吸引了无数文人骚客前来游览，并留下了大量的诗词歌赋，为衡山增添了浓厚的文化底蕴。如明朝内阁首辅张居正游水帘洞后写下的《水帘洞》一诗，"误疑瀛海翻琼浪，莫拟银河倒碧流"。自是湘妃深隐处，水晶帘挂五云头"，生动地描绘了水帘洞的光、声、影三绝奇景。

主要参考文献

[1]赵自龙，蒋垂国，谭合林.历代名人与南岳[M].海口：海南出版社，1995.

[2]王俞.天下南岳：南岳衡山旅游指南[M].香港：香港银河出版社，2000.

（执笔：杨春燕）

岳阳楼：先忧后乐，湖南风标

  岳阳楼是一座因"先天下之忧而忧，后天下之乐而乐"而闻名遐迩的历史文化名楼。它巍峨耸立在湖南省岳阳市的西北角，静静地守望着辽阔无垠的洞庭湖。岳阳楼与湖南省省会长沙相隔 147 公里，却以其独特的文化魅力和历史底蕴，吸引着无数游人前往。

  岳阳，古称巴陵，又名岳州，位于湖南省北端、中国中部，扼守着洞庭湖湖口，居长江中游，是湖南通往外界的咽喉要道，素有"湘北门户""鱼米之乡""形胜江南"之美誉。不仅因水陆交通便捷，更因得天独厚的自然景观——洞庭湖的浩渺烟波与君山的翠绿点缀，自古以来，岳阳文人荟萃。地理形胜的岳阳楼成为文人墨客挥洒才情并留下无数珍贵墨宝和诗篇的汇聚之地，静静地诉说着湘楚文化和中原文化的交流与融合，传承着中华优秀传统文化，成了中华文化宝库中一颗璀璨的明珠。

岳阳天下楼

古人说："四渎长江为长，五湖洞庭为宗，江湖之胜，巴陵兼有之。"所以，自古天下"谈形胜者，未尝不首及巴陵"。岳阳楼矗立于岳阳市古西门城头的城墙之上，紧靠洞庭湖，居高凭险，视野开阔。登临纵目，长江西来，奔腾不息；"湘资沅澧"四水南来，洞庭湖壮阔、阳刚之美令人振奋；君山浮黛、碧螺绾结，其静若处子的阴柔之美又撩人情丝。洞庭湖既有"淫雨霏霏""阴风怒号，浊浪排空""商旅不行，樯倾楫摧""虎啸猿啼"之悲壮，又有"春和景明""一碧万顷""沙鸥翔集，锦鳞游泳"之恬静，还有"静影沉璧""渔歌互答"之雅韵，真是气象万千，变幻莫测；朝晖夕阴，目不暇接。"一分山色九分湖"，岳阳楼是"得水而壮，得山而妍"，自古便有"洞庭天下水，岳阳天下楼""历遍江山只此楼"之美誉。

岳阳楼为四柱、三层、飞檐、盔顶、纯木结构，是清代建筑艺术趋向高峰时的精品力作。岳阳楼气势壮阔，构制独特，工艺精巧，风格奇异，造型庄重，在美学、力学、建筑学、工艺学诸方面都有惊人的成就，为中国古代建筑中的瑰宝。它的拱而复翘的古代将军盔顶式结构，为我国古代建筑史上所独有。由于长期供奉吕洞宾，屋面盖黄色琉璃瓦，远远望去，金碧辉煌，恰似一只凌空欲飞的鹏鸟，成为除皇城以外最独特的城门楼。岳阳楼不仅是一座建筑，更是儒家文化的殿堂、迁客骚人的情怀，还因"诗酒神仙"吕洞宾三醉岳阳楼的神话，飘溢着玄学文化的仙气。

千百年来，其特殊的地理环境、悠久的建造年代、精巧奇特的建筑工艺，引得无数迁客骚人在此登览胜境，流连忘返，凭栏抒怀，并记之于文，咏之于诗，形之于画。工艺美术家亦多以岳阳楼为题材刻画洞庭景物，使岳阳楼成为艺术创作中被反复描摹、久写不衰的一个主题。文学大家写下了成百上千语工意新的名篇佳句，形成了丰富多彩的岳阳楼文化。范仲淹的《岳阳楼记》更使岳阳楼名垂千古，明代李东阳在《书岳阳楼图后》中称："江汉间多层楼杰阁，而岳阳为最。"

中国是一个诗的国度，岳阳楼文化积淀最为丰富的是诗词。唐开元三年（715 年），张说（667—730，河南洛阳人，官至中书令，封燕国公）被贬为岳州刺史。在岳居官近三年，张说写下了不少描写岳阳湖山胜景的诗篇，仅《全唐诗》就收录了他写于岳阳的 44 首诗。加上同时代诗人的 17 首诗，他将之编辑成《岳阳集》，开全面咏唱岳阳名胜古迹之先河。作为初唐文坛领袖，张说的诗集影响很大。随后，李白在岳阳作诗 29 首，贾至也在此作诗 28 首……使岳阳楼和岳阳古城名声大噪，掀起了岳阳历史文化继屈原之后的又一个高潮。唐代先后，李白、贾至、孟浩然、杜甫、韩愈、李商隐、白居易、刘禹锡、刘长卿、雍陶、方干等 40 多位著名诗人，在岳阳楼留下了 100 多首名篇佳作。清道光五年（1825 年）成书的《洞庭湖志》选录了诗词 950 多首，其中绝大部分是写洞庭湖的，有写景的，也有借景抒情的。例如，李白作《与夏十二登岳阳楼》："楼观岳阳尽，川迥洞庭开。雁引愁心去，山衔好月来。云间连下榻，天上接行杯。醉后凉风起，吹人舞袖回。"这首诗既写出了岳阳楼在诗人心目中的分量，表达了诗人的赞叹之情，又赋予景物以诗人重获自由的喜悦，将诗仙的才情展露无遗。又如，贾至作《巴陵夜别王八员外》："柳絮飞时别洛阳，梅花发后到三湘。世情已逐浮云散，离恨空随江水长。"这首诗用叙事、抒情的手法，刻画了贬谪人送贬谪人的离愁别绪和愁苦心境。再如，影响最为深远，被誉为"球门高唱"的两首诗——孟浩然的《望洞庭湖赠张丞相》和杜甫的《登岳阳楼》。孟浩然在《望洞庭湖赠张丞相》中，不仅用"八月湖水平，涵虚混太清。气蒸云梦泽，波撼岳阳城"写出了洞庭湖壮丽的景象和磅礴的气势，更是借景抒发自己"欲济无舟楫，端居耻圣明。坐观垂钓者，徒有羡鱼情"的不愿闲居，并渴望为国家建功立业的政治热情和希望。杜甫《登岳阳楼》云："昔闻洞庭水，今上岳阳楼。吴楚东南坼，乾坤日夜浮。亲朋无一字，老病有孤舟。戎马关山北，凭轩涕泗流。"这首诗描绘了岳阳楼"吴楚东南坼，乾坤日夜浮"的壮观景象，反映了诗人即使晚年贫病交加"亲朋无一字，老病有孤舟"，仍然"戎马关山北，凭轩涕泗流"的感慨，表达了诗人自己虽贫病交加却仍为处于战乱中的人民而哭泣的忧国忧民情怀。这两首诗在立意谋篇、遣词造句、思想性等方面，堪称千古绝唱。

岳阳楼文化还包括古今名家吟咏岳阳楼的楹联。例如，清朝穆宗同治六年（1867 年），云南省罗平县文人窦序撰文、湖南省道县大书法家何绍基书写雕刻 102 字长联，上联为："一楼何奇？杜少陵五言绝唱，范希文两字关情，滕子京百废俱兴，吕纯阳三过必醉。诗耶？儒耶？吏耶？仙耶？前不见古人，使我怆然涕下！"此联写了诗圣杜甫的诗、名儒范仲淹的文、贤吏滕子京的政绩、酒仙吕洞宾的轶事。关于范仲淹的文，此联用"两字关情"将一篇 360 多字的著名文章归结为因情而紧紧相连的"忧乐"二字，抒发了作者吊古伤今的感慨。下联为："诸君试看：洞庭湖南极潇湘，扬子江北通巫峡，巴陵山西来爽气，岳州城东道崖疆。潴者，流者，峙者，镇者，此中有真意，问谁领会得来？"此联介绍了巴陵的名山、大川、雄关、险邑。一副百字对联浓缩了千百年来与岳阳楼有关的历史人物，绘形绘色地描写了岳阳楼的人文和地理，令人惊叹不已。又如，8 字短联"水天一色，风月无边"，落款为"长庚李白"，情景交融，颇为人称道。再如，相传毛泽东著的"八百里洞庭今在眼，五千年历史再从头"，指点江山，气魄宏大。

岳阳楼有现代考古学家郭沫若题写的匾额，有清代大书法家张照书写的《岳阳楼记》雕屏，还有毛泽东手书的杜甫《登岳阳楼》雕屏。其中，张照书写的雕屏由 12 块巨大的紫檀木拼成，文章、书法、刻工、木料全属珍品，人称"四绝"。此外，人们还把范仲淹作记、滕子京重修岳阳楼、大书法家苏舜钦书写和大书法家邵竦篆额并称为宋代岳阳楼"天下四绝"。

岳阳楼还有保存至今的 30 多幅岳阳楼图和许多珍贵碑刻。岳阳楼的这些文学、艺术作品，思想性强，艺术水平高，给人以生活启迪和美的享受，在中国文学艺术史上占有十分重要的地位。

余秋雨说："在这里（岳阳楼），中国文学的力量倒显得特别强大。"岳阳楼成为南北文化的交汇点，沉淀了深厚而独具特色的岳阳楼文化。因此，岳阳楼成为湖湘文化的地标之一。

忧乐为天下

"一方水土养一方人"，岳阳楼文化的沉淀和滋养，孕育出湖湘文化的标杆之一：岳阳楼精神。登斯楼也，可领略一楼一湖一文，尽悟湖湘精神。

岳阳楼自初唐文坛领袖张说在此与文人雅士登楼赋诗，渐渐著称于世。继而又有孟浩然、贾至、李白、杜甫、白居易、元稹、刘禹锡等诗坛泰斗的名篇佳作问世，或雄浑奇峭，或悲凉淡雅。到宋代，岳阳楼已是一处风景文化圣地。然而，楼却未注精神，后幸而仰赖腾子京灼见，求得范仲淹雄文，才使名楼胜景神形兼备，相得益彰，辉映千秋。

滕子京于庆历四年（1044年）被贬为岳州知州，于庆历五年开始重修岳阳楼。一年后，岳阳楼落成。他写下《与范经略求记书》，连同一幅《洞庭秋晚图》送往被贬谪到河南邓州戍边的范仲淹处，请他为楼作记。腾子京在《与范经略求记书》中，高屋建瓴地提出了自己精辟独到的见解："窃以为天下郡国，非有山水环异者不为胜，山水非有楼观登览者不为显，楼观非有文字称记者不为久，文字非出于雄才巨卿者不成著。"他认为："所谓岳阳楼者，徒见夫屹然而踞，岈然而负，轩然而竦，伛然而顾，曾不若人具肢体而精神未见也，宁堪乎久焉?"滕子京请范仲淹给岳阳楼注入一种精神。腾子京和范仲淹是政治上的盟友兼好友。据史书记载，腾子京为人"尚气，倜傥自任，好施予，及卒家无余财"。庆历三年（1043年），守旧派为抵制范仲淹的"庆历新政"，拿所谓的"泾州公案"向滕子京开刀，以莫须有的罪名使他在半年之内既遭拘押审查，又连续三次被贬。但滕子京的爱国忧民情怀未变。滕子京被贬谪岳阳后，不为自己的遭遇伤春悲秋，不计较个人得失，"不以物喜，不以己悲"，"进亦忧，退亦忧"，一心为当地百姓办实事，为弘扬民族文化重修岳阳楼，为扩大教育规模迁建岳州学宫，为改善交通筑紫荆堤、修通和桥，他的作为"颇为岳州人称道"。范仲淹和滕子京一心为国却遭谗被贬的共同体验，滕子京的高尚品德和忧国忧民作为，使一直抱有"利泽生民"宏大志向的范仲淹，为岳阳楼注入"精神"找到了最佳切入点。于是，范仲淹挥毫泼墨，写下了气贯古今的《岳阳楼记》。自此，岳阳楼成为爱国忧民精神的最佳载体，千古名楼华丽转身成为民族精神圣殿!

《岳阳楼记》描述了两种人生态度和一种为官态度。

一种人生态度是"以物喜，以己悲"：淫雨霏霏时，"登斯楼也，则有去国怀乡，忧谗畏讥，满目萧然，感极而悲者矣"；春和景明时，"登斯楼也，则有心旷神怡，宠辱偕忘，把酒临风，其喜洋洋者矣"。即悲喜感情跟外在事物和环境有关系，跟个人遭遇也有关系，个人的忧乐容易受外部事物、环境和个人荣辱得失影响，遭遇挫折时消极沉沦，遇到顺境时得意忘形。另一种人生态度是"不以物喜，不以己悲"。不为外在事物、环境、个人遭遇而悲喜，不为利动、不为私惑，有信仰、有目标、有精神追求和道德操守，这也是范仲淹肯定和宣扬的人生态度。"不以物喜"就是不随波逐流，实事求是，宠辱不惊，有独立的人格追求。"不以己悲"就是抛却个人利益，不患得患失，有为国为民牺牲的精神。当一个人做到"不以物喜，不以己悲"，就能超然物外、克服私心，在政治上就不会有软骨病、不容易被收买，就是一个纯粹的人、大写的人，就是一个真正的君子。

一种为官态度是"居庙堂之高则忧其民，处江湖之远则忧其君。是进亦忧，退亦忧。然则何时而乐耶？其必曰'先天下之忧而忧，后天下之乐而乐'乎"。这也是范仲淹倡导和追求的一种为官态度。"居庙堂之高则忧其民"是一种忧民意识、民本思想，指当朝为官者要有公心、服务心，要为民办事、为民请命、为民除弊。"处江湖之远则忧其君"是一种忧君忧国思想，指当朝为官者要敢说真话、犯颜直谏，大胆改革、付诸行动。"先天下之忧而忧，后天下之乐而乐"是为官的最高境界，指为官者的忧乐只与国家和人民的忧乐有关，只有做到忧国忧民、居安思危、积极进取、吃苦在前、享受在后，才能成为最快乐的人！

"不以物喜，不以己悲""先天下之忧而忧，后天下之乐而乐"是对中华民族悠久的精神传统的提炼，已成为中华民族独特的精神标识。湖湘大地从屈原"哀民生之多艰"的《离骚》、贾谊对帝王"不问苍生问鬼神"的担忧，到柳宗元的《天对》、周敦颐的望天，无不体现了强烈的忧天悯民意识，以及"楚虽三户，亡秦必楚"的精神斗志。这种精神和意识与中原文化遥相呼应。孟子"生于忧患，死于安乐""乐民之乐者，民亦乐其乐；忧民之忧者，民亦忧其忧。乐以天下，忧以天下，然而不王者，未之有也"的告诫，荀子"劳苦之事则争先，饶乐之事则能让"的训示，荆门郭店出土楚简中"凡忧患之事欲任，乐事欲后"的精神，都充分说明了"先忧后乐"发源于历史文化深处，汲取中华优秀传统文化的思想精华和道德精髓，充分反映了以国家兴衰为重、以个人荣禄为轻的精神追求，是中华民族生生不息、繁荣兴盛的重要滋养，成为中华民族宝贵的文化财富与思想瑰宝。

"先忧后乐"精神作为岳阳楼精神的高度概括，是忧乐观、忧乐意识和忧乐情怀的集中表现，表征着中华民族为什么而快乐，因什么而担心，什么才是真正值得追求的，什么又是必须念兹在兹的伦理情感、价值眷注、精神境界和道德追求，灌注着中华民族的历史理性、哲学智慧和文明机理。"先忧后乐"蕴含着丰富的精神内涵：第一，"先忧后乐"的底色是爱国主义，以天下为己任，时刻胸怀国家与人民，充盈着为国家而忧乐、为国家而担当的政治抱负、报国情怀、浩然正气和献身精神。第二，"先忧后乐"的终极目标是为百姓之"乐"，体现的是为人民的幸福观。第三，"先忧后乐"中的"忧"的背后是一种沉甸甸的责任与担当，要求的是胸怀宽阔、积极进取的为官态度。第四，"先忧后乐"的核心要义就是心系天下、胸怀忧患，体现了对民族兴亡、国家前途、百姓安居乐业的忧思。第五，"先忧后乐"看重的是天下苍生，看轻的是个人荣辱得失，追求的境界是豁达大度、淡然超脱。

"先忧后乐"精神之所以能汇聚于岳阳楼，成为岳阳楼的核心精神，关键在于湖湘大地包容开放的贬官和贬谪文化氛围。

早期的湖湘大地可以说是一部贬谪文化的史诗。在范仲淹的好友滕子京主政岳阳前后，一批批以天下为己任的名儒贤相先后被贬至湖南。远的如屈原、贾谊、柳宗元、刘禹锡诸人，近的如秦观、辛弃疾等人，还有无数怀才不遇的文人墨客也曾游历至此，如韩愈、李白、杜甫等。而处于湖南北向门户的洞庭湖和岳阳就成了接纳贬官与贬官精神的入口，他们的胸襟、他们的抱负、他们的忧愤、他们的遭际在这里汇聚吞吐，涵养出浓厚的忧国忧民意识和先忧后乐情怀。居天下之中的岳阳楼成为南北两种文化交汇的集合地，范仲淹恰恰找到了中原文化与湘楚文化的共同点，这个共同点就是"先忧后乐"精神。这种精神亦成为中原文化与湘楚文化有效连接的一条纽带。

影响永传承

"不以物喜，不以己悲""先天下之忧而忧，后天下之乐而乐"震天下而醒人智，承千古而启后人。《岳阳楼记》传开之后，人们对"先忧后乐"精神高度赞扬和认同，苏东坡说："先天下之忧而忧，后天下之乐而乐，虽圣人复起，不易斯言。""一言可以终身行之者欤！"成为天下志士仁人的座右铭。宋代状元王十朋在《读岳阳楼记》诗中盛赞："先忧后乐范文正，此志此言高孟轲。"

自此，"忧""乐"二字成为岳阳楼文化的核心和标志，登楼吟咏者很少有不假此抒情表志的。今日岳阳楼内悬挂的历代楹联，几乎全是围绕这个核心情怀，营造出浓郁的忧患氛围。岳阳楼在人们心目中，也成为高尚情操、宽阔胸怀的象征，忧国忧民、为国为民的象征，积极进取、催人奋发的象征。余秋雨说："游历一次，便是一次修身养性。""先忧后乐"精神成为岳阳楼精神的核心精神，亦成为湖湘文化的重要基石。

近代以来，魏源的"人不忧患，则智慧不成"，左宗棠的"身无半亩，心忧天下"，谭嗣同的"有心杀贼，无力回天"，唐才常的"树大节、倡大难、行大改革"，郭嵩焘的放眼世界，陈天华的"猛回头""警世钟"，毛泽东的"身无分文，心忧天下"，任弼时的"三怕"，彭德怀的"请为人民鼓与呼！"，陶铸的"如烟往事俱忘却，心底无私天地宽"，许光达的"让衔、让级、让位"，徐特立的"革命第一，工作第一，他人第一"，谢觉哉的"为党献身常汲汲，与民谋利更孜孜"，雷锋的"把有限的生命投入无限的为人民服务之中去"，胡耀邦的"心在人民，原无论大事小事；利归天下，何必争多得少得"等，无不浸润着忧乐精神的文化因子和思想元素。

在这种"先忧后乐"湖湘文化精神的熏陶与感召下，千百年来，湖湘大地涌现出无数的英雄豪杰——王夫之、曾国藩、左宗棠、郭嵩焘、谭嗣同、黄兴、蔡锷、陈天华、毛泽东、刘少奇、任弼时、彭德怀、贺龙、罗荣桓、胡耀邦……大革命初期，陈独秀就大声疾呼："欢迎湖南人底精神。"杨度则留下传世名句："若道中华国果亡，除非湖南人尽死！"有人曾说："半部近代史，一群湖南人。"近代以来，每逢历史发展的重要时刻，就有一大批湖南人挺身而出，"挽狂澜于既倒，扶大厦之将倾"，从而造就了"湘省士风，云兴雷奋""举世无出其右"的景象。

2020 年 9 月，习近平总书记考察湖南，赞誉湖南"十步之内，必有芳草""寸土千滴红军血，一步一尊英雄躯"，生动诠释了湖南在百余年党史上举足轻重、功不可没的地位。在革命、建设、改革的各个历史时期，湖南人舍身殉国，前仆后继，作出了巨大牺牲，湖湘大地这片热土浸润着以鲜血和生命写就的历史荣光。宁心在《湖南为什么这样红》中写道：从 1921 年至 1949 年，全国有名可查的革命烈士有 370 多万人，湖南的革命烈士有 20 多万人，其中有名可查的有 15 万人。仅平江一个当时人口不足 50 万人的县城，先后就有 23 万人为革命牺牲，其中登记在册的烈士有 21000 多名；炎陵县策源乡梨树洲村的百姓为了保护红军标语，成了烈士。进入新时代，在惊心动魄的抗疫斗争中，湖南全省党员干部舍身忘我、冲锋在前，广大医务工作者白衣为甲、逆行出征，各行各业劳动者坚守岗位、向险而行，奏响了一曲曲荡气回肠的英雄壮歌，再现了"遍地英雄下夕烟"的壮烈景象。在脱贫攻坚战中，湖南全省党员干部以热血赴使命、以行动践诺言，扎根一线、鞠躬尽瘁，前赴后继、无怨无悔，在脱贫攻坚这个没有硝烟、但有牺牲的战场上，呕心沥血、建功立业，共同书写了精准扶贫的伟大传奇，谱写了震撼人心的大地颂歌。

毛泽东早年两登岳阳楼，并对蔡和森说："这先忧后乐的思想，较之吃苦在前、享受在后的提法，境界更高了。"刘少奇在《论共产党员的修养》中，将"先忧后乐"作为共产党人的修养准则予以强调。胡耀邦在列举中华民族传统美德的三句名言时，将"先忧后乐"列入其中。江泽民曾多次引述，并且在庆祝建党八十周年的"七一"重要讲话中，再次告诫全党同志要"先忧后乐"，发扬中华民族的传统美德。习近平总书记在谈为官之道时，多次引用"先天下之忧而忧，后天下之乐而乐"。他指出，古往今来，许多有作为的"官"都以关心百姓疾苦为己任，为官者要有"先天下之忧而忧，后天下之乐而乐"的政治抱负，心无百姓莫为"官"。他要求党员干部对个人的名誉、地位、利益，要想得透、看得淡，自觉打掉心里的小算盘。"我们不舒服一点、不自在一点，老百姓的舒适度就好一点、满意度就高一点，对我们的感觉就好一点。"习近平总书记给范仲淹的这句名言赋予新的时代意义，那就是为人民着想，把自己的幸福同人民的幸福紧紧联结在一起，为实现中华民族伟大复兴的中国梦而奋斗。

🔊 拓展阅读

岳阳楼记

〔宋〕范仲淹

庆历四年春，滕子京谪守巴陵郡。越明年，政通人和，百废俱兴，乃重修岳阳楼，增其旧制，刻唐贤今人诗赋于其上，属予作文以记之。

予观夫巴陵胜状，在洞庭一湖。衔远山，吞长江，浩浩汤汤，横无际涯，朝晖夕阴，气象万千。此则岳阳楼之大观也，前人之述备矣。然则北通巫峡，南极潇湘，迁客骚人，多会于此，览物之情，得无异乎？

若夫淫雨霏霏，连月不开，阴风怒号，浊浪排空，日星隐耀，山岳潜形，商旅不行，樯倾楫摧，薄暮冥冥，虎啸猿啼。登斯楼也，则有去国怀乡，忧谗畏讥，满目萧然，感极而悲者矣。

至若春和景明，波澜不惊，上下天光，一碧万顷，沙鸥翔集，锦鳞游泳，岸芷汀兰，郁郁青青。而或长烟一空，皓月千里，浮光跃金，静影沉璧，渔歌互答，此乐何极！登斯楼也，则有心旷神怡，宠辱皆忘，把酒临风，其喜洋洋者矣。

嗟夫！予尝求古仁人之心，或异二者之为，何哉？不以物喜，不以己悲，居庙堂之高则忧其民，处江湖之远则忧其君。是进亦忧，退亦忧。然则何时而乐耶？其必曰"先天下之忧而忧，后天下之乐而乐"乎。噫！微斯人，吾谁与归？

时六年九月十五日。

主要参考文献

[1]陈湘源.深度解读岳阳名胜古迹[M].北京：三辰影库音像出版社，2010.

[2]袁中道.珂雪斋集[M].钱伯城，点校.上海：上海古籍出版社，2019.

[3]杜纯梓.湖湘文化要略[M].北京：北京大学出版社，2011.

[4]湖南省文史研究馆.湖湘文化述要[M].长沙：湖南人民出版社，2013.

[5]宁心.湖南为什么这样红[N].湖南日报，2021-03-22(01).

[6]中共中央组织部.中国共产党组织工作辞典[M].北京：党建读物出版社，2001.

（执笔：杨萍）

桃花源：桃源梦境，浪漫风骨

时移世易，人心不古，但人们对于理想生活的追求始终如一。东晋诗人陶渊明笔下的"桃花源里可耕田"之问，便是这一追求的永恒象征。尽管时代变迁，这一疑问仍然在人们心中萦绕，引领人们探寻那理想中的乐土。

如今，我们将踏上湖南常德桃花源这片神秘的土地，追溯陶渊明所描绘的避秦绝境原型，即后人广为传颂的"世外桃源"。我们将深入其境，亲身感受那里和谐安乐、丰衣足食的生活氛围，领略其亲切友善、民风淳朴的人文风貌。在这过程中，我们将深刻体会千百年来，桃源意境如何在湖南人的血脉中沉淀，形成其独特的浪漫情怀。同时，我们也将重温千古佳作《桃花源记》，领略其文化精髓，倡导其人文精神，探究其现实意义。

自然妙造　胜迹天成

桃花源，这个令无数文人神往的胜地，位于湖南省常德市桃源县西南，其南倚武陵，与沅江相依，在古武陵县境内，是现存历史最久、文物价值最高、保存规模最大的桃源文化遗存，是《辞海》《辞源》中唯一添加注释的《桃花源记》原型地，是国务院唯一备案认可的"桃花源国家级风景名胜区"。桃花源属江南古陆，历经五次造山运动，升降交替，自然妙造，胜迹天成。桃花源是世人向往的"人间仙境"，初建于晋、大兴于唐、鼎盛于宋。及至宋朝，桃花源得到更大规模的开

发和修复。宋太祖乾德二年(964 年)，朝廷在桃花源置"桃源"县。桃花源在元代时毁于战乱，明清以后又开始复兴。桃花源咸集文人墨客，忙煞古今游人，屈原、陶渊明、李白、刘禹锡、苏轼等都留下了许多与之相关的珍贵墨迹。总之，桃花源集山川胜状和诗情画意于一体，熔寓言典故与乡风民俗于一炉。

桃花源是世人向往的"人间仙境"。"世外桃源"主体景区面积为 15.8 平方公里，"武陵渔川"沅水风光带水域面积为 44.85 平方公里，外围保护区面积为 96.9 平方公里。主体景区包括桃花山、桃源山、秦人村、桃仙岭，风景资源共计 16 类。其中，山峦、岩体、水体、河洲、洞穴、峡谷、天象、生物景观 8 类；准景点 95 个，内部景界分布丘峦脊岭 35 条，峡谷 19 条，溪涧18 条，水库池塘 72 口，涌泉 32 穴。在这里，我们可以亲身体验"桃花源里桃花源，柳暗花明现良田""桃花源里善德山，拂袖一让天地宽""桃花源里夹山寺，茶禅一味醉若仙"等美景。主景区之一的桃花山景区，两山夹峙，洞天如闭，峪错林翳，斜阳古道。主景区之二的桃源山景区，依山临水，洞转峰回。主景区之三的秦人村景区，十里曲峪，关山塞水，唯凭三穴古洞通幽。主景区之四的桃仙岭景区，鸡鸣峪等峡谷两端豁然开朗，宛若源中世外交替之处。因其内秀美田园占地 200 多公顷，而出入口仅三四十尺，李白点赞道："三十六洞，别为一天!"清光绪年间重修的桃花源牌坊、桃花溪水、桃林、问津亭、延至馆、穷林桥、水源亭、豁然轩、高举阁、寻契亭、既出亭、问路桥等，其名皆源自《桃花源记》，原貌存今。此外，"内八景"有烂船洲、桃花溪、遇仙桥、秦人洞、空心杉、摩顶松、炼丹台、瀹鼎池，"外八景"则为桃源仙隐、漳江夜月、浔阳古寺等。一景一故事，说来都有趣。

桃源意境　人文情怀

桃花源是千年文脉的传承和深厚文化的积淀，是人类物质与精神"乌托邦"的东方名片，对中华民族千年历史文化的影响绵延不绝。桃花源自东晋陶渊明美文《桃花源记》问世后，便广为后人就景印证，以至文景声名两盛。正如陶渊明所描绘的桃源意境那样，它拥有与世隔绝、生活安乐、和谐安定、民风淳朴、自由平等、恬淡安谧的理想境界，体现的是自然美、生态美、人性美、和谐美和人文美的完美统一。桃花源临溪山峒、风景如画的自然美正如《桃花源记》的描绘："夹岸数百步，中无杂树，芳草鲜美，落英缤纷……林尽水源，便得一山，山有小口，仿佛若有光。便舍船，从口入。初极狭，才通人。复行数十步，豁然开朗。土地平旷，屋舍俨然。"它的生态美体现在桃花源与世隔绝，远离喧嚣，芳草鲜美，落英缤纷，山清水秀；而人性美则体现在民风淳朴，远离物欲，人人劳动，相亲相爱，崇德自强。它的生态美与人性美汇聚在一起就是社会的和谐美。"屋舍俨然，有良田、美池、桑竹之属，阡陌交通，鸡犬相闻"，这是多么美丽的田园风光啊。"黄发垂髫，并怡然自乐""便要还家，设酒杀鸡作食。村中闻有此人，咸来问讯""余人各复延至其家，皆出酒食"，这是一种多么诱人的和平安定、丰衣足食、人人劳动、平和友善、怡然自得的社会和谐美啊。它的人文美则体现在"桃花源"中人"自云先世避秦时乱，率妻子邑人，来此绝境，不复出焉"。这些都是人类梦寐以求的至高境界。这种大美与现实世界形成了强烈反差和鲜明对比。在现实世界，工业化、城市化导致了自然生态的破坏和人性道德的缺失，这已经成为人类社会的重大伤痛。人们日益强烈地渴望进入自然美、生态美、人性美、和谐美和人文美兼备的人间仙境桃花源，感受美好，调理身心，桃花源亦成为"沐浴大德、净化心灵"的神圣之地。

　　湖南人非常推崇陶渊明的人文精神。这集中体现在桃花源的桃花山景区，特别是菊圃。菊圃建于明万历年间，原为渊明祠，因陶渊明爱菊，就改名为菊圃。菊圃门口有一副对联："却怪武陵渔，自洞口归来，把今古游人忙煞；欲寻彭泽宰，问田园安在，惟桃花流水依然。"菊圃四周环以垣墙，数处开窗，分前后两进。前进入门为鱼池，池旁绕以回廊。两旁随地形高下，雕栏疏棂，修竹垂影，兰桂飘香。池上石桥纵跨，狮象猴麟分蹲左右；池后为花圃，金菊竞放。正中是一块陶渊明"东篱采菊石刻"，后镌《饮酒》诗："采菊东篱下，悠然见南山。"渊明祠古朴典雅、雕梁画栋、耀碧流丹。正门廊柱上，挂着一副概括了陶公秉性的楹联："心爱菊，睥睨荣华，难为斗米折腰，辞去彭泽县令；性嗜酒，不汲富贵，甘愿南山种豆，归来五柳先生。"它写出了陶渊明喜爱菊花，厌恶荣华，不愿为五斗米折腰的精神。渊明祠正中，供有汉白玉雕刻的陶渊明像，右边则是他的自传体铭文《五柳先生传》。传中介绍了陶渊明 63 个春秋的人生旅途：5 次出仕为官，5 次归隐田园，不为五斗米折腰，41 岁辞去彭泽县令后，乐道清贫，安居田园，终老一生。这里还有建于明万历二十三年（1595 年）的方竹亭，原名"桃川八方亭"，为八方三门四窗砖石结构。竹子一般是圆的，但方竹亭旁的竹子很特殊，视之似圆，摸之则方，有棱有边，如同削成，为桃花源珍品之一。此亭因此而得名。这方竹就如同陶渊明的一生，也给后人以深刻的启示。人生处世，方圆自处。但现实磨平了方圆观念，特别是到紧要关头，圆滑世故的人多，敢说真话的人少。方竹亭的方竹似乎是在警示我们，无论身处顺境或逆境，一定要像方竹一样，正气凛凛，铁骨铮铮，坚持真理，顾全大局，不计较个人恩怨得失，不屈服任何威逼利诱，不以物喜，不以己悲。从方竹亭中，我们可以看到湖南人对陶渊明淡泊清心、视死如生、超凡脱俗的高风亮节的赞赏。

唐朝元和初年(806年)，永贞革新失败后，作为集团核心成员之一的刘禹锡被贬为朗州司马。《旧唐书·刘禹锡传》中记载："禹锡在朗州十年，唯以文章吟咏，陶冶情性。蛮俗好巫，每淫词鼓舞，必歌俚辞。禹锡或从事于其间，乃依骚人之作，为新辞以教巫祝。故武陵溪洞间夷歌，率多禹锡之辞也。"刘禹锡擅长借自然之景抒贬谪之情，并且以描写洞庭湖和桃花源的诗作最多。刘禹锡书写桃花源的诗作现存有3首，即《桃源行》《八月十五夜桃源玩月》和《游桃源一百韵》。他时常到桃花源游览，题下"桃源佳致"并刻碑，桃花源因此更被富宦、文人、道士乃至百姓向往和探寻，成为文豪留下诗文与墨迹的艺术殿堂、展示古今诗词楹联碑刻的人文胜地。此外，桃花源的民俗文化与古建筑遗存众多，历史文化价值与科学价值极高。桃花源古建筑群完好保存着由唐至民国时期的15处历代古建筑单体。同时，桃花源拥有国家二级以上文物50余件、楹联107副、碑刻108块、字画1000余幅、民间传说40多篇、留存诗词2500余首等。正是受屈原、陶渊明、刘禹锡等文化先贤的文脉浸润，历代依托"桃花源"文化留下的文珍墨宝浩如烟海，成就了"桃花源"文学现象与文化符号。

桃源梦想　湖湘浪漫

纵观历史，湖湘文化以屈庄思想为底蕴，特别是受道家文化南传的影响，并且在不断开化中泽润着儒家文化的精髓，产生了一种儒道互补的传统。因而，湖南人在积极进取的同时，还怀揣着一种桃源梦想。

据传，上古唐尧时，中原名士善卷先生因不愿接受虞舜的让位而南下，起初隐居在与今桃花源一水(沅水)相依、相距仅40多公里的今常德德山，并且常游历于桃源山一带，在湘沅之地传播璀璨的中原文化。人们把他隐居的山称为"德山"，民间乃有"常德德山山有德"之说流传至今。善卷先生晚年移隐溆浦，居庐峰山，后又移居大酉山，常经桃源山往来于初隐之德山与移隐之庐峰山、大酉山之间，以其高尚德行和渊博文化影响与教育湘沅人民。可见，陶渊明《桃花源记》中把桃花源作为寄托他隐逸思想之地，其来有自。

《桃花源记》记载的是"晋太元中"，即和作者陶渊明同一时代的事情。陶渊明于东晋兴宁三年（365年）出生在一个没落的官僚世家，卒于南朝元嘉四年（427年）。"晋太元中"即公元376年至396年。陶渊明在年轻时就立下了"大济苍生"之志，可濒临崩溃的动乱岁月使他的一腔抱负根本无法实现——晋宋易主之际，东晋王朝极端腐败，对外一味投降，安于江左一隅之地。统治集团生活荒淫，内部互相倾轧，军阀连年混战，赋税徭役繁重，加深了对人民的剥削和压榨。与此同时，东晋王朝承袭旧制，实行门阀制度，保护高门士族贵族官僚的特权，致使中小地主出身的知识分子根本没有施展才能的机会。像陶渊明这样一个祖辈父辈仅做过一任太守一类官职、家境早已败落的寒门之士，当然就"壮志难酬"了。加之他性格耿直，清明廉正，不愿卑躬屈膝攀附权贵，因而和污浊黑暗的现实社会产生了尖锐的矛盾，格格不入。义熙元年（405年），他仓促而坚决地辞去了上任仅81天的彭泽县令，与统治者最后决裂，自此便长期隐居田园，躬耕僻野。他虽然"心远地自偏"，但"猛志固常在"，仍旧关心国家政事。他坚守固有的儒家观念，继而产生了对刘裕政权的不满和对现实社会的憎恨。但是他无法改变，也不愿干预这种现状，只好借助创作来抒发情怀，进而塑造了一个与污浊黑暗社会相对立的美好境界，以寄托自己的政治理想与美好情趣。《桃花源记》之所以能征服古今之人，最根本的原因在于陶渊明礼赞的是生命的乐园，生命在这个乐园里可以得到保存和发展。《桃花源记》中描绘的自然地理与人文环境的协同濡染，形成了其浪漫文风的自我注解。

《桃花源记》体现了中华民族三个方面的文化精髓：一是受老子、庄子"小国寡民"的理想社会影响。在原始社会，人们都"甘其食，美其服，安其居，乐其俗，邻国相望，鸡犬之声相闻，民至老死不相往来"。二是受魏晋以来嵇康、阮籍、鲍敬言等人的思想影响。嵇康说："刑本禁暴，今以胁贤，昔为天下，今为一身。"阮籍说："盖无君而庶物定，无臣而万事理。""君立而虐兴，臣设而贼生。坐制礼法，束缚下民。"鲍敬言创"无君论"，认为君主是社会一切丑恶、灾难的根源。他说："曩古之世，无君无臣，穿井而饮，耕田而食，日出而作，日入而息，泛然不系，恢尔自得，不竞不营，无荣无辱。"这种言论反映了农民阶级对残酷的封建统治者的抗议，表达了广大农民希望摆脱一切剥削压迫而安居乐业的要求。三是受儒家"大同"思想的影响。儒家"大同"理想是中华思想史中可资利用的思想资源。《礼记·礼运》描述了儒家对于未来理想社会的构想，是中国古典空想社会主义的基本纲领，集中反映了中国古代的"公有"思想："大道之行也，天下为公。选贤与能，讲信修睦。故人不独亲其亲，不独子其子，使老有所终，壮有所用，幼有所长，矜、寡、孤、独、废疾者皆有所养，男有分，女有归。货恶其弃于地也，不必藏于己；力恶其不出于身也，不必为己。是故谋闭而不兴，盗窃乱贼而不作，故外户而不闭，是谓大同。"儒家构想的大同社会是一个以农业公有制为经济基础的理想社会，"天下为公"是大同社会的总原则。儒家通过《礼记·礼运》描绘了"大同"社会的美好场景，它其实是一个社会成员共同富裕、社会普遍和谐的古代"乌托邦"。"世界大同"的乌托邦理想，激起了一代又一代儒者的心驰神往和不懈追求。在中国人的政治理想中，个体家庭的"小我"和社会政治生活的"大我"是价值相通的，"小我"需要在"大我"中得到最终的价值实现，最终形成社会的和谐。今天，"和谐社会"的思想之源与《桃花源记》有异曲同工之妙。人们追求的也是人与自然的和谐——自然的风光、人性的淳朴、思想的自由、精神的快乐。

在历朝官方的推崇下，桃源所代表的桃源梦想深深地融入了湖南人的血脉。湖南人接受并消化了的桃源梦想并非中原文化中的隐逸思想，他们是把桃花源当作一个理想的新世界来追求，并发展成为一种理想主义、浪漫主义情结。

湖湘文化的浪漫主义传统孕育了湖南人多愁善感的文人气质、丰富灵动的内心世界。普列汉诺夫认为，"每一个民族的气质中，都保留着某些为自然环境影响所引起的特点。这些特点，可以由于适应社会环境而有几分改变，但是绝不因此完全消失。"

结　语

湖湘文化具有两重性。它既有经世致用的现实主义情怀，又兼具激情澎湃的浪漫主义、理想主义格调，两者融贯，形成了一种既脚踏实地又仰望星空的文化品格。浪漫主义气质在湖湘文化中表现为对超现实理想的执着追求和丰富想象，而务实精神则体现为对现实世界的深刻关怀和实用理性的永恒坚持。自晚清以来，湖湘大地涌现了一批批杰出的志士仁人，如陶澍、魏源、曾国藩、左宗棠等，他们不仅怀抱着宏伟的文化理念和政治理想，更以现实关怀和实用理性的态度投身于社会变革的洪流之中。在他们的影响下，晚清民初的湖湘知识群体继承并发扬了这种精神气质，将理想主义与现实主义完美地结合在一起。

辛亥革命时期，黄兴、蔡锷等民主革命派人士崭露头角，在他们的精神气质中同样闪耀着理想主义与现实主义的光芒。他们不仅有着坚定的革命信念和浪漫的革命情怀，更以务实的态度和行动推动着革命的进程。在新文化运动中，湖湘大地再次涌现出一批早期马克思主义者，如毛泽东、蔡和森等。他们深受湖湘文化的影响，将理想主义的浪漫情怀与现实主义的实用理性相结合，探索出一条适合中国国情的革命道路。以毛泽东为代表的早期马克思主义者最终选择了马克思主义、共产主义作为他们的信仰和奋斗目标，这无疑也是受湖湘文化中源远流长的理想主义思想传统影响的结果。

这批早期马克思主义者在追求最高社会理想的浪漫情怀的驱使下，坚定地将共产主义作为解决中国问题的根本出路。同时，他们又以重实行、讲实效的实用理性态度来对待革命和建设事业。他们不同于那些只讲马克思主义原则而不重视中国实际的理论家，紧密结合中国实际，探索出了土地革命、"农村包围城市"等具有中国特色的革命道路和战略方针。以毛泽东、刘少奇、任弼时为代表的湖湘知识群体在近代史上创造了辉煌的成就，这与他们具有理想主义的浪漫情怀与现实主义的务实精神相结合的精神气质密不可分。这种精神气质不仅激励着他们为革命和建设事业奋斗不息，还为后人留下了宝贵的精神财富和深刻的历史启示。

🔊 拓展阅读

桃花源记

〔东晋〕 陶渊明

晋太元中，武陵人捕鱼为业。缘溪行，忘路之远近。忽逢桃花林，夹岸数百步，中无杂树，芳草鲜美，落英缤纷。渔人甚异之。复前行，欲穷其林。

林尽水源，便得一山，山有小口，仿佛若有光。便舍船，从口入。初极狭，才通人。复行数十步，豁然开朗。土地平旷，屋舍俨然，有良田、美池、桑竹之属。阡陌交通，鸡犬相闻。其中往来种作，男女衣着，悉如外人。黄发垂髫，并怡然自乐。

见渔人，乃大惊，问所从来。具答之。便要还家，设酒杀鸡作食。村中闻有此人，咸来问讯。自云先世避秦时乱，率妻子邑人，来此绝境，不复出焉，遂与外人间隔。问今是何世，乃不知有汉，无论魏晋。此人一一为具言所闻，皆叹惋。余人各复延至其家，皆出酒食。停数日，辞去。此中人语云："不足为外人道也。"

既出，得其船，便扶向路，处处志之。及郡下，诣太守，说如此。太守即遣人随其往，寻向所志，遂迷，不复得路。

南阳刘子骥，高尚士也，闻之，欣然规往。未果，寻病终。后遂无问津者。

主要参考文献

[1]刘昫.旧唐书[M].北京：中华书局，1975.

[2]陶敏，陶红雨.刘禹锡全集编年校注[M].北京：中华书局，2019.

[3]刘梦初，丁兴宇，阮先.刘禹锡朗州诗文辑注[M].香港：中国文化出版社，2012.

[4]罗愿.尔雅翼(卷六)[M].石云孙，校注.合肥：黄山书社，1991.

[5]仓修良.方志学通论[M].济南：齐鲁书社，1990.

[6]朱汉民.湖湘文化精神的务实与浪漫[J].求索，2016(4)：4–11.

（执笔：杨芳）

洪江商城：千年古城，湘商故里

湖南，这片中国中部地区的热土，在现代经济浪潮中展现出独特的魅力。尽管地理优势不如东南沿海地区，经济规模不如北上广深等特大城市，但"网红经济"的蓬勃发展却为湖南注入新的活力，使之焕发勃勃生机。从茶颜悦色的诱人香醇，到文和友的排队热潮，再到扬帆夜市的繁华喧嚣，湖南正以其特有的方式，诠释着现代商业的无限可能。

湖南作为"中部崛起"的重要担当，必然离不开一大批"产业湘军"。提及湖南的知名企业，人们自然会想到三一重工、中联重科等工业巨头，蓝思科技、中烟湖南等创新引领者。这些企业不仅在国内享有盛誉，更将湖南的品牌推向了国际舞台。但在这片上地上，还有一群同样令人骄傲的商业力量——"湘商"。尽管他们的名字鲜为人知，但他们的贡献和影响力却不容忽视。

世人对湖南人的印象往往停留在"会读书、会种田、会打仗"的层面，却忽略了他们在商业领域的智慧与才能。这种偏见或许源于湖南人在其他领域的卓越表现，但在历史的长河中，湖南的商业文化同样璀璨夺目。早在2006年，商务部公布的全国首批中华老字号商铺名单中就有9家湖南老店光荣上榜。这些历经沧桑的老字号见证了湖南商业的辉煌历程。

洪江商帮的崛起是湖南商业史上浓墨重彩的一笔。在洪江这片古老的土地上，商人们创造了中国商业史上的奇迹——洪江古商城。这座商城不仅吸引了无数商贾，更成为西南地区重要的商贸中心。清代文人王炯在《滇行日记》中赞美其"商贾骈集，货财辐辏"，沈从文更是将其描绘为"湘西的中心"。这座古商城的重要性不言而喻，它曾扼守西南之咽喉，掌控通往七省的交通命脉，纳天下之繁华，成为四海通商之枢纽。

如今，当我们站在洪江古商城的门前，不禁会思考：是什么样的力量让这座地处偏远的边陲小镇在历史长河中熠熠生辉？又是什么样的智慧让湖南人在商业领域取得如此辉煌的成就？接下来，就让我们一同走进洪江古商城，探寻那些被岁月遗忘的商业传奇，感受湖南商业文化的独特魅力。

洪江古商城——商业活化石

商人"圈地"，造出一座城。一群商人，守护了一座城。

洪江，地处距省会长沙 430 公里的偏僻山区。如果您有幸走入这座千年古商城，一定要细细品味原汁原味的沅湘特色、依山傍水的古城遗韵和繁华如梦的商业兴盛。

这座养在深闺的古城以山为骨架，以水为血脉，三面临水，东西南北景致迥异：

城东，青山环抱，碧水相连；城南，树木葱茏，云蒸雾绕；城西，竹林翠柳，风景绮丽；城北，群山起伏，沟壑纵横。从高空俯瞰，江水迂回，群峰叠翠，古城林立。

城内，原汁原味，尽显生态本色。

当您走入静谧的小巷，随着青石台阶高高低低地漫步，大片的"窨子屋"定会给您留下独特的印象。青瓦灰墙的建筑风格让您仿佛置身于徽州，但细看却又不像。"窨子屋"寓意财源滚滚、发财致富，结合了徽派和洪湘建筑特色，并且多为三层建筑结构。其中，一层高大宽敞，用作商铺；二层为库房；三层用于居住。屋里庭院深深，那高墙俊宇的大户之门、精雕细琢的窗棂格扇、造型精巧的栏杆楼阁总能让人遥想当年住在这儿的是何等"豪门大户"。

窨子屋依水而建，与码头相连接，重楼叠院，高低错落，于是便有了"人向阶梯时上下，屋随山势自高低"的古商城整体建筑布局。有人说这里像错综复杂的迷宫，因为连绵不断的青石巷、重重叠叠的高墙，让人分不清东南西北。

古商城建筑面积近 10 万平方米，380 余栋明清古窨子屋呈"井"字形布局排列，内有 10 大会馆、18 家报馆、23 家钱庄、34 所学堂、48 个半戏台、

50多家青楼、60余家烟馆，上百个店铺和近千家作坊散落其中，商业门类齐全，上下游完整，让人不得不感叹"小南京""西南大都会"实至名归。

当您漫步于古城，走进明清的繁华时光，还会看到车水马龙的热闹集市、门庭若市的商铺作坊、朱门绣户的商贾人家、千帆竞发的商业码头……古商城仿佛用它完整的商业语言告诉世人那曾经的盛世辉煌、豪门霸气。

古商城虽地处偏僻山区，但并不妨碍它被誉为"活版清明上河图"。在重农抑商的封建社会，在农耕时代的湖南，它的形成与发展可谓一朵"奇葩"。

从地理位置看，古商城远在边陲山区，陆运交通极不便利，因此依水而建。古时，凡商业发达之地必临江河湖海，洪江便是因为这独特的地理优势而成为一块风水宝地。据考证，沅水是国内唯一一条可以通达红海与印度洋的河流。正是这样一条水上"丝绸之路"，孕育了沅水河畔这座千年古商城。此外，沅江在洪江古商城境内拐了三个弯，这个天然条件使这里成为木材集散与水路运输的良港，而洪江也因此成为湘、滇、黔、桂、鄂等五省的物资集散地和"七省通衢"的边陲大商埠。

商城之"古"，古在何处？据研究，这里在新石器时代就有人类活动。洪江至沅陵的沅水流域出土的春秋晚期到战国初期的文物中，有许多从西域来的琉璃珠，这些琉璃珠是古代西域的装饰珍品。由此可见，沅水作为海上丝绸之路的主要通道，早在3000多年前就已经有了商业活动的痕迹。

商城之"商"机，如何孕育而生？在楚吴相争时期，洪江是楚国有名的洪油产地。洪油在洪江装船然后运往汉口、镇江、上海等地销售，还远销海外。贵州和湘西的木材也从洪江集散，使洪江成为湘西南最大的木材交易市场。从江汉、江浙地区购进的大批生活用品，如食盐、布匹、百货等，则通过洪江转销至湘、黔、鄂、桂、滇等边远山区。在唐代，洪江是专营农副产品的"关市"和"卖场"。到明清时期，古商城发展成为西南五省地区的物资集散中心，并因是洪油、木材、鸦片（三大支柱产业）的集散地而闻名于世。全国各地慕名来此追求财富梦想的人不计其数，洪江由此出现了各种工、商、贸会馆及商铺。当年的繁忙景致被文人墨客描述为"见船不见水，见排不见江"。其中，有一副对联这样描绘当时的盛况："扫尽五溪烟，汉使浮槎撑斗出；劈开重夷路，缅人骑象过桥来。"

除了地理与交通上的优势，古商城的形成与当时的社会、历史和文化也密不可分。

第一，洪江历史上少有中央政权和官僚体制对它的"教化"，因而孕育了"商机"。没有行政权力的干预，给了工商业自由成长的空间。洪江拥有优越的水运位置，利用水路进行"商屯"，以此为发端而渐渐有了繁荣的商业。

第二，洪江人不排外，这种包容感奠定了古商城发展兴盛的"人"的基础。任何人到洪江都没有外地人的感觉，任何人到洪江都认为自己可以实现从"鱼"到"龙"的转变。洪江接纳有信心与有勇气的外乡人，而外乡人也发誓要在洪江闯出一番事业。这种人文归属感对洪江古商城的繁荣起了决定性作用。

第三，宋朝之后经济重心的南移为洪江的发展带来了机遇。南宋至明末清初，东南地域的商品经济逐步发展繁荣，洪江作为生产和生活资源的中转站与集散地，产生了大量商机，吸引了全国各地的商人来此经商淘金。

第四，会馆塑造了洪江的商业气质。离开基层政权的管理，洪江运用自己独特的治理方式——"会馆"治理城镇。会馆行使协调商户、修桥铺路、赈灾消防等商业行政职能，使得洪江在危机与战难中得以幸存下来。同时，以乡情为纽带、以地域为界线的会馆和乡会，将分散的力量合成一股强大的集团势力，确保了洪江的商业利益与经济发展。

如果您有机会来到湖南，一定要走进这古城的街头巷尾，缓步徐行于青石小巷，遥想当年万舟争渡、万墙林立的繁华场面，听老人们说一说昔日财倾一方、富可敌国的巨商传奇。

厘金局——看国家兴亡

如果要说古商城的特色和历史贡献，只怕不得不提厘金局。

天子何忍伤民财，因小丑猖狂，扰兹守土；

地丁不足济军饷，愿大家慷慨，输此厘金。

这是湘军将领胡林翼为厘金局撰写的一副楹联，此联悬挂于洪江古商城内厘金局大门的两边，道出了厘金局设立的缘由和背景。

为了平定太平军，在内忧外患、国库亏空的困境下，清政府特别准许开通收取鸦片税、土产税、百货税、花税等税种，以筹措军饷。这种税被老百姓统称为过道税或落地税，又因为税种的税率是按货物价格"值百抽一"，1%为一厘，所以被称为厘金。厘金局是清政府针对途经国内水陆要道的货物而设立关卡征收厘金的税收机关，相当于今天的税务局。洪江厘金局始建于咸丰五年(1855 年),是清政府在洪江设立的税收机构。

湖南厘金局为什么会建在洪江?洪江古商城是大西南商品货物集散的重镇码头,也是全国鸦片的重要入口之一,商贾云集,税源充足。洪江一年的烟税就高达 40 万两白银,仅这一点就足见其影响力。洪江厘金局下设黔阳、河下、渔梁、滩头、大湾塘等 5 个分卡,并有收资员、巡丁、杂役约50 人。

厘金局坐落在古商城内,坐北朝南,形体异常,结构变化有致,疏密聚散得当。屋内的门楣、窗格均饰有花纹图案,简约而美观。厘金局作为公共场所建筑,被世人评价为充满人文关怀且天人合一的建筑经典。

"上缴厘金,对天勿欺。"写在厘金局铺面窗口上的这句话是当时洪江厘金局最核心的理念。

康乾盛世之时,朝廷奉行"藏富于民"政策,轻徭薄赋。康熙五十一年(1712 年),朝廷宣布:"滋生人丁,永不加赋。"厘金创始之初本是一种临时的筹款方法,特别是湘军长时间面临军饷短缺的困难,不得不用厘金来化解危局。

曾国藩、胡林翼等人在任用厘金官员时特别强调诚实无欺,要求他们在保证军费筹措的同时,不能给商人带来太大的痛苦。但是,事实上,因为厘金局的银子来得太容易,给那些办事的人带来了很大的诱惑,以身试法、铤而走险的大有人在,厘金局闹出了不少风波,朝廷对此进行了严厉的整顿。

攻下南京之后,曾国藩首先奏请的便是撤厘。他深知这种额外的税收会给国家、百姓带来极大的负担,并且税收的增加会导致物价上涨,最终转嫁给百姓。同治三年(1864 年)七八月间,包括曾国藩在内的不少清朝臣工请奏"整顿各省厘金革除积弊",厘金曾经一度裁而未果,反而取得经常正税的地位。厘金税率由最初的 1% 到后期提高到 5%~10%,以至于其收入占清朝财政总收入的 20%,成为晚清弥补财政赤字的重要手段之一和搜刮民财的重要途径。

厘金制度与湘军的军饷从一定程度上挖掘了湖南的经济潜力,刺激了湖南地方财政收入的成倍增长。但是,厘金的征收加重了人民的负担,影响了国民经济的正常发展,导致寻租的腐败现象层出不穷,其直接后果就是民穷国弱。同时,烟土税的开征更是贻祸连连!"一进二三堂,床铺四五张,烟灯六七盏,八九十杆枪"的丑恶直接导致洪江经济的"畸形繁荣"和"尴尬富有"，给洪江带来了无以修复的灾难。

1931 年 1 月 1 日，国民政府取消厘金制度，湖南废除厘金，洪江厘金局自行取消。

洪江古商城——湘商之源

华夏商魂天下商，跨过黄河过长江。

闯了关东走西口，不到洪江不算商。

湖南当地有一句顺口溜："一个包袱一把伞，跑到洪江当老板。"这句顺口溜足以说明洪江的湘商传奇。洪江在当时成为湘商走向天下的大本营。

中国近代史上活跃着以晋商、徽商、秦商、鲁商、闽商、苏商、粤商、赣商、浙商等为代表的"十大商帮"，它们构成了近代商业史的缩影。作为一个近现代的概念，"湘商"兴起于清代。洪江古商城的会馆与商帮也曾名噪一时。

清朝时，洪江全城人口约有 37000 人，其中约有 15000 人经商，可见当时的商业文化极为繁盛。洪江历来就有创业的文化氛围，当地谚语"农不如工，工不如商，刺绣文不如倚市门"形象地反映了商业在洪江的重要地位，以及洪江作为创业者的天堂所受到的广泛认可。洪江古商城内，寺庙、会馆、钱庄、油号、洋行、作坊、店铺、客栈、青楼、报馆、烟馆等密集交错，商业会馆门类齐全，商铺林立。

在相对落后的湘西地区，洪江古商城能在激烈的商战中占得一席之地，虽与其地理位置有密不可分的关系，但洪江商人的商业道德、经商理念、经营作风也是值得推崇的，归纳起来有"三本"：

一是商人以诚信为本，主张做生意对得起天理良心。洪江商人本着"义字当先，以义取利"的经营方略，用二十四字警示语"对天勿欺，罔谈彼短，毋矜己奇，待人以恕，不拘不卑，居仁由义"时刻提醒自己实在经商，堂堂正正做人。

二是商会和商人富贵不忘本，积极兴办慈善事业。清代商人张吉昌捐赠修建江南地区最大的洪江"育婴堂"，收留养育社会孤儿，救济穷人。洪江首富刘岐山建桥修校，为贫苦百姓治病、施药，进行救济。抗美援朝时期，洪江四大油商为国家捐赠飞机一架。众多事迹都见证了洪江商人的慈善之举。另外，洪江商人与其他商帮相区别的一个鲜明特色是他们赚钱致富后不回原籍置田买屋，而是留在洪江买田置业、成家立业，"窨子屋"就是最好的历史证明，洪江的经济也因此得以延续与繁盛。

三是人才为本。拥有 70 余家店铺的洪江朱家油号最终因子孙不贤而坐吃山空，朱家给后人留下的家训是"不求金玉重重贵，但求儿孙个个贤"。朱家的故事促使洪江人萌发人才为本的信念，他们普遍认为只有在人才培养上多下功夫，才能够为国家和家族的繁荣添砖加瓦。

除此之外，值得称赞的还有洪江商人的家风与商德。"杨恒源永"油号靠着杨家寡母无所畏惧、通情达理的个性与知人善任、访贤聘能、加薪分红的管理方式，创造了洪江古商城内妇道人家经营家业的奇迹。其子杨竹秋接过家业后知人善任、用人不疑、知书达理、仁义信礼、扶贫慈善、爱心公益，被世人称为品德高尚的儒商。杨家母子仅仅是洪江商人的一个缩影。洪江商人以过人的胆识、诚信的经营、豪迈的气概创造了洪江的历史，书写了湘商的过往。

洪江古商城走过了光辉灿烂、风华绝代的昨日，随着交通运输、工业发展、人口外流等因素的影响，现今已不复当年的商业地位，而逐步变成一件独具历史意义的文化瑰宝。

洪江古商城的千年繁华见证了湖湘商业经济的发展历程。湖南这个中部大省和交通枢纽在传统商业中扮演过重要角色，历来是一块不可忽视的商贾重地。

时代之力——湘商之传承

很多人认为湘商在中国商业史上排不上号，论名气比不上徽商、晋商、浙商、粤商等，事实上湖南自古就有浓厚的商业文化，很多地方在历史上商贾云集、盛极一时。从长沙窑成为唐代"中国制造"的文化标签，到安化"茶马古道"见证千年的商贸往来；从洪江古商城"万商渊薮"的往昔繁华，到"金湘潭"流金淌银的盛极繁华，以及"湘瓷""湘茶""湘绣"等自唐代以来行销全国甚至海外，不论是商业气候还是产业支撑，湘商都有一席之地。

一代儒师杨度认为，湘军领袖曾国藩主持的"洋务运动"开创了湘商的近代历史。曾国藩创建江南制造局，左宗棠开创马尾船政局与兰州毛呢局，两位晚清重臣对我国近代工业发展所作的贡献不亚于其军事上的成就。更为重要的是，"洋务运动"打破了延续数千年的小农经济格局，使我国向近代工业化迈出了艰难的一步。

"无湘不成军。"湘军的名头很大，而湘军与湘商也有着不解之缘。湘军宿将刘坤任两江总督期间大力支持苏沪地区兴办纺织企业，不遗余力地支持民族资本家，为上海、江苏的经济发展作出了巨大贡献。湘军中由官入商、由绅入商、革命者经商的知名人物比比皆是，探究其动机往往并不是单纯地追求商业利益，而是实施救国图强的政治抱负与实业救国的经世哲学。

近代的湖南还涌现了多位商业、工业先驱。例如，朱昌琳是晚清湖南商业贸易的支柱，廖树蘅是湖南矿业先驱，梁焕奎是湖南矿业发展过程中的重要人物，李国钦组建了中美进出口量最大的华昌贸易公司，聂云台是中国近代纺织工业大鳄，范旭东是中国近代化工先驱等。湘商先辈重视技术创新，专注产业发展，强调团队协作，承担社会责任，以报国之心态创建和经营企业，舍弃一己之私而服务大众、经营天下，这和湖湘文化与生俱来的"心忧天下、敢为人先、经世致用、坚韧不拔"精神一脉相承。著名学者郑佳明提出"商群"是由地域、文化与时代结合而产生的。从古代到现代，湘商一以贯之地具备强烈的天下精神、创新精神、变革精神，这也是湘商与其他商派最明显的区别。

湘商拥有强烈的天下精神。用商业寄托家国情怀，这是湖湘商人最特殊的气质。古代的天下精神讲究"以天下为己任"，现代的天下精神则将企业、文化与商品合一体现。其中，颇为有趣的是湖湘品牌好以"天下"为名。例如，湖南非常有名气的香烟是"和天下"，到湖南必买的土特产之一是"临武山水鸭天下"的临武鸭。此外，还有号称"湖南三绝走天下"的"王烟鬼酒湘妃茶"等。而且提到现代湘商的天下精神，不得不说的还有杂交水稻之父袁隆平院士。这位科学家解决了全中国乃至全世界的饥饿问题，为中国杂交水稻树立了一座世界级的丰碑。进入新世纪，迈向新征程，湖南更是积极地融入国家长江经济带、粤港澳大湾区，发挥"一带一路""中非经贸深度合作先行区"的区域优势，突破湖湘山水的局限，立足于国家发展大格局，牢牢把握经济发展新机遇。

湘商拥有强烈的创新精神。具备创新精神的湘商代表有在洋务运动中兴办造船厂的左宗棠、由仕入商兴办纱厂的聂缉椝、投资实业公司的杨度、近代纺织工业巨擘聂云台、建完碱厂又建酸厂的中国化工之父范旭东等。有人评价湖南文化是内陆文化，缺乏开放意识，但是当近代救国图强的口号出现时，敢为天下先的很多都是湖南人。近十年来，湖南又创造了新的竞争优势，在工程机械领域保持比较优势；在数字经济领域抢占先机；在文旅融合领域系统谋划；在网红城市领域打造特色，勇立潮头，努力做大做强特色产业。

湘商拥有强烈的变革精神。世界已从工业时代过渡到信息时代，所有的规则都在重新书写。站在同一起跑线上，谁有变革的勇气，谁就能拔得头筹！新时代的湘军依靠电视、动漫、3D 打印、文旅、工程机械、拼装建筑、数字经济、生物医药、航空航天等产业优势，成为各大新兴行业的佼佼者。他们敢想敢拼，打破格局，在传统文化、工业、商业、科技领域突出重围。

目前，湘商已在全球范围内扎根，数量超过 400 万人，业务遍及 180 多个国家和地区，资产规模突破惊人的四万亿大关。作为中国民营经济的一支重要力量，湘商凭借智慧、勇气和坚韧，正谱写着属于新时代湖南的商业华章。

"富有之谓大业，日新之谓盛德。"在新时代新征程上，湘商不仅要肩负起企业自身的发展重任，更要积极担当国家和社会的责任与义务，以共同富裕为企业社会责任的崇高目标，在稳定增长、扩大就业、贡献税收、推动创新、助力乡村振兴、参与生态文明建设、投身公益慈善等方面，力求作出更大的贡献。

当下，湖南正紧密围绕习近平总书记提出的"中部崛起"新篇章，凝聚湖湘儿女的担当与使命，在中部地区高质量发展中走在前列，为实现中国式现代化贡献磅礴力量。湘商作为这股力量中的佼佼者，必将以更加昂扬的姿态，书写新时代湖南的辉煌篇章。

🔊 拓展阅读

　　洪江古商城坐落在沅水、巫水汇合之处，坐拥湘西第一名山嵩云山，依山傍水，蜿蜒迂回，群峰叠翠，全景犹如巨幅天然山水太极图。它起源于春秋，成形于盛唐，鼎盛于明清，以集散桐油、木材、白蜡、鸦片而闻名，是湘、滇、黔、桂、鄂等五省的物资集散地；也曾"扼西南之咽喉而控七省，纳天下之繁华以通四海"，是湘西南地区的经济、文化、宗教中心，素有"湘西明珠""小南京""西南大都会"之称，在海内外享有"中国第一古商城"之美誉。

湘商文化，随湖南商业发展而成熟，自秦汉起步，在唐宋奠基，于明清时"湘帮"崛起。如今，湘商全球人数超400万，足迹遍及180余国，尤其在东南亚影响显著，位列中国十大商帮，是湖南的商业名片。

湘商文化特色鲜明，表现为"心忧天下"的社会责任、"敢为人先"的创新精神、"艰苦奋斗"的创业精神及"实事求是"的诚信精神。

"心忧天下"：湘商深受程朱理学影响，秉持大志向，重义轻利，密切关注国家民族命运。如清代"南财神"梁焕奎等，以实际行动践行"实业救国"。

"敢为人先"：湘商勇于开拓，引领改革。从曾国藩、左宗棠开启近代工业化，到范旭东等近代企业家群体涌现，再到"三一"梁稳根、"远大"张跃兄弟等，湘商不断创新，赢得战略主动。

"艰苦奋斗"：湘商秉承"筚路蓝缕"精神，积弱图强。一代代湘商人以湖南性格，在商海中奋力拼搏，创造了茶马古道、顺水经商、洪江商贸中心、浏阳花炮产地及永兴"中国银都"等商业传奇。

"实事求是"：湘商重视诚信，坚守诺言，以诚实守信为商业道德基石。这种传统使湘商商业信誉卓著，广受推崇。

主要参考文献

[1]杨载田.湘西洪江古商城的历史地理研究[J].衡阳师范学院学报，2004，25(5)：89-93.

[2]张河清.商业城市发展与变迁的内外条件：以明清时期洪江古商城为例[J].求索，2007(2)：82-84.

[3]王康乐，王平.湖南"洪江古商城"的成因和价值[J].文史博览(理论)，2008(6)：4-8.

[4]曹成华.古韵洪江 千年商城[J].新湘评论，2008(3)：35-37.

[5]黄禹康.商城百年话沧桑：寻访湘西"小南京"洪江古商城[J].城乡建设，2007(7)：78-79.

（执笔：左娅）

张谷英村：民间故宫，孝廉传家

传统建筑是砖木凝固的历史。它如同一面镜子，映射出当地的生产生活模式、社会组织架构、宗教信仰和文化传承的脉络。这份宝贵的文化遗产，不仅是城市历史文脉的有机组成部分，更是我们传承中华优秀传统文化、提升民族精神文明素养的重要桥梁。它深深植根于中华民族数千年的文化和哲学土壤之中，从庄严宏伟的古代宫殿到匠心独运的民间建筑，无不以其优雅和精致赢得世界的瞩目与赞誉。

传统建筑文化是中华文化的重要表征，蕴含着深厚的历史底蕴、民俗风情、审美理念、文学艺术等内涵。传统建筑的工艺追求"天人合一"的至高境界，以人文关怀为核心，强调建筑与自然环境的和谐共生。因此，对传统建筑文化的保护和传承，不仅关乎城市的文化品位和生活质量，更是推动城市可持续发展的重要力量。我们有责任也有义务，继承并发扬这份宝贵的文化，为中华民族的文化繁荣贡献自己的一份力量。

坐落于湖南省岳阳县渭洞山区的张谷英村，便是一个历史悠久、规模宏大的古代建筑群落。自明代洪武年间初建以来，历经数百年的风雨沧桑和世代修缮，张谷英村如今已繁衍至第 27 代。村内错落有致地分布着大小房屋1732 间，总建筑面积达 5.1 万平方米。其中，被誉为"天下第一村"和"岳阳楼外楼"的张谷英大屋，更是中国传统民俗文化的璀璨明珠。这座古村以其独特的设计风格、精湛的建筑技艺和优良的家风传承，为中华文化的绵延发展书写了浓墨重彩的一笔。

建筑：天人合一

张谷英村有 600 余年的历史，历经 27 代，聚族而居，繁衍 1 万多人，世代相守、和睦有道。相传，14 世纪 60 年代，3 个神秘人"由吴入楚"，来到幕阜大山的余脉渭洞山区。其中有一个懂风水的叫张谷英，他拿着一个罗盘，四处察看，最后被渭洞的自然风光吸引，相中了 3 块宝地，一块主财，一块主丁，一块主仕。张谷英让同伴先选，他们其中一人选了主财的宝地，另一人选了主仕的宝地，所剩主丁的宝地就属于张谷英了。他们在自己选中的风水宝地上造宅安居，繁衍生息。果然，选主财宝地的发了财，选主仕宝地的做了官，张氏则成了家业兴盛的大户人家，绵延27代，繁衍1万余丁。他的子孙们为了纪念他，将其大屋取其名定为"张谷英"。目前，村内居住着2700多人，他们族居在这座迷宫似的古屋里，恪守着先祖"识时务、顺天然、重教育、兴礼义"的遗训，日出而作，日落而息。张谷英后人繁衍生息几百年，世传不衰。

张谷英村的建筑环境很有特色，最大的特点是家家相连、户户相通。连体的建筑形式和中轴线式的设计理念使张谷英村被誉为"民间故宫"。从高处眺望，四面青山围绕着一片屋宇，顺着屋脊望去，张谷英村的整个建筑就变成了无数个"井"字。主庭高壁厚檐，围屋层层相围，分则自成系统，合则浑然一体。渭溪河穿村而过，河上有石桥58座，而且桥形各异。这些石桥与沿溪而建的长廊和青石板路相连，通达各家各户，使之倍增江南水乡的秀色。环村的四面青山，犹如巨大的屏障，挡住了各种灾难和战祸。600多年来，张谷英村没有受到重大灾害和战争的破坏，因而得以绵延至今。

张谷英大屋的建筑特色浓郁，体现了尊卑有别、长幼有序的宗法制度和"礼"的秩序。巷道四通八达，有良好的集合与疏散功能。据说，各家只需推开一扇门相互通知一声，在5分钟之内，全村人就可以到达指定地点。大屋"丰"字形的结构与几乎一模一样的单元，使它成为一个迷宫般的整体，向前、向后、向左、向右看几乎都是一样的，外人到此难辨东西南北，但便于村民躲藏与逃逸。纵向是高堂庭院，一般有2~3个天井和4~6个堂屋；两边并列伸出3~4道横向分支。主堂和大堂以天井为中心组成单元，既可自成庭院，又可自成一体，守望相助。在大屋之间，还建有四通八达的巷道。整个大屋有62条巷道，长1459米，直通10个高堂。这些巷道将各房各屋连结成一个整体，关起门来一家人，出门晴天不晒太阳，雨天不湿鞋袜。有火灾发生时，巷道还可以成为消防的极好屏障。全村共有大小天井206个，堂屋、厢房、厨房等都有天井。大的天井达22平方米，小的天井也有2平方米。天井既指各自庭院上方的天空，又指与之对应的地下排水井。头顶的天井使这座大屋拥有单家独户的采光和通风条件，同在一个屋檐下，村民们各有一方天空。地下排水井的排水功能很好。它们由花岗岩和青砖砌成，只有一个流水口，很难看到排水的管道。这样独到的设计和建筑，使张谷英村在 600 余年中，虽然经历多次暴雨、洪灾，但从未出现过天井渍水、堵塞之事。600 年前的先人竟能设计和建造出如此精巧又畅通无阻的下水道，个中之谜，至今未解。

久远年代的建筑含有一种神秘的气息，它的韵味是由文化组成的，一个建筑代表一种文化磁场。一个建筑如果没有深厚的文化底蕴和源远流长的历史文化内涵，就犹如没有灵魂的躯体，又怎能促使张氏家族历久弥新、生生不息？它之所以能历经数百年而延绵不绝，其根本原因就在于张氏家族的家训族诫。

理念：与时俱进

张谷英村的家训族诫融合了孝、和、勤、廉等传统儒家理念，是张氏家族延绵至今的精神支柱。始祖张谷英殷切希望子孙贤达，传世百代。深受儒家文化影响的他，深知勤耕苦读乃家庭、家族兴旺必经之道，常谆谆教诲后人。随着张氏一族的兴旺，后世子孙迫切感到建立一套众人尊崇的行为规范的必要性。1768 年，张炳等人合族众议，主持编订了《张氏家训》16 条、《族诫》5 条，并列入族谱。家训族诫三个字为一句，涉及家庭家族、子女教育、道德修养、个人言行等方面，体现了孝字当先的儒家思想，家国情怀跃然纸上。之后，张氏族谱历经 6 次修订，于 1990 年又新增《家训》9 条，与时俱进、历久弥新。

家规家训是治家之经，是做人的标尺，是"述立身治家之法，辨正时俗之谬，以训子孙"的法宝，自古以来就是中国传统教育的重要组成部分，是一个家庭、家族、民族生生不息的动力源泉。

中国传统家训都以儒家伦理思想为基础，将道德修养放在突出位置，强调人格的完善，在为社会培养人才和改善社会习俗与道德风气上起到了重要作用。张谷英村继承了传统家训的独特功能，借助家训约束张氏子弟，让子弟平和安宁，世代相守。此外，在家训内容上，张谷英村也吸取了传统家训的精华，重视子弟的理想教育和人格培养。

张谷英村存有 1733 年的家训诗，族规词手迹达 66 本，保存至今的不同历史时期的族谱、家谱、行谱有 58 种之多。其中，仅张氏族谱记载的家训诗就有 16 条，族诫词有 5 条。家训诗云："孝父母，友兄弟，端闺化，择婚姻，睦族姓，正蒙养，存心地，修行检，勤职业，循本分，崇廉洁，慎言语，尚节俭，存忍让，恤贫寡，供赋役。"族诫词为："戒酗酒，戒健讼，戒多事，戒淫荡，戒贪忌。"

张谷英村家训无一不是以人为本，从爱出发，以和为贵。其家训族诫的精神内核可以概括为四点：一是孝当先，即孝顺父母、友爱兄弟、爱国爱家；二是和为贵，即严于律己、宽以待人、处事方圆；三是勤耕读，即自强不息、爱岗敬业、知书明理；四是崇廉洁，即尊崇廉洁、修身养德、立命之本。

张氏家族的发展壮大史，正是张氏后人对优良祖训家风的继承发扬史。这里的各家各户不仅遵循祖训族诫，而且结合自己的实际，形成了良好的家风。"几朝古貌，一脉真形，更喜宗儒光族谱；历代淳风，千年正气，且看励志步青云""议事商情，小异大同无远近；循规蹈矩，集思广益有方圆"等家训门联不仅是古建筑群一道独特而亮丽的人文风景，更是对耕读文化和孝友家风的生动诠释，是张氏家族几百年来代代相传的价值观的具体体现。

家规：孝友睦邻

张谷英大屋有这样一副对联，上联为"祖德荫千秋，书香门第遵遗训"，下联为"唐皇封百忍，孝友家风振谷英"。张氏先人把"敦孝友"作为重要的家训族规展示出来，要求后人对父母孝顺、对兄弟友善。

　　"孝父母、友兄弟、睦族姓、存忍让"，这句话是说一个大家庭要想和谐，得以爱为基础，且以孝为先。人都是父母所生、所养的，孝顺父母天经地义。兄弟姐妹乃一母所生，血浓于水，同气连枝，彼此之间要友爱团结，家和才能万事兴。睦族姓是友兄弟的扩展与延伸，指不但本家族的人要团结友爱，和异姓家族的人也要和睦相处。心中有忍让，人才能成功；心中有度量，道德才能高尚。忍让是一种美德，它要求人们以宽广的胸怀、无私的真心去容纳人、团结人、感化人。

　　数百年来，无论环境如何变化，张氏后人始终谨记先人教诲，把孝敬父母作为崇高的道德坚守。这种坚守不只是口头上的孝顺，更是体现在细节上。例如，有的外出子女几乎每星期都打电话回家问平安。又如，虽然有的家庭年轻人走出了大屋，但家中只要有健在的老人，必定有子女寸步不离地照顾着。

　　张氏家训中的孝友不仅内容丰富，而且表现形式独特——《劝孝歌》。清雍正年间(1723—1735年)收《劝孝歌》600首。

　　"劝善书多皆切记，我劝为人从孝起，堂前父母大如天，须知万善孝为先……"稚嫩的童声在"当大门"前齐声响起，在灿烂的阳光下闪耀着传统道德的光芒。这首《劝孝歌》系张谷英第17代子孙张锦山于清雍正六年(1728年)所作，分8章，共510韵、7140字，是张谷英家族的传家之宝，继承了儒家规范"尊、亲"的核心内容。它从十月怀胎到养育儿女，从精心教读到男婚女嫁，述说父母的千种慈爱、万种辛劳，叙述孝敬之道，传授孝教之法，绘声绘色、通俗易懂、感人肺腑，张氏后人从小口耳相传。

　　张谷英村以"孝友家风"著称，尊亲孝祖、友睦乡邻在这里成为凝固的伦理道德规范。在"百善孝为先"的影响下，张谷英村历史上曾出现一个五世同堂的大家庭。而今，四代同堂的家庭也有60多个。

　　"不求金玉富，但愿子孙贤。""忠孝吾家之宝，经史吾家之田。""仁可发身，财可仁身。然仁可发财者易，财而后仁身者难，唯有财而仁身者为贵。"始祖张谷英定居于湖南渭洞笔架山麓，殷切希望子孙贤达，传世百代。张谷英选择了有肥沃的土地、便于子孙繁衍、自然环境好的地方，并用一个有利于家庭聚集的丰字形房屋结构来凝聚人心。他教育后人以人为重，凡事忍让，心存善良。谚语云："有理让三分，冤家也成亲。"忍耐不仅是一种智慧，还是一种人生艺术和取胜之道。正是因为忍让，张谷英村不仅族内和谐，而且和外姓人相处融洽，很好地解决了诸如用水等问题。张谷英留下的"以和为贵，泽己及人"的遗训和近 30 代族谱，给了后人积极生活的目标和期盼。

家训：崇俭尚廉

"尚节俭，恤贫寡，供赋役，勤职业，循本分，慎言语，崇廉洁，戒贪忌。"张谷英村提倡勤俭节约、艰苦朴素的好作风，不搞铺张浪费。家训教导张氏后人要善于体贴别人，多做好事，特别是对那些鳏寡孤独无依无靠的人要心怀怜悯、同情，进行救济，积阴德。有阴德者，就会得到好的回报；要按时给官府交粮纳税，完成义务。张氏后人既要读书，又要耕种，勤学、勤事，无论做哪一行事业，都要以高标准把事情做好。张氏后人既要尽到自己应尽的义务与责任，又要安分守己、知足常乐。家训教导张氏后人在贫穷的时候不要有忧伤和惧怕的情绪，亦不要急切地贪图富贵；说话要谨慎，不挑拨是非，不夸耀自己；做人要不贪财物，不爱酒色，有清清白白的行为、光明磊落的态度。人若毫无顾忌地贪敛财物，就会陷入泥潭而不能自拔，甚至会受到国家法律的制裁。

世代相传和生活作风是家风的两个重要标签，家风的传承性很大程度体现在生活作风上。清正廉洁是一种价值观，而勤俭持家便是这种价值观在生活方式上的体现。家风之精，在于品德；传承家风，理当以德为首。

"以耕读为本，以俭朴为荣，兴书香门第，继百忍家风，尚礼仪而四邻和好，爱劳动而百业兴隆。"张谷英村的家训告诫后人要节俭，要审视自己的言行，这种审视就是道德滑坡过程当中的一个刹车片，可将正在滑坡的思想道德刹住，使大家明白人生除了那种物质欲望的追求以外，更重要的是精神文明，做人要有基本底线。"勤劳节俭"这一传统美德，亦为创建湖湘文化的湖湘学派和由湖湘文化哺育出来的湖湘学者所崇尚、所践履、所继承、所弘扬，并给后世留下了宝贵的经验。因此，"勤劳节俭"也成了湖湘文化的优良传统和湖湘学的"人文精神"之一。

张谷英家族不但把"崇廉洁"写进了家训中，而且把"戒贪忌"放入了族诫，可见其对人的修养节操的重视。清廉为政是每个朝代都倡导的，但从家庭的角度告诫族人为官清廉，则是张氏家族的一大特色。在重孝义、求和睦、勤耕读和崇廉洁的环境中，数百年来，张氏家族中外出为官者共有

300余人，他们继承先祖遗风，恪守"崇廉洁"的家训，为官清正廉洁，办事公平公正，留下了难得的声誉和政绩，赢得了后人的景仰和赞颂。

家风：重视读书

"正蒙养，存心地，修行检。"张谷英后人用正确的方法对子女进行启蒙教育，让孩子从小就养成良好的道德品质与行为习惯。张谷英后人教育子女要心存善良，多做好事，不忘初心，纯洁宽阔。他们还教育子女不能因坏事小而去做，也不能因好事小而不去做，要严以律己、宽以待人并时刻防范人生中可能出现的危险。

张氏一族不仅以建筑形式来联结血缘关系，更靠标举读书隆礼的精神来凝聚信仰。张谷英大屋祖先堂的横匾上写着"世业崇儒"4个大字。读书隆礼成为张谷英村对厚实灵魂的追求，也成为这个庞大家族赖以生存的精神力量。"寒可无衣，饥可不食，读书一日不可失""有书不读子孙愚"这些家训一直告诫张氏子孙重读书、尊学识。张谷英的私塾一直传继到现在。张谷英家族一直追求的是"兴门第不如兴学第，振书声然后振家声"。在张谷英村，读书与吃饭一样，已成为人们的日常行为习惯，不读书则是天大的耻辱。据传，张谷英本人能文能武，在远离仕途、隐居渭洞山下后，便教育后代子孙以耕读为本、尊孔孟、讲仁德。村民以读书为荣，以不识字为耻，喜好读书的风气代代相传。

张谷英村世代尊儒重教，学以成名者甚多。据初步统计，在民国之前，这里培养了进士 1 人、举人 7 人、贡员 1 人、贡生 6 人、秀才 45 人、太学生 33 人。新中国成立之后，这里的重学风气更盛，几十年来培养了 200 多名大学生，还培养了 2 名博士生和 1 名留学英国的博士后。

家风，寄托在祖先牌位前的一炷香火里，凝练在祖庙墙上的一句箴言中，流淌于千万里家书的往来间。有的家风早已外化于行，就在人们一举手、一投足、一颦、一笑间……张谷英村世世代代尊奉以"孝"为核心的儒家伦理观念，重礼仪、重教育、孝敬父母、尊老爱幼。张氏后人自古过着农耕为本的生活，从爱出发，分隔的空间则有家族的温暖，敞开的空间是家族的融洽。那屋梁上精致的木雕正真诚地流露着张谷英村对生命、对未来、对理想的珍视和期盼，那一幅幅灵动的窗棂正向外界释放着幸福家庭的勃勃生机。张谷英村作为汉民族聚族而居的代表，集中华传统文化、平民意识、建筑艺术、审美情趣之精华于一体，在中国乃至世界建筑史上有着重大的价值。

结　语

被誉为"活化石"的张谷英村，不仅是湖湘民间对家教家风重视的生动缩影，更凸显了湖湘文化中家风传承这一核心特质。正是植根于这样深厚的文化土壤，湖湘文化才能在近现代的历史长河中熠熠生辉，爆发出蓬勃的生机与活力。

在历史长河中，湖湘人物成就斐然，其背后无不凝结着严明的家风传承。从王船山强调家庭和睦需守"礼"，到晚清名臣曾国藩以"家俭则兴，人勤则健；能勤能俭，永不贫贱"为家训，再到左宗棠秉承崇俭广惠、惜福行善之家教，这些传统社会精英无一不深刻认识到家风对于子孙后代成长的重要性。他们不仅以身作则，更将家风理念融入日常教育之中，使得子女在潜移默化中养成良好的品德与习惯。

正是这些优秀家风的代代相传，铸就了湖湘子弟的卓越成就。王夫之的子侄成为知名学者，曾国藩的后人更是打破了"富贵之家五世而斩"的宿命，左宗棠的后裔也在各自领域取得了显著成就。这些成功案例不仅彰显了家风文化的深远影响，还为当地乃至整个社会树立了良好的道德风尚。

当众多家庭的优秀家风汇聚一堂时，它们便如涓涓细流汇聚成磅礴大海，形成具有强大感染力和引导力的家风文化。这种文化不仅推动着当地社会向上、向善、向美发展，更为社会文明的进步和繁荣奠定了坚实深厚的基础。因此，我们应该深刻认识到家风建设的重要性，让优秀的家风文化在新时代焕发更加璀璨的光芒。

🔊 拓展阅读

张谷英村为汉族聚居群落，位于湖南省岳阳县渭洞山区。它始建于明朝洪武年间，素有"民间故宫"之称，整个建筑群由当大门、王家塅、上新屋等三大主体建筑组合而成。张谷英村于清代两次续建，现有巷道62条、天井206个，总建筑面积达5万多平方米，共有大小房屋1732间。其总体布局依地形呈"干支式"结构，主堂与横堂皆以天井为中心组成单元，各个单元自成庭院，各个庭院贯为一体。其最大特点是排水设施完善，采光、通风、防火等设施完备。古村规模宏大、布局巧妙、设计巧夺天工，集建筑艺术、民俗文化、宗亲文化、耕读文化、明清风貌之大成。考古专家认为，张谷英村建筑规模之大、建筑风格之奇、建筑艺术之美，堪称"天下第一村"。

在张谷英村门脸上的楹联（俗称对联）是中华民族特有的一种传统文学艺术形式，主要悬挂或镶嵌在建筑左右。它音调和谐、文辞讲究，更因语言精练、生动活泼而广泛流传，被称为"诗中的诗"。它以渲染景物、启迪情思为主，是人们审美经验的总结，能给人以启示和指导，已经成为中国传统建筑不可或缺的一部分，并在庙宇、宗祠、宅第等建筑中得到了广泛应用。

主要参考文献

[1]肖自力，胡海林，陈细兵.天人合一的自然观是古建筑群的灵魂：张谷英古建筑文化探秘之一[J].岳阳职业技术学院学报，2020，35(4)：38-43.

[2]陈昭羽，刘嘉敏，夏孝瑄.传承耕读文化，培育时代新人：以张谷英家训为例[J].新楚文化，2023(2)：92-96.

[3]肖自力，胡海林，陈细兵.张谷英古村孝友家风探微[J].岳阳职业技术学院学报，2020，35(1)：38-45.

[4]刘绪义.湖湘好家风：换来二百年英才辈出[N].湖南日报，2017-09-05(5).

（执笔：夏小娟）

湘西：凤凰涅槃，文星璀璨

湘西，这片充满神秘的土地，蕴藏着千年的大美。它宛如一本书，诉说着古老而丰富的历史；它如同一幅画，描绘着壮丽而秀美的山川；它犹如一首歌，传唱着深情而动人的故事；它更是一个梦，让人沉醉其中，流连忘返。

在这个梦中，我们仿佛看到了沈从文笔下的湘西世界，过去的人和事都在这片土地上找到了生命的根基。在黄永玉的画作中，湘西的山水、风情、人物栩栩如生，跃然纸上。翠翠们的歌声在湘西的山水间回荡，纯净的嗓音充满了对这世间的爱。十八洞村的变迁，更是湘西发展的缩影，既体现了湘西人民在脱贫攻坚中的奋斗与拼搏，又展现了新时代湘西的崭新面貌。

这些人和事早已与湘西融为一体，成为我们细细品味大美湘西的源头。他们用自己的才华和热情，为湘西增添了无尽的魅力和活力。在他们的笔下、画中、歌声里，我们看到了湘西的过去、现在和未来，感受到了这片土地所蕴含的深厚文化底蕴和无限发展潜力。

湘西，在沈从文的笔下

沈从文6岁进私塾，因经常逃学而成"顽童"。转入高小时，沈从文进入预备兵的训练班，又以补充兵的名义，随着军营在湘、川、黔等省辗转5年，过着"不易设想的痛苦怕人生活"。在湘西山水里浸染通透后，他独自一人闯荡北京。走得到的地方不过是远方，回不去的地方才是家乡。虽身在都市，心却留在乡土，他执意去眷恋的乡村作精神漫游，创造了"湘西""边城"。他在此间创作的《湘行散记》《湘西》，为我们展示了一个充满浓厚地域色彩的湘西世界，以及他所建构的供奉人性的"希腊小庙"。

湘西的山水清秀而隽永。在沈从文的笔下，苍翠的群山、青黛的绝壁、碧绿的小河、醉人的田园，还有古色古香的河街渔村、庙宇石桥，以及那梦绕魂牵的吊脚楼，都是那么令人向往。王村是"白河中山水木石最美丽清奇的码头"；浦市则是"出鞭炮，出纸张，出肥人，出肥猪"，给人极深的印象；

而镇筸的"山中枫树叶子同其他叶子尚未变色。遍山桐油树果实大小如拳头，美丽如梨子。路上山果多，黄如金子红如鲜血，山花皆五色夺目，远看成一片锦绣。"《湘行散记》源自行船闻作，船行景移事换，且歌且吟且记，沈从文从容不迫落笔。《湘西》则以沅水及其最大支流酉水为线索，从常德、沅陵这两大湘西门户入手，直通山林深处。对于湘西风景风情，沈从文信手拈来，如数家珍。

湘西的风俗自然淳朴。在沈从文的字里行间，我们随处都能看到湘西的自然民俗。在《湘西》《凤凰》《阿丽思中国游记》《风子·神之再现》等作品中，沈从文出神入化地记录了湘西人以鬼神为标志的古俗，除了对各种自然神、天神的崇拜，还延伸出独特的"拜物教"："拜偶像，拜石头，拜树木，拜碑，拜桥梁，拜屠户的案桌，拜猪中的母猪，凡是东西几乎便可以作干爹干妈。"这种"鬼神观"反映的是湘西人生活和社会领域中无处不有的人神相欢、天人合一的境界。同时，纯善平和的社会道德秩序将人们规范在人类亲情的方域中。"对歌定情"是湘西苗族古老的婚俗，如《边城》中"走马路"的对歌求爱、《龙珠》中以歌定情的民俗，体现了自然生存形态中人们对纯洁、真挚爱情的追求和向往。靠山吃山、靠水吃水亦是湘西原始的生产习俗。《湘行散记》记录了"水上人"骂娘滩、船工号子等水上民俗，描绘了他们同自然抗衡的场景，展现了他们顽强、勇敢、桀骜不驯的生命力。湘西人尚武好斗的强悍民性在沈从文的作品中也得到了很好的体现。在《我的小学教育》中，沈从文记载了镇筸人以"决斗"为乐趣的生活习俗，孩子们打架、决斗，大人们非但不制止，而且按当地的习俗，"成年人便很公正地为他们划出圈子来，要其他小孩子在圈外看，且慷慨地抱公正人自居，打伤了他还可以代为敷药"。

湘西的民众心地善良。在沈从文的作品里，世界充满活力，社会是平等自由、自然健康的。这种平等首先是外部社会阶层之间的平等。在《边城》里，顺顺一家算是社会中的上层阶级，但文中描写顺顺"为人既明事明理，正直和平又不爱财"，且"事业虽十分顺手，却因欢喜交朋结友，慷慨而又能济人之急"。而他的两个儿子，沈从文则形容为"皆结实如老虎，却又和气亲人，不骄惰，不浮华，不倚势凌人"。如果从世俗利益上权衡，顺顺一家和翠翠一家的差距是天壤之别，可顺顺照旧和这个穷苦的老船工一起喝酒吃饭，而且虽然考虑到翠翠一家困苦，为他们备下端午的粽子和鸭子，但一切自然而然，送的人没有多的想法，收的人也坦然接受，只做朋友相交。他的两个儿子都喜欢上翠翠，小儿子对王乡绅家姑娘的碾坊陪嫁不屑一顾，"不要碾坊，要渡船"。顺顺也乐见其成，唯一的难处是翠翠到底要嫁给兄弟中的哪一个。大老在不知道弟弟也喜欢翠翠时，以为将要娶到翠翠，十分开心地表示："若把事情弄好了，我应当接那个老的手来划渡船了。我欢喜这个事情，我还想把碧溪岨两个山头买过来，在界线上种大南竹，围着这一条小溪作为我的寨子！"这种平等自由既在外部社会阶层之间，又在家族内部的长辈和晚辈之间。翠翠的爷爷一再拖延明确答复婚事的时间，其原因是想要让翠翠自己选择。他选孙女婿不看财，不看权，只看能不能得到翠翠的喜欢。顺顺这边也是同理，儿子选什么样的女子结婚，全由孩子自主决定，不加干涉。

湘西，在黄永玉的画中

12 岁那年，黄永玉独自一人走出凤凰这个小镇，到外面的世界去闯荡，但始终未曾忘记自己的家乡。家乡对他的影响刻骨铭心，他在一首诗中写道："我的血是 O 型，谁要拿去！它对谁都合适。我的心，只有我的心，亲爱的故乡，她是你的。"哪怕走遍了全世界，黄永玉在晚年时仍然固执地认为，只有他的家乡的文化是最丰富、最完整的。这成就了他画出湘西"永不回来的风景"，也永远成为他"怀乡病"的病根。

黄永玉用丹青描绘湘西风景。早期作品如《都良田山居》《故乡水巷》《故乡北门》《家乡雪霁》，是传统水墨的故乡、黑白气韵的凤凰。黄永玉用传统的水墨精神和中国书法的笔法，绘写了数入梦里的吊脚楼、古城墙、古庭院、古水巷。中期作品如《凤凰》《清沙湾》《凤凰滴水乡》《凤凰北门》，是现代彩墨的故乡、写意传神的凤凰。黄永玉用七彩的颜色、排笔书法的骨法用笔、师法造化的写实技法和遗形取神的写意手法，绘写了世伯田名瑜如田园诗般的故里清沙湾，水影一体、灯火迷离的凤凰北门，外地浪游几十年子弟梦中的第一站堤溪。后期代表作品长卷《湘西写生》《凤凰清沙湾》《凤凰三月》，是踏花归去的故乡、洄游历史的凤凰。水绿如蓝，墙白如玉，瓦黑如墨，楼耸如石，阁高如山，人涌如潮，物流如市……这"永不回来的风景"、清明上河图式的故乡，在艺术历史的长河中留下了锚点。

"人是感情的矿物。"在湘西这个艺术的富矿中，黄永玉如痴如醉，以刀代笔，刻出湘西民间艺术的精髓。《跳傩》刻下了流传湘西千余年的戏剧活化石——傩舞，让人得以亲眼见到这一在民族音乐学、文化人类学以及中国舞

蹈史、戏剧史等研究方面的"活化石"。《苗鼓舞》刻下了苗族民间的艺术奇葩"猴儿鼓"。相传，古时，在苗山的一座庙中，猴子去偷供果吃，无意中跳到鼓上，起初有些害怕，后来逐渐习以为常。每当得到供果时，猴子就高兴得边跳边吃。这一幕被苗家小伙子看见了，他就学着猴子的动作跳跃，十分有趣。这样的跳跃形式渐渐成为一种娱乐健身活动，流传至今。鼓舞反映了苗族人民的勤劳和友谊，深受苗族人民喜爱。

一方水土养一方人，湘西人的形神魂是敢爱敢恨。黄永玉写湘西人形，传湘西人神，画湘西人魂，堪称今世第一号。《沈大大像》是额上每条皱纹都饱经沧桑的湘西老人，《场上》是剽悍英俊的苗家男子，《石匠》是古朴如山石的土家汉子，《童子样》则是野性未泯、稚气未脱的湘西老少爷们儿的生活群像图。此外，还有那扎口麻袋状的酒鬼瓶和酒鬼瓶上那个"酒鬼背酒鬼，千斤不嫌赘；酒鬼喝酒鬼，千杯不会醉"喜洋洋、乐陶陶的老酒鬼。黄永玉用张乐平漫画式夸张的笔画和抽象派变形的形象，绘出古今中外湘西人之魂：思维上天马行空，言语上霸蛮称雄，情感上悲悯天下。在不可知的命运的偶然中，湘西人敢爱敢恨，敢生敢死！

湘西，在翠翠们的歌声里

湘西的少数民族能歌善舞，这里养育了中国著名的歌唱家何纪光、宋祖英等。人们醉倒在歌声里，乘着歌声的翅膀，遨游石林，追寻密藏在湘西大地深处的那一份神奇与美丽。

歌声在背篓里，无背篓不湘西。"小背篓晃悠悠，笑声中妈妈把我背下了吊脚楼……"这首《小背篓》是由欧阳常林作词、白诚仁作曲、宋祖英演唱的以桑植民歌曲调为蓝本的歌曲。"湘西是背篓的世界，也是背篓背出来的世界。"湘西人世代与高山为伴，自古以来就有"篓不离背"的民谚。姑娘出嫁要织"洗衣背篓"做嫁妆；女儿生孩子，娘家要送一个"娘背篓"（又叫"儿背篓"）；摘苞谷、粟谷时则要用"高背篓"；砍柴、扯猪草时要用"柴背篓"；从峡谷取水时要用"水背篓"……背篓林林总总，琳琅满目，用途广泛。走过艰难岁月，湘西背篓有说不完的故事、道不尽的传说。湘西背篓最能代表湘西精神。时至今日，背篓仍然是湘西儿女不可替代的劳动工具。迈进新时代，湘西人正在绘就更加美丽的"背篓的世界"。

歌声在茶园里，无名茶不湘西。"桑木扁担轻又轻，我挑担茶叶出山村，船家问我是哪来的客，我是湘江边上种茶人。"20世纪50年代，古丈毛尖凭着古丈籍歌唱家何纪光的一首《挑担茶叶上北京》红透了大江南北。如今，古丈毛尖更是盛名在外，正如宋祖英在《古丈茶歌》中唱的那样，"天下五洲四海客，逢人都夸古丈茶"。其实，古丈名茶历史悠久，已有2000年的历史。古丈被誉为"中国名茶之乡"，其毛尖茶在唐代即为贡品，并于1929年获巴黎国际博览会金奖。茶山层峦叠嶂，茶歌无处不在。茶歌基本上没有固定的歌词，歌唱者会根据自己的心情填充新鲜的文字。在所有的茶歌中，《古丈茶歌》流传最广："绿水青山映彩霞，彩云深处是我家；家家户户小背篓，背上蓝天来采茶……"春天的茶芽刚刚萌发，就有穿红着绿的阿哥阿妹背起背篓，挎着竹篮，穿过薄雾上山，把火辣辣的茶歌从山的这边甩向山的那边，歌声此起彼伏。在湘西，以茶陶情、以茶待客成为风尚，茶俗和饮茶礼仪层出不穷，其中的"古丈三道茶"（一喝下海茶、二饮毛尖茶、三品银针茶）颇为有名。悠悠茶韵氤氲在湘西的每一个角落，芬芳洋溢在湘西人家朴素而平淡的日子里。

歌声在生活里，无山歌不湘西。"马桑树儿搭灯台，写封书信与姐带。郎去当兵姐在家，我三五两年不得来，你自个儿移花别处栽……"这首名为《马桑树儿搭灯台》的乡间小调，在湘西几乎人人会唱，是湘西籍老红军战士最爱唱的歌。这首歌就地取材，来自民间生活。男女主人公书信互答，情景交融。歌词更是意蕴深厚，借用马桑树表现了一个革命军人为人民、为祖国的幸福明天和自由去战斗的高尚情操。其实，湘西山歌是时代和生活的一面镜子，不仅能反映少数民族在不同时代的社会生活、民族风情，而且能勾画出民族的形象、心理和性格特征。山歌起源于劳动，是伴随着劳动生活而产生的歌谣，最能反映少数民族粗犷豪放的特点，是劳动生活、劳动节奏与韵律的艺术再现。人多之时就是山民唱山歌最为热闹的时候，每当那时，对歌就成了唱山歌的主要形式。歌手对歌，先是以歌试探对方的虚实，接着由慢到紧、由柔到刚，首首紧逼，难分难解。发展到高潮时，歌手便互相"啄歌"，或冷嘲热讽，或单刀直入，新鲜有趣，听众不由得高声喝彩。山歌分为劳动歌、生活歌、情歌、仪式歌、叙事歌、历史传说歌、盘歌等十余种。这些山歌明快畅达，通俗易懂，比喻形象，寓意深刻，言辞活泼，妙趣横生。

湘西，在十八洞村的蝶变里

在沈从文的笔下，在黄永玉的画中，在翠翠们的歌声里，湘西民风淳朴、纯净自然，是一方与世隔绝的桃花源。十八洞村就诞生在这样的"桃源深处"。村子形成于明末清初，后逐渐分成梨子寨、飞虫寨、当戎寨、竹子寨等4个自然寨。村内巉岩高耸、沟壑纵横，村民饮山泉水而居。十八洞村因域内的莲台山有 18 个叉洞相连而成的大溶洞而得名。

桃源虽美，但美丽浪漫的背后是贫穷落后、偏远闭塞。"八山二田水，地无三尺平。"2013 年以前，十八洞村就是这样一个古朴且贫困的地方。曾经的十八洞村，"没有产业口袋空、没有老婆家庭空、没有人气寨子空、没有精神脑袋空"，被人们戏称为"四大皆空"。

那年，一场春雨过后，十八洞村云烟缭绕，松更青、山更翠、草更绿了。一辆摆渡车停靠在梨子寨，游客鱼贯而出，宁静的小山村瞬间热闹起来。塘火正旺、腊肉飘香，70 多岁的石拔三老人坐在家中，微笑着看着人来人往。不断有游客提出跟她合影留念，她始终面带微笑，不厌其烦地满足每一个人的请求。偶尔有人相中了那晶莹飘香的腊肉，她便麻利地称重装袋。石拔三老人的故事始于 11 年前拍的那张挂在正堂的照片。

"怎么称呼您？"

"我是人民的勤务员。"

"我今年 64 了。"

"你是大姐。"

……

照片上，习近平总书记紧握着石拔三老人的双手，和她边聊天边算收支账。这段朴素的对话让当时在场的每个人都印象深刻、无比动容。2013 年 11 月 3 日下午，习近平总书记来到十八洞村考察，在凹凸不平的土院坝里召开座谈会，创造性地提出"精准扶贫"的重要理念，作出"实事求是、因地制宜、分类指导、精准扶贫"的重要指示。从此，精准扶贫理念在全国各地深入实施，在深刻改变中国扶贫局面的同时，也深刻改变了十八洞村，改变了如石拔三老人一样吃饭都成问题的人的命运。

龙先兰现在是村里年收入四五十万元的致富带头人。但你一定想不到，几年前，他却是村民口中典型的"懒汉"。龙先兰是一个孤儿，吃百家饭长大，成年后一直未找到合适的工作，游手好闲，常常喝闷酒，对村里的扶贫工作既不关心也不支持。在扶贫队员亲如兄弟和扶贫政策细致入微的帮助下，龙先兰不仅丢掉了"懒"，还主动参与村里的大小事务，积极培育养蜂产业，不仅脱了贫、脱了单，还成为村里的产业带头人。在一次接受外国媒体采访时，龙先兰说："即使我们语言不通，但希望我的经历能鼓舞更多的人。如果你能看见我，请你相信，生活一天会比一天好。"

生活一天比一天好还体现在追求美好生活的方式也进行着迭代升级。作为十八洞村第一批返乡创业青年的施康，利用自己视频拍摄与剪辑的特长，在村中开始了电商直播。疫情期间，他以短视频直播为突破口，成立十八洞村新青年电商工作室，使十八洞腊肉、香肠、干菜通过他的网络直播摆上了千家万户的餐桌。在他的带动下，用直播方式传播家乡自然山貌、风物人情的年轻人越来越多。"不图名不图利，只因我是十八洞村人。"

老年有所安、中年有所求、青年有所志，如今的十八洞村在一代又一代的接力奋进中正积极地向上生长。我们看到：他们都回来了，他们从未离开！这是精准脱贫、乡村振兴政策的感召，也是一代代十八洞村人对故土家园最深沉的爱与乡愁。村民们把"11 月 3 日"珍视为一个无比重要的"节日"，十多年来，他们自发组织感恩活动，用苗绣表达党恩，用苗歌颂扬党恩，用初心铭记党恩，用实绩回报党恩……

"亲爱的同志们……乡亲们给我送来了信函问候，向我及家人表达了良好的祝愿，这充分体现了老中两国人民的亲密情谊。"2019 年 4 月，一封来自老挝的回信寄到十八洞村。写信者是时任老挝人民革命党中央总书记、国家主席本扬·沃拉吉。一年前，本扬率老挝党政高层代表团来到十八洞村，探寻"精准扶贫"的中国经验。10个月后，十八洞村村民致信本扬，祝福老挝新年。这一来一往的信件交流正是始于十八洞村的脱贫攻坚的成功经验，始于中国精准扶贫的成功方略。此后，在中国扶贫专家的帮助下，柬埔寨、老挝、缅甸的一些村庄旧貌换新颜，村民也迎来了更好的生活。联合国秘书长古特雷斯表示，中国取得的非凡成就为整个国际社会带来了希望，提供了激励。以十八洞村为代表的减贫和乡村振兴经验根植于中国，正走向世界。湘西大山里的小小苗寨在与世界的交流互鉴中，将各国人民的美好梦想紧紧交握在一起。

1934年，沈从文从北平出发回乡。他一路辗转，乘坐火车、汽车、船只、轿子……大半个月后，他才抵达家乡湘西凤凰县。80年后，湘西不断推进交通建设，由山间公路、高速大道、高铁站、机场等搭建的立体交通大格局逐渐形成。"最远不过镇上"的无奈，在区域交通网络畅通的情况下，已经转变为走出国门、走向世界的欣喜与自豪。

对游子而言，故乡不再遥远；对山民来说，世界近在眼前——

2023年8月18日，湘西边城机场正式通航。56位十八洞村村民乘坐飞机前往北京，到天安门广场观看升国旗仪式。对于从未走出过大山的大部分人来说，第一次乘坐飞机的经历正是他们稳步奔赴另一个"诗与远方"——乡村振兴的新起点。

电影《十八洞村》有一个英文译名，叫 *Hold Your Hands*。这既是在中国共产党的领导下，扶贫干部紧紧握住人民的双手，对被帮扶者的不放弃，又是被帮扶者对美好生活的不言弃，更是中国作为负责任的大国，秉持人类命运共同体理念，与世界人民紧握双手、守望相助的责任与担当。我们相信，"美美与共，天下大同"的愿景一定会在各国人民的共同努力下变成现实图景！

湘西，在迷人的湖湘文化里

湘西位于湖南省西北部、云贵高原东侧的武陵山区。有一位新西兰作家曾经把湖南凤凰和福建长汀赞誉为中国最美的两座小城。湘西的山是有神的，水是有灵的，这是大自然对湘西的馈赠。对湘西山水的热爱之情在沈从文的作品中随处可见。他在《鸭窠围的夜》中写道："两岸是高大壁立千丈的山，山头上长着小小竹子，长年翠色逼人。这时节两山只剩余一抹深黑，赖天空微明为画出一个轮廓。"湘西这块神秘的土地也为黄永玉提供了很多便利，他曾说："老师在自然科学上教一点，我们可以在野外学一百点。"湘西对他的影响不言而喻：年轻的时候，他从无门户之见，对于随地捡来的"杂食"、顺手拈来的书本，通盘接收，汲取营养，摒弃糟粕。于是，他的画兼有中国画和西洋画的特点，风格自成一派。美丽的湘西风光和清澈甘甜的山泉也赋予了何纪光、宋祖英独特的歌喉。宋祖英后来回忆："我常常还在回忆山非常青，水非常秀，人非常朴实勤劳的那么一个小地方、小山村。"十八洞村是湖南省潇湘"红八景"之一，旅游业也成为其稳步走向乡村振兴的三大支柱产业之一。可见，湘西的地理方位、自然风光对沈从文、黄永玉、何纪光、宋祖英、十八洞村等皆产生了不可磨灭的影响，他们的艺术生涯和发展变化无不彰显着独特的湘西地域色彩。

湘西的发展离不开湘楚情怀的融入。丹纳在《艺术哲学》中指出，精神文明的产物和动植物界的产物一样，只能用各自的环境来解释。湘西位于古时的楚地，两千多年前这里有着大放异彩的楚文化，有着楚地巫鬼文化的深厚传统。这种传统浑然天成地融入沈从文湘西题材的作品中。例如，在《长河》里，沈从文大量描写了当地农民日常生活中四时八节的仪式与内容，指出当地人"俨然无宗教信仰，但观音生日、财神生日、药王生日，以及一切传说中的神佛生日，却从俗敬香或吃斋"。黄永玉提到过"草蛊婆"："被诬定为'草蛊婆'或'草蛊公'的人，是一切疾病和不幸的来源。患者的家属端着块砧板，公然捏着一把菜刀对着怀疑为'草蛊婆'的人或门口，一刀一刀地割起来，一边狠狠地辱骂。"这是在楚地非常荒谬而残酷的迷信，反映了楚文化粗俗、野性、未经开化的特点。生长在湘水、沅水流域，身上流淌着楚人血液的沈从文、黄永玉，在充满感性、悟性的巫鬼文化和富有自然气息的诗性文化的长期熏陶下，形成了一种天真烂漫、随性自然的情怀。同时，这种情怀又进一步成为他们从事艺术创作的条件和元素。

湘西的发展离不开民族文化的熏陶。英国学者迈克·克朗认为，"既可以把文化特性看作代代相传的固定不变的事物，又可以把它看作地盘性的事物。"湘西是少数民族的聚居地，民族文化以潜在的意识形态的方式影响着生活在这里的人们。沈从文毫不吝啬地在他的作品中展示着湘西美丽的自然风光、独特的风情民俗与人物的生活命运。黄永玉说家乡一年四季都过节，凤凰的文化生活非常丰富。同时，他还说自己是从民间出来的人，因为从小看街边的民间艺术，刻菩萨木雕的、扎纸的、做风筝画风筝的等，所以耳濡目染，心灵充实。湘西人受山川环境、民俗风物的熏陶，又格外具备人文记忆的悟性与天分。譬如，湘西的山歌格外发达，在路上随便碰上一个什么人，只要来了兴致，湘西人就可以唱得地动山摇、高亢婉转。有着深厚苗族文化底蕴的十八洞村，在"精准扶贫"理念的带动下，也走出了一条特色发展之路。十八洞村的非物质文化遗产资源主要是苗绣，有着丰富苗绣经历的老支书石顺莲提出发展苗绣产业，并主动把自己的 3 间瓦房改成了苗绣合作社，使 54 名留守妇女在"家门口"实现了就业。针线活绣出了一门好生意。绣娘们说，以前的苗绣是自己绣自己穿，现在苗绣搭上中国高铁走出了大山、走向了世界。

看一本书，赏一幅画，听一首歌，走一条路，每个人的感受都会不同。岁月流逝，传统文化与时代气息早已交相呼应。最美的不仅是那桥上的绿叶红花和桥下的流水人家，还有山与水之间，湘西的风光依旧，人与事之间的美好时光依旧。

🔊 拓展阅读

湘西，历史文化底蕴深厚，自然风光旖旎，民俗风情浓郁，资源禀赋独特。

历史文化方面，凤凰古城被誉为"中国最美丽的小城"；里耶古城秦简填补了秦代历史空白；老司城作为土司王都，是我国西南保存最完好的土司城址，也是湖南省首个世界文化遗产。湘西还孕育了熊希龄、沈从文、黄永玉、宋祖英等名人，且是湘鄂川黔革命根据地，为中国革命作出了重大贡献。

自然风光方面，猛洞河漂流号称"天下第一漂"，小溪国家级自然保护区是珍稀原始次生林，德夯风景区天凿奇峡令人叹为观止，矮寨大桥创四项世界第一。湘西还拥有众多世界级、国字号旅游品牌。

民俗风情方面，湘西土家族、苗族能歌善舞，拥有独特的文化生态。花垣县苗族赶秋入列联合国非遗名录，茅古斯被誉为"中国戏剧的活化石"，苗族鼓舞等节庆活动丰富多彩。同时，还有众多村寨入选"中国传统村落名录"。

　　资源禀赋方面，湘西山地面积广，农业、水利、矿产资源丰富，被誉为华中"生物基因库"和"中药材宝库"。独特的气候微生物发酵带、土壤富硒带和植物群落亚麻酸带孕育了"酒鬼酒"等知名品牌。水能资源蕴藏量大，矿产种类多，锰矿储量居全国第二，页岩气储量占全省70%，开发潜力巨大。

主要参考文献

[1]沈从文，卓雅.沈从文的湘西世界[M].长沙：岳麓书社，2010.

[2]赵园.沈从文构筑的"湘西世界"[J].文学评论，1986(6)：50-66.

[3]李淑梅.黄永玉文学与绘画的互文性研究[D].长沙：湖南师范大学，2019.

[4]商金林.湘西音乐美术与沈从文创作之关联[J].北京大学学报(哲学社会科学版)，2008，45(2)：99-106.

[5]吴雄周，丁建军.精准扶贫：单维瞄准向多维瞄准的嬗变：兼析湘西州十八洞村扶贫调查[J].湖南社会科学，2015(6)：162-166.

（执笔：杨文兰）

张家界：湖湘绿肺，美在自然

张家界，一个名字，一段传奇。

初闻张家界，笔者以为仅是一个村落的名字，如同那些沉淀在岁月长河中的古老村落，默默无闻，与世无争。然而，翻开历史的篇章，笔者却发现这个名字的背后隐藏着一段波澜壮阔的历程。

清代《光绪永定县乡土志》中的文字穿越时空，将人们带回那个遥远的年代。张万聪，这位来自南昌丰乐县的勇士，一路跋涉，最终定居于永定卫。他的到来，不仅为这片土地带来了生机与活力，更让张家界这个名字开始在这片土地上生根发芽。

岁月流转，张家界从一个村落的名字，渐渐成了一个林场的名字。1958 年，国有林场大规模征用此地，张家界林场应运而生。那些参天大树，那些郁郁葱葱的林木，都见证了张家界从村落到林场的蜕变。

然而，张家界的传奇并未就此止步。1982 年，一纸批文让张家界再次迎来新的篇章。中国首个国家森林公园——张家界国家森林公园的建立，让这片土地焕发出新的生机。从此，张家界不再是一个村落、一个林场，而是一个充满神秘与美丽的自然王国。

历史的脚步从未停歇，1994 年 4 月 4 日，张家界再次迎来了新的历史时刻。大庸市更名为张家界市，这个曾经默默无闻的村落，从此成为一座充满活力与魅力的城市。它以旅游业为支柱，吸引着世界各地的游客纷至沓来。它被誉为湖南最年轻、最美、人口最少的城市，同时也是中国重要旅游城市之一。

如今的张家界已经不再是那个默默无闻的村落，而是一座充满传奇色彩的城市。它张开怀抱，欢迎着来自世界各地的游客；它立足家园，坚守着自己的历史与文化；它走向世界，展示着自己的魅力与风采。

奇峰三千拔地起，溪流八百蜿蜒行——张家界的自然之美

张家界十步一景，处处皆美，但说起张家界，不得不提起另一个人们耳熟能详的名字——武陵源。武陵源是张家界市景色最集中的风景名胜区，由张家界国家森林公园、天子山自然保护区、索溪峪自然保护区和杨家界景区等组成，是中国首批入选的世界自然遗产、世界地质公园、国家5A级旅游景区。亿万年前，武陵源只是一片汪洋大海，大自然不停地搬运、雕琢，变幻出今日武陵源砂岩峰林峡谷的地貌。如今，这里遍地奇花异草，苍松翠柏蔽日遮天，奇峰异石突兀耸立，溪绕云谷，绝壁生烟。武陵源巨大的自然价值和浓郁的原始野性将现代人征服。武陵源的美是沉郁的美、秀气的美、原始的美、雄奇的美，同时也是一种大气的美。武陵源有"五绝"：奇峰、怪石、幽谷、秀水、溶洞。

武陵源奇峰林立，有错落变化之美。以峰显奇为武陵源风景的最大特色，大自然的鬼斧神工雕刻出了姿态万千、形态各异的杰作。它们惟妙惟肖，栩栩如生，无不让人为大自然的神奇造化而感慨万千。武陵源奇峰三千，峰林连绵，漫无边际。登高远眺，远远近近的石峰如辽阔大海中的波涛，此起彼伏，气势磅礴。细看千百座石峰，峰体棱角分明，层叠清晰，宛如刀斧横砍竖削斜劈而成，奇姿异态，完美无缺，变化万千，形象生动，如帛如笋，似屏似柔。石峰高低错落，鳞次栉比，渺渺茫茫，一望无际，连绵万顷，宏大壮阔，以层峦叠嶂的恢宏气势，给人以错落变化的美感，带来强烈的视觉震撼。

武陵源怪石奇绝，有形神兼备之美。武陵源的奇石形态各异，形神变幻，丰富多彩。大自然的巧妙雕琢把一座座石峰变成了各种人或动物的形象，生动活泼，变化多端。无论是人物、神仙还是飞禽、走兽，无不惟妙惟肖，令人叹为观止。人们还给这些山峰取了有趣的名字，如"西海长卷""天女献花""屈子行吟""罗汉峰"等，每个名字都能衍生出一段故事。当你面对"天女献花"，心里盼望着花球抛中你时，"她"好像正在向你微笑。夫妻岩也五官逼真，笑露牙齿。十里画廊有一位"采药老人"，"他"的头部及背部是由硬岩构成的。天子山的将军岩犹如站在点将台的大将，正在指挥千军万马冲向敌阵。在风靡全球的科幻电影《阿凡达》中，"潘多拉星球"上的那些悬浮山给所有观众留下了极其深刻的印象。事实上，电影中的大量场景就取材于武陵源，其中"哈利路亚山"就源自武陵源的著名景观"南天一柱"，它的垂直高度约150米，顶部植被郁郁葱葱，峰体造型奇特，垂直节理切割明显，仿若刀劈斧削般巍巍屹立，有顶天立地之势，因此又名"乾坤柱"。

武陵源峡谷纵横，有幽雅清静之美。在武陵源连绵起伏、跌宕错落的山岭中，峡谷幽壑纵横交错。享有"世界上最美丽的大峡谷"之美誉的金鞭溪大峡谷全长7.5千米，百丈峡危崖高耸，流水淙淙，兽吼鸟鸣，溪水绕峰穿峡，翠峰簇拥，幽雅清静，林茂花繁。两侧危崖如削，陡壁千仞，仰头只见一线天，让人不禁怀疑是失足坠入地壳的狭缝里。走过插旗峰下的系马桩后，沿着小径往西南行进，峡谷越来越险，真可谓"一夫当关，万夫莫开"。十里画廊长约5千米，妙峰连绵，奇峰异石千姿百态，画廊两边林木葱茏，野花飘香，妖娆多姿，像一幅幅巨大的山水画卷并排悬挂于千仞绝壁之上，人行其间宛如画中游。神堂湾至今仍为无人涉足的原始森林。悬崖深不见底，树木密匝丛生，有时从峡谷谷底冉冉升起缕缕白云，烟雾笼罩如汪洋。每逢大雨，谷中常迸发出水石撞击之声，如鸣锣击鼓、人喊马嘶，令山谷震撼，神话流传。"相去千万里，心随月色归。来生甘作石，嫁与索溪水。"这是女作家苏叶对武陵源奇山异水最深情、最别致的赞美。著名文史学家、诗人羊春秋也感叹："名动全球，到此真堪三击节；势拔五岳，归来不用再看山。"

武陵源秀水八百，有灵动飘逸之美。如果说山与石是武陵源的风骨，那么那些或娟秀、或灵动、或激越的流水所演绎的，就是它的精神和气质。水绕山转，使山林更有生气。这里号称"秀水八百"，众多的瀑、泉、溪、潭、湖各呈其妙，每条溪流都是一道风景线，其中金鞭溪的风光尤佳。金鞭溪因流经金鞭岩而得名，它穿越张家界国家森林公园，缓缓流过纸草潭、跳鱼潭、楠木坪和天子洲，最后由索溪峪注入澧水。溪流两岸峡谷对峙，溪水随山而移，婉转曲折，迤逦延伸于鸟语花香之中。走在溪边小径，一路清凉，沁人心脾除此之外，你还可踏木桥石阶，观花斑鱼戏水，听布谷鸟的叫声在山谷间回荡……走近金鞭溪，你会顿觉满目青翠，连衣服都被映成了淡淡的绿色。清澈见底、纤尘不染的碧水中，各色卵石闪闪发光，鱼儿欢快地游动。阳光透过林隙，在水面洒落斑驳的影子，给人带来一种安谧静美的享受，有诗赞曰："清清流水青青山，山如画屏人如仙。仙人若在画中走，一步一望一重天。"

沿着金鞭溪走到尽头，就到了另一处美景画廊——索溪峪。它因溪水状如绳索而得名，从高处看去，深沟幽谷中的座座石峰相互簇拥，绵延 10 多千米，犹如一幅水墨长卷，煞是壮观。索溪峪的水也别有一番风韵：道道潜流飞瀑从崖壁泻下，轰如惊雷；有"人间瑶池"美称的宝峰湖水光潋滟，波平如镜；无数汩汩小溪四季长流，淅沥、叮咚之声不绝于耳，情趣盎然。

武陵源溶洞密布，有瑰丽多姿之美。大面积的石灰岩地蕴藏着丰富的大小溶洞群，形成了壮观的岩溶景观，洞内的钟乳石、钟乳柱、石花形态各异，五颜六色，琳琅满目，令人叫绝。仅索溪峪就有数十个瑰丽的喀斯特溶洞，目前已探明开放的有黄龙洞、骆驼洞、观音洞、金鸡洞、仙女洞、牛耳洞等。其中，又以黄龙洞最具代表性。人们常说："游览天下名山大川，不可不游张家界；到张家界旅游，不能不游黄龙洞。"黄龙洞作为中国十大溶洞之一，有"中华神奇洞府，世界溶洞奇观""溶洞全能冠军"等美誉。

黄龙洞位于索溪河的北岸，分为旱洞和水洞，共 4 层，总面积约 618 亩，大小支洞总长度为 14 千米，水旱各半，垂直高差有 100 多米。据初步探测，洞内有 1 个水库、2 条河流、3 个瀑布、4 个水潭、13 个官厅、96 条游廊，洞中有洞、楼上有楼。整个洞内流痕、边石、倒石芽、倒锅状窝穴阶段发育良好，钙质石积物呈五颜六色，绚丽多姿；钟乳石、石笋、石柱、石旗、石瀑、石帘、石花、石盆、石田穴珠等造型奇特；数不胜数的"瀑布"、枝繁叶茂的"大树"、亭亭玉立的"莲花"、破土而出的"竹笋"，奇特瑰丽，凌空而降。在这大自然杰作中，红的如玛瑙、黄的如金菊、白的如碧玉、绿的如翡翠，五彩缤纷，美不胜收。尤其是铁质石金花、数以千计的汉白玉"华表"、高达 27 米的石竹等，令人惊奇。真所谓应有尽有，无所不奇。其规模之大、景观之丰富，为其他溶洞望尘莫及。

武陵源美在神秘，美在天然——峰峻、石奇、水秀、峡幽、洞美。面对这样如诗如画的绝美之地，任何语言和词汇都显得苍白无力……

地球的生命之花——张家界的生态之美

如此绝美的张家界，在 38000 万年前还是一片古海洋。曾经沧海难为水，穿越亿万年的时光隧道，大自然的鬼斧神工已将这片古海底精雕细刻成一朵巨大的生命之花。在峰峻、石奇、水秀、峡幽、洞美之间，张家界形成了完美的自然生态系统，成了生物的基因库、野生动植物的乐园。人们到张家界旅游，不仅可以享受来自大自然的美，而且犹如闯进了一座科学的殿堂。

张家界自然生态系统的形成，得益于它得天独厚的地理位置和气候条件。张家界市气候温和多雨，无酷暑严寒，常年平均气温为 16 ℃。张家界市位于湖南省西北部武陵山脉腹地，地处云贵高原隆起与洞庭湖沉降区接合部，地势由西北向东南倾斜……由于雨量充沛、气候适宜，植物生长茂密，森林覆盖率达 69.16%。

在这块极其优越的原始生态环境的"人间净土"上，生长着 4000 多种野生动植物。这里不仅保存着长江流域古代孑遗植物群落的原始风貌，还具有完整的生态系统和众多的野生珍稀动植物资源，是当之无愧的"自然博物馆和天然植物园"。难怪联合国教科文组织官员在考察验收世界地质公园时发出由衷的赞叹：武陵源是地球的生命之花。

张家界是植物生长的净土。张家界的植物垂直带谱明显，群落结构完整，生态系统平衡，蕴藏着众多的古老珍贵植物和中国特有的植物资源。据调查，张家界有高等植物 3000 余种，其中首批列入国家重点保护的珍稀濒危种子植物就有珙桐等 35 种。同时，这里还有野生花卉植物 450 余种，比整个欧洲的树木种类多出一倍以上。武陵松是其中非常奇特的一种，三千奇峰中只要是有缝隙的地方就生长着武陵松。武陵松因奇峰而更显威仪，奇峰又因武陵松而钟灵毓秀。石英砂岩峰林之上的武陵松是具有独特美感的树，是具有精神品格的树，犹如一个个威猛的土家汉子站在城墙之上，因此也是具有土家人个性的树。与武陵松相依相伴环抱峰林的，还有杜鹃树、野樱桃和其他许多不知名的树木。郁郁葱葱的树叶和艳丽的花朵把峰林衬托得无比妩媚与绚烂。

张家界也是动物的王国。除了较为常见的猕猴，这里还是大鲵的故乡，而且生活着"飞虎"、穿山甲、黑熊、红嘴相思鸟等各类保护动物。据统计，张家界共有陆生脊椎动物50科116种，其中被列入《国家重点保护野生动物名录》的一级保护动物3种、二级保护动物10种、三级保护动物17种。在黄龙洞的阴河内，有一种神奇的"玻璃鱼"。"玻璃鱼"是当地发现者视其全身透明而取的名字，这种鱼呈蝌蚪状，头部大而微扁，腹部短而鼓圆，尾巴长而薄如蝉翼，类似带鱼长尾，腹后根部生有两只小脚，外表无鳞，除眼睛为两个细小黑点外，通体晶莹透明，五颜六色的肝脏和尾部众多规则的红色丝状脉络历历可见。黄龙洞发现的稀有"玻璃鱼"究竟是什么鱼？有专家认为该鱼是一种"盲鱼"，也有人认为"玻璃鱼"是畸变的蝌蚪，众说纷纭，莫衷一是。期待有更多的游客和专家前往张家界一探究竟，揭开谜底。

张家界更是人与自然和谐共生的乐园。淳朴的田园风光与张家界的自然风光相映成趣，和谐共生。张家界属于中亚热带山原型季风湿润气候，高山峡谷中生长着茂密的森林，冬暖夏凉，空气清新，负氧离子含量高，身处其中会让人感觉特别舒适，头脑清新，呼吸舒畅和爽快，是生活居住和旅游休闲的理想之地。这里是土家族、白族、苗族等少数民族的聚居地，一块块梯地、一间间村舍星星点点地点缀在青山绿水间，绿树四合，翠竹依依，炊烟袅袅。假如有缘赶上当地节日，你还可以欣赏到民族歌舞。它们与武陵源的大山、密林浑然一体，构成一幅原始苍茫的画卷。

立足家园，走向世界——张家界的和谐发展之美

"养在深闺人未识。"张家界如同中国山水画，或者说它就是一幅绝美的中国山水画。但它也曾如"养在深闺人未识"的佳人，藏在湖南湘西的深山大坳里，笼罩在云山雾影中，仅为当地百姓所识，不为外人所知。

艺术需要机遇与缘分，张家界成为人所共知、人人向往的好山好水好景，也是机缘所致！1979年岁末，著名画家吴冠中来到湖南写生，听当地老乡多次介绍，有一个叫张家界的地方风景很好，应该去画。虽然那时的张家界只是大庸县北的一个林场，但在好奇心的驱使下，吴冠中决定探一次险，去探探那个"名不见经传，景不见真容"的张家界。

走进张家界，吴冠中被深深地震撼了！

"随林场公路登山，数个拐弯，地貌突然大变，峰峦陡起，绿树叠翠，这

里是湖南真正的桃花源了，立即引人进入了奇异幽深的世界。这里的秀色不及桂林，但峰峦比桂林神秘，更集中，更挺拔，更野！桂林凭漓江倒影增添了闺中的娟秀气；张家界山谷间穿行着一条曲曲弯弯的溪流，乱石坎坷，独具赤脚山村姑娘的健壮美！山中多雨意，雾抹青山，层次重重，颇有些黄山风貌，但当看到猴子爬在树顶向我们摇晃时，这就完全不同于黄山的情调了。还有那削壁直戳云霄，其上有数十亩数十亩的原始森林。

"为了探求绘画之美，我辛辛苦苦踏过不少名山，觉得雁荡、武夷、青城、石林……都比不上这无名的张家界美。就以峨眉来较量，峨眉位高势大，仗势吓人，其实并没有张家界这么突出的特色，至少大多数美术工作者将会同意我的看法。

"据说由于这数十里的山势像一匹奔腾的烈马，故又名马鬃岭。马鬃岭也好，张家界也好，都尚未闻名，等待游人们为这绝代佳丽起一个更贴切的芳名。"

这是吴冠中在《湖南日报》发表的《养在深闺人未识》一文中的文字，一个山水绝美的张家界跃然纸上。从张家界离开的 3 天后，吴冠中就画出了4 幅水墨风景画，其中那幅宽 2 米、高 1 米的《张家界》惊艳了画坛。

吴老将他在张家界的新发现告诉了湘西籍的艺术大师黄永玉，黄永玉又将其告诉了香港摄影大师陈复礼。黄永玉将张家界的美收入画中，他在画的题跋中这样写道："吾乡有无名之山曰张家界……贤者游斯山，无不叹是山之奇绝，诡秘。"陈复礼和他带领的香港摄影家将在张家界拍摄的作品在香港《中国旅游》杂志第 18 期以"岩峰奇景人未识""湘西游踪"两个主题共 11 个版面刊发，这是"养在深闺人未识"的张家界绝版山水首次亮相海外，拉开了张家界走向世界的帷幕。

从此，张家界走入大师的眼里、走进大师的心里，也随着艺术作品走出深闺、走近世人、走向世界。

绿水青山就是金山银山。成名往往需要付出一些代价，随着张家界旅游业的迅速升温，自然环境被严重破坏，一大批楼堂馆所拔地而起，这些建筑与周围的青山绿水极不协调。

张家界政府和百姓越来越深切地感到人与自然是生命共同体，人类必须尊重自然、顺应自然、保护自然，一定要留住青山绿水，与好山好水和谐共处。

如今，张家界正坚定地走着一条生态优先、绿色发展之路：不以牺牲生态环境为代价来换取经济的一时发展，坚决做到"既要金山银山，又要绿水青山；宁要绿水青山，不要金山银山；绿水青山就是金山银山"。湖南省人大制定了《武陵源风景区建设管理条例》，把景区建设纳入了法治轨道，从源头上堵住了以牺牲环境为代价的建设行为。张家界拆掉了核心景区中的楼堂馆所，搬迁了世代居住在景区的土家村民，使张家界的神奇山水由此得到了很好的保护，不再被过度开发，不再被人为地破坏，这个被联合国列为世界自然遗产的风景区也得以完美地保留下来，成为人间最美的天堂。

淳朴善良的张家界人正在积极谋变，勇于拓新，助推古老而年轻的张家界成为国际精品旅游城市，建设世界一流旅游目的地，将"三高四新"在旅游这篇文章中蕴含的价值与内容提炼出来，充分利用好壮美的山水格局和自然资源，以"中国山水，世界旅居"作为自身的定位与目标，打造"城景一体，主客共享"的世界山水旅游城市。

做足融合发展的大文章。夜幕降临，天空当幕，天门山做舞台，近1万平方米的剧场"漫天飞雪"，于美轮美奂中营造出一幕幕令人惊异的奇幻场景，樵夫和白狐之间惊天泣地的爱情故事在此徐徐展开，让观众获得视觉听觉心灵的三重享受。这是张家界打造的世界第一台大型山水实景音乐剧《天门狐仙·新刘海砍樵》，由中国实景演出创始人梅帅元执导，享誉世界的华人音乐家谭盾担任音乐总监。该舞台搭建于天门山下的峡谷中。该剧以落差1000多米的张家界天门山为背景，以山涧峡谷为表演舞台，观众倚山抱溪，沐浴山风，融入剧情。自2009年首演以来，该剧已演了15年。该剧凭借张家界独特的山水地貌，融汇了土家族茅古斯舞蹈及桑植民歌等文化元素，让来到张家界的中外游客不仅记住了绝美的山水风光，还对湘西风土人情、少数民族文化等有了更多的了解，产生了更深刻的印象。《天门狐仙·新刘海砍樵》依托原始生态旅游景区，开创了世界山水实景音乐歌舞剧的先例，推动了张家界旅游业的新一轮发展，既带动了旅游地相关产业发展，实现了经济共赢，又保护了人类文化多样性，促进了社会主义和谐社会建设。

同时，张家界以文化为核心，充分挖掘人文魅力，做足生态保护、旅游经济、百姓生活融合发展的大文章。张家界拥有世界最长的玻璃栈道、樱花长廊、澧水画舫、云顶酒吧、大马戏城、大庸古城等，还有"中国张家界国际乡村音乐节""中国山歌节""桑植民歌节""中国国际文化旅游节"、达瓦孜传人走钢丝、"卡通市长"推销乡村音乐周、"穿越天门"世界特技飞行大赛、俄罗斯空军特技飞行表演等。从来不缺乏天马行空创意的张家界，像磁石一样吸引着游客前往。七星山旅居、大庸古城沉浸式演艺旅游等 9 个项目入选首批湖南文旅消费"新生代、新场景"。张家界还培育发展"夜经济",打造了七十二奇楼、大庸古城、溪布街等消费集聚区。其中,七十二奇楼火爆出圈,2023 年接待一次性购票游客逾 158 万人。

2023 年,张家界景区旅游接待人数达到 4200 万人次,实现旅游收入700 亿元,游客接待量、旅游总收入较 2022 年分别增长 105.3%、154.4%,同比历史最高的 2019 年分别增长 16.2%、12.6%。

在张家界这片土地上,人们看到了历史的厚重与沧桑,也看到了未来的希望与梦想。从"养在深闺人未识"的古老村落、国有林场,到蜚声中外的国家森林公园、湖南最年轻的城市,峰峻、石奇、水秀、峡幽、洞美的绝美张家界正以全新的面貌,惊艳全世界。"功成拂衣去,归入武陵源。"这里的山林仍有山林的宁静,水流仍有水流的欢唱,一切都是那么和谐美妙……这里的一山一水、一草一木仿佛在诉说着张家界的故事。在未来的日子里,张家界将继续书写属于自己的传奇篇章。

🔊 拓展阅读

张家界国家森林公园地处武陵山脉中段,是张家界的核心景区。张家界地貌是砂岩地貌的一种特殊类型。张家界属北亚热带季风性湿润气候,自然风光以峰称奇、以谷显幽、以林见秀。其间有奇峰 3000 多座,如人如兽、如器如物,形象逼真,气势壮观,有"奇峰三千,秀水八百"之美称。其主要景点有黄石寨、金鞭溪、袁家界、杨家界等。

主要参考文献

[1]刘尤碧,贺培育,王毅.湖南文化创意产业研究报告(2018~2019)[M].北京:社会科学文献出版社,2020.

[2]李康学,向良喜.古庸国:张家界的前世今生[M].北京:中国书籍出版社,2018.

[3]任志君.张家界市旅游产业与文化创意产业融合发展研究[D].吉首:吉首大学,2014.

(执笔:覃铁梅)

第四篇

湖湘特色　璀璨夺目

湖南民俗：三湘四水，风情百态

民俗，一种独特的社会文化现象，总是能够深刻而具体地映射一个社会的物质生产水平、生活方式，以及人们的思想意识和心理状态。作为最基本、最重要的文化现象之一，民俗与我们的身心、生活紧密相连，是地域文化的生动体现。

在湖南这片富饶的土地上，湖湘儿女世代繁衍，与丘陵湖泊和谐共生，与乡里乡亲和睦相处，逐渐形成了一系列独具地方特色、充满文化魅力的风俗习惯。这些风俗既是湖南人民生活的写照，又是他们的情感寄托。

提及湖南的民俗特色，人们会立即想到广为流传的"三大怪"：没有辣椒不成菜，嘴里嚼着木头块，说起话来像老外。而且在某些版本中，人们还增添了"豆腐越臭越好卖"之说，更有"不看美女看老太"的趣谈，这使得湖南的民俗特色更加丰富多彩。

改革开放以来，湖南的几大怪又有了新的诠释，除了上述的辣椒、槟榔、方言、臭豆腐之外，人们还加上了"经济或许不咋地，文化发展却飞快"的戏谑。这恰恰反映了湖南人民在追求物质文明的同时，亦坚守着对精神文明的热爱。

方言里的湖湘韵味

不管是三大怪还是四大怪，无论是南来还是北往的客人，一旦踏入湖湘大地，就会被这里独特的气息包围。首先，湿润的热浪迎面扑来，这是湖南独特的气候给予客人的第一个热烈拥抱。随后，一股呛人的辣味直击味蕾，这是湖南人无辣不欢的餐桌邀约。而最让人难忘的，莫过于那一口让人迷茫又倍感亲切的湖南方言，让人在似懂非懂中感到一种别样的温暖和归属。

按照现代通俗的分类方法，现代汉语方言可分为七大方言区，即北方方言、吴方言、湘方言、客家方言、闽方言、粤方言和赣方言。湘方言是通行地域较小的一种方言。湖南省有多种不同的方言，湘方言是其中最有影响的一

种，一般划分为长益片、娄邵片、辰溆片、衡州片、永州片等五片。1949 年
10 月 1 日，毛泽东在北京天安门城楼上用纯正的湖南话宣布：中华人民共和
国中央人民政府今天成立了。毛泽东一辈子讲的都是家乡话。

湖南人说起话来像老外，即使是说普通话，也带着湖南味儿。湖南人戏
称自己说的普通话为"塑料普通话"，还自嘲道："天不怕、地不怕，就怕湖南
人说普通话。"湖南方言的语音特点非常鲜明：后鼻音（ang、eng、ing）与前
鼻音（an、en、in）不分，翘舌音（zh、ch、sh）与平舌音（z、c、s）不分，鼻音
（n）与边音（l）不分，唇齿音（f）与喉音（h）相互混淆。方言承载着历史文化
与地理气息，湖南方言内容丰富，加上历史变迁、人口迁移等原因，同一方
言内部发音差别也相当大，而且不同地区间甚至河东河西的语音都不尽相
同，是典型的"十里不同音"。这主要源于古时移民对湖湘文化、湖南方言的
影响。湖南自古为南北兵家首征之地，元代初年及明末清初，湖湘大地遭受
多次战火蹂躏，土著居民十室九空。元代和清代有两次大规模的移民，移民
人口主要来自江苏、浙江、江西和四川等地。大量移民的进入给湖湘文化提
供了厚实多元的基础。湖南之所以名人辈出，盖因湖南是移民省。移民带来
了各自的语言，不同语言既保持独立又相互融合，也带来了吃苦耐劳、拼搏
坚韧的精神，形成了近代湖湘文化的激越而又有序、笃实而又灵动、浪漫而
又实际的鲜明地域特征。

湖南方言的词汇也具有鲜明的地域特色。湖南地处亚热带向温带过渡
地段，四季分明，降水丰富。湖南东接江西，北临川鄂，南毗两广，境内山峦
起伏，湖泊密布，是有名的"鱼米之乡"。这样的地理气候条件造就了颇具特
色的水乡文化。人们在日常生活中经常与"水"打交道，因此大量与"水"相
关的词语应运而生。以湘方言中的长沙话为例，次货、假货被称为"水货"；
作风不正派的男人被称为"水佬倌"；肤色叫作"水色"，赞叹姑娘面色红润，
就会说她"水色子真好"。这些词语推而广之，流传到湖南各地。

湖南方言与湖南民俗关系密切，民俗必然在方言中有所表现，方言中的
方音、词语尤其是禁忌语将民俗反映得更为突出。湖南历史悠久，早在
7000 年前，华夏先人就在这里繁衍生息，如湘东茶陵因地居"茶山之阴"且炎
帝神农氏崩葬于境内而得名。春秋战国时期，这里属楚国，楚地巫风盛行，
大家都相信鬼神，因此与鬼神巫术有关的用语在今天依旧盛行。"见鬼""鬼
寻哒"是人们的口头惯用语，意思是活人见到鬼，引申为不走运。趋吉避凶

是一种普遍的文化心理，湘方言的语音因此也产生了一些独特的禁忌语。例如，在湘北、湘中一带，因湖南方言"芹"与"穷"同音，人们忌说穷，所以将"芹菜"称为"富菜"。现在，随着生活水平的提高，温饱问题得到解决，"芹菜"又恢复了本名。

湖南的经济文化特色在方言中也有充分的体现。自古"民以食为天"，湖南以水稻为主要农作物，以米饭为主食。在物资匮乏的年代，吃饱肚子是头等大事，"吃"成为湖南人的关注焦点，日常用词亦可反映这一特点，一些日常现象与"吃"相关联，如赴婚宴叫"呷喜酒"，青少年长身体时饭量大叫"吃长饭"，尝试某件事情叫"试味"，重复说某件事比喻为"炒现饭"，做轻松容易的事情叫"喝蛋汤"，被人欺负叫"被吃住"，性格懦弱的人是"糯米坨"。这些常用词与湖南的经济条件和生活习惯相关，凸显了湖南人以"食"为天的文化心理。

花鼓戏是湖南各地民间小戏的总称。湖南各地花鼓戏的名称有别，源流亦异，但其曲调唱腔都与当地人的山歌小调密切相关，唱词道白都使用当地方言，是湖南人民喜闻乐见的民间艺术。因此，其流行的地域与方言的地理分布是大致平行的，可以相互证明。

湖南方言可大致分为以下几种：湘北方言，包括常德方言、岳阳方言、张家界方言(北方语系—西南官话)和益阳方言(湘语—新湘语)；湘中方言，包括长沙方言(湘语—新湘语)、湘潭方言(湘语—新湘语—老湘语)、株洲方言(湘语—新湘语，赣语、客家话)、娄底方言(湘语—老湘语)、衡阳方言(湘语—老湘语，赣语，西南官话)和邵阳方言(湘语—老湘语，西南官话)；湘南方言，包括永州方言(北方语系—西南官话)、郴州方言(北方方言—西南官话，赣语、客家话)；湘西方言，包括吉首方言(北方语系—西南官话)和怀化方言(北方语系—西南官话，湘语)。其中，北方方言—西南官话地区基本可以实现相互沟通，且与现代普通话较为接近。新湘语深受西南官话影响，相比老湘语和赣语，更接近于普通话，也基本可实现沟通。老湘语地区的方言特别难懂，古语特点明显，五里不同音，与普通话差距非常大。赣语和客家话、土话地区同样五里不同音，古语特点明显。北至岳阳、临湘，南至郴州、资兴，虽是同语系地区，但基本无法沟通。凡是山区，必然五里不同音；平原或者湖区，方言基本一致。

湖南方言具有丰厚的文化底蕴，是地域文化的载体，表达了湖南的文化特色；也是传统文化的活化石，传承了宝贵的文化遗产；还是植根于民间的文化形态，具有深厚的民间文化土壤。方言是一种文化基因，传递细腻情感、承载生命脉息。一方面，湖南人保护方言、留住方言、留住乡愁；另一面，湖南人挖掘方言、传播方言，在传媒产业发达的湖南创新开发了与湖南方言相关的文学艺术与娱乐节目，使湖南方言被越来越多的人了解、熟知。

咀嚼中的湖湘醉劲

"两颊红潮增妩媚，谁知侬是醉槟榔。""暗香着人簪茉莉，红潮登颊醉槟榔。"这是宋代大文学家苏东坡被贬海南时写下的醉槟榔的诗句。

海南是我国槟榔的主要产区，自古以来，海南人都有嚼食槟榔的生活习惯，并形成了丰富的槟榔文化。槟榔成了海南人饮食、婚姻、社交、祭祀和拜年习俗中的必备用品。

台湾也有食用槟榔的习俗。古时，槟榔在台湾是本地居民喜爱的食物。吃槟榔可以御寒。槟榔是宴席上的一种高级美食，还是各种交际应酬场合中的上品。

"高高的树上结槟榔，谁先爬上谁先尝，谁先爬上我替谁先装。"这是著名音乐家、湖南湘潭人黎锦光的《采槟榔》，其曲调是由湘潭花鼓戏双川调改编的，具有浓郁的生活气息和湖南特色，湖南的槟榔文化通过这首艺术作品得以充分展现。

湖南不能种植槟榔，为什么《采槟榔》出自湖南人之手？

这与湖南人喜吃槟榔的习俗不无关系。

湖南不产槟榔，却是全国最大的槟榔消费市场。湖南有句俗话：饱吃槟榔饿吃烟。

为什么湖南人如此喜爱槟榔呢？

槟榔长在海南，却成名于湖南；槟榔产业是湖南省特色产业之一，湖南拥有全国最大的槟榔加工基地。湖南槟榔源于湘潭，湖南人喜欢嚼槟榔，尤以湘潭为最。湘潭的槟榔产业每年达到上亿元的产值。湘潭民谚"湘潭人是匹宝，嘴里常含一把草"，讲的就是嚼槟榔的习俗。湘潭人待客不是递烟敬酒，而是敬槟榔，敬槟榔是当地最普通的礼仪。这一习俗近几十年已普及到长沙、益阳、常德、衡阳等地，甚至扩展到客居外地的湖南人中。

湘潭嚼槟榔的习俗是清初以后逐渐形成的。清兵入关以后，曾在若干地区遭到汉人的顽强抵抗，其中湘潭的抵抗极为惨烈。当时，在湘潭一带抗清的三股势力组成了联合战线，使清兵遭遇了自入关以后最顽强的抵抗，损失惨重。因此，在最终破城之后，清郑亲王济尔哈朗下令屠城。抗清官兵和湘潭民众惨遭杀害，一时间，湘潭血流成河，成了一座死城。

湘潭因独特的地理优势，在明代已成为一个繁华的商埠港口，是湖广地区最重要的大米交易集散地之一，也是万商云集的地方。因此，在湘潭城破人亡后不久，来自江西、安徽等地的商人就按以往的惯例，摇摆着大大小小的船只逆江而上，到湘潭贩运大米。

然而，呈现在这些米贩、商人面前的却不再是昔日的繁华的湘潭，而是一座尸横遍野的死城。商贩们正准备撤离时，城区旁的古塔里传来了钟声。他们闻声寻去，发现一个老僧独自在敲钟。他们一问，才知道湘潭被屠城的事情，才知道这位老僧发慈悲之心，以一己之力在做掩埋尸体的善事。于是，老僧请商贩们留下协助他掩埋尸体，并许诺谁清理的地块就归谁所有。但商贩们还是担心瘟疫，于是老僧又教了他们一招，把经过特别加工的槟榔分发给众商贩咀嚼，说这样就可以有效地防止瘟疫。于是，湘潭这座死城又有了生机，嚼槟榔的习俗也就这样流传了下来。

《湘潭县志》记载：清乾隆四十四年（1779 年）湘潭大疫，百姓多患鼓胀病。县令白景谙医理，明药性，便将槟榔分给患者嚼食，病疫消失……自此，湘潭人逐渐将嚼槟榔变成习惯，湘潭老城的平政街也渐渐成为槟榔的制作、销售集散地。《湘潭县志》还记载了清光绪年间王闿运对平政街槟榔兴盛的描述："槟榔为大家，日剖数十口，店行倍蓰焉。计城市街衢三重，长十五里，三乘之四十五里；里三百步，率五步一桌卖之，合而相向，计每桌日得百钱之利。"清朝时，槟榔作为贡品，是早朝官员解困的零食。湖南的槟榔产业历经几百年而不衰是与其不断发展的文化分不开的。三百多年来，槟榔的属性从药材到食品，上至达官贵人，下至寻常百姓，都对槟榔十分喜爱，民间有句顺口溜：养妻活崽，柴米油盐，待人接客，槟榔香烟。"烟酒不分家"在湘潭、在湖南演变为"烟酒槟榔不分家"。它作为一种习俗，已深深地融入湘潭人乃至湖南人的生活细节之中。就连人们对婚姻美满的祝福都离不开槟榔，例如"槟榔翘起像条船，今晚花开月又圆。郎撑篙来妹掌舵，百年和合好姻缘。"

相比于海南槟榔的多种应用，湖南人一般将槟榔当作零食。湖南很多地方的人没事就嚼槟榔，把它当作口香糖。在湖南，槟榔销量甚至超过了口香糖。湖南人食用槟榔的目的在于消食、解馋。

与海南、台湾吃生槟榔不同，湖南人吃的槟榔是腌制过的槟榔。槟榔干果先用清水洗净，再用开水烫几遍，然后用酒、冰糖等腌制 24 小时左右，才可食用。食用前，人们用刀把槟榔剖成两至四瓣，点上用石灰加饴糖熬成的卤水，有的加上一滴桂子油，放入口中反复咀嚼，又甜又涩，芳香满口，越嚼越有味。一口好槟榔能嚼得人面颊潮红，满口生津。正是槟榔的种种好处，让湖南人自豪地把槟榔称作中国的"植物口香糖"。很多外地人嚼上一口槟榔，就会觉得呼吸困难、头脑发热，晕晕乎乎的。湖南人就喜欢这个醉劲儿，就跟吃辣椒一样，越辣越喜欢。在湖南人眼中，槟榔的味道是嚼出来的，越嚼越有味儿。

小小一颗槟榔，除了口感和味道，对于远游在外的湖南人来说，更是家乡的象征。行李箱里随时带上的那几包槟榔，不仅仅是为了满足口腹之欲，更是为了在异乡寻找一丝家的温暖。游子们嚼着槟榔，仿佛就能回到那个熟悉而亲切的地方，听到乡亲们的欢声笑语，感受到那份独特的乡土情怀。

哭嫁歌中的湖湘情怀

1987 年，获金鸡奖最佳故事片殊荣的《芙蓉镇》深刻地描绘了在新中国成立后的多次政治风云变幻中，小人物的命运沉浮与情感纠葛。影片中的男主人公秦书田原在县文化馆工作，因搜集民间风俗歌曲和改编农村哭嫁歌曲《喜歌堂》而被打成"右派分子"，进而被开除公职，解回原籍交由当地群众监督劳动。

电视剧《血色湘西》也多次出现土家族千古绝唱《哭嫁歌》，其中有这样一个情节：月月终于要嫁给梦寐以求的龙家大少爷龙耀武，结婚的前夜怎么也哭不出来，不管穗穗怎么劝，她还是情不自禁地从心底发出笑声。穗穗担心地说："听老人讲，结婚哭，婚后就会笑；结婚不哭，婚后会哭的。"听到脚步声，穗穗连忙劝说月月："来人了，快哭吧。"月月赶紧假哭几声："我的个娘啊……"

这里描写的就是流传在湖南多地的婚俗——哭嫁。这一习俗尤以湘西等地土家族、苗族的最具代表性。土家族女儿出嫁时一定要会哭，哭得动听、哭得感人的姑娘，人称聪明伶俐的好媳妇。

湘西土家族哭嫁歌的历史非常悠久。清乾隆《永顺县志》卷四"风土志·风俗·三"记载："歌丧哭嫁，崇巫尚鬼……"这里记述的便是古代土家族的婚嫁习俗和哭嫁歌。清彭秋潭《竹枝词》记载："十姊妹歌歌太悲，别娘顿足泪沾衣。宁山地近巫山峡，犹似巴娘哭竹枝。"由此可见，哭嫁歌在清代已十分流行。

哭嫁有专门的哭嫁歌，这是一门传统技艺。土家族姑娘在十二三岁时便开始学习哭嫁。在过去，不哭的姑娘不准出嫁。据《后汉书·南蛮西南夷列传》及明《思南府志》记载，自秦汉以后，土家族人在此开垦耕耘、繁衍生息。古时，土家族的婚姻比较自由，只要男女双方愿意，并征得族中长老的允许，便可定亲、婚娶。随着封建礼教的发展，土家族的自由婚姻和其他民族一样，也逐渐被包办婚姻替代，讲求"父母之命、媒妁之言""门当户对"等。与此同时，土家族姑娘对包办婚姻不满而衍生的哭嫁现象就逐步产生并发展成一种文化现象。新中国成立后，包办婚姻的现象得到基本遏制。当今社会，恋爱自由、婚姻自主，但土家族姑娘出嫁前亦喜亦悲的哭嫁习俗一直延续了下来。在民族交往频繁、文化渗透迅猛的今天，土家族姑娘在出嫁前仍会向前来贺庆的亲朋好友献上一曲悲欢离合的哭嫁歌。

土家族的哭嫁歌，听其音是哭，究其谱却是唱，琢其意则意蕴丰富。新娘一般在婚前一个月开始哭嫁，也有在出嫁前两三天或前一天开始哭的。娘家人边为她置办嫁妆，边倾诉离别之情。会哭的姑娘一个月内不哭重复的内容，要哭祖先、哭爹妈、哭兄嫂、哭姐妹、哭媒人、哭自己。哭的形式是以歌代哭，以哭伴歌。歌词有传统模式的，也有即兴创作的。

哭嫁的高潮是在新娘出嫁的日子。在出嫁的前一天，亲朋乡邻都会前来祝贺和哭别。新娘家要邀请新娘九位最好的未婚女伴，来陪着新娘哭，故又叫"十姊妹会"。十姐妹聚齐后，新娘家将两张八仙桌拼在一起，摆在堂屋中间，比新娘年长的坐上方，与新娘年龄一般大的姑娘坐两旁，新娘坐在姑娘们中间。九位姑娘陪新娘哭，哭的内容主要是叙述姐妹友情，也有鼓励、劝慰的话语。

湖南湘西的《哭嫁歌》被赞为"中国式咏叹调"。经过多次整理，《哭嫁歌》这部民间长诗大体上分为哭爹娘、哭哥嫂、别姊妹、哭媒人、哭嫁妆、哭辞祖宗、哭上轿等十几个部分，长达数千行。哭嫁的语句寓意丰富情感深厚，哭法既非号哭，又非低泣，而是一种演奏式的哭唱，并且会从慢到快地重复。《哭嫁歌》的音乐结构属于"联曲体"结构，是一个较长的乐段的多次反复。在反复哭泣歌唱的过程中，由于唱词变化，旋律也随之略有变化，但旋律的基音及终止音保持不变，每句旋律均由高音级进下降，且旋律中装饰音运用较多，在句尾时常加进呜咽与抽泣声，以表现妇女悲痛压抑的情绪。

《哭嫁歌》的音乐形成固定曲牌，哭唱词形成固定篇章，内容极为丰富，语言精练质朴，五字句、七字句结构较多，押韵上口，通俗明快，易于传唱。《哭嫁歌》内容丰富，篇幅浩繁，主要包括《哭开声》《哭爹娘》《哭哥嫂》《别姊妹》《骂媒人》《哭开脸》《哭梳头》《哭戴花》《哭穿露水衣》《哭离娘席》《哭辞祖宗》和尾声《哭上轿》。此外，《哭嫁歌》还包括《哭木匠》《哭八仙》《哭十二月花》《哭十杯酒》等礼节性的内容。从语言应用上来说，早期哭嫁歌用土家语哭唱，语言直白、句式自由、长短不一、不求韵律。但在汉文化的影响下，土家语哭嫁歌逐渐被汉语取代，句式工整，多为七言，语言如诗。从艺术风格上来说，哭嫁歌语言朴素，形象生动，意境清新，声韵和谐。在表现手法上，哭嫁歌采用了比兴、比拟、夸张、联想、排比、谐音双关等修辞手法。

土家族的哭嫁分为真哭和假哭。如果婚姻不称心，新娘不情愿，哭声很悲伤，是真哭，是对不合理的婚姻的哀怨和控诉；如果新娘心里高兴，对婚姻满意，那哭声就平平，是假哭。有的新娘在上轿时哭不出来，娘家人就会觉得很难堪，并劝新娘哭，送新娘的嫂辈们也会半开玩笑地说："哭两声吧，嘴里哭，心里愿，不哭两声不好看！"

哭嫁，不仅出嫁姑娘个人哭，而且母女同哭，伴嫁姑娘同哭、对哭。你哭一声，我哭一句，泪流满面，哭成一团。哭嫁的歌词内容有很多，有时哭祖宗之德、爹娘之恩、姐妹之谊、兄嫂之贤、故土之情等，有时也骂媒人。陪哭多是难分难舍的缠绵之词。音律多用七字八句的顺口溜，如"爹娘恩德比天地，哺育教养心操碎，树欲静而风不息，恩德未报就别离。远望故里盼归期，归来又能住几时？门前小河长流水，女儿眼泪长长滴。"

湖南其他地区也有哭嫁的婚礼习俗，而且名称各异，如郴州市的嘉禾县称"坐歌堂""伴嫁歌"，桂阳县叫"唱娘娘"，苏仙区谓"坐花园"，汝城县叫"哭喂喂"。哭嫁歌曲调淳朴简洁，旋律优美动听，歌词随意而编，节奏感很强。演唱时无乐器伴奏，演唱形式有独唱、齐唱、对唱、轮唱、边说边唱、边舞边唱、哭唱、骂唱等。

哭嫁是新娘临嫁前以唱哭嫁歌为形式，抒发内心情怀，发泄哀怨悲愤或难舍难分之情的婚俗。湖南人用哭声庆贺欢乐的出嫁，用歌舞祭祀死去的亲人。哭，不再是反抗与号哭；哭，是对未来美好生活的期盼；哭，是幸福的开始。

结　语

湖湘文化是博大精深的地域文化，既兼容并蓄又与时俱进，为传统文化注入了新的活力，展现了其时代魅力。即便是古老的文化元素，也能以时尚的方式重新呈现。时尚潮流与传统文化的结合，在湖南也体现得淋漓尽致。在常德河街，你可以赴一场别致的围炉煮茶之约，在古风雅致的环境中品味香茶；在渔人码头，你可以与朋友围坐一桌，享受酣畅淋漓的烧烤；在街头巷尾，你可以捧一杯本土特色网红奶茶，感受中式古典之美……

"一方山水养育一方人。"在潇湘大地上、在三湘四水间、在柴米油盐的平常岁月里、在婚丧嫁娶的特殊时刻，湖南人形成了丰富多彩、风情百态的生活习惯、风俗人情。这些深入骨髓的风俗不仅诠释了湖南人的日常生活，更是对湖南人生活方式的深刻解读和湖湘文化最鲜活、最生动的体现。

🔊 拓展阅读

湖南民俗的主要特征

湖南民俗，根植于长江流域文化圈，兼具区域统一性与地域差异性。历史上，湖南为少数民族聚居地，历经蚩尤、三苗等部族，至楚人入湘逐步融合形成多元民族风貌。少数民族习俗，尤其是苗、侗、瑶、土家等族文化，成为湖南民俗的鲜明特色。同时，地域差异显著，东汉《方言》已载东部与西部文化之别。

楚文化对湖南民俗影响深远。楚人崇巫，与南方尚鬼神之俗相融，形成湖南"信鬼神，好淫祠"的特色，且楚巫文化富含人情味，如屈原笔下的湘君、湘夫人等，皆具人的情感。湖南的傩戏、目连戏等，既娱神又娱人，体现了神与人的紧密联系。

楚人的武士气质与尚武精神，深深烙印在湖南人心中。"楚虽三户，亡秦必楚"的壮志，激励着无数湖湘儿女。从屈原的牺牲精神，到近代史上的革命英烈，湖南人始终保持着一种慷慨悲歌、勇于担当的精神风貌，展现了与屈原相似的价值观与家国情怀。

主要参考文献

[1]赵玉燕，吴曙光.湖南民俗文化[M].长沙：湖南师范大学出版社，2010.
[2]湖南省文史馆.湖湘文史丛谈[M].长沙：湖南大学出版社，2008.

（执笔：谭文辉）

湘菜湘味：味飨天下，席卷潇湘

潇湘自古便是山水相映、物产丰茂、文化灿烂的宝地。这片神奇的土地孕育了一种别具一格的烹饪艺术——湘菜。湘菜作为中国八大菜系之一，源远流长，其历史可追溯至汉朝。它不仅代表着湖南地区的独特风味，更承载着当地深厚的饮食文化传统。经过千年的发展和演变，湘菜以其鲜明的特色和丰富的口味，成为中华美食宝库中的璀璨明珠。

湘菜的烹饪风格深受湘江流域、洞庭湖区和湘西山区等地方风味影响，以制作精细、用料广泛、品种丰富而著称，其独特的香、酸、辣风味吸引了无数饕餮之徒。它不仅是一种味觉的享受，更是一种文化的传承。每一道湘菜都如同一幅生动的画卷，将湖南的山水、风情、历史与文化巧妙地融合在一起。湘菜承载了湖南的饮食文化，融入了湖南人民的精神风貌。其独特的香辣口感，恰如湖南人民的直爽与热情；每一道菜的细致烹饪，亦展现了湖南人精益求精的生活态度。品尝湘菜，不仅是一次味觉的享受，更是一次文化的体验。

湖湘奇人与湘菜渊源

他出身官宦之家，一生充满传奇。其父谭钟麟为进士，曾任陕西巡抚和陕甘、闽浙、两广总督等职，是晚清著名的美食家，也是将粤派海鲜引入湘菜的第一人。他少时聪颖好学，被光绪帝师翁同龢称为"奇才"。他参加清末最后一次科举考试，中试第一名贡士，即会元。他原本是中国历史上最后一个状元，只因慈禧太后不满意，到手的状元送给了别人。但他填补了湖南在清代200余年无会元的空白，与陈三立、谭嗣同并称"湖湘三公子"。

他是民国四大书法家之首，素有"南谭北于"之誉和"近代颜书大家"之称。其楷书点如坠石，画如夏云，钩如屈金，戈如发弩，起笔沉着稳重、顿挫有力，使人感到貌丰骨劲，味厚神藏，一洗清初书坛姿媚之态。其行书功力深厚，变化灵巧，有大气磅礴之势。黄埔军校的校名"陆军军官学校"便是由其书写的。

他是民国时期著名的政治家。他积极推行立宪，成为立宪派首领。他先后两次加入国民党，曾任两广督军、湖南省省长兼督军、南京国民政府主席、行政院院长等要职。去世后，民国政府为其举行国葬。他还是蒋介石和宋美龄结婚的介绍人，却抱定一不负责、二不谏言、三不得罪人的"三不主义"对付蒋介石的独裁。

他精于美食，是组庵湘菜的创始人。在国民政府任职期间，他唯一的嗜好便是下馆子。他吃遍南京所有有名的饭店，成了著名的美食家。组庵湘菜由他及其家厨创立，并且以"原材料选取精良、刀工处理精细、烹制技艺精湛、味道调和精准"的美食理念赢得了人们的青睐，被称为"湘菜之源"。

他就是谭延闿。所有的光环和荣耀都随风而逝，所有的往事和风尘都烟消云散，留在当下的唯有湘菜。

谭延闿及其家厨创立的"组庵湘菜"是湘菜的著名系列和官府菜的重要组成部分。其代表名菜有组庵鱼翅和组庵豆腐。组庵鱼翅用料讲究，制作独特。组庵鱼翅需选脊翅，去粗取精；另用母鸡一只，猪前肘一个，虾仁、干贝、香菇等佐料适量备用。母鸡、猪肘同时用中火烧开，小火煨好取汤。鱼翅胀发后用畜汤蒸制，再加入虾仁、干贝、香菇等佐料煨烂，味道醇厚，口感糯软，营养丰富，为菜中珍品。

湘菜传承湘味

湘菜，又叫湖南菜。湘菜成为流行菜系，早在西周就埋下了伏笔。《国风·召南·采蘋》曰："于以湘之，维锜及釜。"这里的"湘"是"烹煮"的意思，指的是通过目测汤水的颜色判断鱼或肉煮熟的程度。早期北方的游牧民族擅长烧烤，食物很少水煮；南方的稻作文化则离不开水煮，"湘"的烹调技术是由"湘"人北迁带过去的。屈原在《招魂》里如此描写湘菜："……肥牛之腱，臑若芳些。和酸若苦，陈吴羹些。胹鳖炮羔，有柘浆些。鹄酸臇凫，煎鸿鸧些。露鸡臛蠵，厉而不爽些。"其意思是肥牛的蹄筋是佳肴，炖得酥烂扑鼻香。调和好酸味和苦味，端上有名的吴国汤。清炖甲鱼烤山羊，蘸上新鲜的蔗糖浆。醋熘天鹅煲野鸭，大雁小鸽滚油炸。卤鸡配上龟肉汤，味道浓烈胃不伤……不难发现，这些菜肴的食材如甲鱼、野鸭、天鹅等均出自洞庭湖区。特别有意思的是，诗中还提到了"粔籹蜜饵"，翻译成现代文即"糖油粑粑"。

　　官府湘菜以组庵湘菜为代表，如组庵鱼翅、组庵豆腐等。民间湘菜的代表菜品有辣椒炒肉、剁椒鱼头、红烧肉、湘西外婆菜、吉首酸肉、牛肉粉、郴州鱼粉、东安鸡、金鱼戏莲、永州血鸭、腊味合蒸、姊妹团子、宁乡口味蛇、岳阳姜辣蛇等。近现代，湘菜已发展至4000多个品种、300多款名菜。

　　湘菜到底是什么味道呢？湘菜是辣味，是腊味，是臭味，是苦味，是融合的味道。

　　湖南有一怪：没有辣椒不成菜。湖南人吃辣椒的花样繁多：将大红椒用密封的酸坛泡，辣中有酸，谓之"酸辣"；将红辣、花椒、大蒜一起搅拌，谓之"麻辣"；将大红辣椒剁碎，腌在密封坛内，辣中带咸，谓之"咸辣"；将红辣椒碾碎，加蒜籽、香豉，泡入茶油，香味浓烈，谓之"油辣"；将大红辣椒烧烤，然后撕掉薄皮，用芝麻油、酱油凉拌，辣中带甜，谓之"鲜辣"；将大红辣椒剁碎，拌和大米干粉，腌在密封坛内，食用时可干炒、可搅糊，谓之"鲊辣"。此外，湖南人还用干、鲜辣椒做烹饪配料，吃法更是多种多样。尤其是湘西的苗乡侗寨，每逢客至，总要用干辣椒炖肉来招待贵客。劝客时，当地人总是殷勤地再三请吃"辣椒"，而不是请吃"肉"，可见其嗜辣之甚。

　　湘菜中最常见、最具代表性的两道菜品是辣椒炒肉和剁椒鱼头。辣椒炒肉是湘菜里的一道特色菜，是超级下饭的家常菜，也是湘菜馆里点单率最高的一道菜，具有肥而不腻、香辣鲜的特点。辣椒炒肉讲究色香味俱全。色即辣椒鲜绿、肉片鲜艳润泽；香即椒香浓郁、酱香扑鼻；味即辣椒鲜香、肉质咸鲜，并且肉皮炸过后很有嚼头，肥瘦相间的肉嚼起来油香四溢。辣椒炒肉乡土气息浓厚、物美价廉且极为下饭，是老百姓最爱的家常菜。

　　楚人重鱼，爱食鱼首，取雄鱼之肥硕者为佳。剁椒鱼头又称"红运当头"，是湘菜中的头牌菜。火辣辣的红剁椒覆盖着白嫩嫩的鱼头肉，冒着热腾腾的清香。湘菜香辣的诱惑在剁椒鱼头上得到了完美体现。蒸制的方法让鱼头的鲜香被尽数保留在鱼肉之内，剁椒的味道也恰到好处地渗入鱼肉当中。鱼头糯软，肥而不腻，咸鲜微辣，细嫩晶莹，入口带着一股温文尔雅的感觉。

　　腊味里头有江湖。湖南腊味从汉朝起便开始用于制作各种美食，而腊味合蒸是从清代开始在湖南流行的。每到年关，湖南各地农村的灶头上就挂满了腊味。湖南有腊味六绝，它是腊肉、腊鸡、腊鱼、腊鸭等各种腌制肉食的总称。如果不吃腊味，就不算是过年。立冬前后，家家户户宰猪宰鸭，杀鸡杀鹅。这些肉先用盐细细地腌，然后用绳子系起晾在外面。鱼要腌制三天，

肉要腌制一个礼拜。腌好晾干后，这些肉要继续熏制，直到被熏得金黄。

湖南臭味最集中的地方就在长沙的火宫殿。火宫殿被公认为"湘菜首府"，它过去是一座祭祀火神的庙宇，又名"乾元宫"，始建于清乾隆十二年（1747 年），距今已有 270 多年的历史。火宫殿可与北京的天桥、上海的城隍庙、南京的夫子庙相媲美，是长沙乃至湖南集民俗文化、宗教文化、饮食文化于一体的具有代表性的大众场所，特别是其风味小吃享誉三湘。两个多世纪的品牌、一代伟人毛泽东的光临，更使火宫殿名扬四海。

火宫殿最有名气的特色小吃是臭豆腐。清同治年间，长沙府湘阴县城一家姜姓豆腐店因一缸酱腌豆腐干久置而偶创油炸臭豆腐，并在县城卖得红火。清光绪年间，姜家把臭豆腐搬进长沙火宫殿。从此，臭豆腐成了火宫殿的名片，火宫殿成了湘菜的名片。1958 年 4 月 12 日，毛泽东视察火宫殿，他一边品尝臭豆腐一边说："火宫殿的臭豆腐闻起来臭，吃起来香。"毛泽东的这句话让火宫殿"臭"名远播。毛氏红烧肉是人们到火宫殿后必吃的一道菜。毛氏红烧肉色泽红润，肥而不腻，咸香味鲜，微甜可口。湖南夏季消夜首选是口味虾。口味虾又叫麻辣小龙虾、香辣小龙虾，近年来风靡一时。小龙虾口味鲜香，色泽红亮，质地滑嫩，滋味香辣。有一首长沙童谣流传至今："进门火宫殿，出门钱圆工。""钱圆工"在长沙方言里与"乾元宫"同音，这首童谣的意思是人们进了火宫殿，为了饱口福，钱已被花光。这充分说明火宫殿的特色小吃极其地道与美味。

湖南人爱吃苦味，其渊源可追溯到先秦。《楚辞·招魂》中有"大苦咸酸，辛甘行些"的诗句。"大苦"，据说就是豆豉。它是一种由豆类加工而成的调味品，至今已有2000多年的历史。现在，湖南人还有吃豆豉的习惯，如地方名优特产浏阳豆豉。苦瓜、苦荞麦也都是湖南人喜爱的食物。湘俗嗜苦不仅有其历史渊源，而且有其地方特色。湖南地处亚热带，暑热时间较长。中国传统医学解释暑的含义是天气主热，地气主湿，湿热交蒸谓之暑；人在气交之中，感而为病，则为暑病。苦能泻火，苦能燥湿，苦能健胃，所以适当地吃些带苦味的食物，有助于清热、除湿、和胃，于身体保健大有益处。

融合各种味道的是湖南米粉。米粉对于湖南人来说是居家旅行必备良品。湖南人直接用一个字"粉"指代米粉。"吃米粉"用地道的湖南方言讲是"嗦碗粉"。早上起来饿了，湖南人就去嗦碗粉；上班累了困了，湖南人就去嗦碗粉；感到迷茫困惑了，湖南人就去嗦碗粉。米粉超越填饱肚子的功能属性，成了湖南人的一种生活习惯。湖南米粉最美味的时刻，是外地求学、工作的游子漂泊回来，下火车或飞机后，拖着行李直奔相熟的粉铺，酣畅淋漓地嗦上一碗米粉，那叫一个"韵味、熨帖"！吃完在朋友圈晒上一张米粉的照片，家乡的老友们就知道你回家了。在外漂泊的胃，也随着碗里最后一滴汤落肚而一起着陆了。对于嗜粉如命的湖南人来说，湖南米粉当属天下第一美味，更是乡愁唯一的解药。

喝着湘江水、吃着洞庭米长大的湖湘人是"天然行走的辣椒收割机"，而且身上也自带"泼辣直爽"的属性，就像湖南米粉一样，柔中有韧劲，又如小火慢熬的汤，熬得住岁月的苦与难。

湘菜承载文化

一个菜系的形成与其悠久的历史传统、独到的烹饪特色密不可分，同时也受到自然地理、气候条件、资源特产、饮食习惯等影响。采用拟人的方法，可以将八大菜系描绘为：苏菜、浙菜好比清秀素丽的江南美女；鲁菜、皖菜犹如古拙朴实的北方健汉；粤菜、闽菜宛如风流典雅的公子；川菜、湘菜则像内涵丰富、才艺满身的名士。

湘菜的特点很鲜明。一是刀工精妙、形味兼美。湘菜的基本刀法有十六种之多，组合运用，演化掺合，可使菜肴千姿百态、变化无穷。二是长于调味，以酸辣著称。湘菜调味的特色是酸辣。"酸"是酸泡菜之酸，比醋更加醇厚柔和。辣则与地理位置有关。湖南大部分地区地势较低，气候温暖潮湿，古称"卑湿之地"。辣椒有提热、开胃、祛湿、祛风之效，故深为湖南人民所喜爱，形成了地区性的、具有鲜明味感的饮食习俗。三是技法多样，尤重煨。湘菜早在西汉初期就有羹、炙、脍、濯、熬、腊、濡、脯、菹等多种技艺，经过长期的发展变化，现代湘菜更精湛的技艺则是煨。煨，在色泽变化上可分为红煨、白煨，在调味方面有清汤煨、浓汤煨和奶汤煨。小火慢炖，原汁原味。有的菜晶莹醇厚，有的菜汁纯滋养，有的菜软糯浓郁，有的菜酥烂鲜香，许多煨出来的菜肴成为湘菜中的名馔佳品。"组庵鱼翅"晶莹醇厚，"洞庭金龟"汁纯滋养，均为湘菜中的佼佼者。

湖南绝大部分地区种植水稻，人们日常以大米为主食。无论是在城市还是在乡村，人们一般都是一日食三餐。一年之内，人们最看重春节前后的饮食，家家户户都要根据季节时令来制作一些腌菜、干菜、泡菜、酢菜、腊菜。每逢客至，这些菜总要被端上桌来显示主妇的手艺和持家能力。

湖南地处长江中游，西、南、东三面环山，北向敞开至洞庭湖平原，是一个马蹄形的盆地。纵观湖南的地势地貌，湘北多为湖区，湘西、湘南多为山区，湘中则为典型的丘陵地带。这种地域上的独特与差异导致了湖南饮食风俗的多样性，形成了以湘江流域、洞庭湖区和湘西山区等三种地方风味为主的湖南菜系。

湘江流域以长沙、衡阳、湘潭为中心，是湖南菜系的主要代表地区。湘江流域的湘菜制作精细，用料广泛，口味多样，品种繁多。其特点是油重色浓，讲求实惠，口感上注重酸辣、香鲜、软嫩。制法有煨、炖、腊、蒸、炒等。煨、炖讲究微火烹调，煨则味透汁浓，炖则汤清如镜。腊味制法包括烟熏、卤制、叉烧。腊味既作冷盘，又可热炒，还可用优质原汤蒸。若炒则突出鲜、嫩、香、辣。代表菜有海参盆蒸、腊味合蒸、走油豆豉扣肉、麻辣仔鸡等。

洞庭湖区的湘菜以烹制河鲜、家禽和家畜见长，多用炖、烧、蒸、腊的制法。炖菜常用火锅上桌，民间则用蒸钵置泥炉上炖煮，俗称蒸钵、炉子。人们往往是边煮边吃边下料，食物滚热鲜嫩，当地有"不愿进朝当驸马，只要蒸钵炉子咕咕嘎"的民谣。代表菜有洞庭金龟、洞庭鲑鱼、蝴蝶飘海、冰糖湘莲等。

湘西山区擅长制作山珍野味和烟熏腊肉等各种腌肉，口味侧重咸香酸辣，常以柴炭做燃料，有浓厚的山乡风味。代表菜有红烧寒菌、板栗烧菜心、湘西酸肉、炒血鸭等。

《楚辞·招魂》记载："大苦咸酸，辛甘行些。"湘人以辛开胃、祛寒已有两千余年的历史。明末清初，辣椒入湘，"无椒芥不下箸，嗜椒三百年"。不分男女老幼，湖南人普遍嗜辣。无论是平日的三餐，还是餐厅酒家的宴会，或是三朋四友的小酌，总得有一两样辣椒菜。

湖南地卑天湿，加之夏天酷暑湿热、春天阴雨寡照，故阴湿之气郁积长盛。辣椒性辛味辣，生活在湖湘热土上的人们正需要辣椒的刚猛热烈来化毒解瘴、祛湿开郁。辣椒有御寒、祛风湿的功效；加之湖南人终年以米饭为主食，食用辣椒可以直接刺激唾液分泌，提振食欲。"辣味烈性一相逢，便胜却人间无数。"辣椒种子在西南、西北和东南地区广泛传播后，开始正式落脚在湖南这片肥沃而湿润的土地上，并立即生根、开花、结果，繁衍扩张，赢得了这片土地上人民的喜爱。作为一种西来的洋货，辣椒在湖南非但没有被排斥，反而得到了特别的礼遇，碰撞出激情的火花。

在中国，湖南是最早把辣椒作为主要蔬菜食用的地方。湖南最早记载辣椒的文献是康熙二年（1663年）《武冈州志·物产志》"蔬之属"中所列的"椒"。康熙二十三年（1684年），《宝庆府志》《邵阳县志》均在"蔬之属"中记载有"海椒"二字。

在湖湘，辣椒似乎是天赐的宝物，湘人则更是坚定的辣椒主义者。从辣椒强势入湘开始，湘人便着力打造，将其作用发挥得淋漓尽致。从屋檐上挂着的串串红椒到热油翻滚的鲜辣干锅，辣椒在湖湘土地上得到了蓬勃发展，并与湖湘文化不断融合，最终演变成一种生生不息的精神命脉，滋育出独特的文化生命力。湖南人爱食辣与地理、气候有关，也与经济、流通有关，更有精神文化方面的原因。"吾湘变，则中国变；吾湘存，则中国存。""若道中华国果亡，除非湖南人尽死。"湖南仁人志士以天下为己任的使命感，在中国各省份中极为突出。明初和清初两次大规模移民，对湖南人的性格和民风影响甚大。两次大移民都是由于战乱，湖南人口锐减，十室九空，大批外地人迁入湖南，这种人口的重新组合使湖南出现了新民风。新移民的开拓进取精神，汉族与苗族等少数民族的融合，使湖南人逐渐形成了反抗坚忍、敢做敢当、忍耐刻苦、骁勇强悍的气质，并且常被人称为"骡子""蛮子"。这种人文特征与辣椒的精神内质相通，因而辣椒与人一拍即合。湖南人借辣椒的冲劲来抒情、寄意、壮怀。

湖南湿润多雨，土壤非常适宜辣椒生长。辣椒本身具有驱寒祛湿的功效，而且能增进食欲。湖南人嗜辣如命，有一句话叫"江西人不怕辣，四川人辣不怕，湖南人怕不辣"。湖南沉浸在山情诗意之中，山的厚实壮阔练就了湘人刚强的个性和里外如一的骡子脾气；水的纤细柔美使湘女多情；而大自然的熏息，"大块假我以文章"，更使得湖南文风兴盛。湖南人武可动枪杆，文可握笔杆，文武兼备，刚柔并济，一如地理环境坐拥巨峰大湖的非凡气势。湖南人具有热忱、豪爽的本质，自晚清至民国人才济济，代有豪贤，在中国历史上具有举足轻重的地位，他们的饮食嗜好及其影响也使湘菜传播到全国。

湖南的饮食风俗和湖湘文化有着密切的联系。在湖南，"吃"具有丰富独特的社会意义。在婚丧嫁娶时，人们总是以吃作为重要内容。结婚被称为"吃喜酒"；死了人，俗称"吃豆腐"；添了人口，一定要吃"满月"；过生日，则要吃荷包蛋，吃"寿面"。"吃"也是重要的社交手段，朋友、熟人见面，第一句问候常常是"吃饭了吗"。

湘菜以香鲜辛辣风味为主，这是养生的优选方式之一，也是饮食养生文化的一种体现。一方面，由于湖南的地势地貌，加上它处于孟加拉湾暖湿气流与太平洋暖湿气流相拮抗之地，年降水量达 1300—1800 毫米之多，而且大小河流密布成水网，下泄又常遭洞庭湖水顶托，内涝频发，这里自古就被称为"卑湿之地"，生活在这里的人们常受寒暑内蕴之侵而易致湿郁。于是，发汗、祛湿、开郁的辛辣菜肴就成了必然的选择，嗜辣之习甚于巴蜀。另一方面，热辣寒酸，开放的辣与收敛的酸相互制约又相互协调，使三湘人民获得了养生保健的呵护，得以在这片独特的土地上休养生息。这就是湘菜风味的科学阐释，是湖南烹饪文化的内涵，是味觉艺术和食养科学的辩证统一。

结 语

湘菜，这一源远流长、博大精深的湖南美食，在中国饮食文化的丰富宝库中独树一帜，闪耀着独特的光芒。它以鲜明的香辣、酸辣口味，引领着食客走进一个风味独特的美食世界，并且成了中华美食文化的重要组成部分。

湘菜不仅是一种美食，更是一种文化的传承和展现。它承载着湖南深厚的历史文化底蕴，体现了湖南人民的智慧和创造力。在湘菜的烹饪过程中，我们可以看到湖南人民对于食材的敬畏与尊重，对于烹饪技艺的精湛掌握，以及对于美食文化的热爱与追求。

在这个全球化的时代，湘菜已经走出湖南，走向世界。它以独特的口味和丰富的文化内涵，征服了无数国内外食客的味蕾。品尝湘菜，不仅是一次味蕾的盛宴，更是一次深入了解湖南文化、历史和民情的旅程。它让我们感受到湖南人民的热情与豪爽，也让我们更加珍视中华美食文化这一瑰宝。

🔊 拓展阅读

湖南名菜

剁椒鱼头：湘菜标志，鱼头与特制剁椒的完美融合，香辣扑鼻，鲜嫩无比，展现了湖南人对食材的精挑细选与烹饪技艺的高超。

辣椒炒肉：以猪肉和辣椒为主要食材，通过大火快炒，使肉质鲜嫩多汁，辣椒香辣可口，是湘菜中的经典家常菜，体现了湘菜追求原汁原味、重视食材本味的烹饪理念，非常下饭。

麻辣仔鸡：源自清末长沙，外焦里嫩，麻辣鲜香，每一口都是对味蕾的极致诱惑，体现了湖南烹饪技艺的精湛与对食材的深刻理解。

腊味合蒸：传统节日必备，腊肉、腊肠、腊鱼等腊味交融，味道醇厚，承载着湖南人对节日的深情与回忆。

毛氏红烧肉：因毛主席喜爱而得名，五花肉酥软入味，色泽红亮，甜中带咸，是对伟大领袖的敬仰与怀念。

东安仔鸡：酸辣适中，鸡肉鲜嫩，曾作为国宴菜招待外宾，彰显了湘菜的国际影响力。

口味虾：夜宵首选，小龙虾麻辣鲜香，肉质鲜嫩，已成为湖南夜宵文化的代表。

湘西外婆菜：家常风味，多种蔬菜混合炒制，酸辣可口，口感丰富，满载着对家乡的深情厚谊。

永州血鸭：香辣咸鲜，鸭血与鸭肉完美结合，永州地区的特色美味，烹饪技艺独特。

常德酱板鸭：酱香浓郁，肉质紧实有嚼劲，常德美食名片，体现了地方特色与当地人的匠心独运。

排楼汤圆：衡阳地区的节日大菜，糯米粉与特制馅料相得益彰，香甜鲜美，承载着对传统节日的深厚情感。

组庵鱼翅：以鱼翅为主料，搭配多种珍贵食材和调料，精心烹制。口感滑嫩鲜美无比，是一道极具营养价值的佳肴，在湘菜中地位极高。

主要参考文献

[1]赵玉燕，吴曙光.湖南民俗文化[M].长沙：湖南师范大学出版社，2010.

[2]章海斌.最受欢迎的湘菜100道[M].北京：中国纺织出版社，2011.

[3]湖南省文史馆.湖湘文史丛谈[M].长沙：湖南大学出版社，2008.

（执笔：谭文辉）

湘茶文化：茶马古道，香飘四海

　　湖南，这片坐落于长江中游、洞庭湖南岸的神奇土地，以其山地丘陵为主的地貌，孕育出了丰富的茶叶资源。茶叶的绿意蔓延至这里的每一寸土壤，种植面积与产量均在全国占据重要席位，湖南也因此被赞誉为"茶乡"。黑茶、绿茶、红茶、黄茶等四大品类如同四色绸带，编织出湖南茶叶的绚丽画卷。

　　而更为深远的，是湖南那源远流长的茶文化。它的历史可以追溯到远古的神农氏时期，早在那时湖南便与茶结下了不解之缘。在两千多年前的西汉初期，湖南已成为我国人工栽培茶树的重要发源地之一。在唐代，湖南的贡茶年产量高达 12 万担，并且这里还是茶具艺术的摇篮。

　　湘茶不仅是一种饮品，更是一种文化的载体、一种历史的见证。它融入湖南人的日常礼仪和习俗之中，成为湖湘文化不可或缺的一部分。湘茶文化就像一条蜿蜒曲折的万里茶路，穿越时空的尘埃，将湖南的茶香飘洒至九州大地。在这条路上，每一片茶叶都承载着湖南人民的勤劳与智慧，每一缕茶香都诉说着湖南茶文化的辉煌与传承。

源远流长的湘茶

　　茶，"源于神农，不种自生"。湖南茶史悠久，底蕴深厚，源远流长，是中华茶文化的发祥地。湖南茶文化作为湖湘文化的重要载体，折射出湘人自古就有着吃苦耐劳的精神。茶圣陆羽在《茶经》中指出："茶之为饮，发乎神农氏，闻于鲁周公。"茶文化之源是远古时代的炎帝神农氏神话。炎帝神农氏被尊为中华民族的始祖之一，他南巡湖湘大地，倡农耕，尝百草，日遇七十二毒，得茶(荼)解毒。湖南是神农氏的主要活动区域。最后，他因误食断肠草，崩葬于长沙茶乡之尾。茶乡，即今之湖南炎陵县(原属茶陵县)。秦汉时期，该县属长沙郡。据瑶学专家考证，位于湘鄂边境的龙窖山就是瑶族先民居住过的千家峒。相传，秦灭楚后，生活在鄂西和江汉之滨的瑶族先民因天灾人祸，举族南迁至龙窖山，在此定居并广种茶树，开创了中国植茶的先河。1972 年，长沙马王堆西汉古墓出土了一幅绢帛绘画及一些茶叶陪葬品，专家考证其为《敬茶仕女图》。1954 年，长沙魏家大院第四号汉墓出土了一枚石质官印，上书"茶陵"二字，证实当时有以茶命名的茶陵县。以上这些文物也说明湖南在西汉时期茶事繁荣。

湖南名茶量多质优，历代都有名茶，而且因为种茶的地域范围广、品种多，所以地域名茶也很多，几乎各地都有名茶。晋代名茶有武陵山茶，唐代名茶有石廪茶、永州茶、潭州茶（阳团茶、渠江薄片茶）、石楠茶等，宋代名茶有石楠茶、大方茶、小方茶、大巴陵茶、小巴陵茶等，清代名茶有九嶷山茶、君山茶、千两茶、茯砖茶、安化茶（包括天尖茶、贡尖茶）、辰州茶、湘潭茶等。现代湖南名茶更多，绿茶类有古丈毛尖、金井毛尖、南岳云雾茶、石门银峰、沅陵碣滩茶、狗脑贡茶、郴州米茶等；黑茶类有湖南黑茶、安化千两茶、茯砖茶等；红茶类有工夫红茶、红碎茶、OP 红茶等，且以安化红茶为代表；其他类有城步虫茶等。

茶马互市　以茶御番

湖南是"茶马交易"中茶叶的主要产地之一。历经千年之久的"茶马交易"，从唐代开始，至清朝（1735 年）结束。政府设有专门的管理机构如"榷茶司""茶马司"等，对茶马交易进行管理和控制。茶马司的职责是"掌榷茶之利，以佐邦用；凡市马于四夷，率以茶易之。"北宋时期，战事频繁，战马紧缺，北宋朝廷要在西北地区买马，银子支付行不通，唯有茶叶可以换马。为了保护"茶马交易"，政府制定了专买专卖的茶马交易制度，茶商要先向政府纳税，再领取引票，然后持引票到安化收购和加工安化黑茶、红茶，最后将茶叶远销西北。

朝廷还专门派军队先到安化保护茶叶收购、加工，再将茶叶押运至西北换成战马。直至清雍正十三年（1735 年），官营茶马交易制度才被废止。这种实施茶马政策的军队，史称"茶马军"，这在世界上是绝无仅有的。随着安化茶叶贸易的扩大，为保证茶叶的安全，安化曾招募 1000 余名茶马军，在官道龙塘寨口设隘守卡，防止流匪劫茶。安化茶叶在历史上为稳定西北地区和维护各朝经济、政治及军事的强盛起到了重要作用。

左宗棠为湘茶边销作出了杰出的贡献。明清时期，安化黑茶要先运抵陕西泾阳压制成茯砖，再转运至甘肃、新疆等地区。但在清咸丰、同治年间，陕甘回民掀起了抗清斗争，战乱长达 10 余年，致使经营黑茶官茶的陕、甘、晋商逃散，安化黑茶的引茶运销也几乎停顿，仅由私人少量运出。战事平定后，茶商持茶引至湖南安化采购，将茶叶运至兰州。但是，此时黑茶的运销量比咸丰时期少三四万担。左宗棠看到茶引制改革的迫切性，便援引老朋友，也就是老东家——原两江总督陶澍在官盐经营上发放盐票的办法，想在茶叶经营管理中实行茶票制。于是，左宗棠上书奏称："今拟仿淮盐之例，以票代引。"朝廷奏准后，于同治十二年（1873 年）"改引为票，增设南柜"。

当时茶票发放的具体办法一是把茶商以前所欠的茶税全部免掉，而且不准再乱收其他杂费。二是不分省域定额，经营者都可以领票，不论多少。凡是在陕西与甘肃两省经营的茶商，一律要在领票时把税缴上。一时缺钱的，可以在当地找担保。三是还税按所得税缴纳，杂课按营业税缴纳。内销的茶叶，一引（票）缴纳白银一两，至多不超过二两；出口的茶叶，则要加一倍银两缴纳。

左宗棠为了鼓励茶商运茶，与湖南巡抚协商，凡是领有陕甘茶课的茶商，运茶过境只缴纳税额的 20%，其余的 80% 由陕甘负责补贴。

1873 年，清朝试发放 835 张茶票，没想到竟被茶商一抢而空；1875 年，清朝又发放了 1462 张茶票。茶商领票后，直接到湖南安化等产地贩茶，从水路或陆路将茶叶运到位于西安西北的泾阳，在泾阳又将茶叶压制成泾阳砖，再包装成封，然后运到兰州，销往西北民族地区。左宗棠这一茶事制度的变革，始于 1873 年，废于 1942 年，历经 60 余年，极大地促进了安化黑茶的发展，有效地解决了黑茶边销和出口俄国的贸易问题，亦为边茶供销政策的制定奠定了基础。同时，这种票税结合的征税方式对我们当今税收制度的改革也具有一定的借鉴作用。

湘茶为媒 "一带一路"

历史上，湖南茶叶量大质优，绝大部分用于外销。在东西方几百年间的交往之中，以茶作为物质载体的湖湘文化得以在世界范围内友好传播，并成为中国人民与世界人民相知相交、中华文明与世界其他文明交流互鉴的重要媒介，成为人类文明的共同财富，而且在一定程度上规避了文化差异所造成的各种冲突与对立。

根据销售方向的不同，茶叶运销可以分为"茶叶之路""古丝绸之路"和"海上丝绸之路"。说到茶马古道，人们似乎认为就是以云南、四川为起点的两条运茶之路，其实还有一条以湖南安化为起点的茶马古道。安化茶叶的外运，除了部分路程通过资江走水路外，其余路程都是在茶马古道上完成的。

茶叶之路 清代，随着"丝绸之路"的衰弱，我国北方出现了横跨亚欧大陆的中俄"茶叶之路"。晋商以安化黑茶产品中的花卷茶(俗称安化千两茶)、天尖茶、贡尖茶、黑砖茶(陕引)及 1840 年以后制作的安化红茶为主要货物，开辟了一条"安化—晋—恰克图至圣彼得堡(俄)"的贸易之路。它纵贯中国，连接欧亚，可与丝绸之路媲美。史料证明，"茶叶之路"起自湖南，即"晋商万里茶路源起安化"。据史料记载，茶叶之路的具体起点是安化洞市。洞市乡位于安化县江南镇，与新化县大熊山交界。这里曾是安化茶马古道的重要中转站，在明朝至新中国成立后的数百年里，这里商贾云集，店铺如林，仅茶叶商铺就有 30 多家。在岁月的沧桑中，山间古道、青石板街道、各种古老工坊、祠堂传承至今，固守着梅山文化古老的传统，正如窖藏的酒，在绵长的岁月里，酝酿着隽永的芬芳。

古丝绸之路 黑茶是中国古丝绸之路的神秘之茶。安化黑茶产品(以茯茶为主)从安化出发，经汉口、襄樊、陕西泾阳至兰州，被运销到甘肃、青海、西藏、新疆等地和俄罗斯。

电视连续剧《乔家大院》展示了晋商开辟"中俄茶叶之路"的辉煌历史，讴歌了彪炳千秋的中华商魂，可惜错把湘茶作闽茶，引起了知识产权纠纷。最终，《乔家大院》的制作和发行单位被判向湖南某茶厂赔偿，并书面承认《乔家大院》剧情中所贩运之茶是湖南黑茶，非福建武夷山茶。

海上丝绸之路 鸦片战争结束后，广州、上海等五个口岸对外通商，粤茶商来湖南安化等地倡制红茶，从此"红茶日兴"。以湖南红茶和黑茶为主的湘茶经过湘潭、郴州，到达广州，通过海上丝绸之路，畅销英国、法国、俄罗斯、美国等国家。

"一带一路" 2013 年 9 月和 10 月，中国国家主席习近平提出建设"丝绸之路经济带"和"21 世纪海上丝绸之路"的合作倡议，简称"一带一路"。中国依靠与有关国家既有的双多边机制，借助既有的、行之有效的区域合作平台，借用古代丝绸之路的历史符号，高举和平发展的旗帜，积极发展与合作伙伴的经济合作关系，共同打造政治互信、经济融合、文化包容的利益共同体、命运共同体和责任共同体。可以说，"一带一路"是新时代的"丝绸之路""茶叶之路"。湖南茶叶如今借助"一带一路"，再一次走向了全世界。

茶中灵芝　安化黑茶

安化黑茶之所以被称为"茶中灵芝"，主要原因是富含 18 种氨基酸和 450 多种对人体有益的成分，并且内含许多益生菌，尤其是有一种叫"冠突散囊菌"（俗称金花）的微生物有类似于灵芝的功效。安化黑茶特殊的制作工艺会使其自然发酵生成"冠突散囊菌"。

茶叶中的矿质元素主要集中在成熟的叶、茎、梗中，黑茶采制的原料较老，矿质元素含量比其他茶类高。其中，氟对预防龋齿和防治老年骨质疏松有明显疗效；硒能刺激免疫蛋白及抗体的产生，增强人体对疾病的抵抗力，并对治疗冠心病和抑制癌细胞的产生与发展有显著效果。据检测，黑茶中的硒含量可高达 3.8~6.4 mg/kg。因此，黑茶富有保健功效。

中国自古就有"以茶治病"的历史，古代民间采用老茶治疗糖尿病、痢疾、伤风等的记载甚多。资料显示，我国西北少数民族的饮食以大肉大酒为主，却鲜有心脑血管疾病的发生，与他们喝酥油茶（黑茶熬制）有很大关系。专家在对黑茶功能的研究中，证明了黑茶至少有九大养生功效：补充膳食营养；助消化、解油腻、顺肠胃；降脂、减肥、软化人体血管、预防心血管疾病；抗氧化、延缓衰老、延年益寿；抗癌、抗突变；改善糖类代谢，降血糖，防治糖尿病；杀菌、消炎；利尿解毒、降低烟酒毒害。

精益求精　历史悠久

独特的地理位置和地质条件是安化产好茶的必备要素。安化位于湘中偏北地区，即雪峰山脉北段、资水中游，地形地貌多样，各类资源丰富。安化地处亚热带季风气候区，土地肥沃，适宜各种作物生长。境内高山叠嶂，峰峦挺拔，资水横贯县境中部，七十二峰神奇幽秀，四十八水清洌甘香。这里还拥有世界最大、距今六亿多年的冰碛岩层。安化生态保持完好，环境秀美神奇，全县森林覆盖率达 76.17%，是国家级重点生态功能区县。

安化是全国产茶大县，连续五年位居全国重点产茶县前四强，尤其是安化黑茶历史悠久，拥有古朴神韵，源于秦，兴于唐，盛于宋，明清两朝还被定为贡茶。据《明史·茶法》记载，明嘉靖三年（1524 年），御史陈讲疏奏云："商茶低伪，悉征黑茶，产地有限。"这里所指的黑茶是四川绿毛茶经过蒸压而形成的黑茶，它难以满足官茶和商茶的需求，同时也不及湖南安化民间实践中形成的在初制中采用锅炒、沤堆、火焙等工艺产制的黑茶。于是，商人越境至湖南采购黑茶。据《明史·食货志》记载："中茶易马，惟汉中、保宁，而湖南产茶，其值贱，商人率越境私贩。"万历二十三年（1595 年），御史徐侨奏称："汉川茶少而值高，湖南茶多而值下，湖南之行，无妨汉中，汉茶味甘而薄，湖茶味苦，于酥酪为宜。"由于湖茶量多、质好、价廉，吻合朝廷"以茶易马"之愿，在 16 世纪末期，四川黑茶逐步被湖南黑茶取代。1939 年 5 月，湖南试压安化黑茶砖成功，正式组建成立湖南省砖茶厂。1953 年，湖南试制茯砖茶获得成功，茯砖茶移地筑制的历史从此改变。1958 年，黑茶砖机制工艺压制茯砖茶又获成功，结束了几百年来手工筑制茯砖茶的历史。2009 年，安化黑茶成为国家地理标志保护产品。2010 年，它又被认定为中国驰名商标，"安化千两茶"更是被誉为"世界茶王"，其制作技艺也被列入国家非物质文化遗产保护名录。2015 年，"全国安化黑茶产业知名品牌创建示范区"由国家质检总局正式授牌，安化黑茶与古丈毛尖、君山银针、石门银峰和沅陵碣滩茶等五款湖南名茶再次入选百年世博（米兰）中国名茶金奖。2016 年，黑茶提质增效关键技术创新与产业化应用科研项目获国家科技进步奖二等奖。目前，安化已成为全国茶叶税收和茶业科技创新第一县。

新中国成立后到 20 世纪 80 年代，安化黑茶产业得到了全面的规范化发展，实行统购统调，全力保障各民族地区的茶叶供应，产品主销国内七省（自治区），为促进民族大团结作出了卓越贡献。

安化黑茶的产品丰富。安化黑茶根据加工工艺的不同分为"尖系列""砖系列"和"花卷系列"。"尖系列"包括天尖、贡尖、生尖，"砖系列"包括黑砖、茯砖和花砖，"花卷系列"包括千两茶和百两茶。

安化黑茶的特点突出。紧压茶砖面完整、模纹清晰，棱角分明，侧面无裂；散茶条索匀齐、油润。陈茶汤色红亮如琥珀。黑茶带甜酒香或松烟香；陈茶有陈香；茯砖茶和千两茶有特殊的菌花香；野生茶有淡淡的清香。安化黑茶口感醇厚、圆润，甘甜，耐泡。

安化黑茶的加工工艺独特。安化黑茶经杀青、初揉、渥堆、复揉、干燥等5个步骤18道工序制成。安化黑茶从严格意义上讲属于后发酵茶，毛茶加工过程中的渥堆发酵程度在30%左右，更多的发酵发生在压制成产品后和后续的存放过程中。所以，安化黑茶没有保质期，且存放时间越长越好。

安化黑茶的饮用方法简单便利。安化黑茶可煮饮，可泡饮，煮饮口感更佳。泡饮宜用沸水，选用厚壁紫砂壶；泡饮时，高档砖茶和三尖茶的茶水比为1∶30左右，粗老砖茶的茶水比为1∶20左右，煮饮时投茶量则稍减。

安化黑茶高度重视质量文化。从明初起，有关黑茶采造交易的制度常以地方性法规形式予以颁行，刻碑立石，列于境内重要的黑茶产地或商埠，全体茶商共同遵行。这是湖南早期质量文化的体现，也是湘茶在茶马互市中由"私茶"转为"官茶"的内因。这充分反映了湖南人不屈不挠、精益求精、追求卓越的工匠精神。

苞芷园位于安化县小淹镇，至今留有清雍正八年（1730年）的"茶叶禁碑"，上书禁令8条，共计555字，为见证安化茶史的实物。"苞芷园茶叶禁碑"的部分内容如下：

碑以志禁，示不朽也。缘安邑僻处山陬，土薄民贫，我后乡一、二、三等都所赖以完国课、活家口者，唯茶叶一项。历年来，禁私贩、革潮湿、校戥秤，从前诸宪之殷殷筹划者，只此一事为重。盖诚有见于民命之所系，而不容忽视也……

一禁——外县茶贩子装载假茶混安茶卖。

二禁——各行不许通同奸徒，领出茶商银钱越境私贩。

三禁——经纪买茶不先产户，擅买贩茶。

四禁——戥斛秤斗不讲公平，大秤小斗。

五禁——本地人等贩运异属草茶，壅塞本地。

六禁——产货茶户掺假，蒙混外省客商。

七禁——船户装载私贩假茶入境。

八禁——卖茶须青元各半，不许使用低潮。

以上八条，秉公互查，如有违禁射利及借端滋事者，公同送上法惩。

雍正八年庚戌十月望日良旦四乡公立

多彩多姿　湘茶文化

　　茶文化是茶与文化的有机融合，内容包罗万象，体现了一定时期的物质文明和精神文明。湖南既是产茶大省，又是文化大省，茶和文化的结合产生了多姿多彩的湘茶文化。湘茶文化与湖湘文化相互渗透，使湘茶文化成为湖湘文化的一个重要组成部分。

　　茶祖文化　一批学者从史学、文献学、考据学、文化学、民俗学、茶学、医药学、神话学等角度论证了炎帝神农氏是中国农业文化之神，是中医药之祖，是中国乃至世界的茶祖。2007 年，中南大学出版社出版了蔡镇楚、曹文成、陈晓阳合著的《茶祖神农》，这是茶祖文化研究的一个里程碑。2008 年11 月 6 日，"中华茶祖神农文化论坛暨湖南省茶叶学会、湖南农业大学茶学系成立 50 周年庆典"在湖南省长沙市隆重举行，组委会编印了论文集《茶祖文化论》。2009 年 4 月 10 日，湖南省炎陵县举办了"2009 中华茶祖节暨祭炎帝神农茶祖大典"，主办单位为湖南省人民政府、中国国际茶文化研究会、国际茶业科学文化研究会、中国食品土畜进出口商会、中国茶叶流通协会、中国茶叶学会、中华茶人联谊会，承办单位为株洲市人民政府。

　　茶祖在湖南，茶源始三湘；茶为国饮，湖南为先。湘茶文化的灵魂是茶祖文化，而茶祖文化的核心内容是"心忧天下，敢为人先"，这也成了湘茶文化的基本精神。湖南茶界在湖南省茶业协会的倡议下，大力弘扬茶祖文化，以促进人类健康、构建和谐社会为使命，加强行业内部的团结协作，共同把湖南茶业打造成全省的强势产业。

茶禅文化　湖南的石门县是茶禅文化的起源地之一，是中国的茶禅之乡。茶由禅兴，禅赋予茶无比深邃的精神内涵。在唐代，僧人饮茶已成风尚，石门县夹山的善会和尚从坐禅饮茶中悟出了茶禅真谛。宋代，夹山又出了一代高僧圆悟克勤禅师。他住持夹山20余年，潜心研习茶与禅的关系，以禅宗的观念来品味茶的奥妙，终于悟出了"茶禅一味"的真谛，并挥毫写下"茶禅一味"四字。"茶禅一味"的学术价值在于证实茶与禅的结缘，既发展了茶文化，又发展了佛文化，把两种需要悟道的信仰理念，归传在同世界融合忘我的境界之中，这种现象被现代人称为共赢发展。在中国茶文化史上，湖南茶文化的突出贡献和基本特征在于确立了以"茶禅一味"为核心的"茶禅论"。

茶俗文化　独特的民间品茶习俗是湖南茶文化的活化石，充分展示了湖南茶文化的基本特征。湖南民间的茶俗丰富多彩，主要有四个突出表现：一是啜茶。湖南人承袭远古时期炎帝神农氏在湖南以茶叶为食物的历史传统，一边饮茶水，一边吃泡过的茶叶。清人徐珂在《清稗类钞》中记载："湘人于茶，不惟饮其汁，辄并茶叶而咀嚼之。人家有客至，必烹茶，若就壶斟之以奉客，为不敬，客去，启茶碗之盖，中无所有，盖茶叶已入腹矣。"一代伟人毛泽东也喜欢在喝完茶后咀嚼茶叶。二是吃油茶。吃油茶是湘西南地区侗族、苗族、土家族等少数民族的饮茶习俗。关于油茶的制作方法，各个少数民族略有差异。侗族有米花油茶、灰碱巴油茶、茶饼油茶等，另有油茶会；土家族有油茶汤；苗族等还有黄豆、芝麻、花生米、核桃仁、松子、蒜叶、肉末等加糖、盐之类，煮沸后去渣汁，饮茶汤之法。三是擂茶。擂茶是湘西地区流行的茶饮习俗。相传，汉朝马援将军在出征交趾之际，制作擂茶而食，以防止江南山乡之暑气与瘴气。又传，擂茶是由宋朝岳飞创制的。岳飞的岳家军会集湖湘，将士水土不服，纷纷患病。为防止暑气与瘴气，岳家军始以茶叶、生姜、食盐、黄豆、芝麻等食物合煮，熬成茶汤，让将士们共饮。因其须以擂钵将煮熟后的生姜、黄豆、芝麻与茶叶捣碎成酱汁，故被称为擂茶。这种茶实际是茶羹、茶食，湖南桃江、安化、沅江、桃源、岳阳、常德、汨罗、湘阴、张家界等地至今亦盛行此种茶俗。四是喝"敕茶"，即平安茶、治病茶。梅山文化的核心是巫文化，巫术在湖南人民心中占有很重的分量。"敕茶"就是人们带一包茶叶去庙宇，经过特定的仪式求过神灵或者菩萨后，再将茶叶带回家，常泡常饮，以保平安、治病。

茶器文化　我国最早的原始陶器和纪年青瓷窑址出自湖南,湖南已发现古窑址 500 多处,是中国陶瓷的故乡、茶具的发源地之一。

岳州窑是湖南茶文化的一个亮点。陆羽在《茶经》中列举了唐代六大名窑,其中就包括湖南的岳州窑。唐代刘言史在《与孟郊洛北野泉上煎茶》中提及的"湘瓷",就是岳州窑的青瓷。具有"南青北白长沙彩"美誉的唐代长沙窑也烧制了大量的茶壶和茶碗。长沙铜官窑又名长沙窑、铜官窑,窑址位于今长沙市望城区丁字镇石渚湖附近,是唐至五代时期的制瓷遗址。1988 年 1 月 13 日,长沙铜官窑遗址被国务院公布为全国重点文物保护单位。它是世界釉下多彩瓷的发源地,是汉文化走向世界的里程碑。长沙窑烧制的碗主要是茶碗。株洲醴陵窑是在隋唐五代时期长沙窑的基础上发展起来的,以首创釉下五彩瓷而闻名世界,其烧制的茶壶、茶杯、茶盏釉色晶莹淡雅,别具特色,开创了陶瓷装饰新篇章。

茶旅文化　湖南旅游业的兴旺带动了茶文化的繁荣,而茶文化又融入旅游当中,丰富了旅游的内涵。优美的生态环境孕育了香高味浓的湘茶品质,湖南名茶产地一般也是湖南旅游的热点地区。湖南茶文化和旅游业的有机结合,促进了茶文化旅游的可持续发展。水域风光有各地井泉,如长沙市城区的白沙井、望城区书堂山的洗笔泉和稻香泉、岳阳市君山岛的井泉(柳毅井、龙涎井、秋月井、白鹤井、龙泉、响山泉、仙人洗足池)、石门县的壶瓶液、郴州市苏仙区坳上镇的圆泉(天下第十八泉)、永兴县黄竹岭的紫井泉、安化县的九龙池等。

茶饮保健文化　茶是当今世界三大无酒精饮料中最有益于人类健康的天然绿色饮料。2007 年,《全球茶产业宣言》这样写道:"人类消费茶的历史达 5000 多年,茶作为健康饮品逐渐被人类认可,现代科学研究已证实了茶给人类带来的益处。"比如,绿茶性凉,祛火提神;红茶性暖,提神养胃。目前研究得较透的是湖南黑茶。"煮汁逸陈香,楚产畅销供远地;就餐消腻味,边民爱饮慕中原。"(陈奇志联)湖南黑茶保健功效研究的重大突破,为湖南黑茶的发展开辟了广阔天地。

茶文化与湖湘文化相互渗透。自 20 世纪 80 年代以来,湖湘文化、湖南茶文化研究不断深入,相互渗透、相互促进。湖南茶文化精神源于神农茶祖文化,可概括为创新精神、奉献精神、和谐精神和道德精神。湖湘文化精神主要表现在心忧天下、敢为天下先、经世致用、实事求是等方面。由此可见,湖南茶文化成了湖湘文化的一个重要组成部分，成就了湖湘文化的精髓，铸造了湖南人的思想灵魂。

🔊 **拓展阅读**

湖南名茶

君山银针：黄茶类，产于岳阳洞庭湖君山，形细如针，色泽金黄，冲泡时茶芽竖立，三起三落，香气清鲜，滋味甘甜，被誉为"琼浆玉液"。

安化黑茶：黑茶类，源于唐代，以安化大叶种为原料，经过后发酵，色泽乌黑油润，香气纯正，滋味醇和，越陈越香，是黑茶中的佼佼者。

古丈毛尖：绿茶类，产于武陵山区古丈县，一芽一叶精制而成，条索紧细圆直，色泽翠绿，香气高悦，滋味醇爽回甘，被誉为"绿茶中的珍品"。

石门银峰：绿茶类，产于石门县，采摘严格，加工精细，条索紧细匀直，满披银毫，香气清高持久，汤色亮绿，滋味醇厚爽口。

高桥银峰：绿茶类，产于长沙东郊玉皇峰下，形美香鲜，汤清味醇，因茶条白毫似雪、堆叠如银色山峰而得名。

保靖黄金茶：绿茶类，产于湘西保靖县，有"茶中茅台"之称，色泽翠绿，香气嫩香高长，滋味鲜醇，氨基酸含量高，具有独特的"香、绿、爽、醇"品质。

白马毛尖：绿茶类，产于隆回县白马山，条索紧结壮实，色泽翠绿光润，冲泡后香高芬芳，滋味鲜爽，汤色清澈明亮。

湖红工夫茶：红茶类，产于湖南多地，以安化工夫为代表，条索紧结，香气高，滋味醇厚，汤色浓，是工夫红茶中的佳品。

安化松针：绿茶类，产于安化县，外形挺直细秀，状似松针，色泽翠绿，香气浓厚，滋味甜醇，耐冲泡，是湖南名茶之一。

金井毛尖：绿茶类，产于长沙县金井镇，条索纤细匀整，卷曲似螺，白毫显露，色泽银绿，清香持久，汤色嫩绿清澈，滋味清鲜回甜，是茶中上品。

洞庭碧螺春：绿茶类，产于洞庭湖周边，外形条索纤细，卷曲成螺，满身披毫，银白隐翠，香气浓郁，有花果香，滋味鲜醇甘厚，汤色嫩绿明亮，有"铜丝条，螺旋形，浑身毛，花香果味，鲜爽生津"的特点。

湘波绿：绿茶类，产于湖南省茶叶研究所实验茶厂，外形条索紧结弯曲，色泽绿翠显毫，香气清高持久，汤色黄绿明亮，滋味醇厚鲜爽。

这些名茶，各具特色，不仅展现了湖南茶叶的丰富多样，也体现了湖南茶文化的深厚底蕴。

主要参考文献

[1]付刚.我国茶饮探源[J].湖南税务高等专科学校学报，2014，27(6)：36-39.

[2]付刚.茶饮与养生[J].湖南税务高等专科学校学报，2015，28(6)：37-40.

[3]湖南省地方志编纂委员会.湖南省志·农业志上册(1978—2002)[M].珠海：珠海出版社，2009.

（执笔：付刚）

湘瓷文化：地理标识，瓷韵流芳

　　湖南是中华远古文明最主要的发祥地之一。湖南先民在历史的古道上留下了许多自己创造的生产生活工具和手工产品，这些工具和产品留存至今便成为文物，成为传播古代人类文明的文化使者。譬如陶瓷，它自发明以来，一直与古人的生活息息相关，伴随着人类从远古走到今天。可以说，从15000年前湖南远古先民抟土烧陶开始，湖湘陶瓷的窑火就未曾熄灭，并呈越烧越旺之势。于是，岳州窑（湘阴窑）、长沙窑（铜官窑）、衡山窑、湘乡窑（石龙窑）、千家峒窑（江永窑）、醴陵窑等烧制的陶瓷产品先后问世，在中国陶瓷大花园中盛开出绚烂的湘瓷之花，形成了独树一帜的湘瓷文化。特别是5至7世纪的岳州窑、唐至五代的长沙窑和晚清民国时期的醴陵窑烧制的陶瓷产品，代表了当时中国瓷器制造的较高水平，是湖南古代陶瓷发展的三个高峰。新中国成立后，醴陵陶瓷焕发出勃勃生机，不仅走进了北京人民大会堂、中南海、毛主席纪念堂，而且漂洋过海，出口至世界五大洲，深受各国人民的喜爱，并使醴陵获得了中国三大瓷都之一的美誉（中国三大瓷都为江西景德镇、湖南醴陵、福建德化）。

　　是什么让湖湘陶瓷几乎在中国陶瓷发展的每个阶段里都有着卓越的贡献？是什么让湖湘陶瓷在中华陶瓷王国中拥有"地理标识，文化奇葩"的美誉？正是生生不息的工艺创新，使它们拥有这样的高度和风景；正是丰富的文化信息和艺术价值，使它们很多时候走在中国陶瓷的最前面，成为湖湘文化多样性结构中一个独具特色的组成部分。

悠久的制瓷历史

　　陶瓷之光乍现。人们在湖南道县玉蟾岩的一个山洞里发掘出的绳纹陶釜，是世界上最早的陶制品之一。我们可以想象，湖南先民就是用陶釜来煮食稻谷，吃上了可口的米饭。这只经过碳-14法测定距今约15000年的绳纹陶釜也就成了湖湘文化的分支——湘瓷文化的滥觞。湖南先民由此开启了一个美轮美奂、繁复多彩的湘瓷世界。把柔软的泥巴变成坚固的陶瓷器,这不仅是陶瓷之光,更意味着一个影响人类文明进程的物质或工具出现了。

第一个高峰:岳州窑。"碗,越州上,鼎州次,婺州次,岳州次,寿州、洪州次。"这是唐代茶学家、茶圣陆羽在《茶经》中对唐代六个瓷窑烧制的茶碗的评价。他将岳州窑茶碗排在第4位,并指出:"越州瓷、岳瓷皆青,青则益茶,茶作白红之色。邢州瓷白,茶色红;寿州瓷黄,茶色紫;洪州瓷褐,茶色黑,悉不宜茶。"我们可以从中看出,茶圣陆羽对岳州窑的推崇和高度肯定。岳州窑的窑址位于湖南省岳阳市湘阴县城关及县内其他地区,故其亦称湘阴窑。岳州窑始烧于东汉,经西晋、东晋、南朝、隋、唐、五代,一直延续到宋元时期。有文献记载,岳州窑是唐代六大青瓷产地之一。岳州窑在陶瓷史上地位比较重要,上承浙江越窑青瓷,下启长沙窑。目前,学术界有一个代表性意见认为,岳州窑与浙江越窑、江西洪州窑都在东汉后期掌握了成熟青瓷的烧造工艺。汉代至西晋时期,岳州窑与洪州窑都处于向越窑学习、模仿的阶段,至东晋时期则开始形成自己的风格,至南朝时则完全超越了越窑,成为南方青瓷之龙头。可以说,在公元5至7世纪,岳州窑与江西洪州窑是南方青瓷的代表。

第二个高峰:长沙窑。"古岸陶为器,高林尽一焚。焰红湘浦口,烟浊洞庭云。迥野煤飞乱,遥空爆响闻。地形穿凿势,恐到祝融坟。"唐代诗人李群玉在他的《石潴》一诗中,这样描写在江南道潭州(今湖南省长沙市)用山柴烧制瓷器时山林焚烧、洞火冲天的壮观情景。诗人所见即为今天的长沙窑(铜官窑)。长沙窑位于长沙市望城区石渚湖畔的古城村。1956年,长沙窑遗址在湖南省文物普查工作中被发现。文物部门经过多次调查和发掘,确认遗址以望城区瓦渣坪为中心,总面积约50万平方米。其中,龙窑遗址46处、采泥矿遗址19处,遗址区域内的市场、码头、货区、生活区和墓葬区等文化遗址均保存较好。与同类瓷窑相比,长沙窑具有不可替代的重要地位。它以烧制青瓷为主,兼烧少量的白釉、褐釉、酱釉、绿釉和蓝釉等,始于初唐,兴于盛唐,终于五代,为唐代南方的重要青瓷窑场,在我国陶瓷生产发展史上具有里程碑意义。它是中国人民与世界人民友好交往的历史见证,被誉为"汉文化走向世界的里程碑","在世界陶瓷发展史上具有划时代的成就"。同时,它还具有极其重大的历史、科学、文化、艺术价值,是研究中国古代陶瓷艺术、湖湘文化、对外交流等不可多得的实物资料。1988年1月,长沙窑遗址被国务院确定为全国重点文物保护单位。2006 年，它又被列为全国 100 个重要大遗址保护项目。2012 年 6 月 5 日，长沙窑国家考古遗址公园正式对外开放。

第三个高峰：醴陵窑。醴陵市位于湖南省东部，东与江西省萍乡市交界。醴陵蕴藏着极其丰富的制瓷原料，土质优良，这为醴陵生产瓷器创造了优越的条件。早在东汉时期，醴陵就有较大规模从事陶器、瓷器生产的窑场。雍正年间，醴陵沩山设厂制瓷。光绪年间，其发展成方圆数十里的产瓷区，产品皆为粗器。1905 年，洋务派人物、湖南凤凰人熊希龄创办湖南瓷业学堂，次年又组建湖南瓷业公司，产品由粗转细，并成功研制出釉下五彩瓷，相关产品多次荣获国际大奖。1909 年至 1915 年，在武汉劝业会、南洋劝业会、意大利都朗博览会和巴拿马太平洋万国博览会上均获得金牌奖的"扁豆双禽瓶"被世界各国誉为"东方陶瓷艺术的高峰"。据传，熊希龄曾亲自携醴陵细瓷入京供呈慈禧太后，慈禧太后以金牌赏之。至此，朝野内外都承认了醴陵釉下五彩瓷的成功，醴陵釉下五彩瓷风靡一时。1918 年，湖南瓷业公司毁于兵火，后虽稍恢复，但由于社会动乱、国民贫穷，质优价高的精细釉下彩瓷难以被人接受，在当时已属惨淡经营。新中国成立后，醴陵釉下五彩瓷焕发勃勃生机，先后为军事博物馆、工人体育馆、民族文化宫等生产陈列和生活用瓷(三馆瓷)，为人民大会堂生产国宴用瓷，为毛泽东、周恩来等中央领导人制作生活用瓷，为中央领导人出国访问制作礼品瓷，这些瓷器皆为当代醴陵窑中的精品。醴陵窑以创烧釉下五彩瓷这种新式瓷器闻名。釉下五彩瓷常见折枝花鸟、人物、山水等图案，色泽淡雅，清新亮丽，制作技术和装饰艺术都达到了较高水平，堪称陶瓷艺苑中的一朵奇葩，是中国国家地理标志产品。

工艺创新的践行者

历史上的每一个创新都带给人们无限惊喜。人们永远不会忘记创新者的功劳，不会忘记创新的伟大和艰辛。同样地，当使用种类繁多、精美绝伦的现代瓷器时，人们也不会因湖南古代瓷器特别是岳州窑、长沙窑、醴陵窑瓷器的简朴和"土气"而鄙弃它们、忘记它们。相反，正是因为它们在陶瓷史上许许多多的"最早""第一"和"首次"，人们更加重视它们、珍视它们！因为，工艺创新既是它们共同的追求和实践，又是它们对中国陶瓷发展作出的重要贡献。

　　岳州窑开创了中国陶瓷史上的"三最"：最早的青瓷、最早的釉下点彩、最早的"官"款。最早的青瓷——这里出土了中国最早的有纪年记载的青瓷。1997年，专家在岳州窑（青竹寺窑）遗址的考古发掘中，发现了载有铭文"汉安二年"的瓷片，这是证明湖南最早烧制青瓷的文字依据。最早的釉下点彩——岳州窑创烧了中国最早的釉下点彩。岳州窑大胆创新，在汉代就尝试给青瓷加上褐彩，这是一个划时代的创举，瓷器从此进入了五彩缤纷的世界。岳州窑器物呈豆青、浅黄色，釉下点彩呈褐色，有的器物口沿均布点彩，有的器物周身分布几何对称点彩，这些创新为长沙窑的釉下彩绘奠定了基础。最早的"官"款——"太官"证明，岳州窑是中国最早出现"官"款的窑口。在岳州窑（马王塥窑）遗址的考古发掘中，专家发现有一件内刻"官"字款的匣钵，同时在两晋、南北朝堆积层面发现"太官"二字青瓷片（"太官"是两汉掌管皇帝膳食的官职），这是中国最早的印有"官"款的瓷器。这说明当时该窑烧制的器物供朝廷使用。在封建社会能得到皇室的认可，可见岳州窑制瓷技术十分高超，质量确属上乘。

长沙窑创新釉和彩，开创了"南青北白长沙彩"的新格局。唐代制瓷名窑林立，南有以浙江越窑为代表的青瓷，北有以河北邢窑为代表的白瓷，两者形成"南青北白"的生产格局。长沙窑另辟蹊径，以彩瓷崛起，独步名窑之林，瓷业开始呈现"南青北白长沙彩"的三足鼎立之势。据《南青北白长沙彩》一书概括，长沙窑的成就主要有五个方面：一是创烧铜红釉，填补了世界陶瓷史之空白。自古以来，铜红釉最难烧制成功。在一千多年前，长沙窑就利用铜红装饰瓷器，成功烧制出单色铜红釉、窑变乳白釉红彩、乳白釉红绿彩、青釉下红彩、青釉下褐绿红彩等，形成独特的红色装饰艺术体系，填补了中国乃至世界陶瓷史的空白。二是多种釉色和釉下多彩开创了中国古陶瓷史的新纪元。长沙窑之所以成功，关键在于它满足了唐朝丰富多彩的社会生活需求和西域文明对彩瓷的渴望，钟情于多种釉色和釉下多彩瓷的创造与发展，并形成了独具特色的彩瓷装饰艺术体系。三是开釉下彩绘写意画之先河。长沙窑地处湘江右岸、石渚湖畔，山清水秀，百鸟和鸣，千花竞发。长沙窑花鸟画以融入大自然而获得表现力，亲近自然而领悟画法，信手拈来而下笔有神。大量存世的唐代长沙窑釉下彩绘瓷是佐证中国美术史写意花鸟画的实物资料，从某种意义上说，它们是当今主流国画——写意画之祖源。四是釉下彩绘具有异国情调的构图和中国书法挥洒自如的抽象画，填补了中国美术史的空白。从工笔用线，到粗笔狂涂，再到抽象挥洒，长沙窑渐进式展开绘制。"这种从具象到抽象的画法演绎及形态转变，为近千年后的西方绘画发展史所遵循。长沙窑的大大超前及昭示，无疑具有原创性、规律性、引领性的巨大价值意义。"孔六庆教授如是说。五是将诗文书法搬上瓷器，成为我国陶瓷装饰艺术的开山鼻祖。其书法风格如绘画一样率真、潇洒。内容包罗万象，有的是唐诗，有的诗是自己创作、自己书写，从用笔到结构布局，给人以自由轻松之感，有怀素狂草的影子，也有欧阳询的味道。

醴陵窑创烧釉下五彩，是近代陶瓷史上的新成就。醴陵窑创烧的釉下五彩，与明清两代景德镇生产的青花五彩和釉上五彩相比，有着完全不同的艺术风格。可以说，醴陵窑在全国瓷业衰退之时，在传统制瓷工艺基础上进行创新，制出釉下五彩并取得很大成就，为挽救中国瓷业的衰退作出了重大贡献。釉下五彩瓷的制作方法是先将彩绘纹饰画在瓷胎上，再施一层光亮的釉，然后进行一次高温烧制。釉下五彩瓷烧制方法简便，可提高生产效率，是近代中国陶瓷发展史上的一个新成就。醴陵釉下五彩的特点是瓷器的胎体较轻，釉面滑润，玻璃化程度强，色彩清新。釉下五彩保护了纹饰不受外界的磨损，而且使用时还减少了釉彩中铅的毒害，因此受到了国内外的欢迎。1911年4月6日，据《时报》报道，湖南瓷业公司产品"极精良"，"形式花样无一不玲珑轻巧"，"名声日隆"，"销额骤增至数十倍"。

一笔丰厚的文化财富

湖南在各个历史时期生产的瓷器，绝大部分是人们生活中饮食所需的工具，但它们从造型到装饰内容都与当时社会跳动的脉搏息息相关，都是当时社会生活的直接反映。有的以造型反映当时人们的生活需求，有的以绘画表达内心渴望和精神追求，有的以文字推广知识、教化百姓。可以说，每一件独特的古代瓷器都是一笔丰厚的文化财富。在这方面，长沙窑表现得尤为突出。

长沙窑瓷器上的很多诗文鼓励人们读书，宣扬读书是一种高尚的行为，传播了社会正能量。至今仍有人评价湘人"会读书、会种田、会打仗"，在鼓励湖南人读书方面，长沙窑功不可没。例如：

白玉非为宝，黄金我不需。

怀念千张纸，心藏万卷书。

上有千年鸟，下有百岁人。

丈夫具纸笔，一世求人。

长沙窑的工匠善于将儒家思想的一些内容，特别是关于儒家礼教和孝道方面的内容编成诗句，用彩笔写在瓷器上，使人们在日常生活中受到教育和启迪。例如：

仁义礼智信。

羊伸跪乳之义，牛怀舐犊之恩。

言满天下口无过，行满天下无怨恶。

富从升合起，贫从不计来。

长沙窑瓷器上题写了大量商业题材的诗文，这些诗文以坚定的口吻、乐观的态度赞扬了商人的奋斗精神，广告式地宣传了商品和经商的经验。例如：

人归千里去，心画一杯中。

莫虑前途远，开坑(航)逐便风。

男儿大丈夫，何用本乡居。

明月家家有，黄金何处无。

大河通小河，山深鸟雀多。

主人看客好，曲路亦相通。

买人心惆怅，卖人心不安。

题诗安瓯上，写与买人看。

日日思前路，朝朝别主人。

行行山水上，处处鸟啼新。

酒酝香浓。

陈家美春酒。

郑家小口，天下第一。

卞家小口，天下有名。

唐朝战争频繁，并且无论正义与否，都给广大民众带来了负担。长沙窑瓷器上出现了描写边塞战争的诗文，发出了正义的呼声。例如：

一日三战场，曾无赏罚为。

将军马上坐，战士雪中眠。

长沙窑瓷器上的另外一些诗文表达了游子的思乡之情。其创作的社会背景是唐朝后期，社会动荡，很多人离乡背井，外出艰苦谋生，在异乡谋生的游子常常借长沙窑上的文字表达浓浓的思乡之情。例如：

一别行千里，来时未有期。

月中三十日，无夜不相思。

夜夜挂长钩，朝朝望楚楼。

可怜孤月夜，沧照客心愁。

唐朝在我国封建时代虽繁荣而强大，但也是建立在人剥削人的基础上，社会阶层等级分明，劳动人民多苦难。于是，来自社会底层的工匠常在诗文里表达自己的心声，同时也表达社会底层民众的苦难和不满。例如：

日月虽明，不照复盆下。

街下满梅时，春来尽不成。

口中花易发，荫处苦难生。

罗网之鸟，悔不高飞。

长沙窑中也有一些瓷器以轻松、愉快的笔调歌颂青年之间的美好爱情和大自然的美丽风光。例如：

君生我未生，我生君已老。

君恨我生迟，我恨君生早。

自从君去后，常守旧时心。

洛阳来路远，不用几时金。

春水春池满，春时春草生。

春人饮春酒，春鸟哗春声。

在唐朝，社会上的各种宗教很活跃，伊斯兰教在很多地区存在，伊斯兰艺术品也对中国陶瓷、金银器、织锦等有一定影响，这一点在长沙窑上反映得尤为明显。譬如，长沙窑中有些瓷器上直接书写着以下文字：

真主的仆人。

阿拉的仆人。

长沙窑擅长以诗文贴近广大百姓的生活，反映社会大众的心声，传递中国古代源远流长的茶文化信息。醴陵窑得到国际博览会的认可与肯定，印证了近现代中国陶瓷艺术品的新成就和走出国门的盛况。有关资料显示，1984年，醴陵出口瓷器达4055万件，创汇1500万美元，对美出口量和创汇总额分别占当年全国陶瓷对美出口量与创汇总额的45.2%和45.6%。可以说，湖湘陶瓷作为一个文化载体，内容宽广，底蕴深厚，对历史学、社会学研究十分重要，单靠正史来研究古代社会很难达到这样的广度和深度。湖湘陶瓷精湛的工艺和艺术成就给人以精神享受，并且已与诗、画、书法融为一体。它是一笔丰厚的文化遗产，在工艺学、史学、民俗学等方面具有重要的价值。

结　语

岳州窑所在的湘阴、长沙窑所处的望城和醴陵窑所在的醴陵，在当时的中国版图上只是南荒之地的一个穷乡僻壤。但是，在这些小地方，创新力和文化性却如此旺盛，这不能不说是一个奇迹。它们地处湖南，有着湖湘文化的滋养，一面世就带着湖湘文化的基因。对于湖南人的性格，大家公认的一点是"敢为天下先"。这种带有地域色彩的独特性格，让湖南人几乎改写了中国的近现代史，因此也有"一群湖南人，半部近代史"之说。王船山、魏源、毛泽东等历史巨人的身上最能体现这种非比寻常的性格特质。而在千百年之前，岳州窑、长沙窑、醴陵窑的创造发明早已将这种"敢为天下先"的个性张扬到极致。岳州窑"三最"的惊世出现、长沙窑铜红釉的横空出世、醴陵窑釉下五彩的惊喜创烧，不仅体现了当时的时代精神，更体现了湖南人惊人的想象力与创造力，而这种想象力与创造力也正是敢为天下先的内在体现。湖南人通过手中的陶泥和窑中的烈焰，一次次打破了前人制造陶瓷的固有模式，将陶瓷的制作上升到科技与文化审美交融一体的境界。湖南人一次次利用简陋的工具，在充满灵性的手上幻化出世间万物的形态，并注入自己的情感与思想，让泥土具有了永恒的生命。

🔊 **拓展阅读**

湖南古代瓷窑

名称	地址	年代	主要特点
岳州窑(湘阴窑)	岳阳市湘阴县	始烧于东汉，延续到宋元时期	属于青瓷系，是中国最早的青瓷之一
潭州窑	长沙市望城区	唐代	属于青瓷系，与岳州窑相似
长沙窑(铜官窑)	长沙市望城区	始烧于初唐，衰于五代	属于釉下多彩瓷系，追求色彩美、装饰美和丰富的文化内涵
湘乡窑（石龙窑或棋梓桥窑）	湘潭市湘乡市	始烧于宋代，衰于元代	属于粉地彩釉绘花瓷系
衡州窑	衡阳市	始烧于唐代，衰于元代	属于青瓷系
黄阳司窑	永州市冷水滩	宋代	属于青瓷系
衡山窑	衡阳市衡山县	宋元时期	属于粉地彩釉绘花瓷系
百梅窑	岳阳市湘阴县	宋元时期	属于粉地彩釉绘花瓷系，与衡山窑是一对孪生的姐妹窑
耒阳窑	衡阳市耒阳市	宋元时期	属于青白瓷系
洞口窑	邵阳市洞口县	宋元时期	属于粉地彩釉绘花瓷系
江永窑(千家峒窑)	永州市江永县	宋元时期	属于粉地彩釉绘花瓷系
邵阳窑	邵阳市邵阳县	宋元时期	属于粉地彩釉绘花瓷系
汝城窑	郴州市汝城县	宋元时期	属于青瓷系
益阳窑(羊舞岭窑)	益阳市赫山区	宋、元、明、清时期	早期属于青白瓷系，晚期属于青花瓷系
醴陵窑	株洲市醴陵市	清代至今	属于釉下五彩瓷系

主要参考文献

[1]周世荣.湖南陶瓷[M].北京：紫禁城出版社，1988.

[2]长沙窑编辑委员会.长沙窑[M].长沙：湖南美术出版社，2004.

[3]周世荣.湖湘陶瓷[M].长沙：湖南美术出版社，2008.

（执笔：任国保）

湖湘书法：笔墨丹青，千古传承

无以见其形，故有画；

无以传其意，故有书。

书法是汉字书写的艺术，是线条美、力量美和个性美的融合。文人墨客在流淌的墨色里印上一个朱红色的图章，千百年之后，依然惊艳了时光。

在渗水洇染的宣纸上，毛笔带来线条的接触，墨色层次与透明度像是流动在光里的烟，舒卷自如。古往今来，书法最能体现中国文人的文化素质与精神风貌，在人的精神生活与社会地位方面有着极为重要的价值。书法是中国传统文化的重要组成部分，是中华民族的重要艺术门类。我们常说"北碑南帖"。黄河是我们的"母亲河"，沿黄河建都的朝代比比皆是，受政治因素和地理因素的影响，北方出现许多名碑，碑上字迹力道遒重，凝重严肃。再观长江流域，山清水秀，墨迹也更加温文尔雅，清新流畅。然而，位于湖南岳麓书院的麓山寺碑，融合了北方碑刻文字间架的刚硬严谨和南方线条笔法的灵动婉转，既有北碑沉郁雄强的力感，又有南帖潇洒飞动的神采。在帖学盛行的南方，麓山寺碑至今依然发出夺目的光彩，让我们无比神往。

麓山寺碑又名北海三绝碑，是长沙现存最早的唐碑，为历代文人墨客所推崇。宋元的几位大书法家，如苏轼、黄庭坚、赵孟頫等无不受其影响。北宋著名书画家米芾在元丰三年（1080年）专程前来临习，并刻"襄阳米芾同广惠道人来，元丰庚申元日"于碑阴。麓山寺碑辞藻华丽，字体为楷、行、草相间，笔力雄健，刻艺精湛，史有文采、书法、雕刻"三绝"之称。

在潇湘大地上，快乐、阳光的湖南人对于读书和传统文化历来都是非常重视的。"耕读人家"这四个字经常出现在湖湘百姓的家中，忠厚传家久，诗书继世长。文字作为文化的载体，纸张作为文字的载体，毛笔作为书写的工具，都与湖南有着很深的渊源。元兴元年（105年），湖南人蔡伦改进造纸术，发明"蔡侯纸"，中国书法从此有了自由驰骋的天地。1954年，长沙左家公山楚墓出土了一支毛笔，笔头用的是兔毛，笔管、笔套皆为竹制。据考证，这

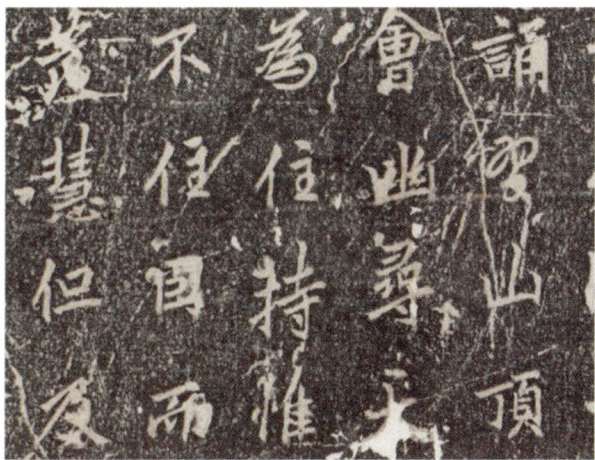

是迄今为止发现的世界上最古老的毛笔。湖南是书法的兴盛地，坚韧的性格、深厚的文化底蕴、浪漫的情怀、开阔的胸襟、敢为人先的胆识铸就了湖湘精神，也为湖湘书法的发展提供了肥沃的土壤。欧阳询、怀素、何绍基、毛泽东等一代又一代书法史上丰碑式的人物身上都流淌着湖湘血液。他们不仅是湖湘书坛的骄傲，更是中国书法史上的璀璨明珠。

书法是笔尖下流淌的风骨，提、按、顿、挫皆体现着湖南人的士气。湖湘书脉，笔墨为魂。

筋立骨中　绝劲傲兀

"一方水土养一方人。"八百里洞庭浩如烟海，湖湘大地因位于洞庭湖之南，故被称为湖南。湘、资、沅、澧四条河流分布于全省，贯穿这片我们热爱的土地。湖南地处内陆，川壑纵横的地理环境锤炼出湖湘儿女勤奋坚韧、百折不挠的性格。我们在这片热土上挥洒汗水，劳作收获。湖南人顽强朴厚、勤奋好学，生于斯、长于斯的欧阳询少年时就博览古今，精通《史记》《汉书》和《东观汉记》。看到喜欢的碑文时，欧阳询"驻马观之"，"因宿其傍，三日而后去"。他以勤奋刻苦的精神，完成了对楷书的领悟，其正楷被誉为"翰墨之冠"。从法度、架构、笔法中，我们可以看出欧阳询扎实的基本功。

"洗笔迹存人去远，墨云浮水尚依然。"与颜真卿、柳公权、赵孟頫并称"楷书四大家"的欧阳询不仅是一代书法大家，还是一位杰出的书法理论家。

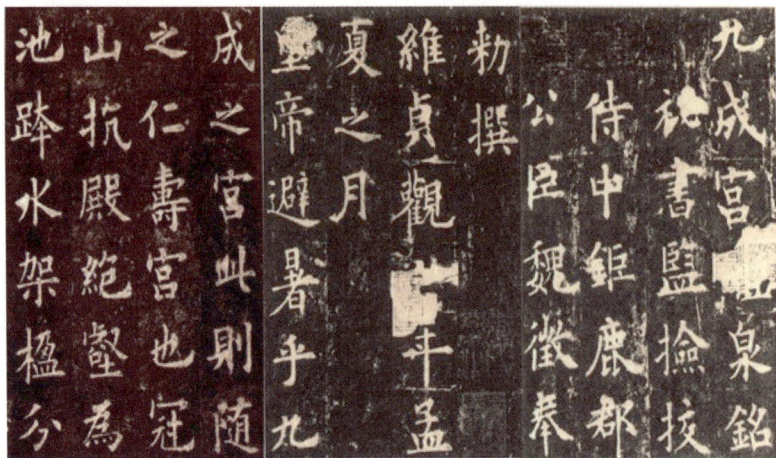

他的书法作品字字方正、布局均匀，将平正与险绝之间的微妙关系处理得恰到好处，散发出浑厚古朴的气韵，透露着唐人尚法的精神。在长期的书法实践中，欧阳询总结并撰写了《传授诀》《用笔论》《八诀》《三十六法》等。这些著作对用笔、结体、章法等书法形式、技巧和审美有着独到的见解，是中国书法史上宝贵的理论书籍。

"点如高峰之坠石；卧钩似长空之初月；横若千里之阵云；竖如万岁之枯藤；戈钩如劲松倒折，落挂石崖；折如万钧之弩发；撇如利剑截断犀象之角牙；捺要一波常三过笔。"欧阳询在《八诀》中惟妙惟肖的总结为后来学习书法的人照亮了前进的道路。"每秉笔必在圆正，气力纵横重轻，凝神静虑。当审字势，四面停匀，八边俱备。"其笔画结构严谨有力，多一分太长，少一分太短，结构规矩森严，开湖湘书法之先河。

湘人书法尚筋骨，脊梁竖直，笔力劲险。在欧阳询的书法中，一横有着开阔的胸怀，一竖有着强韧的坚持，线条连接是通向自然界万事万物的感觉。湖南人是有血性的，以自己的思想开风气之先河。欧阳询上承暮气沉沉的隋朝书风遗存，怀着对传统书法的虔诚敬畏之心，在对传统书法的继承中释放出湖湘书法的想象力。在广泛接受前人成果的同时，欧阳询将湖南人的性情和人格外化到笔墨之中，给书法打上了深深的湖湘精神的烙印。

率真洒脱　独领风骚

书法为我们在喧嚣的生活中打开了一扇通往幽深雅致之处的大门。这里既有法度严谨的楷书，又有恣意泼洒的狂草，从理性走向自由，从四平八稳的规矩走向酣畅淋漓的颠覆，给人以享受和洗礼。草书书写快捷，行云流水，最为直接地表达了书写者的情感，被认为是书法的最高境界。在浩如烟海的草书中，怀素的狂草穿透了历史，他也因此成为一代"草圣"。

"怀素家长沙，幼而事佛，经禅之暇，颇好笔翰。"怀素在《自叙帖》中这样写道。盛唐时期，看似狂放不羁的怀素在书法上颇为用功。他长年累月地习字，写坏了的毛笔埋在山下，成了"笔冢"。他遍种芭蕉，每日蘸墨疾书于蕉叶之上，并将其庵取名为"绿天庵"。功夫不是一天练成的，"书无百日功"，日复一日的坚持又岂止百日。怀素在广泛继承的基础上，加入自己对书法的认知，"满纸云烟笔下生"，虽率性颠逸、千变万化，但法度严谨。即使是其醉时所作狂草，细看也无一失笔。只有在挥毫时坚守法度，才能让生命的浩荡化为笔下的线条。

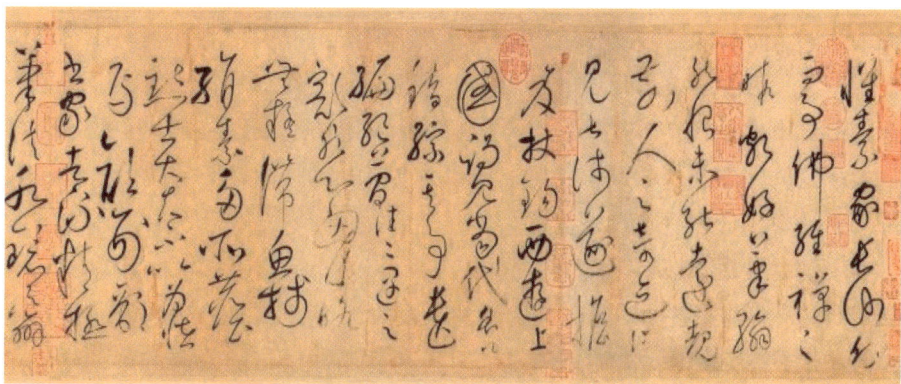

大历七年（772 年），颜真卿在洛阳与怀素相遇，为其《怀素上人草书歌集》作序："开士怀素，僧中之英，气概通疏，性灵豁畅。"北宋书法家米芾在《海岳书评》中称赞怀素："如壮士拔剑，神采动人；而回旋进退，莫不中节。"李白也为怀素写下《草书歌行》这样的华丽诗篇：

少年上人号怀素，草书天下称独步。

墨池飞出北溟鱼，笔锋杀尽中山兔。

八月九月天气凉，酒徒词客满高堂。

笺麻素绢排数箱，宣州石砚墨色光。

吾师醉后倚绳床，须臾扫尽数千张。

飘风骤雨惊飒飒，落花飞雪何茫茫。

起来向壁不停手，一行数字大如斗。

恍恍如闻神鬼惊，时时只见龙蛇走。

左盘右蹙如惊电，状同楚汉相攻战。

湖南七郡凡几家，家家屏障书题遍。

王逸少，张伯英，古来几许浪得名。

张颠老死不足数，我师此义不师古。

古来万事贵天生，何必要公孙大娘浑脱舞。

　　自由与热情的灵魂碰撞，让我们看到了一个才华盖世、浪漫豪放的怀素。白云青山，袅袅炊烟，怀素潇洒坦荡地行走在天地间。他生性嗜酒与交游，自然山水让他的心灵得到洗涤，养出了他博大的胸怀，使他于水墨淋漓间洋溢着一份气度。师法自然，怀素在大自然中吸收灵感，养天地浩然之气，让山水入怀。唐代陆羽在《释怀素与颜真卿论草书》中提及颜真卿与怀素论书法时，怀素称："吾观夏云多奇峰，辄常师之，其痛快处如飞鸟出林、惊蛇入草。又遇壁圻之路，一一自然。"颜真卿曰："何如屋漏痕？"怀素起身，握住颜真卿的手说："得之矣！"颜真卿的点拨让怀素醍醐灌顶，这是一份书法大家之间惺惺相惜的领悟。师名士以广见识，师造化以旷心胸，洒脱不羁的怀素让草书变得更加瑰丽多彩。

　　书法是线的艺术，毛笔是手的自由延伸，书法家用手中的毛笔写下纯粹、动感、品位兼备的线条。怀素酒酣兴发时，"忽然绝叫三五声，满壁纵横千万字"。笔墨飞舞，成就特立独行的怀素。那种颠与狂的迸发，那种在屏风上或墙壁上的随兴书写，时至今日依旧令人拍案叫绝。即使许多珍贵的墨迹已经随着时间的洗礼而变得斑驳不清，甚至化为了废墟当中的一缕青烟，我们依然可以感受到怀素酣畅淋漓的心绪流动和恣意豪迈的生命调性。

学养深厚　包容并进

　　从甲骨文、大篆、小篆、汉隶、魏碑、唐楷到现代汉字，书法艺术既源远流长又一脉相承。湖湘书法家对书法的自发性传承也从未停下铿锵的脚步。到了清代，随着国家重臣曾国藩、封疆大吏左宗棠等人的大放异彩，具有深厚底蕴的近代湖湘书坛也名家迭出。曾国藩多年来一直坚持执笔写日记，其字体峻洁、刚简，工整的楷书、恭敬的字体亦是他为人恭谨慎独的写照。左宗棠善书，其篆书写得严谨而宽绰，行书瘦硬有劲，让人咏叹。

　　晚清湖湘书法家何绍基生于湖南南部、潇水中游的道州，这里是理学开山鼻祖周敦颐的故里，有着浓郁的传统文化氛围。书法世家何凌汉家族开创了一代书法新风，形成了中国近代史上一个耐人寻味的文化景观。何绍基一门四代，其父何凌汉、其弟何绍京、其孙何维朴，无不擅书。其中，何绍基名气最大，被称为"有清二百余年第一人"。何氏家族的家长何凌汉受正统儒家思想影响颇深，品行端正。他为官40年，办事谨慎，虽官至户部尚书，仍"家范严肃称于时"。哪怕是匆匆作字，他也"必裁划正坐而后书"。清朝复兴碑学，晚清大家何绍基融合碑帖，取法北碑，变革楷书和行草笔法，将碑派书学的审美原则融会贯通在书风中，把对传统的深刻理解和自己的性情融为一体，形成了独特的书写风格，于字里行间熔铸了晚清书法大家的风范。

　　何绍基拜入经学大家阮元门下，师从金石学家程恩泽，科场的熏陶、家学的深厚和名师的指导使他学识渊博，精通经史、小学，旁及金石文字。何绍基是清代的学者型书法大家，满腹经纶，专注于书法，擅长正书、草书、隶书。其小楷兼取晋法，一笔不苟，字小却雍容宽广。其行草熔篆、隶于一炉，意趣高古，以篆意强其骨，骏发雄强；以隶意开其势，融合欧体、颜体、朝碑墓志、南朝石刻，独具面貌，在清朝书坛十分瞩目。勇往直前、敢为人先的湖南人勇于创新，让湖湘书法变得丰富多彩、韵致万千。何绍基继承了勤奋踏实的湖湘精神，学习书法非常刻苦，常常通宵达旦。无论是出游还是在家，无论是寒冬还是酷暑，他都孜孜不倦，数十年中从未间断练习。何绍基吃透了古人的书法，去粗取精，融古汇今，创造了一种别开生面的书法风格。

　　回腕执笔，个性极强。何绍基从李广"猿臂善射"中得到启发，三指执笔、虎口向上、掌心向胸、指实掌虚、肘腕俱悬、撑开端平、腕平且稳。执笔必须"通身力到，方能成字，约不及半，汗浃衣襦"，因为这样可以增强笔锋与纸面的摩擦力，使线条更显湿枯。起笔易于形成藏势，收笔便于上挑以形成雁尾的效果，他认为："书律本与射理同，贵在悬臂能圆空。以简御繁静制动，四面满足吾居中。李将军射本天授，猿臂岂止两臂通。气自踵息极指顶，屈伸进退皆玲珑。"何绍基以异于常人的方法写出了苍劲的书法作品，超脱、潇洒、自成一派。

历代书法家书写出了湖南人掌心里的纹路。湖湘先贤们悉心守护，认真传承，让我们得以欣赏到不同时代的书法作品。热情豪迈的湖南人是热爱这方水土的，他们继承传统、兼容并包，守护着这一方天地。一代又一代湖湘儿女的传承为湖湘书坛的发展夯实了基础，成就了书法史上的一座又一座高峰。

果敢自信　浪漫豪气

湖南是长江文化和楚文化的重要发祥地。纵观历史，湖湘大地上出土的文物和镌刻在各地的碑刻作品数不胜数。1973 年，马王堆汉墓出土的帛书共计 10 万余字，涉及战国至西汉初期的经济、政治、哲学、天文、地理、医学、历史、艺术、体育等领域，被誉为"地下图书馆"；湖南省湘西土家族苗族自治州龙山县里耶古城 1 号井出土的里耶秦简，有着拉长流动如舞者长袖的笔势；中唐元结撰《大唐中兴颂》一文于大历年间由颜真卿书写，摹刻于湖南浯溪；坐落于岳麓山、名列天下四大书院之一的岳麓书院，为湖湘文化的发展打下了坚实的基础……丰富的历史文化沉淀是我们的文化幸运和骄傲。

没有文化积累的书法就像无源之水、无本之木。身上流淌着湖南人的热血，传承着湖南人的文化基因，秉持着湖南人的精神气节，我们无论走到哪里都是自信的。在艰苦的革命岁月里，毛泽东依然博览群书，笔耕不辍，对中国古代思想、哲学、历史、艺术谙熟于心，文章顺手拈来，古为今用，创意无穷。毛主席在革命斗争中说："我要用文房四宝打败国民党的四大家族。"通过二十多年的努力奋斗，以毛泽东为核心的一代共产党人打败了国民党，建立了新中国。这是毛泽东的文化自信和气魄。

根植于优秀的湖湘传统，书法之美犹如文人心中的诗。在"万山红遍，层林尽染"的岳麓山下，在"漫江碧透，百舸争流"的湘江水畔，我们都可以看见洋洋洒洒的"毛体"。《沁园春·长沙》等诗词，读来让人激情满怀，意气风发。睿智的哲思、广博的胸怀渗透在书法中，让我们看到了毛泽东笔墨之中透出的古拙苍劲、气势磅礴和英雄主义。在线条的苍劲有力和结体的宽博恢宏之上，他抒写着独到的发现与雄视天下的气概。他的书法作品极尽革命家的浪漫情怀。

毛泽东是中国现代书法史的一座高峰。早年的毛泽东书写楷书，其字体犹如雕版。后来，对怀素推崇备至的毛泽东另辟蹊径，大写狂草，笔走龙蛇，手指、手腕、手肘灵活运动，笔画起伏开合，章法参差错落，将"毛体"朝气蓬勃的生命力和朴拙高古的神韵一展无余。毛泽东在怀素的风格上又有了新的创造，以宽广的胸怀、深厚的文化根底和丰富的革命实践，写出了一股豪爽雄健的潇洒之气，成就了独树一帜的"毛体"，出神入化、摇曳生姿地展示着湖湘书法的风采。线条飞扬律动，尾端笔势扬起出峰，如屋宇飞檐，挥洒自如，却依然刚毅有力、法度严谨。潇洒大气的字形在细看之下，笔笔都是控制的线条。行险而意正，他的书法作品尽显独立苍茫、舍我其谁的伟人情怀和大将风范。

横平竖直、撇捺飞扬，书法作品赓续着湖南人的血脉，形成了"浪漫豪放"的湖湘书风。"惟楚有材，於斯为盛。"从欧阳询、怀素、何绍基、毛泽东等人的身上，我们看到了湖湘生命的流动性和丰盈性。他们是湖湘书法的缩影。他们兼收并蓄，开放包容，各有偏重。他们的书法作品既有粗犷的狂草，又有质朴的楷书；既有龙跳的律动，又有虎卧的稳重。他们用不同的书体风格书写着湖湘书坛的多姿风采，为我们提供了一场场文化的饕餮盛宴。

一笔一画写下湖南人的精神气节，一横一竖写下湖南人的理想情怀，一撇一捺写下湖南人的浪漫豪情。只有有了对生命安静、广阔的领悟，才能写出让人向往的书法作品。勤恳的湖南人用奋斗谱写了璀璨的湖湘文化。外化于行，内化于心，这些有力量、有温度的书法艺术，还在继续传承、创新……书法，这份将自己的品行、情感、涵养、学识诉诸笔墨的雅趣，透过留白之中的线条流动和点捺变化，让我们更为清晰地看到了自强不息的湖湘品格。沿着湖湘大师们的足迹，回望湖湘先辈的光荣与奋斗，我们为湖湘书法感到自豪。砥砺品行、忠义之邦，这是一群奋斗、向上、向善的湖南人。

点是亘古之初的安静，线是延绵开去的律动，它们都来自一支毛笔。临池纵笔，翰墨千秋，我们在文辞笔墨中陶醉。它们是字，是文，是思想，是情感，是艺术，是湖湘精神的载体。

🔊 拓展阅读

湖南书法名家

汉字书法，这一中华文化的璀璨瑰宝，犹如无言的诗篇、无形的舞蹈、无图的绘画、无声的乐章，在世界艺术殿堂中独树一帜。湖南，这片文化底蕴深厚的土地，孕育了众多书法大家，他们的名字如同星辰般闪耀在书法艺术的历史长河之中。

欧阳询：唐朝潭州临湘(今湖南长沙)人，楷书四大家及初唐四大家之一，以独特的"欧体"闻名。其代表作《九成宫醴泉铭》《皇甫诞碑》展现了其楷书之精妙，行书《仲尼梦奠帖》则透露出另一番韵味，书法论著《八诀》等更是为后世学子提供了宝贵的指导。欧阳询的书法平正中见险绝，是初学者入门佳选。

怀素：永州零陵(今湖南零陵)的狂草大师，史称"草圣"。其传世作品《自叙帖》《苦笋帖》等，笔法瘦劲，飞动自然，法度严谨又不失灵动，展现了狂草艺术的魅力。

文徵明：虽非湖南人，但因先世为衡山人，故号"衡山居士"，世称"文衡山"。作为明代画家、书法家、文学家的杰出代表，其与沈周共创的"吴派"影响深远。他的小楷造诣极高，行书则融入了王羲之、黄山谷的笔意，形成了温纯精绝的独特风貌。

髡残：湖广武陵(今湖南常德)人，清代画家，与石涛并称"二石"。其书法直越元明，源出二王，兼习唐宋大家，尤以草书见长；并且多用秃笔，笔力苍劲老辣，朴拙中透露出天然之趣。

何绍基：湖南道州(今道县)人，晚清才子，诗、画、书皆精。其楷书取颜真卿之宽博，又融汉魏及北朝碑刻之特点，自成一家，尤长草书，展现了深厚的书法功底和独特的艺术风格。

谭延闿：湖南茶陵人，民国时期政治家、书法家。其楷书点如坠石，画如夏云；行书则功深厚，变化灵巧。他的书法洗尽清初姿媚之态，呈现出大气磅礴之势。

齐白石：湖南长沙府湘潭(今湖南湘潭)人，近现代绘画大师。其书法初期专注师古，后逐渐形成自己独特的风格。受吴昌硕影响，他的书法中透露出金石气和重拙的美感。

曾熙：衡永郴桂道衡州府(今衡阳市)人，中国近代著名书画家。其书法篆、隶、八分、真、行各体皆精，晚期作品更是方圆兼备，寓刚于柔，用笔藏转，婉畅多姿。

黄自元：湖南安化县龙塘乡人，清末书法家。他临摹《间架结构摘要九十二法》，为书法教育的推广作出了重要贡献。其书法博采众家之长，自成一家，工整匀称，深受世人喜爱。

主要参考文献

[1]倪文华, 湖南省书法院. 书道湖湘：湖南省书法院第二届学术交流展作品集[M].长沙：湖南大学出版社, 2022.

（执笔：张柯忆）

湖南制造：砥砺创新，实业兴湘

制造业作为国民经济的主体，是立国之本、强国之基，对于国家经济命脉具有重要意义。它不仅为国家创造财富，而且为社会提供大量的就业机会，同时还是技术创新的主要领域。因此，推动制造业高质量发展，是我国建设现代化经济体系的内在要求。

制造业对于一个国家来说，一方面，是创新的主要载体和国家安全的保障部门，能够吸纳各种技能人员就业；另一方面，可为产业链供应链提供源源不断的产品和要素，为经济社会的稳定运行和健康发展提供不可或缺的物质保障。

改革开放以来，湖南作为国家重要先进制造业高地之一，逐渐积累了雄厚的产业基础和创新实力，汇聚了一大批优秀的制造业企业和品牌。湖南制造业不仅推动了湖南经济的快速增长，还为全国乃至全球制造业的发展作出了重要贡献。湖南制造业的崛起彰显了湖南人民敢于创新、勇于开拓的精神。

击水中流　笃行不息

湖南制造业一路走来，历经风雨。从最初的简单加工，到现在的智能化、绿色化生产，湖南制造业一直阔步前行，不断变革、进步和壮大。湖南制造业在发展历程中深受湖湘文化的熏陶，也深深烙印着"经世致用"的精神。这一精神在湖南制造业的发展脉络中得到了充分体现。

晚清时期，一批"睁眼看世界"的洋务派先驱在湖南兴办厂矿，以图实业救国。经世致用作为洋务运动的指导思想，对洋务现代化思想及近现代工业产生了深远影响。在这一背景下，国家开始重视经世致用的思想，认为学术知识应该与现实生产和治理相结合，中国知识分子也开始尝试引进西方技术和管理制度，以增强国家实力和竞争力。曾国藩、左宗棠等湘军领袖将魏源的"师夷长技以制夷"付诸实践，倡导洋务运动，建立了中国第一批近代新式工业企业。他们不仅引进了西方的先进技术和设备，更培养了一批懂技术、会管理的人才，为湖南乃至中国的制造业发展和现代化转型奠定了基础，也将以解决实际问题为导向的思想特点和"以天下为己任"的情怀镌刻在湖南制造业的发展脉络中。

新中国成立初期，虽然湖南制造业的基础相对薄弱，但湖南人民凭借坚韧不拔的毅力和"经世致用"的实干精神，一步一个脚印，逐步筑起了基础工业设施和制造业企业的基石。1949 年 8 月 6 日，粤汉铁路株洲总机厂（中车株洲电力机车有限公司前身）成为湖南第一个被中国人民解放军进驻接管的官办企业。饱经风霜、几近荒废的厂房里，迸发出湖南现代工业的第一声轰鸣。1952 年，湖南积极响应"中华民族和人民要彻底解放，必须实现国家工业化"的伟大号召，踏上了发展重工业和基础工业的征程，自此，湖南工业在重重困难中坚韧起步。

1960 年 3 月，毛泽东乘专列抵达长沙，特地考察了长沙汽车电器厂。长沙机床厂的产品作为中国机械的"当家花旦"，被请进中南海接受检阅，成为"国民机器"。韶光微电子总公司更是成功研制出中国第一块光掩膜基板，为我国的人造卫星和"神舟"飞船等航天工程贡献了重要力量。湖南制造业初露锋芒，展现出强大的发展潜力和蓬勃生机。

据《湖南省志·工业综合志》记载：1950—1978 年，湖南社会主义现代工业逐步完成了从无到有、从少到多、从曲折前进到稳定发展的转变。到 1978 年，湖南已拥有工业大门类 15 个，全省共完成工业总产值 142.78 亿元，按可比价格计算，约是 1952 年的 20 倍。

改革开放后，湖南制造业迎来了发展的春天。在政策的扶持下，一批本土企业如中联重科、三一重工等迅速崛起，成为行业内的佼佼者。在这一时期，国有企业开始改革，私营经济得到鼓励和发展，外资也逐渐进入湖南市场。湖南在引进外资和技术的同时，不忘注重加强自主研发和技术创新，推动制造业向更高水平发展。工程机械、先进轨道交通装备等领域逐渐成为湖南制造业的优势产业，形成了一批具有国内外影响力的企业和品牌。

进入 21 世纪，湖南制造业继续保持强劲的发展势头，工程机械、先进轨道交通装备等领域成为其闪亮名片。湖南制造业不仅在国内市场上占据重要地位，更在国际市场上展现出强大的竞争力。2010 年，工程机械产业成为湖南首个千亿元产业集群，行业地位显著提升，湖南制造业在特定领域（如工程机械)的实力得到全国乃至全球的认可。2012年,湖南开始实施"四化两型"战略,强调信息化、工业化、城镇化和农业现代化的协调发展,这为湖南制造业的转型升级指明了方向,推动了制造业与其他产业的深度融合。2014年,首届互联网岳麓峰会在千年学府岳麓书院举行,拉开了湖南移动互联网产业合作共赢、快速发展的大幕。湖南制造业开始大步向前。

2015年,湖南制造业迎来了历史性的转折。这一年,《中国制造2025》为湖南制造业的转型升级绘制了清晰的蓝图。湖南省政府迅速响应,出台了《湖南省贯彻〈中国制造2025〉建设制造强省五年行动计划(2016—2020年)》,并成立了由省长挂帅的制造强省建设领导小组,为湖南制造业迈向更高峰确立了明确的路径和目标。这一系列举措,标志着湖南制造业正式迈入一个崭新的发展阶段。

随后,湖南制造业的发展步伐愈加矫健。湖南装备制造业率先突破万亿级大关,展现出磅礴的产业实力和规模,成为国家先进制造业的重要基地。这一成就不仅彰显了湖南制造业的整体实力迈上新台阶,更为湖南经济的腾飞注入了强大的动力。

2018年,湖南省再次发力,启动了制造强省建设八大重点工程。2022年,《湖南省先进制造业集群"十四五"发展规划》中,正式明确提出打造"3+3+2"产业集群的战略目标,即三大世界级先进制造业集群(工程机械、轨道交通装备、中小航空发动机及航空航天装备集群),三大国家级先进制造业集群(电子信息、新材料、新能源与节能集群),升级传统产业打造一批经典产业集群,以及培育新兴产业形成一批支柱产业集群。这一政策为湖南制造业的未来指明了方向,推动了湖南制造业结构的优化升级,带动了各大产业集群的蓬勃发展,为湖南制造业的发展注入了新的活力。

此后,面对全球制造业转型升级的压力,湖南制造业的发展并未止步。湖南开始积极向智能制造迈进,政府加大对制造业的支持力度,积极响应国家"中部崛起"战略,出台了一系列政策,推动制造业向高端化、智能化、绿色化方向发展。中联重科、三一重工等企业纷纷推出智能工程机械产品,实现了远程监控、故障诊断等智能化功能;同时,各制造企业也开始注重环保,采用环保材料和绿色生产工艺,减少环境污染。

湖南制造业还积极加强与国内外高校、科研机构的合作,引进和培养高端人才,提升产业创新能力和竞争力。电子信息、新材料、生物医药等新兴产业逐渐崭露头角，成为湖南制造业的新兴支柱产业，为湖南经济的持续发展提供了源源不断的动力。此外，湖南还积极探索"互联网+制造业"的发展模式，推动制造业与互联网的深度融合，利用工业互联网平台，实现生产过程的数字化、网络化、智能化。

2021年5月31日，中国首列出口欧洲的双层动车组在中车株机公司下线。"中国速度""湖南制造"又一次聚焦世界目光，成为湖南积极响应国家"一带一路"倡议的闪亮明珠。湖南始终与国际社会紧密合作，推动制造业的对外开放。例如，通过深化与非洲多个国家开展经贸合作，推动装备制造产品走出国门，开拓了更广阔的市场。湖南制造业正以前所未有的姿态，迎接全球制造业转型升级的挑战，并展现出勃勃生机和无限潜力。

如今的湖南，已经是全国乃至全球的重要制造基地之一，不仅在传统工业领域有着深厚的基础，还在高新技术产业和新兴产业领域取得了不俗的成绩。现在，湖南制造业又迎来了一个新的发展机遇。

2020年9月，习近平总书记考察湖南，赋予湖南"三高四新"的战略定位和使命任务，要求湖南着力打造国家重要先进制造业高地，在制造强国中彰显湖南担当，为湖南制造业发展指明了方向、擘画了蓝图。2023年，为全面贯彻落实"十四五"规划的深入实施，长沙市工信局党组"一号文件"发布，提出全面实施"1341"专项行动，大力推进制造业高质量发展。

未来，随着新一轮科技革命和产业变革的加速推进，湖南将继续秉承"经世致用"精神，加大创新力度，提升产业竞争力，努力打造国家重要先进制造业高地，为实现制造强国梦贡献更多湖南力量。同时，湖南制造业也将积极参与国际竞争与合作，为推动构建人类命运共同体作出更大贡献。

兴企强国　实干兴邦

湖南作为一个内陆省份，既不沿边，又不临海，还不具备资源禀赋，产业发展的先天优势并不明显。然而，正是这片土地孕育出的人民，在经世致用的智慧熏陶下，涌动着兴业报国、开拓进取、敢于创新的热血与激情。正是这些强大的精神内核推动了湖南制造业的快速发展，书写了湖南制造业波澜壮阔的史诗。

1999年，在中南大学任教的何清华53岁。这一年，他怀揣着将研究成果转化为实际产品的梦想，毅然踏上了创业之路。他借来50万元资金，在长沙观沙岭的简陋厂房中，创办了山河智能。山河智能基础装备事业部总经理朱振新回忆道："条件非常简陋，但何老师创办公司后的第一件事，就是在租来的厂房外面，焊上了'修身治业、兴企强国'八个大字，给山河注入了工业报国的基因。"

创业的道路上，挑战不断。当山河智能准备进军挖掘机市场时，何清华发现国外的挖掘机液压件价格昂贵且供应不稳定，已成了制约企业发展的瓶颈。他深知，要想真正做强做大，必须攻克这个关键技术。2008年，山河智能收购无锡方展，决定自主研发液压多路阀，即被称为挖掘机"心脏"的关键零部件。但由于技术不足，何清华等待了足足3年，这里的生产线也没有下线一个液压多路阀。

研发过程中，困难重重。技术不足、资金紧张、市场压力大……无锡必克液压公司总经理谢洪涛提及当时境遇，说："一些人就劝何老师，你再折腾10年也搞不出液压件。老老实实再去找外国企业，不就是低个头嘛，工程机械行业反正都低了几十年的头了。"但是，面对困难，何清华从来都是高昂头颅，登攀向前。他把收购的无锡方展更名为必克液压。"必克"这个名字有两层含义，一个是它的英文含义 peak，就是勇攀高峰；另外一个就是必须攻克，寓意着何清华攻克液压件的决心。何清华带领团队夜以继日地钻研，历经4年的艰苦努力，终于攻克了这个关键零部件。这一突破不仅提升了山河智能挖掘机的作业效率和市场占有率，更让中国制造业在关键领域实现了自主可控。

如今，山河智能已经发展成拥有自主知识产权和核心竞争力的装备制造企业。截至2024年，从液压静力压桩机到200多种装备产品，山河智能不断攻克制造行业的"卡脖子"难关，为中国制造业的独立自主贡献了力量。同时，山河智能还积极开拓国际市场，将高端装备出口到100多个国家和地区，展现了中国制造的强大实力。

何清华的信念深深感染了每一个合作伙伴。天津旭亿达建筑安装工程有限公司的负责人杜占军就是其中一位。他通过购买二手的山河智能旋挖钻设备，亲身体验到了国产设备的优异性能和可靠品质。他感慨地说："山河智能的设备不仅打桩速度快、稳定性好、经济性强，而且售后服务非常到位。我从它们身上感受到了踏实、可靠的品质，这也是我一直以来追求的人格特质。"

何清华和山河智能的故事，正是中国制造业不断崛起、不断创新的生动写照。"让中国的产品走向世界、走向一流，让国家强大起来，这就是我的梦想。"这是何清华的信念，也是整个湖南制造业的期望。湖南制造企业用实际行动诠释着"修身治业、兴企强国"的信念，为国家的繁荣富强贡献着自己的力量。在它们的带动下，越来越多的企业加入实业报国的行列中，共同书写着中国制造的辉煌篇章。

矢志创新　引领变革

敢于创新的精神，无疑是湖南制造业发展的核心动力和源泉。在这片充满活力的土地上，湖南制造企业深刻认识到，创新是推动制造业发展的关键因素，是引领行业变革的重要引擎。湖南制造企业始终秉持着敢为人先、敢于突破的精神，不断探索新的技术、新的工艺和新的产品。它们深知，只有不断创新，才能在激烈的市场竞争中脱颖而出，实现企业的持续健康发展。

在创新的道路上，湖南制造企业不仅注重技术创新，还致力于管理创新、模式创新等多个方面。它们通过引进先进技术、优化生产流程、提升产品质量，不断提高企业的核心竞争力。同时，它们还积极探索新的商业模式和市场策略，以满足不断变化的市场需求。

中车株洲电机公司以其敢于创新、坚持创新的精神，打造出被誉为"动力心脏"的卓越产品，为我国轨道交通的腾飞提供了坚实的动力支撑。六十余载春秋，中车株洲电机公司始终坚守"牵引"初心，深耕轨道交通牵引装备领域，以科技创新为引擎，主动拥抱市场变革，以技术和品质的双重引领，在我国轨道交通发展史上书写了多个辉煌篇章。

高铁驰骋千里，速度如风，其背后离不开中车株洲电机公司的高端动力装备。2017 年，中车株洲电机公司自主设计和制造的牵引电机与牵引变压器闪亮登场，其凭借卓越的产品品质、雄厚的技术实力和稳定的动力输出，为"复兴号"的正式开跑提供了强大助力，让中国制造在复兴之路上加速前行。

2021 年，由中国中车研制的具有完全自主知识产权的时速 600 公里的高速磁浮交通系统成功下线，标志着我国在轨道交通领域再次取得重大突破。在这一壮丽成就的背后，中车株洲电机公司承担了核心部件的研制任务。这些高端磁悬浮列车能够悬浮空中、风驰电掣，离不开中车株洲电机公司聚焦磁悬浮核心电磁系统研究所取得的丰硕成果。这些创新成果的应用，不仅提升了列车的运行速度和稳定性，更为我国轨道交通的发展注入了新的动力。

在轨道交通领域，中车株洲电机公司凭借多年的技术积累和创新精神，成功研制出了高速动车组、城际动车组等一系列具有国际先进水平的产品。从驰骋在祖国辽阔疆土的"复兴号"动车组，到"贴地飞行"的磁悬浮列车，再到四通八达的城市地铁，中车株洲电机公司研制的高端装备"动力心脏"全面覆盖各类轨道车辆。中车株洲电机公司为中国轨道交通事业的发展作出了重要贡献，为我国在全球轨道交通领域取得领先地位奠定了坚实基础。

一方面，湖南制造企业始终敢于创新、坚持创新，保持着对新技术、新工艺的敏感和追求，重视技术研发，不断提升自身的技术创新能力。另一方面，湖南制造企业不断加强创新文化建设。它们通过人才培养与引进、产学研合作、激励机制，以及产品创新与品牌建设等多种方式提升企业创新软实力，提高企业的核心竞争力和市场地位。

湖南制造企业通过建立完善的人才梯队和培训计划，吸引和培养了一批又一批高素质的研发人才，打造了技术精湛、富有创新精神的研发团队。湖南制造企业不仅为员工提供丰富的培训课程和学习资源，还鼓励员工参与国内外学术交流和技术合作，拓宽视野，增强创新能力。

它们积极与高校、科研机构建立产学研合作关系，通过合作研发、技术转移等方式，实现资源共享和优势互补。如三一重工与多所高校和科研机构建立了紧密的合作关系，共同推动工程机械领域的技术创新和产业升级；中车株洲电机公司通过与高校和研究机构共同开展科研项目、建立联合实验室等方式，实现了资源共享和优势互补，推动了轨道交通技术的创新和发展。

许多湖南制造企业培育创新文化，鼓励员工积极提出创新建议、参与创新项目。同时，它们还通过设立创新奖励机制、拓宽晋升通道等方式，激发员工的创新热情。以蓝思科技为例，该公司不仅构建了包括《"每周之星"奖励制度》《提案改善奖励制度》在内的多层次激励体系，还通过限制性股票激励计划覆盖3097名核心骨干员工，并设立创新基金和创新竞赛，将创新成果与员工发展深度绑定，有效营造了全员创新的氛围。

此外，湖南制造企业十分注重产品创新，通过不断改进产品设计、提升产品质量等方式，打造具有竞争力的品牌。例如，爱尔眼科作为全国知名的眼科医疗机构，不断创新眼科诊疗技术和服务模式，为患者提供更加优质、高效的医疗服务。正是这种敢于创新、勇于探索的精神，推动着湖南制造企业以创新驱动为核心、加快转型升级，不断焕发新的生机、向前奋进。

坚实支柱　发展引擎

　　每一个行业的繁荣发展都对社会生活起着重要的支撑作用，而湖南制造业作为湖南的支柱产业之一，对社会方方面面的发展亦起着不可忽视的助推作用，并在经济社会发展中扮演着举足轻重的角色。

　　提质增效　发展引擎　在湖南，制造业是经济增长的重要推动力。根据湖南省统计局的数据，2022 年，湖南规模以上工业增加值同比增长 7.2%，高于全国平均水平 1.5 个百分点。其中，制造业增加值占 GDP 的比重达到 28%，对经济增长的贡献率达到 42.6%，在湖南经济中占据主导地位。湖南制造企业的壮大和产品的畅销，为湖南创造了大量的税收和就业机会，为地方财政作出了重要贡献，直接促进了湖南经济的快速增长。制造企业是税收的重要来源之一，这些税收被用于支持地方的基础设施建设、教育、医疗等公共服务，进一步促进了地方经济的发展。

　　同时，制造业的发展也带动了相关产业链的发展。以中联重科和三一重工为例，这些企业的全球化运营不仅提升了湖南的出口收入，还拉动了相关产业链的发展，如原材料供应、零部件制造、物流服务等，从而促进了区域经济的整体增长。此外，轨道交通装备的出口和国内市场的应用，也推动了电力、电子、自动化控制等产业的发展，为湖南带来了可观的经济收益。这些相关产业的发展为地方经济提供了新的增长点，进一步推动了当地经济的繁荣。湖南制造企业的技术创新和研发还推动了地方科技水平的提升，为地方经济的长期发展奠定了基础。在全国范围内，制造业的持续增长也为中国经济的稳定发展提供了有力支撑。

　　创新引领　转型支柱　随着科技的日新月异，湖南制造业正积极地迈向智能化、自动化的新时代。通过不断引进新技术、新工艺和新设备，湖南制造企业提高了产品质量和生产效率，积极培育新兴产业，如智能制造、绿色制造等，形成了产业集群，促进了产业之间的协同和融合，起到了重要的引领作用，推动了传统智能制造和新材料等领域的发展，推动了产业的创新和升级。

　　智能制造通过整合物联网、人工智能等技术，实现了生产过程的自动化和智能化，提高了生产效率和质量。新材料的应用则推动了产品的创新和升级，如更轻、更强、更环保的材料的应用，使得产品性能得到了显著提升。

长沙的蓝思科技便是这一变革中的佼佼者。蓝思科技在智能穿戴设备、智能家居产品的研发和生产中融入了先进的人工智能技术，大大提高了产品的附加值和市场竞争力。这种技术创新不仅提升了企业的核心竞争力，还为湖南的智能制造领域开辟了新的天地，为整个社会的科技进步作出了贡献。

湖南制造企业在新材料领域也有着不俗的表现。例如，株洲硬质合金集团就是国内较大的硬质合金生产企业之一。它生产的硬质合金刀具、模具等产品，具有硬度高、耐磨性好等特点，已广泛应用于机械加工、汽车制造等领域。除此之外，巴斯夫杉杉也是湖南加快培育和发展新质生产力、扩大高水平对外开放的典型案例。这家中德合资的高科技公司高度重视产品创新和成果转化，致力于创造正极材料化学新作用，并持续将创新成果转化为新质生产力，追求可持续发展的未来。技术创新产出的成果，如领先的动力电池高镍和超高镍正极材料等，正源源不断且广泛应用于全球高端动力车型，为推动我国新能源汽车的高质量发展贡献更多力量。

这些领域的创新也带动了其他产业的创新发展。比如，工程机械和轨道交通的创新发展，推动了自动化控制、电子信息技术等产业的进步；航空航天的技术创新，则对材料科学、流体动力学等多个学科领域产生了深远影响。

此外，湖南制造企业在多个领域实现了技术突破，并且积极搭建技术创新平台，为产业创新提供了有力支撑。湖南建立了多个省级以上工程技术研究中心、企业技术中心等创新平台，为企业提供技术研发、成果转化等服务。湖南制造企业通过与高校、科研机构的合作，不仅吸引了大量优秀人才，还推动了产学研深度融合和技术成果的转化应用，为产业的转型升级提供了有力支撑。

绿色发展　社会担当　制造业是一个劳动密集型产业，它的发展直接创造了大量的就业机会，为当地居民提供了稳定的收入来源。许多人在制造企业中找到了工作，从而改善了生活质量，提升了生活水平。制造企业的壮大还为社会提供了更多的公共服务和社会福利，改善了当地居民的生活条件。不仅如此，湖南制造企业还积极投身于社会公益事业，如救灾赈灾、扶贫济困、捐资助学、社区公益等，为当地社会的和谐与发展贡献着温暖的力量。

在绿色发展的道路上，湖南制造企业更是坚定不移，致力于减少污染排放、保护生态环境，为社会的可持续发展注入源源不断的动力。在追求经济效益的同时，湖南制造企业始终牢记社会责任，关注环境保护与公益事业，通过采用先进的清洁生产技术和设备，大幅降低了生产过程中的能耗和排放，展现了企业深厚的社会担当与人文关怀。绿色制造，也能制造绿色。湖南重点培育了铁建重工、山河智能等 22 个国家绿色制造系统集成项目和 11 个国家绿色制造供应商企业，为工业企业、园区提供绿色技术装备和服务。与此同时，湖南加快构建绿色制造体系，已创建国家级绿色工厂 100 家、绿色园区 10 家、绿色设计产品 83 个、绿色供应链管理示范企业 8 家。比亚迪、中车风电、特变电工、红太阳等一批绿色工厂迅速成长，太阳能光伏电池制造装备、特高压变压器、轨道交通牵引电机等技术产品全国领先，清水离心泵、空气净化器等一批产品获评国家"能效之星"。

湖南制造业以其深厚的产业底蕴和持续的创新力，不仅引领中国制造业不断焕发新的活力，更在全球制造业舞台上绽放光彩。一方面，湖南制造企业通过出口高质量的产品和服务，为全球消费者带来了实实在在的好处；另一方面，湖南制造企业通过与国际同行开展深入合作，深度共建"一带一路"，共同推动全球制造业的技术创新和产业升级，为中国乃至全球制造业的繁荣发展作出了重要贡献。

当地时间 2024 年 6 月 19 日下午，马来西亚东海岸铁路项目鹅唛车站动工仪式在吉隆坡北部的鹅唛隆重举行，这是中马两国在"一带一路"倡议下共同推动的铁路项目。仪式上，中联重科的多款挖掘机"戴"着大红花傲立在活动现场。在接下来的施工中，它们将为项目建设提供强大的设备保障。

在工程机械行业，湖南拥有众多知名企业，如中联重科和三一重工。这些企业拥有卓越的技术和创新能力，它们生产的混凝土泵车、挖掘机、装载机等工程机械产品在国内市场占有重要地位，同时也出口到世界各地，为全球基础设施建设提供了有力支持。这些工程机械产品在质量、性能和可靠性等方面均达到国际先进水平，为全球客户带来了实实在在的利益。在轨道交通装备领域，湖南同样展现了雄厚的实力。中车株洲电机公司研发的电力机车、动车组等轨道交通装备，具有高速、安全、舒适等特点，深受国内外客户的青睐。在出口高质量产品的同时，中车株洲电机公司积极开展国际交流合作。自"一带一路"倡议提出以来，"中车株机制造"频频走出国门，创造了一个个令人惊叹的"超级工程"。中车株洲电机公司先后成立了多家海外公司和海外研发中心，从单一产品销售转向"全要素"输出，在国内外建立了完备的供应链体系、生产制造体系、营销网络、售后服务网络，全面参与国际竞争，积极担当"内陆地区改革开放高地"的重要使命。它不仅提升了中国制造业的国际竞争力，还为全球轨道交通事业的发展作出了重要贡献。此外，在航空航天领域，长沙航空工业集团下属企业在飞机起落架、飞机发动机叶片等多个领域也取得了显著成就。这些高科技产品的研发和生产，不仅提升了湖南制造业的技术水平，还为国家的航空航天事业提供了有力支持。湖南航空航天制造业的发展，为中国在全球航空航天领域的地位提升和国际合作奠定了坚实基础。

综上所述，湖南制造业以其卓越的产业实力和创新能力，为中国乃至全球制造业的繁荣发展作出了重要贡献。湖南制造业在各领域的突出表现，不仅提升了中国制造业的整体水平，还为全球制造业的进步和发展注入了新的动力。未来，随着产品的不断发展和创新，随着新质生产力的加快布局，湖南制造企业将为长沙全力建设全球研发中心城市、为湖南实现"三高四新"美好蓝图、为国家践行"双碳"目标、为全球制造业进一步繁荣、为人类可持续发展贡献更多企业力量。

结　语

回望湖南制造业的发展，正是湖湘儿女薪火相传，使湖南工业不断跨越，三湘大地挺起发展脊梁，一路朝着打造国家重要先进制造业高地的宏伟目标铿锵前行，进而使湖南制造业在世界舞台上熠熠生辉，成为中国制造的一张闪亮名片。

其中的奥秘，正是湖南人民那份经世致用的智慧与品格。他们深知，唯有将智慧与实践相结合，将创新与发展相融通，才能在激烈的市场竞争中立于不败之地。正是这种强大的精神内核，推动了湖南制造业的迅猛发展，谱写了一部波澜壮阔的史诗。

如今，湖南制造业不仅是湖南经济发展的重要支柱，更是中国制造业的重要力量，"湖南制造"已成为国内外瞩目的焦点，其成就的背后是湖南人民不懈的努力与追求。在未来，湖南人民必将继续用实际行动诠释经世致用的真谛，秉持开拓创新、锐意进取的精神，以智慧和汗水铸就更高质量的发展成果，书写湖南制造业的辉煌新篇章。

🔊 **拓展阅读**

湖南制造业名企

衡阳变压器：特变电工衡阳变压器有限公司，作为中国输变电行业的领军者，以其超、特高压和大容量变压器制造技术，稳居行业龙头。单厂年产能全球第一，更创造了数十项世界第一，荣获多项国家级奖项，对中国及全球输变电设备制造行业影响深远。

中国铁建重工：总部位于长沙的中国铁建重工集团股份有限公司，是隧道施工智能装备和高端轨道设备的佼佼者。其2013年制造出全球首台大坡度双模式煤矿斜井TBM盾构机，产品远销30多国，2019年成为全球工程机械产业营业利润率第一，彰显了湖南制造业的实力。

株洲电力机车：中车株洲电力机车有限公司，是轨道交通装备领域的开创者。其生产的电力机车数量超万台，占全国市场的60%以上；研发了全球首列超级电容100%低地板有轨电车和最快米轨动车组，推动中国高铁走向世界。

三一集团：全球装备制造领袖，混凝土机械领域世界第一。在多个机械领域国内领先，拥有全球广泛的研发和制造基地，设备应用于迪拜塔、上海中心等重大工程，业务覆盖150多个国家，展现了湖南制造业的全球化。

五矿稀土：位于永州的五矿稀土江华有限公司，拥有全球最大离子型稀土矿山，储量丰富，生产能力和开采指标皆领先，对高科技产业贡献突出，支撑了中国在稀土领域的全球竞争力。

株洲橡胶研究设计院：中国气象局指定的探空气球定点研制企业，产品远销40多国。2018年制造的探空气球飞行高度达48000米，创世界纪录，展现了中国在气象领域的技术实力。

楚天科技：全球医药装备行业的领军企业，固体制剂装备领域世界第一。产品遍布180多个国家，尤其在欧洲广受好评，拥有全球化研发体系，为生命健康产业提供了坚实技术支持。

主要参考文献

［1］李治，洪登. 长沙制造的奋斗史与新使命：写在长沙市制造业发展促进中心成立之际［N］. 湖南日报，2023-03-29.

［2］颜常青，张建平，张灿强，等. 跨越山海，相约造车：中车株机公司高质量参与共建"一带一路"纪实［N］. 湖南日报，2023-12-07.

［3］舒隽. 转型升级"进行时"［N］. 湖南日报，2017-06-02.

［4］湖南：加快建设制造业创新平台 夯实高质量发展"压舱石"［EB/OL］.（2023-06-16）［2024-03-23］. https：//baijiahao. baidu. com/s？id = 1768862322994398433&wfr = spider&for = pc.

［5］谭好，梁原，李重谦. 火车头精神锻造"中国速度"［N］. 法制周报，2021-06-29.

［6］湖南省地方志编纂委员会. 湖南省志·工业综合志（1978—2002）［M］. 珠海：珠海出版社，2009.

［7］曹娴. 天翻地覆慨而慷：工业之基挺起湖南发展脊梁［N］. 湖南日报，2021-06-21.

［8］湖南卫视新闻大片《唯有攀登》：山河智能：向太阳奔跑［EB/OL］.（2022-08-03）［2024-03-23］. https：//m. sunward. com. cn/newsdetail？id=777.

［9］湖湘实业风云录丨工业潮涌 澎湃如昨：湖南初创社会主义现代工业掠影［N］. 湖南日报，2018-03-24.

［10］《湖南省先进制造业集群"十四五"发展规划》解读［EB/OL］.（2022-03-18）［2024-03-23］. https：//gxt. hunan. gov. cn/gxt/xxgk_71033/zcfg/zcjd/202203/t20220318_22709442. html.

［11］长沙市工信局：实施"1341"行动 全力打造国家重要先进制造业高地［EB/OL］.（2023-02-02）［2024-03-23］. https：//baijiahao. baidu. com/s？id = 1756706689385298670&wfr=spider&for=pc.

［12］做强大企业培育小巨人丨湖南：建立现代企业制度 点燃创新引擎［EB/OL］.（2019-09-06）［2024-03-23］. https：//hn. rednet. cn/content/2019/09/06/5952170. html.

［13］如何在高景气赛道上奔跑：蓝思科技的「激励之道」［N］. 证券市场周刊，2023-08-01.

（执笔：傅镜颖）

传媒湘军：勇立潮头，守正创新

近代以来，湖南如彗星般在中国历史的天空中划过，其光亮之强，使国人为之侧目，至今仍是湖南人自豪感的重要来源。其中，湘军作为近代湖南崛起的重要载体，不仅是中国历史上第一支向现代化转型的军队，更是近代变革的摇篮，孕育了许多倡导者和实践者。他们以非凡的毅力和勇气，经历了常人难以想象的苦难，最终成就了非凡的事业，这正是湘军精神的真实写照。即便是在和平年代，湖南各界仍以"湘军"为榜样，"湘军"仍然是湖南最显著的文化符号。"无湘不成军"的说法至今依然具有独特的时代内涵及意义。

现代意义上的"湘军"已不再特指那支历史上的军队，而是广泛象征着在各个领域展现出卓越能力和团结精神的湖南人。在文化体制改革的推动下，湖南的媒体行业蓬勃发展。其中，"电视湘军"和"出版湘军"更是一鸣惊人，享誉中外，成了传媒行业的佼佼者。更加值得一提的是，长沙荣获了联合国教科文组织授予的中国首个"媒体艺术之都"称号。这一荣誉的背后凝聚了无数湖南传媒人的辛勤付出与不懈努力。此外，在文化、经济、科技等领域，湖南人也以团结、勤奋和创新的精神，创造了特有的"湘军现象"。总的来说，无论是传统还是现代意义上的"湘军"，都体现了湖南人的重要地位和深远影响力。湖南人的团结、勤奋和创新精神，不仅铸就了历史上的湘军传奇，还在现代社会中继续书写着新的辉煌。

要么做第一　要么第一个做

"不创新，毋宁死。""要么做第一，要么第一个做。"这是湖南广电的奋斗基因和不懈追求。湖南广电为何会以如此破釜沉舟的霸气宣言作为自己的发展理念？这就要从湖南电视台筚路蓝缕的峥嵘岁月里一探究竟了。

随着 1970 年 4 月"东方红一号"卫星将新中国的旋律送上太空，广播、电视等文艺的种子开始在中国大地生根发芽。同年 9 月 29 日，为迎接新中国成立21周年，湖南电视台开播。开台伊始，创业维艰，场地、设备、经费俱缺，湖南电视人就在租用的水电局办公楼的楼顶露台上，用油毛毡搭建起电视发射机和简易机房，开启了创台大业。当时，电视台几乎只播放新闻，而湖南电视台的新闻部门仅有一台借来的波莱克斯16 mm电影摄影机。没有洗印设备，工作人员需要先拍摄黑白电影反转片，再外请湖南图片社进行手工冲洗。早期的电视台记者梅绍武曾用一根扁担，一头挑着摄影机箱、灯光箱和电影胶片，一头挑着日常生活用品，在常德市安乡县奔波一年，完成了《安乡春早》的报道。即便创业初期条件艰苦，广电湘军仍用激情燃烧青春，用汗水沉淀"油毛毡精神"，用扁担挑起理想信念，一路奋发向前。

20世纪90年代，改革的春潮激荡到了三湘四水。从此，湖南广电走上了一条向改革要效益、向创新要未来的发展道路。时间来到1993年，这一年，全国只有3个省区还未建广电中心，前两个是西藏和宁夏，最后一个便是湖南。当时，湖南电视台的年收入刚刚突破3000万元，广电厅机关的全部家底只有500万元。而在紧接着就要到来的1994年元旦，第一批省级电视台即将上星播出，这意味着观众收看电视节目不再受地域限制，中国电视即将迎来一个竞争时代。

那时，很多经济基础薄弱、文化欠发达的内陆省份对中国广播电视事业的变化并不敏感，但湖南却敏锐地意识到时代赋予的机遇就要来了。当时，湖南广电的掌舵人魏文彬闭关了3个月，带着一个叫作"12341"的改革方案破关而出。"12341"分别指的是"一个中心：以宣传为中心""两个转变：管理体制由松散转向紧密，经营由计划转向市场""三大任务：建中心，上卫星，建网络""四大目标：创办大广播、大电视、大宣传、大产业""一个保证：以高素质、高质量的人才队伍为保证"。从后来外界的评论看，这个方案里的"四大目标"意味着中国省级广播电视系统首次明确提出产业化的发展思路，魏文彬也由此成为中国传媒产业化的先行者。

产业化的第一步就是打造一个影视文化城。从20世纪80年代开始，全国各地的广电大楼拔地而起，不少成了当地的标志性建筑。而湖南却迟迟未建，这与家底薄的现实原因有关，也与掌舵者的想法有关。当时，提出产业化发展方案的湖南广电试图跳出建设一栋光鲜但孤单的大楼这个想法，选择走综合开发的产业化发展之路，建设一座影视文化城，形成产业链，以此实现后发制人。顺着这个思路，湖南广电放弃了省里原本批下来的位于城市中心的选址，用繁华地段的高价位到城郊置换大面积，出让了原来所征黄土岭的 100 亩土地，通过行政划拨和商业征购，征得了马栏山 2000 亩土地。1994 年 9 月 24 日，在距离马栏山广电中心工程正式动工还有 4 天的时候，湖南广电厅没有紧急事务的干部职工全部前往马栏山工地参加了一天的义务劳动。令很多人没有想到的是，当时他们眼前那个土里土气的郊区，在数年后成了拥有广电中心、国际会展中心、世界之窗，汇聚无数影视明星、社会名流，被称为"东方明星之都"的金鹰城。

在湖南广播电视中心破土动工的同时，还有一件大事正在酝酿。1994 年10 月上旬，湖南电视台黄金时段和《湖南日报》显眼处反复出现一则招聘启事："湖南广播电视厅即将创办湖南经济电视台，面向全省招聘台长。"消息一出，便在湖南引起了巨大反响。一个省级频道面向社会公开招聘一把手，一个正处级岗位筛选范围不作职务限定，可谓罕见。在广纳贤才的背景下，近百人参加了这次公开竞聘，在通过严格的专业考试和资格审查后，入围的选手还进行了一场关键的演讲答辩。

"观众对屏幕上的粗制滥造与落套沉闷已日久生厌。问题很多，结论却只有一个，那就是电视的发展已经到了必须改革和创新，必须尽快向专业化、市场化转轨的关键时刻！"这是时任湖南电视台对外部副主任、华夏影视节目制作公司总经理——欧阳常林的竞聘演讲词。虽然欧阳常林在当时只是一名科级干部，但他为宋祖英写词、和琼瑶合拍电视剧，音视频作品早就红遍海峡两岸，在圈内小有名气了。他是湖南广电最早有影视节目公司运营经验的人，是湖南广电最早具有文化市场意识并懂得游戏规则的人。答辩结束不久，竞聘结果落定。就是这样一位以实干见长，同时是竞聘者里职务最低的干部赢得了在场评委的一致赞赏，以最高分获得了湖南经济电视台（简称湖南经视）台长的职务。事实证明，欧阳常林身上积聚的经验、才智和资源优势全部转化为了湖南经视的生产力，甚至为他执掌湖南卫视并找到湖南卫视独特的战略定位埋下了伏笔。

湖南经视是湖南广电为湖南电视台准备的一条"鲶鱼"，其创办初衷就是通过全新的一套节目与老台形成竞争，刺激湖南电视台奋发前进。因此，湖南经视是一个全新的频道。然而，"全新"也意味着钱、地、人都得从零开始。对于这个新台，湖南广电厅党组的研究结果是给频率、给担保、给权力，管台长、管导向、管效益，其余全部靠他们自己。1995 年 3 月，欧阳常林走马上任，第一件事就是打借条，从厅里领了 200 万元的启动资金，租下湖南省文化娱乐中心空置的办公场地。为了节省开支，他自己钻研装修业务，挖空心思找银行贷款，并多次去北京广播学院等专业院校"蹲守"游说人才，提出新台用人不问文凭、专业、出身，只求吸纳能人志士。通过 10 个多月"置之死地而后生"的艰苦拼搏，欧阳常林总算搭起了湖南经视的架子。1996 年 1 月 1 日，湖南经视正式开播，欧阳常林带领着这个总人数不满 100 人、平均年龄不到 25 岁的团队，率先掀起了栏目包装和频道整体形象设计的热潮，并在新闻、综艺和电视剧等三个方面向传统电视理念发起冲击。后来的"台柱名嘴"汪涵、"超女教母"龙丹妮也以此为起点，走上了历史舞台。

湖南经视开播当年即创收 2500 万元，并且从 1999 年开始连年创收过亿元。湖南经视的成立引发了湖南电视的有序竞争，综艺节目的推陈出新促使湖南电视节目制作能力整体提升，推动了湖南电视走向全国。以与湖南卫视同年诞生的《快乐大本营》为例，它选择与湖南经视好评如潮的《幸运1997》同时段播出，形成良性竞争，最终在全国刮起一阵"快乐旋风"。从 1997 年到 2021 年，《快乐大本营》始终保持强大的"新陈代谢"能力，栏目组通过不断地对自我信息进行更新和头脑风暴，确保每一期节目主题、游戏设置、嘉宾挑选、主持人话语永远贴近最潮流、最年轻群体的关注点，让节目始终不老。

大家都知道，《快乐大本营》和《超级女声》是湖南卫视综艺发展的两块里程碑。在这两块里程碑之间，是好长一段路。2002 年，湖南卫视的发展重心从新闻转向娱乐。而此时，湖南卫视最知名、最具娱乐精神的节目仅有《快乐大本营》。"如果没有一个很好的节目接档，光靠《快乐大本营》，怎么能打造中国最有活力的娱乐品牌？不行，我们一定要有突破。"这是魏文彬在接受媒体采访时回忆起当年创办新节目的初衷时说的。

2004 年，随着湖南卫视打出"快乐中国"的口号，《超级女声》应运而生。2005 年，这一节目彻底出圈。数据显示，2005 年，15 万名各个年龄层的女性报名参加《超级女声》，每周有超过 2000 万名"铁杆"观众收看节目，决赛时的电视观众更是高达 4 亿人。而从当年湖南广电公开的收益数据看，《超级女声》在 2005 年带来了 5000 万美元的直接收入，相当于中国许多省级卫视一年的总收入。当年的冠军李宇春加冕后不久，便赫然登上美国《时代》周刊（亚洲版）封面。《超级女声》带来的收视效果、取得的营销突破、产生的远大影响、引发的舆论震荡远远超出人们所料，业界称之为"中国电视的奇迹"。

吃得苦 耐得烦 霸得蛮

正如历史上的湘军有"好汉打脱牙和血吞"的自强经历，"广电湘军"一路走来也不是一帆风顺的。尤其是 2010 年后，面对其他省级广电来势汹汹的追赶、新媒体迎面而来的挑战和"过度娱乐化"的舆论冲击，湖南广电从未选择盲从或躺平，而是拿出湘军"吃得苦、耐得烦、霸得蛮"的精神，坚持创新的内核，另辟蹊径，探索柳暗花明的新赛道，视拐点为风口，将危机变为转机，不断闯出新天地。

对于观众而言，湖南卫视的知名度很高，但印象主要来自其自制的综艺节目和电视剧。因此，提起湖南广电，很多人的脑海里浮现的是"娱乐"二字。"娱乐"虽然能带来经济效益，但也会带来质疑之声。2016 年，因国家严加管控未成年人上真人秀节目，《爸爸去哪儿》第四季改为网播；2018 年年底，《人民日报》发布了一篇题为《中央巡视反馈问题：湖南广播电视台"过度娱乐化"》（原标题《湖南动真碰硬，写好巡视整改答卷》）的文章；2021 年年末，中宣部、国家广播电视总局就卫视节目存在的过度娱乐化问题，对上海、江苏、浙江、湖南等广播电视台进行约谈，综艺常青树《快乐大本营》被叫停……"过度娱乐化"的争论，让湖南广电身处风口浪尖。

面对争论，被批判的主角并没有过多地解释纠缠，而是坚持以内容为王，顺势而为，不断打磨出精品节目。湖南卫视以娱乐兴台，但立台之本是新闻。做好新闻宣传工作是适应观众需求和扛起思想引领使命大旗的关键，也是摆脱舆论阴霾的关键。在几年时间里，《县委大院》《绝对忠诚》《湖南好人》《为了人民》等"新闻大片"不断涌现，成了主流媒体领域一道亮丽的风景线。2020 年，新冠疫情暴发，湖南更是全国省级卫视里第一个调整综艺节目编排、第一个在黄金时段开辟疫情防控新闻专栏、第一个创制公益宣传片和主题 MV、第一个举办抗疫主题晚会的媒体。做好新闻主业的同时，湖南广电也在综艺节目《声生不息》、纪录片《中国》《岳麓书院》、献礼剧《百炼成钢》《理想照耀中国》《问苍茫》等文艺精品创制上下足力气，服务"国之大者"，让主流成为顶流。正是通过自己的不懈努力，湖南广电逐渐走出被舆论打击的阴霾，再次赢得了社会肯定。

"过度娱乐化"只是企业发展道路上的一道坎，御风而来的媒体融合发展浪潮才是决定广电生死存亡的考验。2011 年后，尽管湖南广电凭借《我是歌手》《爸爸去哪儿》等系列综艺节目保持着高收视率、高话题度，但湖南广电人敏锐地意识到"万物皆媒"的时代来临了，"观众"正逐渐成为"受众"，而受众的目光正逐渐分散至电脑、手机等其他屏幕上。2013 年，手机网民的数量首次超过了 PC 网民，也是在这一年，爱奇艺首席执行官龚宇到访湖南广电。这一次跨界的碰撞搅乱了电视局中人的思绪。在湖南广电，龚宇以"技术革命创造网络视频新时代"为题作了主题演讲，并表达了对湖南卫视节目版权的强烈诉求。

节目版权竟是如此重要的资产？广电的高层第一次意识到节目版权的威力，遂决定尝试"独卖"策略。2013 年底，爱奇艺以两亿元的价格购买了湖南卫视旗下《爸爸去哪儿 2》等 6 大热门节目的网络独家版权，乐视则以过亿元的价格拿到湖南卫视《我是歌手 2》的独家版权。歌手赛程还未过半，乐视就已赚回 2 亿元。而爱奇艺的日均用户覆盖率、百度指数、官微粉丝量在节目播出期间均快速增长。在 2014 年的视频网站年度排行榜中，爱奇艺打败优酷，从第二名上升至第一名。

这次版权价值的测试虽然赚了钱，却让湖南广电人感到深深的恐慌："内容版权可以不断养大自己的竞争对手，最终导致湖南广电人毫无退路可言。"在确认"独家内容"是视频行业的稀缺资源后，湖南广电启动了"独播战略"。经过不断试错和反复论证，湖南广电决定自建视频平台。2014 年，得益于湖南广电由内而外的忧患意识和超前的战略眼光，一个集全台资源打造的新媒体视频平台——芒果 TV 应运而生。经过 10 年的融合发展、战略转型，从"独播"到"独特"再到"独创"，芒果 TV 已成为广播电视行业里最成功的新媒体平台，也是长视频行业内最具盈利能力的新媒体。

2020 年以来，在湖南卫视和芒果 TV 深度融合、共同成长的同时，湖南广电还建立了短视频平台"风芒"、内容电商平台"小芒"和智能广播"5G 智慧电台"。湖南广电格外重视创新技术的牵引赋能，以"IP 化、云化、智能化"为理念，对传统广播电视技术进行转型升级；以 5G 实验室为牵引，开展面向未来的创新技术研发，点亮节目内容、焕彩节目传播。时空凝结、高动态范围影像、AI 现实增强系统、虚拟数字人、光芒云制播系统……全面升级的数字化制播技术，让创意搭上了技术的翅膀，让内容呈现全新的形态。

湖南人能吃辣椒会出书

一支军队通常由多个武装力量组成，"传媒湘军"除了广播电视，在以纸为媒的领域同样有着璀璨夺目的代表。

1979 年 12 月，"十年动乱"结束后的第一次全国出版工作座谈会在长沙召开。走出火车站的与会人员感受到的是一个充满生机的长沙。当时，延续了多年的严重书荒局面已经得到改善，但出版业的发展仍面临着编辑队伍建设等一系列实际困难。在这次座谈会上，时任湖南省出版局局长的胡真提出，地方出版社要"立足本省，面向全国，争取更多的图书进入国际市场"。这一口号的提出，被认为是出版业具有转折意义的大事。"出版湘军"正是沿着"立足湖南，面向全国，走向世界"这条道路，在改革开放的时代大背景下，迎来了属于它的春天。

刚感知到改革开放的第一缕春风，胡真便到处"招兵买马"。此时，钟叔河、朱正、江声、杨坚、李冰封、柏原、弘征等二三十人里，有的还没"摘帽"，有的流落街头，但无论何种出身，只要能力优秀都被胡真请来从事出版工作。出版是慢工出细活的行当，常常"板凳一坐十年冷"，支撑出版人坚守下去的是骨子里的文化情怀和对文化传承的无限敬畏。这些知识分子积蓄了 10 年甚至 20 年的能量，他们夜以继日地工作，只想把最好的精神食粮奉献给饥饿的读者。

最先诞生的精神食粮是钟叔河编辑的《走向世界丛书》。他精选近代国人留学、出使、考察、旅游欧美及日本等国的记载，希望以该丛书促使中国快一点走向世界。时任中顾委常委的李一氓这样评价："这套丛书一弄，可以传之万世了。"40 年后，《走向世界丛书》在钟叔河的坚守下，出齐了100 种。接着，《查泰莱夫人的情人》出版，震动全国。1985 年，唐浩明担任责任编辑的《曾国藩全集》第一册《曾国藩全集·家书》出版，中国香港、美国等报纸评价说"爆炸了一颗文化上的原子弹"。与唐浩明同岁的蔡皋，也是从20 世纪 80 年代逐渐成长起来的湖南出版人。她是美术编辑，更是我国原创图画书的先驱，获得了第 34 届陈伯吹国际儿童文学奖"特别贡献奖"。进入20 世纪 90 年代，"下海"成为风潮，湖南人深入乡野，或潜心古籍，或引进版权，相继出版《湖南民间美术全集》《船山全书》《齐白石全集》《第一推动丛书》等一批巨制。湖南老出版人的名字有一长串，他们的故事各有各的精彩，人格各有各的魅力。近年来，湖南出版界出现了一个"湖南出版五先生"的提法，除了钟叔河、朱正、唐浩明、蔡皋之外，还有一位被誉为"一座新华书店博物馆"的唐俊荣。这五位先生中年龄最大的93岁，最小的78岁，平均年龄86岁，正是以他们为代表的出版人的不懈坚守，为湖南出版业蓬勃发展奠定了坚实的基础，也为湖南赢得了"湖南人能吃辣椒会出书"的美名。

"出版湘军"之所以声名大噪，是因为其既有出版优秀图书作品的能力，又有走好文化产业道路的实力。进入21世纪，中共十五届五中全会第一次提出"文化产业"概念。2008年，湖南出版投资控股集团设立中南出版传媒集团股份有限公司（简称"中南传媒"），实行资本化运营。中南传媒成立后的第一件事就是计划上市。但是，这个计划在当时很多人看来是天方夜谭。原因显而易见，中南传媒地处经济不够发达、资源不够丰富的内陆省份，中央首批文化体制改革试点单位中并没有湖南。此外，2008年全球正爆发金融危机，此时启动改制上市，合适吗？时任湖南出版投资控股集团董事长的龚曙光以逆势而思、顺时而为的商业谋断，率领一群传统出版人以决绝的姿态"不留后路抓改制，不背包袱争上市"，用不到8个月的时间完成"清产核资、资产评估、财务审计、重组改制"等基础工作。在短短4天时间里，他们奔赴深圳、北京、上海等举办26场路演，超募资金22亿元。当时的中南传媒成了中国出版企业中唯一拥有"多介质、全流程"业态，编辑、印刷、发行、供应、媒体产业链条完整的企业。中南传媒以超常的速度，赶在几家同时甚至更早启动上市的外省出版集团前面，率先成为我国第一支全产业链整体上市的出版传媒股。中南传媒首次发行3.98亿股，募集43.43亿元，一跃成为出版传媒板块的龙头股。中宣部、新闻出版总署和中国证监会评价中南传媒不仅创造了文化体制改革的新标杆，而且创造了资本市场的成功案例。

群星闪耀　百花齐放

湖湘文化从来不是坐而论道的书斋文化，而是经世致用的济世文化。湖南传媒的领军者们也从来不屑于遗世独立、孤芳自赏，而是以舍我其谁的担当精神带动地区形成集群效应，迸发传媒合力。

湖南是中国原创动漫最早发展的区域之一。21世纪初，"湖南制造"占据全国动漫的半壁江山，《蓝猫淘气3000问》和《虹猫蓝兔七侠传》是大多数"90后""00后"的童年陪伴。据媒体报道，"蓝猫"系列最高峰时在全国

100多个电视台同步播出，还远销亚洲、欧洲、美洲等各大洲的17个国家和地区。而《虹猫蓝兔七侠传》是中国首部武侠动画电视连续剧，主要讲述了以虹猫、蓝兔等为主的7位侠士与魔教教主斗争的侠义故事。最红火的时候，《虹猫蓝兔七侠传》在全国500多家电视台同步热播，同名配套图书销量达到了1500万册。2004年，湖南广电旗下的金鹰卡通频道正式开播，成了全国首个"上星"的卡通频道。金鹰卡通频道在同类频道中覆盖范围最广、收视人数最多。2005年，湖南动漫产业的原创卡通产量约占全国的70%，堪称国漫半壁江山。自此，"动漫湘军"的名号蜚声全国。

"花无百日红"，湖南动漫经历了21世纪前几年的高峰之后，迎来了一个瓶颈期。不过，湖南动漫在人才储备和市场积累等方面仍具有良好的基础，湖南动漫人也一直没有放弃对精品创作的追求。经过短暂的调整后，湖南动漫产业近几年又出现了复苏的迹象。广义的动漫产业可以概括为ACG，包括漫画（animation）、动画（comic）、游戏（game）等三大范畴。如今，动漫产业还与网络小说、电子竞技、游戏直播等相关行业联动。时代发展、产业升级给动漫产业提出了新要求，也给湖南动漫产业的崛起带来了新机会。2015年，湖南省动漫游戏协会提出了企业抱团发展的理念。2023年，湖南省动漫游戏产业总产值476.15亿元，经营企业和机构达8773个。

湖南动漫复苏的过程也是湖南文化产业园区崛起的写照。在湖南广电中心大楼往西南3公里的地方，奔腾不息的浏阳河划出了一个大写的"V"字，这片三面环水的河湾地就是湖南重点打造的"中国V谷"——马栏山视频文创产业园。20世纪末，大量的违章建筑在浏阳河第八道湾周围野蛮生长，逐渐形成了污水横流、私搭乱建的鸭子铺"城中村"。2015年，长沙市启动了"史上最大规模的拆违"行动，腾挪了4300余亩土地。当时有人测算，依靠这里的区位优势和河景，如果做房地产，至少可以建600万平方米商品房，土地出让收入将超过500亿元。然而，众人等待了2年，临近广电中心的这片土地都没有出现楼房林立、楼市火热的局面，"不做房产做文产"的口号反而被广为传颂。

为什么要在寸土寸金之地打造文创IP？这份底气源自长沙独具特色的产业优势。近年来，广电、出版、动漫、演艺等"传媒湘军"享誉国内外，成就了省会长沙"东亚文化之都"、世界"媒体艺术之都"的殊荣，长沙的文化产业体量长期居中部省会城市第一。"广电湘军"的异军突起，使得湖南广电中心的周围悄无声息地聚集了 1000 多家生产制作视频、音频的企业和工作室。马栏山早已成为文化创意产业人士心中的文创高地。在这样的背景下，湖南果断拒绝了中国排名前十的地产商们抛来的橄榄枝，坚定提出"不做房产做文产"理念。2017 年 12 月 20 日，马栏山视频文创产业园在一片"黄土地"上揭牌成立，规划面积 15.75 平方公里，突出"文化+科技"相融合，聚焦方兴未艾的数字视频内容生产，立志打造全国一流的文创内容基地、数字制作基地和版权交易基地。在湖南广电和管委会的通力合作下，2018 年 6 月 26 日，国家广播电视总局批复设立中国(长沙)马栏山视频文创产业园。自此，其正式成为全国首个国家级广播电视产业园。

如何推动马栏山"文化+科技"融合发展？湖南各界的头部力量选择了强强联手。湖南在"文化"端依托湖南广电集团、湖南出版集团等国有文化头部企业，做大做强内容创制、场景应用优势；在"科技"端依托华为公司、国防科大等企业和高校，发挥软件研发、硬件制造、算法创新、算力提升等优势，通过"场景+技术"联合创新，催生一批视频科技多场景规模化应用，孵化一批"独角兽"企业。经过 7 年多的发展，如今，人们走进产业园可以体验到这样一些场景：上传一张手机拍摄的照片后，就能得到一段立体变幻的特效视频；打上描述词标签，园区便可生成相应风格的音乐；虚拟人物站立舞台，可与真人互动对唱；三维立体鱼缸内，虚拟的美人鱼妖娆灵动，与真实的鱼类一起嬉游……在这里，各种新业态、新产业、新应用潮涌不息，"传媒湘军"合力越发明显。

"文化+科技"这个具有前瞻性眼光的战略布局，改变了这片热土的命运。2020 年 9 月 17 日，在霏霏秋雨中，习近平总书记来到马栏山视频文创产业园考察。在近 50 分钟的时间里，习近平总书记 2 次发表讲话，与企业的年轻人进行 11 次对话交流。马栏山年轻人的蓬勃朝气让习近平总书记感到欣慰。他指出，文化和科技融合，既催生了新的文化业态、延伸了文化产业链，又集聚了大量创新人才，是朝阳产业，大有前途。2024 年 3 月 18 日，习近平总书记再次来到湖南，又提出探索文化和科技融合的有效机制，加快发展新型文化业态，形成更多新的文化产业增长点。殷切期盼，一以贯之。截至 2023 年底，马栏山视频文创产业园已实现企业营收 1600 亿元，聚集企业超4000 家。芒果超媒、中南传媒、华为等独角兽企业先后入驻，孵化了《火星情报局》等知名 IP 的银河酷娱、"专业网红制造商"二咖传媒、《守护解放西》制作方中广天择、中南地区最大的"综娱制造产业平台"乐田智作、打造偶像闭环产业链的哇唧唧哇、爆款综艺《创造101》的生产商七维动力等一批视频文创领域头部企业也纷至沓来。习近平总书记擘画的宏伟蓝图，一步步变为打造"具有全球影响力的数字视频产业链基地和媒体融合新地标"的生动实践。

结　语

50载筚路蓝缕，30年改革创新，新时代乘风破浪。从挑着一根扁担奔走采访、用油毛毡棚当发射机房，到全国最后一批投建广电大楼，再到如今立足国内省级卫视龙头，湖南电视人持续输出传媒爆款，蜚声世界广电领域。他们立足潮头，目及四海。与此同时，湖南出版人坚守主业，从青丝到白头，甘守一隅，出版成果愈加醇香。湖南广电与湖南出版共同铸就了新"湘军"传奇，从长沙一隅走向全国乃至世界，描绘出中国传媒史上的辉煌篇章。

多年来，作为文化强省的先遣队、排头兵，"广电湘军""出版湘军"始终扮演着湖南文化产业领航者的角色。尤其是"广电湘军"，作为一个新文化IP，已成为湖南一张闪亮的文化名片。在新的时代背景下，"广电湘军"与"出版湘军"继续与时俱进、深化改革，他们的文化自觉、创新精神和品牌建设为中国传媒文化的繁荣带来了宝贵的启示。植根于深厚的湖湘文化土壤，湖南"传媒湘军"所展现的改革创新、勇往直前、坚韧不拔的精神，不仅是推动中国文化事业和文化产业繁荣发展的重要力量，更是提升国家文化软实力不可或缺的精神支柱。

🔊 拓展阅读

"媒体艺术之都"：联合国教科文组织"创意城市网络"项目的重要分类之一，象征着全球文化创意产业的巅峰荣誉。该称号不仅代表着城市的国际影响力，更是对其在全球文化创意产业中领导地位的认可。2017年11月1日，长沙与多伦多、瓜达拉哈拉、布拉加、科希策等城市一同被选入此项目，成为中国首个荣获"媒体艺术之都"称号的城市。媒体艺术，这一以光学和电子媒介为基本语言的新艺术门类，在数字技术的驱动下，已成为当代艺术的重要组成部分。长沙在此领域的深厚底蕴和创新精神得到了国际社会的充分肯定。作为"媒体艺术之都"，长沙不仅承载着推动全球媒体艺术发展的重任，更借此机会深化与国际社会的文化交流合作，推动文化创意产业的全球化进程。

主要参考文献

[1] 杨晓凌. 解码电视湘军[M]. 北京：中国传媒大学出版社，2009.

[2] 刘一平. 追梦·湖南电视 40 年·岁月[M]. 长沙：湖南人民出版社，2010.

[3] 刘一平，吴雄杰. 超女幕后：快乐中国的巅峰之作[M]. 长沙：湖南人民出版社，2006.

[4] 龚政文：为建设中华民族现代文明提供坚实内容支撑[EB/OL].（2023－07－25）[2024－06－24]. http：//www. zqjx. cn/2023－07/25/c_1310733951. htm.

[5] 易禹琳. 出版湘军：远见胆识竞风流[N]. 湖南日报，2018－10－06.

[6] 宁莎鸥. "动漫+"时代 动漫湘军期待重回巅峰[N]. 长沙晚报，2018－11－03（A07）.

[7] 张颐佳. "五度"春秋 弦歌不绝：马栏山视频文创产业园牢记嘱托，滚石上山再出发[N]. 湖南日报，2022－12－20.

[8] 岁月留痕 大地印记|马栏山：迎风生长的"中国 V 谷"[EB/OL].（2019－08－06）[2024－06－24]. http：//www. hunan. gov. cn/hnszf/hnyw/sy/hnyw1/201908/t20190806_5410344. html.

[9] 匡春林. 马栏山上，奋斗正当时：学习贯彻党的二十大精神习近平总书记考察湖南足迹（马栏山视频文创产业园）特色专题宣讲侧记[N]. 长沙晚报，2022－11－18.

（执笔：彭艺）

湘剧湘绣：湘艺双璧，花开并蒂

湖南作为楚文明和湘楚文化的重要发源地，历经数千年的历史与文化熏陶，孕育出了众多独具湖湘韵味的艺术珍品。湘剧、花鼓戏、祁剧、常德丝弦、长沙弹词，以及湖南民间剪纸、湘绣、滩头木版年画、宝庆竹刻、醴陵陶瓷等，无一不是这片土地的文化瑰宝，其数量之多、种类之丰，令人目不暇接。它们犹如湘楚大地上熠熠生辉的明珠，散发着迷人的光芒。而在这些璀璨的艺术星辰中，湘剧和湘绣尤为耀眼，照亮了湖湘文化的艺术苍穹。

湘剧——散发着湖湘味道的艺术奇葩

湘剧是湘楚大地上孕育出的一朵散发着浓郁湖湘味道的艺术奇葩，它是与川剧、豫剧、汉剧等剧种享有同等声望和影响力的地方大戏，是湖南地区在中国戏曲舞台上的代表性剧种。

湘剧起源　历史悠久

湘剧的历史可以追溯到明代。早在明朝嘉靖年间，徐渭就在中国戏曲史上的一部重要文献《南词叙录》中记载了弋阳腔"出于江西，两京、湖南、闽、广用之"的情况，这说明当时的弋阳腔不仅从江西流传到了北京、南京，而且还传播到了湖南、福建、广东等地。弋阳腔传入湖南后，经过早期的艺人们与本地语言、民间音乐等融合，逐渐发展成一种只在湖南地区演唱的高腔。经过湖南地区一代又一代艺人在排练和演出过程中的反复打磨，到清朝中叶，这种高腔逐渐发展成包括"高"（高腔）、"低"（低牌子）、"昆"（昆曲）、"乱"（乱弹）等四大声腔的一个剧种。唱白一般采用中州韵和长沙官话，被民间称为"大戏班子""长沙班子"或"湘潭班子"。

1920 年，长沙印行的《湖南戏考》第一集中第一次出现了"湘剧"这个词，曰"闻之顾曲家，湘剧全盛于清同光间"。至此，"湘剧"才作为一个剧种的特定称谓在业界流传开来。

湘剧艺术　特色鲜明

　　湘剧是外来声腔与本地民间艺术、方言融汇而成的。由于声腔来源不同、剧目各异，它们相互影响、彼此交融，经过湖湘艺人不断地发展与创新，使湘剧逐渐形成了鲜明的艺术特色。

　　湘剧是多声腔剧种　湖湘文化博采众长的开放精神孕育了湘剧，湘剧的唱腔分为"高、低、昆、乱"。湘剧的高腔起源于江西弋阳腔，湘剧的低牌子吸取了宋元以来南曲的遗音，湘剧的昆腔直接借鉴了昆曲，湘剧的乱弹则借鉴了徽调（南路）和汉剧西皮（北路）的声腔。在六百多年的历史长河中，湘剧经历了四种声腔的融合、演变和发展，形成了今天以高腔和乱弹为主的多声腔剧种。

　　湘剧中还存在一种奇特的现象：同一剧种中的同一剧目，可以运用三种不同声腔来演唱。这种"三腔并立"各显其长的演出形态，在中国戏曲史上是难得一见的奇观，充分体现了湘剧在唱腔上开放包容、兼收并蓄的特点。

　　湘剧表演敢于突破程式　与京剧的高度程式化不同，湘剧不墨守成规，敢于突破程式。早期的高腔连台大本戏讲究功架与特技，表演中常常融合"武术""杂技"等高难度技巧。青阳腔进入后，湘剧出现了一些小锣、小鼓的戏，唱重于做，生活气息很浓。昆腔进入以后，其表演中吸收了昆腔载歌载舞的特点，唱腔宽厚醇美，韵调奔放，做工细腻。弹腔进入后，湘剧突出造型和功架，增设了紫脸这个行当。清朝末期，京剧进入长沙，艺人们又虚心向京剧学习，在唱腔上吸收了京剧的一些花腔，再一次丰富了湘剧的表演形式……正是湘剧艺人这种取长补短、通变求新的思想，推动了湘剧的不断创新与发展，赋予了湘剧丰富的内涵和独特的艺术魅力，体现了湖湘民众高尚的审美情趣和崇高的审美理想。

湘剧角色勇于突破行当 湘剧的角色有生、旦、净、丑等四行，各个行当又各有分支，每个分支都有独特的技艺。但我们深入研究发现，湘剧在表演中常常出现打破行当的情况。例如，《哭祖庙》本为老生戏，却改用小生扮演；《打雁回窑》本为正旦唱工戏，却融进了武旦做工……这种敢于突破表演程式，给角色更大表演空间的做法，充分体现了湖湘文化中"敢为人先""敢于创新"的精神。

湘剧内容突出"忠、孝、节、义" 湘剧的唱词来源于生活，十分直白，情节以表达"忠、孝、节、义"为主，深刻地表达了本土情感，体现了湖湘精神，让观众深受教育和启发。湘剧这种接地气的表演形式深深根植于湖湘大地，对湖南人刚正不阿、注重气节、勇于担当的性格形成起到了潜移默化的作用。

抗战时期，湘剧为抗敌宣传作出了巨大贡献。湘剧艺人先后成立了7个抗敌宣传队，奔赴湘南、湘北、湘西、桂北等地进行抗日宣传。他们编排了《新雁门关》《梁红玉》《旅伴》等剧目，歌颂中国人民反抗外敌侵略的精神，号召广大民众同仇敌忾、共同抗日。湘剧艺术家们用实际行动演出了现实版的"忠、孝、节、义"，诠释了"不屈不挠，勇于担当"的湖湘精神。

湘剧发展 依托文化

新中国成立后，湘剧迎来了发展的春天，在第一届全国戏曲观摩大会上，湘剧高腔《琵琶上路》《打猎回书》等获得高度评价，徐绍清、彭俐侬、陈剑霞等湘剧演员精湛的艺术表演誉满中华；被称为湘剧"双璧"的《拜月记》《生死牌》于1957年和1959年先后登上了银幕，轰动一时；1965年，湖南省湘剧院演出的大型现代戏《山花颂》获得观众一致好评。

历经"十年动乱"的破坏，加上社会转型、各种思潮的冲击，湘剧发展陷入低谷，出现了资金缺失、人才流失、观众疏远的现象，令人痛心。2006年

5月，湘剧被列入第一批国家级非物质文化遗产名录，其传承与发展逐渐受到各界人士的重视。

剧目的保护与创新　湘剧现有传统剧目600多个、散折戏400多个，很多传统剧目出自宋末南戏、元代杂剧和明清传奇，它们都是湘剧艺术在发展过程中沉淀下来的宝贵财富，是十分重要的非物质文化遗产。近年来，湘剧工作者对湘剧的遗产进行挖掘、整理，精心修复，让诸多尘封已久的优秀剧目重见天日。

在保护传统剧目的同时，湘剧艺术家努力创作符合时代变化的新剧目，拉近湘剧与当代受众的距离。2003年，由湖南省湘剧院推出的新编高腔戏《谭嗣同》夺得湖南省首届艺术节金奖；2011年，新编湘剧《李贞回乡》获中宣部第十二届精神文明建设"五个一"工程奖，被誉为湘剧舞台的时代创新之作；2016年，现代湘剧《月亮粑粑》以其深刻的思想内涵和艺术境界入选年度国家舞台艺术精品创作工程重点扶持剧目；2022年9月，革命历史题材湘剧《忠诚之路》斩获第十七届文华编剧奖。

内容的依托与挖掘　湘剧唱腔高亢，血气为之动荡；湘剧唱词直白，妇孺亦能理解；湘剧情节跌宕，观众为之动容。湘剧以其独特的艺术形式，体现了湘人刚正质直、注重气节、勇于担事的本土精神，是湖湘文化的载体和名片。

近现代以来，湖南涌现了大批的杰出人物，流传着大量感人的事迹，这些人物和事迹为湘剧精品的产生提供了极好的素材。湘剧《夫人如见》讲述了"巾帼完人"李闰从闺阁女子走向精神解放和人格独立的心路历程，讴歌了心忧天下、敢为人先的湖湘儿女的精神品性；湘剧《人间知己》以1982年、1990年在烈士故居夹墙中发现的杨开慧自述、日记和诗文手稿等史料为基础，从一个新的视角展示杨开慧的心路历程，再现杨开慧与毛泽东共同的革命生涯；湘剧《忠诚之路》讲述了陈树湘在党的教育与培养下，从稚嫩少年成长为优秀指挥员，用"断肠明志"的赤子之心奉献革命的故事……这些优秀的湘剧作品是湘剧艺术家对湖湘地区历史文化资源的激活和创造性转化，是守正创新和"双创"理论在舞台艺术领域的实践。

湘剧的复兴和发展需要各级政府部门的高度重视，需要全体湘剧人的事业心与责任感，需要几代人的艰苦努力，需要敢为天下先的创新精神，也需要观众的大力支持。歌我湘人，颂我湘魂，湘剧事业必将迎来又一个蓬勃发展的春天。

湘绣——承载着湖湘特色的民间工艺

湘绣是以长沙为中心的带有鲜明湘楚文化特色的湖南刺绣产品的总称，是勤劳智慧的湖南人民在漫长的人类文明历史发展过程中，精心创造的一种具有湘楚文化特色的民间工艺。

湘绣历史，源远流长

1958 年，湖南长沙烈士公园楚墓发掘了战国刺绣残片，这说明湖南刺绣的历史可以追溯到 2500 多年前的春秋、战国时期。1972 年，长沙马王堆汉墓出土了大量刺绣珍品，其中的信期绣、长寿绣、乘云绣等绣样与楚绣风格一脉相承，证明在 2100 多年前的西汉，湖南地区的刺绣已经达到很高的水平。

据史料记载，清代嘉庆年间，长沙县周边有很多女子擅长刺绣，她们用巧手在鞋面、腰带、裙缘、枕头、手帕等日常织物上绣出花样，既美观又实用。光绪年间，宁乡画家杨世焯潜心钻研湖南民间刺绣，在传统刺绣的基础上大胆创新，创造了多种针法，并大力推广，提高了湘绣的艺术水平。光绪二十四年（1898 年），优秀绣工胡莲仙的儿子吴汉臣在长沙开设了第一家自绣自销的"吴彩霞绣坊"，使湖南的民间刺绣走上了商品化的道路。光绪末年，长沙周边开设的绣坊越来越多，湖南的民间刺绣逐渐发展成为一种具有独特风格和浓郁地方特色的手工艺品，"湘绣"这个专门称谓也应运而生。

20 世纪初，湘绣以其精湛的工艺和独特的艺术魅力在国内与国际的展台上大放异彩，屡次获奖。到 20 世纪 30 年代，湘绣年产值最高可达 80 万银元，产品大量出口，深受各国人民的喜爱，赢得了"湘绣甲天下"的美誉。可惜好景不长，1938 年的"文夕大火"将绣庄、绣厂化为灰烬，大批珍藏的绣稿和绣品被焚毁，湘绣事业的发展遭受重创。

新中国成立后，湘绣又重新焕发青春，成为中华记忆和民族象征的代名词，其承载的文化属性和民族精神也得以凸显。2006 年，湘绣入选第一批国家级非物质文化遗产名录。2011 年，湘绣被原国家质检总局确定为地理标志保护产品，并制定了相关的质量技术要求，"沙坪湘绣"也注册为"国家地理标志"商标。

湘绣工艺，精妙绝伦

湘绣艺人充分发挥湖南人吃苦耐劳、敢为人先的创造精神，在湘绣传统技法的基础上不断探索、大胆创新，在创作中吸收了我国传统文化中绘画、书法、金石等艺术精华，在各类底料上充分发挥针法的表现力，创作出大量的精品、珍品，使湘绣成为具有独特艺术魅力的中国四大名绣之一。

独创的"双面全异绣" 20 世纪 70 年代中期，湖南省湘绣研究所在传统双面绣的基础上研制出了双面全异绣，即正、反两面为形象、色彩、针法等完全不同的两种画面，代表作品有"望月"绣屏和"狮、虎"绣屏。"望月"绣屏的正面为丽人侧影，抬头望月，背面为闺阁仕女，云髻堆翠；"狮、虎"绣屏的正面是上山猛虎，仰天长啸，背面是下山雄狮，低头夜行。双面全异绣作品构思巧妙，藏针隐线，令人拍案叫绝。

独特的"掺针针法体系" 湘绣的传统针法有 5 大类 72 种，其中最具特色的针法是"掺针"。"掺针"针路互相掺插，将不同深浅、不同颜色的细丝绣线，以均匀细腻的针脚，层层交替掺和多遍绣成，这样绣出的颜色自然和谐，达到了"淡妆浓抹总相宜"的效果。不同掺针针法的运用会产生不同的艺术效果；在绣人物肖像时，湘绣艺人使用直掺针，使人物立体丰满；在绣动物的皮毛时，湘绣艺人使用鬅毛针法，以表现毛的蓬松质感；在绣狮、虎的眼睛时，湘绣艺人采用游针针法，以表现眼睛的澄明透亮；在绣花草树木时，湘绣艺人使用拗掺针，以表现花草的灵动……正是因为有千变万化的掺针针法，湘绣才能有如此之多的精彩变化。掺针针法体系成就了湘绣色阶衔接自然、形象生动逼真的艺术特色。

高超的"劈丝技术"　清末以来，湘绣艺人喜欢用湖北沙溶、河湖一带所产的花线。花线纤维细，抱合好，拉力强，具有"光、滑、细、柔"的特点。湘绣绣工在刺绣的时候，常常运用高超的劈丝技术，将花线劈成 2 开、4 开、8 开、16 开，优秀的绣工师傅甚至可将丝线劈至头发直径的四分之一粗。绣工运用劈丝绣线能更加细腻地刻画各种形象，使绣品达到平薄匀称、和色无痕、神形兼备的艺术境界。

丰富的"绣线色阶"　湘绣绣线的色彩极其丰富，这也是它与其他绣种区别的主要特点之一。湘绣绣线除了有基本的正色、间色外，每种基本色从深到浅都有十多种色阶，据《雪宦绣谱》记载，湘绣有 88 种原色，可染制成 745 种不同的色彩。湘绣的色线重视逐渐变化，色阶阴阳混合，力求接近自然色调，表达物象的明暗自然变化。丰富的色线使作品更加鲜活、靓丽，真正做到了绣花花生香，绣鸟鸟能飞，绣虎虎生威。

繁多的"底料种类"　湘绣的艺术特色也体现在底料上。湘绣的底料有很多种，如麻、棉、丝、绢、绸、缎等。绣工们会根据不同的题材，选用不同的底料。例如，绣金鱼时，绣工就选用高经纬密度的真丝绡；在双面绣中，绣工会采用与刺绣内容和意境相匹配的透明纱；在绣制具有楚地文化特色的作品时，绣工又会运用少数民族的土布来表现质朴的风格。不同的底料辅以不同的针法，使每一幅湘绣作品都散发出独特的艺术魅力。

与时俱进的"湘绣题材"　湘绣的艺术特色还体现在题材的选择上。湘绣题材十分广泛，人物、花鸟、禽兽、风景都能被刻画得栩栩如生。其中，狮、虎是湘绣最重要的题材，以威风凛凛、霸气逼人著称，与苏绣喜欢刻画精致小巧的"猫"形成强烈的对比。

在四大名绣当中，湘绣喜欢选择与时俱进的政治题材。早在 20 世纪 20 年代，湘绣艺术家李凯云就设计了孙中山的湘绣棺罩；1933 年，湘绣艺术家杨佩珍以一幅《美国总统罗斯福》闻名天下。新中国成立后，湘绣作品中的大型刺绣《毛主席去安源》《伟大的会见》《邓小平》等成功地再现了领袖们的光辉形象。巨幅湘绣作品《天下洞庭》如今正完美地陈列在北京人民大会堂湖南厅，既展示了湖湘文化在新时代的全新面貌，又抒发了三湘儿女的爱国情怀，凸显出湘绣艺术家的精湛技艺。

绣花精神，发扬光大

对于湘绣事业的发展来说，"绣花精神"尤为重要。绣花是需要定力的活儿，不管外界如何干扰，绣花者始终专注于自己手中的一针一线；绣花是需要耐力的活儿，一幅作品的完成常常需要长时间的打磨；绣花是需要毅力的活儿，在传承和发展的过程中，绣花者总会遇到各种困难和挑战，因此需要默默地坚守；绣花是需要实力的活儿，因为如果没有高超的技艺，绣花者就绣不出精美的作品。"绣花"看似平凡，却蕴涵着定力、耐力、毅力和实力，蕴涵着一股"不达目的誓不罢休"的精气神，这种精气神是支撑和推进湘绣事业不断向前发展的强大动力。

习近平总书记在湖南考察时强调："要坚持把社会效益放在首位，牢牢把握正确导向，守正创新，大力弘扬和培育社会主义核心价值观，努力实现社会效益和经济效益有机统一，确保文化产业持续健康发展。"湘绣艺人牢记习近平总书记的嘱托，发扬"绣花精神"，以产业聚集、创意聚集、人才聚集，带动湘绣事业的发展。

产业聚集，筑梦图新 绣花者要对作品有一个整体的构想，湘绣事业的发展也需要整体的谋划和布局。从 2008 年开始，长沙斥 5 亿元巨资对沙坪湘绣进行全方位统筹运作，筹资 5000 万元成立了湖南沙坪湘绣有限公司，启动了沙坪湘绣产业园建设。今天，沙坪依托优美的自然风光和浓厚的湘绣文化底蕴，发展成了集文化传承、湘绣产业、休闲旅游度假于一体的湘绣主题小镇，成为长沙的一张亮眼名片。

2013 年，湖南湘绣科教产业园被列入省政府重点工程并投入建设。经过 10 多年的发展，园区内形成了湖南工艺美术职业学院、恒邦物流、汇隆物流、顺龙服饰、金霞湘绣等五大主体单位，以及 120 多家工艺美术配套企业的产业集群，拥有年产值数十亿元的生产运营能力，推动湘绣"学、研、产"全面发展，创造了可喜的社会价值和经济价值。

创意聚集，推陈出新 绣花不可能一蹴而就、一气呵成，必须假以时日、一针一线、绵绵用功。湖南湘绣研究所作为湘绣的龙头单位，多年来发扬绣花精神，默默耕耘，不断为湘绣产业的发展探索新路。研究所通过文创产品开发、品牌跨界合作、版权转让等方式，加快推动湘绣非遗走进现代生活。2023 年湖南省湘绣研究所与长沙博物馆联袂合作，创新应用湘绣 AI 技术与高仿真数字湘绣制作技术，以长沙博物馆的 10 件镇馆之宝为原型，创作了"湘绣湖南"系列明信片，实现了科技与文化的融合，提高了文化遗产的影响力。

2021 年 6 月，装修一新的湖南省湘绣博物馆正式对外开放，该博物馆以"针尖上的湖湘之美"为主题，呈现了湘绣的独特艺术魅力。博物馆定期开展各种公益讲座，举办青少年刺绣研学班及相关体验活动，发挥湘绣在教育、艺术和文化传承上的作用，推动湘绣非遗"线上线下"相融合，激活文旅新业态。

人才聚集，科技兴绣　绣花需要"功夫硬、本领足"，因此湘绣人才的培养至关重要。为了解决湘绣产业接班人的问题，湖南湘绣城推出了一系列政策，致力于湘绣技艺的传授与传承人的培养。除了与湖南工艺美术职业学院合作培养人才之外，还提出"新侨创新创业"扶持计划，引进高层次的人才参与到湘绣事业中来。2020 年湘绣产业促进协会筹备 2000 万元资金，重点扶持 20 家绣庄，实施绣女进绣庄计划。

在湘绣技艺的传授方面，湖南湘绣城注重对传统技法的研究与创新，在产品的设计上，将非遗元素与大众消费需求、审美取向及当下的工业设计、时尚创意等有机结合，既有效保留了湘绣的文化底蕴，又赋予其符合时代潮流的全新生命力，为非遗传承开辟了崭新的路径。

结　语

湘剧和湘绣作为湘楚大地上最灿烂的两朵奇葩，具有源远流长的文化底蕴和历久弥新的艺术价值，承载着湖湘文化的精髓，代表了湖南独特的精神，积淀着湖湘儿女的追求。

湘剧和湘绣的未来发展任重而道远，既要保留湖湘本土的文化成分，又要善于借鉴、吸收他家之长；既要保留传统的文化底蕴，又要不断创新、不断突破；既要精心培育国内市场，又要打开更广阔的国际市场。我们深深祝愿这两朵奇葩在湖湘文化的土壤中茁壮成长，不断焕发勃勃生机。

🔊 **拓展阅读**

　　湘剧，作为湖南省的代表性地方戏曲，以长沙、湘潭为核心，广泛流传于长沙周边及邻省部分地区，历史上被誉为"大戏班子"或"长沙湘剧"，2006 年被列入国家级非物质文化遗产。其起源可追溯至明代，融合了外来戏曲与本土艺术，形成了高腔、低牌子、昆曲、乱弹四大声腔，唱念兼具中州韵与地方特色。湘剧在长沙的繁荣促进了艺术创新。晚清至民国时期，受新文化影响，其剧目丰富，表演精湛，展现了独特的艺术魅力。

　　湘绣，中国四大名绣之一，源自湖南民间，融合苏绣、粤绣精华，历经 2000 余年发展，以长沙为中心，彰显了湘楚文化特色。19 世纪末，"吴彩霞绣坊"创立，标志着湘绣技艺进一步提升。其特色在于掺针技法使得绣品立体生动，色彩斑斓，并且针法多样，丝线细腻如羊毛。湘绣强调色彩层次，绣品如画，尤以狮、虎绣制逼真著称。此外，湘绣还发展出双面全异绣等高超技艺。湘绣在国际博览会上屡获殊荣，享有国际声誉，2011 年获地理标志产品保护，成为中华文化瑰宝之一。

主要参考文献

[1]范正明.湘剧史话[M].北京：社会科学文献出版社，2015.

[2]范正明.湘剧剧目探微[M].长沙：岳麓书社，2011.

[3]杨和平，吴远华.非遗保护与湘剧研究[M].苏州：苏州大学出版社，2017.

[4]赵继学，廖瑜.湘绣产业发展现状及对策[J].艺术研究，2011(1)：52-53.

[5]唐利群.传统湘绣文化的转型[M].长沙：湖南大学出版社，2015.

（执笔：程葵）